Shake it!

Die Barschule

Otto Arera

PFANNEBERG

Bestell-Nr.: 05042

Autor
Otto Arera, Bad Wörishofen

Verlagslektorat
Benno Buir

Fotos
Guido Adolphs, Remscheid

Ein großes Dankeschön gilt Alexander Amann, Torsten Frenzel, Anja Barth, Barbara Jehle und Kerstin Koboular für ihren unermüdlichen Einsatz bei der Herstellung der Drinks in der Hotelfachschule in Bad Wörishofen.

Ebenso gilt dem Team der Hotelbar des Lindner Golfhotel Juliana in Wuppertal unser herzlicher Dank.

1. Auflage 2004

Druck 5 4 3 2 1

Alle Drucke derselben Auflage sind parallel einsetzbar, da sie bis auf die Behebung von Druckfehlern untereinander unverändert sind.

ISBN 3-8057-0504-2

http://www.pfanneberg.de

Layout: tiff.any GmbH, Frank Kintscher
Satz: tiff.any GmbH, Berlin
Druck: Media Print Informationstechnologie, 33100 Paderborn

Vorwort

„Shake it! – Die Barschule“ ist nicht nur ein Buch über die Bar, sondern ein Lehrbuch für die Bar mit einem neuen, an der Praxis orientierten Konzept: Ausführlich und mit vielen bebilderten Schritt-für-Schritt-Anleitungen werden Leserinnen und Leser vor allem an alle Arbeiten in der Bar sowie die Herstellung der Getränke herangeführt.

In den ersten drei Kapiteln wird die *Einrichtung der Bar* von der Barkarte über die Barutensilien bis zum Barstock erläutert. Viele Abbildungen erleichtern auch hier die Informationsaufnahme.

Den *Kern der praxisorientierten Wissensvermittlung* bilden die folgenden drei Kapitel:

- Die detaillierte Beschreibung der Arbeiten in der Bar mit Schritt-für-Schritt-Fotos zu allen Zubereitungsarten
- Die detaillierte Beschreibung der Zubereitung aller Arten alkoholischer und nicht alkoholischer Mischgetränke mit Schritt-für-Schritt-Fotos
- Eine Sammlung von Rezepten zu jeder Art von alkoholischen und nicht alkoholischen Mischgetränken, viele davon bebildert

Die folgenden Kapitel runden die Inhalte des Buches so ab, dass sowohl der Fachmann, als auch der interessierte Laie, *Wissenswertes über sämtliche Aspekte rund um die Bar* findet:

- Rezepte für Spezialgetränke und Cocktails zu unterschiedlichen Anlässen
- Hinweise für private und professionelle Parties und Empfänge
- Eine ausführliche Behandlung von Garnituren mit vielen bebilderten Beispielen
- Eine eigene Getränkekunde mit nützlichem Hintergrundwissen
- Ein ABC des Getränkeservice
- Was in einer Bar nicht fehlen sollte: Snacks und Finger Food – Rezepte und Bilder
- Tipps zur Betriebsorganisation
- Detaillierte Hinweise zur Kalkulation mit Berechnungsbeispielen

Jedes Kapitel enthält zum Schluss *Fragen und Antworten*, die der eigenen Kontrolle des Gelernten dienen.

Die *Anhänge* dienen der umfassenden Information und dem schnellen Zugriff auf die Inhalte: Neben einem Verzeichnis der Fachausdrücke und Sachwörter enthält der Anhang einen Index aller Rezepte mit Zuordnung der Getränkeart sowie Kennungen für nicht alkoholische Getränke und bebilderte Rezepte.

Das Buch ist konzipiert für alle an der Bar und der Mischgetränke-Zubereitung Interessierten:

- *Auszubildende im Gastgewerbe* zur Abrundung ihres Wissens
- *Restaurant- und Hotelfachleute,* die sich weiterbilden wollen
- *Angehende Barmeister*
- *Gastronomen, die selbstständig sind oder darüber nachdenken es zu werden*
- *Führungskräfte in der Gastronomie*
- *Berufsschulen, Hotelfachschulen*
- *Fachverbände, IHKs*
- *Interessierte Laien*

Niemand ist unfehlbar: Anregungen und konstruktive Kritik werden immer gern entgegen genommen!

Im Sommer 2004 *Autor und Verlag*

Der Autor

Otto Arera ist von Kindesbeinen an der Gastronomie verbunden. Als Gastronomensohn aufgewachsen, folgten Kellnerlehre, Kochlehre und diverse Weiterbildungskurse. Der Besuch der Hotelfachschule und der Kontakt mit Harry Schraemli führten zu einem besonderen Interesse an der Bar.

Seit 1959 war Otto Arera selbstständig: Auf Tätigkeiten als Geschäftsführer, Küchenchef und Bar Chef folgte das eigene „Hotel Arera" in Bonn-Bad Godesberg, dessen von ihm eingerichtete Alhambra-Bar über lange Jahre Treffpunkt der Bonner Politik war.

Nebenbei legte Otto Arera die Serviermeister- und die Küchenmeisterprüfung ab und war lange Jahre in Prüfungsausschüssen tätig.
Von seinen zahlreichen Studienreisen ins Ausland brachte er immer wertvolle Anregungen für Küche und Bar mit.

Nach Aufgabe der Selbstständigkeit folgte 1990 der Ruf an die neue Hotelfachschule in Bad Wörishofen. Viele seiner aus der Praxis stammenden Ideen wurden dort umgesetzt. Er leitete Vorbereitungskurse auf Prüfungen zum Küchen-, Restaurant-, Hotel- und Barmeister, und nahm auch Meisterprüfungen als Ausschussmitglied ab.

Nach seiner Pensionierung arbeitet Otto Arera als Fachbuchautor, und er gibt sein Wissen in Form unterschiedlichster Seminare an VHS, Hotelfachschule und Fachhochschule weiter.

Inhalt

Inhalt

5 Alkoholische Mischgetränke

6 Alkoholfreie Mischgetränke

7 Spezialgetränke

Inhalt

Kapitel 1

Einrichtungen der Bar

1.1 Ansicht einer Bar

1.1/1
Ansicht einer Bar mit Bartheke, Barutensilien, Bargläsern und Rückregal für den Barstock

Barkulissen

1.1/2 Rückseite der Bar. Kleine Espressomaschine mit Tassen, Wermuts und Bitters

1.1/3 Arbeitsplatz mit Spüle, Gläserbürste, verschiedenen Fruchthandpressen, elektrischer Fruchtpresse und Würfeleisbehälter

1.1/4 Arbeitsplatz mit Schneidebrett, Gewürzen, Shaker, Rührglas, Barmessern und -löffeln, Gewürzmühlen, Sticks, Trinkhalmen, Jigger und Strainer

1.1/5 Hinter der Bartheke, große Barutensilien von links nach rechts: Behälter für Eiswürfel, elektrische Mixer, Hamilton Beach, elektrische Crushed-Ice-Maschine, elektrische Fruchtpresse

1.2 Erlebnisbar

Jede Bar sollte nach Möglichkeit als *Erlebnisbar* geführt werden. Dabei gilt es als selbstverständlich, dass hier gute Cocktails von freundlichen Barmixern und Barmaids angeboten und serviert werden. Es ist jedoch leider nicht selbstverständlich, dass dem Gast zusätzlich Entertainment in der Bar dargeboten wird. Daher werden nachfolgend einige Bartypen vorgestellt, die dem Besucher Besonderheiten zur Unterhaltung bieten können.

After-Work-Clubs

Bei den After-Work-Clubs handelt es sich um einen neuen Trend aus Amerika. Dort sind sie bereits ein echtes Highlight für tanz- und feierfreudiges Büropersonal. Vor allem von Geschäftsleuten, die nach der Arbeit noch nicht direkt nach Hause wollen, wird dieser Bartypus gut angenommen. Derartige Bars eignen sich für Partys aller Art und werden bereits um 17 Uhr geöffnet. Jeder Cocktail und Long Drink wird bis 20 Uhr zur Hälfte des üblichen Preises angeboten, und somit sind die Bars schnell zu einer Art Szene-Treff geworden.

American Bar

Der Mittelpunkt ist die Bartheke, um die sich die Barhocker als Sitzgelegenheit gruppieren. Ihr Vorgänger war die sog. *Taberna*, und in Kurorten hatte man das *Thermipolitum*, in dem gewürzte Getränke, Limonaden und Wein verkauft wurden. In Amerika entwickelte sich im 17. und 18. Jahrhundert die Bar, der Begriff selbst stammt von dem Wort Barriere ab. Früher gab es jedoch in einer Bar noch keine Sitzgelegenheiten. Mit der Entwicklung des Fremdenverkehrs kam die Bar um die Jahrhundertwende schließlich auch nach Europa. Der Barmann fungierte als Animateur, man konnte sich mit ihm unterhalten und ihm beim Mixen der Cocktails zusehen. Zur heutigen zeitgemäßen Einrichtung gehören Tische und gemütliche Sessel, und im Hintergrund hört man dezente Musik. In größeren Hotels werden auch kleine Appetithappen angeboten.

American Diner & Net-Bar

Dieser Bartypus verbindet den Genuss von kleinen Mahlzeiten und Getränken mit der Möglichkeit, im Internet zu surfen. Über Breakfast-Menü, Salate, Burger, Steaks bis hin zu alkoholischen und nicht alkoholischen Cocktails und Getränken bietet diese Bar fast alles, was das Herz begehrt. Die Getränke und Speisen werden zumeist recht preiswert angeboten. Die Benutzung des Internets wird stündlich berechnet.

Barista-Coffee-Shop

Der Barista-Coffee-Shop ist eine Art Kaffee-Bar, in der verschiedene Zubereitungen von Kaffee und Espresso angeboten werden. Dort arbeiten die Barkeeper der „Braunen Bohne": 2001 fand das erste deutsche Barista-Championship statt, in dem sich 35 Barkeeper dem Wettbewerb stellten. In 15 Minuten mussten zwölf Espressovarianten, vier gleiche Espressi, Cappuccini und vier eigene Espressokreationen vorgestellt werden.

Erlebnisbar

Bierbar und Bierstube

Die Bierbar hat tendenziell den Charakter einer Stehbar. Es gibt Bierbars, die mehr als 100 Sorten Flaschenbier führen, so dass wohl jeder Biertrinker auch hier wunschlos glücklich zu machen wäre, nicht jedoch der Bierkenner. Ein Brauereiausschank führt lediglich sein eigens hergestelltes Bier, dabei kann es sich natürlich auch um mehrere Sorten handeln.
Wichtig ist, dass mehrere Biere, auf jeden Fall ein Bier vom Fass, angeboten werden. Biere, die vom Fass getrunken werden, schmecken besser, da sie stets frisch gezapft werden. Auf die korrekte Ausschanktemperatur des Bieres sollte, je nach Maßgabe der gebräuchlichen regionalen oder landestypischen Sitten, unbedingt geachtet werden. Normalerweise liegt diese Temperatur in einem Bereich von 8 bis 12 Grad Celsius. Eine Ausnahme hierzu bildet z. B. Großbritannien, wo das Bier überwiegend bei Zimmertemperatur genossen wird.

Anregung

Führen Sie in Ihrer Bar einheimische Biere und ein ausgefallenes gutes Bier, was nur Sie am Ort ausschenken. Sie werden die Erfahrung machen, dass der Gast gerade wegen dieses Bieres zu Ihnen kommt. Bieten Sie zu Ihrem speziellen Bier herzhafte Happen, Suppen, Schnittchen usw. an. Im Rheinland darf bspw. ein Halver Hahn (Brötchen belegt mit einer dicken Scheibe Holländer Käse), ein Mettbrötchen mit Zwiebeln, ein Solei mit Mostert (Senf) oder eine Frikadelle (Bulette, Fleischpflanzerl) nicht fehlen.
In Bayern isst man vor 12 Uhr (auch später) die Weißwurst mit süßem Senf und dazu eine Brezel. Üblich ist auch, ein GEDECK anzubieten (kleines Glas Bier mit einem klaren Schnaps).
Alle herzhaften kleinen Gerichte kommen in der Regel gut beim Gast an, z. B. Leberkäse, Gulasch- und Zwiebelsuppe, Heringsfilets mit Pellkartoffeln, Brathering, Labskaus (Fisch, Kartoffeln, Rote Beete, Essiggurke), Roastbeefschnittchen.

Champagner-Bar

Reine Champagner-Bars werden bei allen Festlichkeiten, an Karneval oder Fasching, vor Theateraufführungen und in den Theaterpausen eingerichtet. Werden kleine Sektgläser (Flöten) ausgeschenkt, kann der Gast besser bestimmen, wie viel er trinken möchte, da der Champagner ja schließlich nicht als Durstlöscher dienen soll. Darüber hinaus ist eine kleine Menge für den Gast erschwinglicher und somit preislich gesehen weitaus attraktiver.

Cocktail-Bar

Wie der Name bereits sagt, werden hier hauptsächlich Cocktails angeboten. Der Trend geht dahin, zu 50 % alkoholfreie und zu 50 % alkoholische Cocktails anzubieten, da selbst motorisierte Gäste die Möglichkeit erhalten sollen, Cocktails zu genießen.

Cognac-Bar

Der Barmann hat sich hierbei auf verschiedene Cognac- und Weinbrand-Sorten aus aller Welt spezialisiert. So dürfen z. B. ein Hine V.S.O.P., Rémy Martin X.O. Spécial, Hennessy Paradis usw. nicht fehlen. Es gibt sogar seltene Cognac-Raritäten, die für 450 € und mehr pro 2 cl ausgeschenkt werden.

Espresso-/Bistro-/Snack-Bar

Getränke wie Kaffee, Espresso und kleine Gerichte werden hier angeboten und können im Stehen eingenommen werden. Dieser Bartypus ist insbesondere für eilige Gäste, die sog. Laufkundschaft gedacht, die nicht lange in der Bar verweilen will oder kann.

Happy-Hour-Bar

Jede Bar sollte eine sog. Happy Hour einrichten. Die Bar wird damit belebt und zieht die Gäste dadurch an, dass die Getränke zu bestimmten Zeiten preiswerter ausgeschenkt werden, als dies normalerweise der Fall ist. Durch die preiswerteren Spezialgetränke lernt der Gast die Bar kennen und eventuell sogar lieben. Darüber hinaus wird mittels einer solchen „Werbemaßnahme" aus betriebswirtschaftlicher Sicht der Deckungsbeitrag viel schneller und leichter erreicht, da oft eine weitaus größere Anzahl an Getränken verkauft wird als gemeinhin üblich.

Haus der tausend Schnäpse/Schnapsbar

Neben gepflegten Bieren und anderen Getränken ist der Inhaber stolz auf seine Schnapsauswahl. Auch hier ist beim Ausschank die richtige Temperatur ausschlaggebend, denn nur so mundet der Schnaps auch. Schnapssorten wie z. B. Bommerlunder oder Aquavit sollten eisgekühlt getrunken werden, ein guter Cognac wird hingegen bei Zimmertemperatur ausgeschenkt.

Mineralwasser-(Wasser-)Bar

Die Eröffnung einer Mineralwasser-(Wasser-)Bar entwickelt sich hierzulande zu einem neuen Trend, der in Amerika, Tokio, Paris und London bereits boomt. Die Deutschen sind jedoch noch nicht gänzlich auf den Geschmack gekommen und von dieser Idee überzeugt, und somit übt man sich noch etwas in Zurückhaltung, was die Übernahme dieses Trends betrifft. Gute Hotels präsentieren dem Gast bereits eine umfangreiche Mineralwasser-Karte. In einigen wenigen Häusern gibt es sogar bereits Wasser-Sommeliers. Die Geschmacksrichtungen der angebotenen Wasserarten variieren von süßlich, sauer, salzig und bitter bis hin zu felsig. Degustationen und Debatten über die richtige Trinktemperatur sind en vogue. Stille Wasser sollten bei 15 bis 18 Grad serviert werden, kohlensäurehaltige Mineralwasser werden hingegen bei 8 bis 12 Grad und immer ohne Eis serviert.
Die Gäste erhalten mitunter eine Auswahl von 90 verschiedenen Mineralwassersorten. Es wird z. B. südaustralisches, frisch aufgefangenes Regenwasser der Marke „Tasmania Rainwater" oder ein weiches, völlig neutrales Tafelwasser angeboten. Auch ein norwegisches „Yoss", das direkt vom Gletscher abgezapft wurde, und das walisische „Ty Nant"-Mineralwasser kann man in besonders guten Hotels bestellen.

Minibar

Jeder Gast freut sich, wenn er im Zimmer seines Hotels eine Minibar vorfindet. Er kann sich selbst bedienen und wird von niemandem in seiner Auswahl und im Genuss des Getränkes gestört.

Für die Kostenkontrolle und -abrechnung der verzehrten Getränke bieten sich folgende Systeme an:

1. Der Gast entnimmt sein Getränk und schreibt seinen Verzehr auf eine Rechnung, die er bei der Abreise am Empfang vorlegt.
2. Der Gast wird vor der Abreise gefragt, ob er etwas aus der Minibar entnommen hat. Hierbei bedarf es einer großen Vertrauensbereitschaft seitens des Anbieters, er muss von der Ehrlichkeit der Gäste ausnahmslos überzeugt sein.
3. Sobald ein Getränk der Minibar entnommen wird, wird durch die sog. Kontaktentnahme die Rechnung am Empfang geschrieben. Ein Problem entsteht, wenn der Gast das volle Getränk wieder zurückstellt und nicht geöffnet hat.

Manche Hoteliers stellen dem Gast die alkoholfreien Getränke kostenlos auf das Zimmer. Der Preis ist dann bereits im Zimmerpreis enthalten.

Musik-Bar

Es gibt verschiedene Arten von Musik-Bars, z. B. die unten eingehender erläuterten Disko-Bar und Piano-Bar.
Das Musikangebot dieser Bars reicht vom Auflegen der CD's bis hin zu Live-Band-Auftritten. Die Gäste kommen hierher, um eine ganz bestimmte Musikrichtung zu hören. Gerne kommen die Gäste vielleicht zum Singenden Wirt und sie können zur Musik tanzen, sich in eine gute Stimmung versetzen lassen und ausgelassen feiern.

Die folgenden Formen der Musik-Bar sind die wohl beliebtesten:

1. *Disko-Bar:* Eine moderne Form der Musik-Bar, bei der die Musik über Verstärker ertönt und der Diskjockey seine Freude daran hat, die Gäste in Schwung zu bringen und zum Tanzen zu animieren. Musikwünsche seitens der Gäste sind selbstverständlich nicht ausgeschlossen und werden, sofern dies möglich ist, stets gerne erfüllt.
2. *Piano-Bar:* Diese Art der Musik-Bar findet sich überwiegend in großen Hotels. Wie der Name bereits sagt, spielen dort nachmittags oder abends ein guter Pianist oder eine gute Pianistin bekannte Melodien, durchaus auch auf speziellen Wunsch der Gäste.

   Anregung

   Vielfach singt der Pianist selbst oder wird von einer guten Sängerin begleitet. Benutzen Sie den Flügel in der Bar als Bartheke. Die Gäste bestellen bei der Bedienung einen Cocktail oder ein Glas Champagner und bekommen das Getränk auf dem Klavier serviert. Die Plätze am Klavier sind so oft sehr schnell vergeben.

3. *Techno-Bar:* Ähnlich wie in der Disko-Bar, wird die Musik über Verstärker ausgestrahlt. Zusätzlich kommen noch verschiedenfarbige Lichtstrahlen zur Wirkung.

Restaurant-Bar

Viele First-Class-Restaurants haben zusätzlich noch eine Bar. Der Hauptgrund dieser Einrichtung besteht wohl darin, dass man vor oder nach dem Essen noch ein Getränk zu sich nehmen kann. Ist das Restaurant besetzt, bietet der Oberkellner dem Gast einen Platz in der Restaurant-Bar an. Dort kann er schon einen Apéritif genießen und aus der Speisekarte sein Essen wählen. Sobald ein Platz im Restaurant frei geworden ist, wird er vom Oberkellner abgeholt und zu seinem Tisch begleitet.

Anregung

Vor dem Essen sollte der richtige trockene Cocktail empfohlen werden, selbst wenn der Gast ein anderes Getränk bestellt. Möchte der Gast jedoch auch auf Empfehlung des Barmannes keinen passenden Cocktail, so bekommt er selbstverständlich den gewählten Drink.

Folgendes sollte vermieden werden: Das Sterne-Restaurant ist besetzt und der Gast bekommt einen Platz in der Bar angeboten. Gerne bestellt er dort einen Cocktail und wartet ca. 1/2 bis 3/4 Stunde auf seinen Platz im Restaurant. Sein kulinarisches Menü hat er bereits ausgesucht und bestellt sich voller Erwartung noch einen Cocktail. Nach einer 3/4 Stunde wird der Gast ungeduldig und fragt den Barkeeper, wie lange man auf einen Platz im Restaurant warten muss. Die Antwort lautet: „Haben Sie schon einen Tisch im Restaurant reserviert?“
Der Gast verneinte dies! Daraufhin entgegnet der Restaurantmanager:
„Es ist alles vorbestellt und ich kann Ihnen keinen Platz anbieten, kommen Sie morgen wieder!“ Hierzu eine rein rhetorische Frage: *Wären Sie wiedergekommen?*

Satelliten-Bar

Die Satelliten-Bar ist eine fahrbare, mobile Bar, die überall aufgestellt werden kann. Besonders bei Empfängen, Gesellschaftsfeiern, am Pool usw. wird sie eingerichtet. Die Bedienung hat vorteilhafterweise nur einen kurzen Weg zum Gast. Die Satelliten-Bar in ihrer ursprünglichen Form verwendet man bspw. bei sämtlichen Fluglinien. Hier können an Bord des Flugzeuges Getränke und eventuell weitere Waren zollfrei eingekauft werden.

Sauerstoff-Bar

Die Sauerstoff-Bar ist besonders in Amerika sehr gefragt. Man bekommt dort die Möglichkeit, frische Luft aufzutanken. Besonders beliebt und gut besucht sind diese Bars in Großstädten.

Schnee-, Eis- und Pool-Bar

In der Wintersaison haben die führenden Hotels und Skihütten eine Schnee-Bar. Sie wird aus Schnee gefertigt.
Das Angebot geht über Obstschnäpse bis hin zu Glühwein, Grog, Jagertee, herzhaften kleinen Happen und Espresso. Die Pool-Bar ähnelt der Schnee-Bar. Fast jedes größere Hotel richtet eine solche Form der Bar am Schwimmbereich ein.

Steak-Bar

Neben der großen Getränkeauswahl bietet der Barmann bis zum frühen Morgen (5 Uhr) die zartesten und größten Steaks an. Für alle Gäste ein gutes Gefühl, zu wissen, wo es noch (oder auch bereits so früh) etwas zu essen gibt.

Walk & Talk-Bar

Die Walk & Talk-Bar ist eine Art Schnellimbiss. Der Gast braucht hier nicht mehr für seine Speisen am Büffet anzustehen und verkürzt dadurch die ansonsten mitunter recht lange Wartezeit. Es werden kleine Gerichte angeboten, die im

Stehen am Bistrotisch gegessen werden können. Dazu benötigt man keine großen Servierplatten, vielmehr werden kleine Einzelgerichte auf Tellern, in Tassen oder in kleinen Schüsseln angeboten. Der Gast bestellt beim Barkeeper sein Getränk und seinen Imbiss, den er sofort bezahlt und somit direkt wieder gehen könnte, es kommt so zu lediglich kurzen Verweilzeiten.

Whisky-Bar

Die Whisky-Bar ist eine Bar für Kenner und Individualisten. Neben den normalen Mixgetränken bietet der Barmann ausgefallene Whiskys aus aller Herren Länder an, so z. B. vom Single Malt über den Pure Malt, All Malt, Unblended Malt, Rare All Malt bis zum Rare Old Malt. Dazu kommen noch die verschiedenen Jahrgänge. Jeder einzelne Malt-Whisky schmeckt anders, und so verschieden die einzelnen Sorten schmecken, so verschieden sind auch die Gäste, die sie trinken. Auf hohe Einkaufspreise wird bei diesen Whiskys nicht geachtet, man hat sie einfach und der Barmann ist stolz darauf.

Wodka-Bar

Neben den normalen Getränken gibt es eine große Auswahl an verschiedensten Wodkas. Russische Speisen, entsprechende landestypische Dekorationen (Zwiebeltürmchen, Kleidung der Bedienung usw.) und die entsprechende Musik dürfen nicht fehlen.

1.3 Einrichtung der Bar

In Kapitel 1.2 war von den verschiedensten Bartypen die Rede. Je nach Bartyp gilt es nunmehr, die Bar entsprechend einzurichten. Allgemein sollte dabei Folgendes berücksichtigt werden:

Bartheke/Arbeitsplatz des Mixers

Es sollte zuerst über die Form und Größe der Bartheke nachgedacht werden. Wie wird die Bar am zweckmäßigsten eingerichtet? Passt die bevorzugte Form überhaupt in die vorhandenen Räumlichkeiten?
Es gibt *verschiedene Thekenformen*: Geradlinig, hufeisenförmig, rund, viereckig und oval. Bevorzugt wird oftmals eine abgerundete Bartheke, sie strahlt Gemütlichkeit aus. Der Barmann sollte sich gut überlegen, ob er bei der Arbeit den Rücken frei haben möchte oder lieber mit dem Rücken zur Wand steht. Es sind also immer auch persönliche Vor- und Nachteile abzuwägen. Steht ein Barmann in der Mitte der Bartheke (Rundform), so können die Gäste seine Aktionen besser beobachten. Der Barmann hat die Gäste allerdings nicht im Blickfeld, sie könnten die Bar verlassen, ohne zu bezahlen. Nur mit mehreren Barkeepern ist dieser Bartypus zu empfehlen. Ist nur ein Barmann anwesend, so empfiehlt es sich für ihn, mit dem Rücken zur Wand zu stehen, um einen guten Überblick zu gewährleisten. Auf jeden Fall sollte er von der Bar aus den Blick zur Tür haben, um den Gast begrüßen und später verabschieden zu können.

Einrichtung der Bartheke mit Abstellflächen

Zur Einrichtung der Bartheke gehören Kühlschubladen auf Rollen (Kühlzüge), Kühlschränke, Gefrierschrank, Waschbecken mit Zulauf von kaltem und warmem Wasser, Gläserspülmaschine, Zapfstelle für Bier und Sodawasser, ein in die Bar eingebauter Flaschenschrank, so dass man von oben die gekühlten Flaschen entnehmen kann, Arbeitsfläche mit Schneidebrett (Kunststoff) und Abstellflächen. Darüber hinaus ist zu berücksichtigen, wo die großen Arbeitsgeräte aufgestellt werden, z. B. Kaffeemaschine, PC-Kasse, Grill mit Abzug usw. Am Telefon sollte der Gast ungestört sprechen können.
Die Einrichtung einer Privat- oder Hausbar richtet man sich hauptsächlich nach der Größe von Bar und Bartheke. Es werden oftmals nicht alle aufgeführten Geräte und Einrichtungen benötigt.
In größeren Betrieben stehen die Gläserspülmaschine und der Würfeleiszubereiter außerhalb der Bar, damit der Gast von dem Geräusch nicht gestört wird. Auch Bier sollte stets in der Theke gekühlt werden und nicht nur im darunter liegenden Bierkeller. Weitere Abstellflächen oder -schränke für Kaffeegeschirr sollten nicht vergessen werden. Mehrere elektrische Anschlüsse sind selbstverständlich.

Barutensilien

Alle Barutensilien müssen so bereit stehen, dass sie *schnell greifbar* sind und der Arbeitsablauf nicht gestört wird. Größere Barutensilien, wie z. B. Crushed-Ice-Maschine oder elektrischer Mixer, stehen, wenn sie nicht oft benutzt werden, meist etwas an der Seite.

Einrichtung

Warenanlieferung und Bestückung

Wichtig ist, dass sich die Bar gut bestücken lässt. Der Weg zum Eingang sollte kurz sein.

Sitzgelegenheit an der Bar

Sie sollte im Verhältnis zur Bartheke groß sein, nicht zu hoch und nicht zu klein. Die Füße sollte man auf einem Fußraster abstellen können. Eine gehobene Bar verfügt über gepolsterte Sitzflächen mit Rückenlehne. Die Barhocker sollten beweglich und nicht fest im Boden verankert sein, so kann bei Bedarf immer noch ein Hocker dazwischen gestellt werden. Die beweglichen Barhocker sollten stabil sein, damit sie nicht umfallen können.

Essen an der Bartheke

Zum Essen an der Bartheke muss die *Barplatte* (Abstellplatte) groß genug sein, um auch größere Teller darauf platzieren zu können. Der Barhocker muss entsprechend groß sein, und die Füße sollte man bequem darauf abstellen können. Der Gast sollte sich wie am Gästetisch wohlfühlen. Die Barplatte sollte dem Gast die Möglichkeit bieten, zu dem Getränkeglas auch bequem seine Arme ablegen zu können.

Barhänger, Überbau

Wo wenig Platz in der Bar ist, kann an der Decke ein *Barhänger* befestigt werden, auf dem sich Flaschen abstellen lassen. Abgehängte Gläser sollte man nicht einrichten, da sie schnell verstauben und sich an ihnen die Abdünste sammeln können.

Bodenbelag hinter der Bar

Hinter der Bar sollte der Barmann etwas erhöht auf einem *kleinen Podium* stehen, damit er sich auch mit dem Gast unterhalten kann. Auf keinen Fall sollte der Boden mit einem Teppich ausgelegt sein. Am besten wird als Bodenbelag *Kunststoff* benutzt, da sich dieser leicht säubern lässt.

Musikanlage

Eine dezente Musik ist immer angebracht. Der Gast kommt dabei auf andere Gedanken und vergisst seinen stressigen Arbeitstag. Denken Sie dabei an die GEMA (Musik-Steuer).

Entlüftung

Hat eine Bar keine *gute Entlüftung*, bekommt der Gast zu Hochbetriebszeiten keine frische Luft mehr, es wird ihm zu heiss und er wird die Bar bald verlassen. Jedoch sollte die Lüftung auch nicht zu stark sein, so dass Durchzug entsteht und es dem Gast zu kühl wird. Abhilfe kann hier im besten Fall eine *Klimaanlage* schaffen.

Beleuchtung

Die Beleuchtung ist stets ausschlaggebend für die Atmosphäre der Bar. Sie sollte nicht zu hell, aber auch nicht zu dunkel sein. Indirekte Beleuchtung ist dem grellen Licht vorzuziehen. Angestrahlt werden auch Bilder oder markante Punkte in der Bar.

Einen Gast direkt anzustrahlen, wäre grob fehlerhaft und störend. Auch Flaschen und Gewürze vertragen keine direkte Anstrahlung. Vermeiden Sie Licht bei allen mit einem Korken verschlossenen Flaschen (Portwein, Sherry, Wein).

Ausstattung der Bar vor der Bartheke

Am besten eignen sich kleine Tische mit Barsesseln, Bistrotische, zusätzliche verstellbare Barhocker usw. Die Einrichtung sollte auch eine Atmosphäre ausstrahlen, in der sich der Gast wohl fühlt, gerne wiederkommt.

Garderobe

Der Gast muss am Eingang der Bar seine Garderobe ablegen können. Nach Möglichkeit sollte die Garderobe so angebracht werden, dass der Besucher seine Kleidung selbst beobachten kann. In der Regel haftet die Bar nicht für abgelegte Garderobe des Gastes.

Aufbauten hinter der Bartheke, Regale

Dort finden sich *Schränke und Regale*, in denen man Gläser und Flaschen abstellen kann. Die *Regalhöhe* sollte verstellbar sein, damit auch hohe Flaschen abgestellt werden können. Weiter sollte die Regaltiefe berücksichtigt werden, damit mindestens *2 Flaschen* (1 Reserveflasche) hintereinander untergebracht werden können. Vorzugsweise bestehen die Abstellplatten im Schrank oder Regal aus starkem Glas, da es sich gut abwaschen lässt. Wichtig ist die Sortierung der Flaschen und Gläser. Alle häufig gebrauchten Gläser und Flaschen stehen griffbereit, so dass lange Wege vermieden werden. Auch die verschiedenen Getränke sollten sortiert sein, damit Barmann und Gast eine bessere Übersicht haben. Die Anbringung einiger Spiegel in den Regalen ist wünschenswert, damit sich die Gäste darin sehen können, aber nicht der Barmann. Flaschen fasst man vorne am Etikett an und stellt sie nach Gebrauch wieder an den selben Platz zurück. Gläser fasst man nur am Stiel an und nicht am Kelch oder an der Schale.

Feuerschutz

Aus Feuerschutzgründen müssen alle Dekorationen aus *schwer entflammbarem Material* bestehen, insbesondere die Dekorationen zu Silvester und Karneval. Je nach Größe der Bar muss eine bestimmte Anzahl von Feuerlöschern angebracht werden.

Abfallbeseitigung

Für den Abfall stehen folgende Behälter oder Tonnen bereit: *Biobehälter, Glasbehälter, Papierbehälter, Kunststofffolienbehälter und Behälter für Restmüll oder Sondermüll.* Die Behälter befinden sich bitte *immer außerhalb der Bar*.

Hygiene

Hygiene ist stets das oberste Gebot. Das heißt: *Sauberkeit* in den Räumen, auf dem Boden, in der Toilette, an der Ausstattung usw. Alle benutzten Utensilien müssen nach Gebrauch wieder gesäubert werden. Angebrochene Flaschen werden am Hals mit warmem Wasser abgewaschen. Mehrmals im Jahr ist eine Grundreinigung durchzuführen, besonders an der Klimaanlage, in den Kühlschränken, Regalen usw.

1.4 Die Barkarte

Eine Barkarte wird nicht unüberlegt und auf die Schnelle geschrieben, vielmehr muss sie richtig gestaltet werden. Ist ihr Inhalt gut durchdacht, stellt sie ein entscheidendes Instrument der *Verkaufsförderung* dar.
Der Gast betritt die Bar, sucht sich ein Getränk seiner Wahl aus und es entsteht der erste Kontakt. Der Inhalt und die Aufmachung bestimmen wesentlich positiv oder negativ den Charakter der Bar mit.

Folgende Kriterien sind daher zu beachten:

§ Gesetzliche Richtlinien zur Erstellung einer Barkarte

1. *Name und Anschrift der Bar*
2. *Telefon-/Telefaxnummer*
3. *Inhaber der Bar*
4. *Übersicht der Getränke und Speisen*
5. *Preisangabe der Getränke und Speisen in Euro*
6. *Ausweis der anteiligen Schad- und Fremdstoffe*
7. *Volumen (%) der Getränke mit angeben*
8. *Angabe der Ausschankmaße*
9. *Auflistung der Getränke-Grundzutaten*
10. *Hygiene*
11. *Übersicht der Angebote*
12. *Angabe der Öffnungszeiten*
13. *Optimale Lesbarkeit der Barkarte*
14. *Angabe von Bedienungsgeldern und Aufschlägen*

1. Vor dem Druck ist eine MARKTANALYSE zu erstellen

1. Welcher Gästekreis soll angesprochen werden?
2. Was bietet die Konkurrenz?
3. Vergleich von Einrichtung, Qualität, Preis und Öffnungszeit mit der Nachbarbar
4. Wie sind Verkehrslage und Verkehrsanbindung?
5. Sind ausreichend Parkplätze vorhanden?

2. Eine VERKAUFSANALYSE ist zu erstellen

1. Welche Speisen und Getränke können aufgenommen werden?
2. Welche Gäste sind zu berücksichtigen?
3. Wie sind die räumlichen Voraussetzungen?
4. Wie viele Tische, Stühle und Barhocker sind einzuplanen?
5. Welches Personal ist vorgesehen, zeitliche und fachliche Betrachtung?
6. Was ist verbesserungswürdig im Abgleich mit der Konkurrenz?
7. Welche technischen Voraussetzungen müssen beachtet werden?
8. Sind Sonderaktionen vorgesehen?
9. Ist eine sog. „Happy Hour" vorgesehen?
10. Gibt es Spezialangebote für Sommer und Winter?

3. Schritte zur GESTALTUNG der Barkarte

1. Erstellung einer Stoffsammlung
2. Einholen von Anregungen
3. Origineller Einfall
4. Überprüfung der Durchführbarkeit
5. Umsetzung der Ideen

Gestaltung der Barkarte, Richtlinien

Format

1. Nicht zu groß, sie sollte noch praktikabel zu handhaben sein.
2. Freie Formwahl, z. B. oval, dreieckig, rund oder verschiedene Formen wie ein Gebirgszug, Fisch, Tor usw. Lassen Sie Ihrer Phantasie freien Lauf.
3. Achten Sie darauf, dass sie auch vom PC ausgedruckt werden kann, das verringert eventuelle Druckkosten.

Material Innenteil

1. Nicht zu dünnes Papier
2. Auf gute Qualität achten
3. Grundfarben weiß, getönt oder farbig, je nach Geschmack
4. Können gemustert sein
5. Mit dem Umschlag abstimmen

Gestaltung Innenteil

1. Eine saubere, übersichtliche, gut lesbare Gliederung sollte vorhanden sein.
2. Nur eine kleine Auswahl an Cocktails anbieten.
3. Alle Getränke, besonders Sirups und Säfte, sollten stets frisch serviert werden.
4. Nicht wechseln zwischen Rechts-, Links- und Mittelachse. Man sollte konsequent bei einer Art der Bild- und Schriftausrichtung bleiben.
5. Die einzelnen Getränkegruppen durch Abstand, feine Linien oder Ornamente trennen.
6. Damit man alles gut lesen kann, sollte auf genügend Zeilenabstand geachtet werden.
7. Austauschbare Seiten einplanen, um Spezialitäten des Tages eingeben zu können.
8. Auf Übertreibungen sollte man verzichten, der Gast könnte schnell enttäuscht werden.
9. Klassische Cocktails sollten hinsichtlich der Rezeptur nicht verändert werden.

Material Umschlag

1. Karton in verschiedenen Farben und Strukturen
2. Collage aus verschiedenen Materialien
3. Eventuell Applikationen berücksichtigen

Gestaltung Umschlag

1. Der erste Eindruck soll beeindrucken, so dass der Gast interessiert und gerne bereit ist, im Innenteil der Karte nachzuschlagen.
2. Auf Schrift- und Bildqualität ist zu achten.
3. Die Seiten sollten Schwerpunkte setzen.
4. Auf folgende Merkmale ist außerdem zu achten: Fotos, Zeichnungen, Maske und farbige oder strukturierte Flächen, geschnitten oder gerissen.
5. Karte sollte abwaschbar sein.
6. Nach Möglichkeit Verzicht auf Fremdwerbung.

Schrift

1. Maximal ein bis zwei unterschiedliche Schrifttypen verwenden.
2. Kontraste könnten die Schrift beleben, z. B. unterschiedliche Überschriften, Fettdruck oder farbig gestaltete Überschriften.
3. Auf eine Art der Hervorhebung sollte man sich einigen, um unnötiges Durcheinander zu vermeiden.
4. Bei Verwendung einer Handschrift sollte auf eine klare Linienführung geachtet werden.

Farbe

1. Die Farbpalette kann von dezent bis kräftig (nicht jedoch grell) reichen.
2. Die Gestaltung sollte nicht zu düster wirken.
3. Die Lesbarkeit der Schrift auf farbigem Untergrund muss gewährleistet sein.
4. Innenseite und Umschlag müssen aufeinander abgestimmt werden.

4. Einteilung der jeweiligen GETRÄNKE-/SPEISE-GRUPPEN

Ein Barmann sollte stets bedenken, dass seine Karte nicht übersättigt ist, um auch bei Hochbetrieb den Höchstanforderungen seiner Gäste jeweils gerecht werden zu können. Muss der Gast zu lange auf sein Getränk warten, ist es nicht fachmännisch gemixt oder zu warm, wird er schnell verärgert sein, im schlimmsten Fall geht er als zukünftiger Kunde gänzlich verloren. Es kommt auf den Bartypus an, welche Anzahl an Getränke- und Speise-Gruppen der Fachmann auswählen sollte. Berücksichtigung sollte in jedem Fall das fachliche Können finden.

Alkoholische Cocktails		Nicht alkoholische Cocktails	
Apéritifs Long Drinks	**Digestifs Short Drinks**	**Apéritifs Long Drinks**	**Digestifs Short Drinks**
Cocktails dry, medium, sweet	*Sekt-/Champagner-Cocktails*	*Buttermilch-, Kefir-, Joghurt- und Milchmischgetränke*	*Eiscreme-Sodas*
Sours	*Fizzes*	*Fruchtmischgetränke*	*Fruchtsaft-mischgetränke*
Tropicanas, Coladas	*Daiquiris*	*Limonaden-mischgetränke*	*Wellness-Cocktails*
Jokers	*Fancy Drinks*		
Pick-me-ups	*Bier-Cocktails*	*Power-Getränke*	*Smoothies*
Collinses	*Flips*	*Gemüsemischgetränke*	*Frucht-Misch-Cream*
Frappés	*Highballs*		
Sodas	*Rittmeister*		

Auswahl von alkoholischen Getränken		Auswahl von nicht alkoholischen Getränken	
Cognac, Weinbrand, Armagnac	*Calvados, Wodka*	*Mineralwasser*	*Säfte*
Whisky	*Liköre*		
Portwein, Sherry	*Champagner, Sekt*	*Kaffee, Espresso, Tee*	
Bier	*Weißwein, Rotwein*		
Bitters	*Branntwein*		

Hier eine Auswahl an kleinen Speisen, die die Gäste in einer Bar bevorzugt ordern, und die auch Ihren Gästen gefallen könnte:

Finger-Food
Canapés, Cocktailhappen
Crostinis
Bruschettas, Ciabattas
Sandwiches
Suppen
Steaks mit Salatbeilage
Sushi
Salatplatte mit Beilage
Antipasti
Käsewürfel
Tapas
Kebaps
Satay
Warme Pikanterien
Mini-Pizzen
Sundries
u. a.

Auch bei dieser Auswahl kann es von Nutzen sein, sich je nach Barart eingehender von einem Fachmann beraten zu lassen.

5. Kleine SPEISEN an der Bar

Auch kleine Speisen sollten den Gästen einer Bar dargereicht werden. Wer gut trinkt, der hat auch zumeist einen guten Appetit, und wer wiederum gut isst, wird schnell durstig. Verschenken Sie nichts an der Bar, es sei denn Sie haben die Sundries bereits in den Getränkepreis mit einkalkuliert. Sofern Sie warme Speisen anbieten möchten, sollte auch ein fachlich qualifizierter Koch eingestellt werden. Alle Speisen müssen frisch zubereitet werden.

1.5 Eine Barkarte für die Privat-/Hausbar?

Auch wenn Sie etwas von der Barmaterie verstehen – als privater Gastgeber sollten Sie **keine** Barkarte anfertigen, wenn Sie Katastrophen vermeiden wollen!
Mit einer Barkarte würde jeder Gast danach bestellen und Sie würden den ganzen Abend nur noch mixen, um allen Gästewünschen gerecht zu werden. Denken Sie auch daran, dass Privatgäste sehr anspruchsvoll sein können.

Verzichten Sie daher auf das Erstellen einer Barkarte. Legen Sie sich besser einen *Spickzettel* an und berücksichtigen Sie dabei, welche Gäste zu Ihnen kommen.

Planung zur Erstellung eines Spickzettels und zur Durchführung der PRIVAT-/HAUSPARTY

1. Festlegung von Termin und Anfangszeit, wann Sie Ihre Hausbar eröffnen möchten.
2. Entsprechend der Gästeliste werden die Cocktails in der Reihenfolge nach Größe, Alkoholgehalt und Bekömmlichkeit auf dem Spickzettel eingeplant.
3. Sie als Gastgeber bestimmen, welche Cocktails von Ihnen gemixt werden. Es sind Ihre *Gäste*, die Sie bewirten.
4. Die Reihenfolge der Cocktails und übrigen Getränke wurde vorher von Ihnen festgelegt und aufeinander abgestimmt.
5. Wenn es den Wunsch *eines* Gastes gibt, Ihnen bei der Zubereitung zu helfen, können Sie dem entsprechen.
6. Gäste sollten niemals zu Selbstbedienungszwecken hinter die Bartheke gelassen werden.
7. Beachten Sie, dass Gäste, die Alkohol konsumiert haben, nicht selbst mit dem Auto fahren sollten. Bestellen Sie lieber ein Taxi.
8. Es liegt an Ihnen als Gastgeber, dass kein Gast betrunken Ihre Hausbar verlässt. Dies ist nur durch gute Planung möglich.

Der Abend soll für alle Beteiligten ein großer Erfolg werden, ein Abend, an den sich jeder gern erinnert.

Spickzettel (35 Beispiele)

Für Ihre Hausbar erstellen Sie sich einen SPICKZETTEL mit Ihren Lieblingscocktails. Bei mehreren alkoholischen Cocktails hintereinander verwenden Sie nur die halbe Rezeptur, um den Alkoholspiegel niedrig zu halten. Denken Sie beim Mixen an die Reihenfolge der zu mixenden Cocktails.

Aperitifs (vor dem Essen)

Manhattan

4 cl Canadian Whisky
2 cl Wermut rot
2 Tropfen Angostura
1 Cocktail-Kirsche

Claridge

2 cl Gin
2 cl Noilly Prat
1 cl Apricot Brandy
1 cl Cointreau

Whisky Sour

4 cl Bourbon Whiskey
2 cl Zitronensaft
1 cl Läuterzucker
Orangenscheibe, Kirsche

Martini-Dry (franz.)

4 cl Gin
2 cl Noilly Prat
Olive, Zitronenzeste

Williams Christ

2 cl Pêcher Mignon
2 cl Noilly Prat
1 cl Williams Birne
1/2 cl Birnensaft
1 Baby Birne

Digestifs (nach dem Essen)

Alexander

2 cl Sahne
2 cl Crème de Cacao braun
2 cl Brandy (Cognac)
Muskat

Grashopper

2 cl Sahne
2 cl Crème de Cacao weiß
2 cl Crème de Menthe grün
Pfefferminzblatt

First Love

2 cl Sahne
2 cl Crème de Cacao, braun
2 cl Grand Marnier

Golden Dream

2 cl Sahne
2 cl Orangensaft
2 cl Cointreau
2 cl Galliano

Miriam

2 cl Sahne
3 cl Kiwi-Likör
2 cl grüne Banane

Sekt-Cocktails

Hot as Hell

1 cl Zitronensaft
1 cl Cointreau
1 cl Gin
6–8 cl Sekt trocken (dry) oder Champagner
Zuckerrand
1 Cocktail-Kirsche

Bellini

4 cl Pfirsichnektar oder
2 cl Pfirsichpüree von weißem Pfirsich
1 cl Pfirsichlikör oder
1 cl Apricot-Brandy
6–8 cl Sekt trocken (dry) oder Champagner

Southern Trip

4 cl Orangensaft
4 cl Southern Comfort
6–8 cl Sekt trocken (dry) oder Champagner

Himbeer-Daiquiri

1 1/2 cl Zitronensaft
1 cl Himbeersirup
2 cl Himbeerpüree
2 cl Rum weiß
6–8 cl Sekt trocken (dry) oder Champagner
Zuckerrand

Taras-Cocktail

1 cl Wodka
1 cl Cassis
1/2 cl Kirschlikör
1/2 cl Cointreau
1 cl Zitronensaft
6–8 cl Sekt trocken (dry) oder Champagner

Jokers, Fizzes, Sours, Fancy-Drinks, Punches

Caipirinha

2 BL brauner Zucker
1/2–1 Limette
4 cl Cachaça
Crushed Ice

Gin Fizz

4 cl Gin
2 cl Zitronensaft
1 cl Läuterzucker
2 cl Mineralwasser
1 Zitronenscheibe oder Zuckerrand

Galliano Sour

4 cl Galliano
3 cl Zitronensaft
1 cl Orangensaft
1 Orangenscheibe
1 Zitronenscheibe

Blue Lagoon

2 cl Wodka
2 cl Curaçao bleu
2 cl Zitronensaft
4–6 cl Tonic
1 Karambole Scheibe

Trinidad Punch

4 cl Rum braun
2 cl Orangensaft
2 cl Zitronensaft
1 cl Grenadine
1 Orangenscheibe
1 Zitronenscheibe

Alkoholfreie Cocktails

Sweetheart

2 cl Sahne
2 cl Grenadine
2 cl Orangensaft
2 cl Zitronensaft

Coco mit Kuss

1 1/2 cl Kokossirup
3 cl Sahne
4 cl Orangensaft
2 cl Ananassaft
1 Zitronenscheibe
1 Kirsche

Strawberry Dream

4 Erdbeeren
1/2 BL Erdbeersirup
1 cl Kokossirup
2 cl Sahne
2 cl Ananassaft
1 Tr. Zitronensaft
1 Kugel Vanilleeis
Rand mit Grenadine u. Kokosraspeln

Sherry Star

6 Kirschen, entsteint
8 cl Kirschsaft
1 cl Zitronensaft
1 cl Zitronensirup
1 EL Crushed Ice
2–4 cl Ginger Ale

Cocos Banane

1 BL Cream of Coconut
4 cl Sahne
4 cl Bananensaft
1 cl Bananensirup
4 cl Ananassaft
4 Bananenscheiben
Crushed Ice
Ananas, Banane

Tropicanas, Coladas, Floaters, Flips

Bossa Nova

10 cl Ananassaft
1 cl Zitronensaft
1 cl Apricot-Brandy
2 cl Galliano
2 cl Rum weiß
Ananas, Kumquat

Cocopeach

6 cl Ananassaft
2 cl Sahne
2 cl Kokossirup
2 cl Cream of Coconut
4 cl Pêcher Mignon oder Pfirsichlikör

Piña Colada

10 cl Ananassaft
2 cl Sahne
4 cl Cream of Coconut
(oder 2 cl Kokossirup)
6 cl Rum weiß
2 cl Malibu
Ananas, Kirsche

Tequila Sunrise

4 cl Tequila weiß
8–10 cl Orangensaft
1–2 cl Grenadine
Würfeleis zum Floaten

Maracuja-Flip

1 Eigelb
2 cl Maracujasirup
5 cl Rum, weiß
1 cl Sahne
Geriebene Muskatnuss

Ernüchterungsgetränke, Rittmeister

Virgin Oyster

Olivenöl, Worcestersauce
Eigelb, Tomatenketchup, Essig, Tabasco, Selleriesalz, Paprika

Virgin Mary

1 cl Zitronensaft
Tabasco, Worcestersauce, Selleriesalz, Pfeffer
10 cl Tomatensaft

Der Wecker

5 cl Sangrita
1 Eigelb
Schnittlauch

Jägerbissen

2 cl Korn/Branntwein
1 Scheibe Salami
1 BL scharfer Meerrettich

Pilcaller

2 cl Korn/Branntwein
1 Scheibe grobe Leberwurst
1 BL scharfer Senf

1.6 Gesetzliche Anforderungen

vom 20. November 1998 (BGBl I S. 3418), zuletzt geändert durch das Gesetz vom 27. April 2002 (BGBl I S. 1477).
Es gibt grundsätzlich drei gesetzliche Bestimmungen:

1. Das INFEKTIONSSCHUTZGESETZ (IfSG)

Es regelt u. a. die gesundheitlichen Anforderungen an das Personal mit Erstbelehrung durch das Gesundheitsamt.

2. Die LEBENSMITTELHYGIENEVERORDNUNG (LMHV)

Sie regelt die Anforderungen an die Einrichtungen sowie an die hygienischen Voraussetzungen bei Herstellung, Transport, Lagerung, Behandlung und Abgabe von Lebensmitteln. Außerdem enthält sie Bestimmungen zur Schulung der Mitarbeiter und zum Eigenkontrollsystem.

3. GEWERBE- und GASTSTÄTTENRECHT mit GASTSTÄTTENGESETZ (GastG)

Übersicht

§ 1 Gaststättengewerbe
§ 2 Erlaubnis
§ 3 Inhalt der Erlaubnis
§ 4 Versagungsgründe
§ 5 Auflagen
§ 6 Ausschank alkoholfreier Getränke
§ 7 Nebenleistungen
§ 8 Erlöschen der Erlaubnis
§ 9 Stellvertretungserlaubnis
§ 10 Weiterführung des Gewerbes
§ 11 Vorläufige Erlaubnis
§ 12 Gestattung
§ 13 Gaststätten ohne gewerbliche Niederlassung
§ 14 Straußwirtschaft
§ 15 Rücknahme und Widerruf der Erlaubnis
§ 16 Weggefallen
§ 17 Weggefallen
§ 18 Sperrzeit
§ 19 Verbot des Ausschanks alkoholischer Getränke
§ 20 Allgemeine Verbote
§ 21 Beschäftigte Personen
§ 22 Auskunft und Nachschau
§ 23 Vereine und Gesellschaften
§ 24 Realgewerbeberechtigung
§ 25 Anwendungsbereich
§ 26 Sonderregelung
§ 27 Weggefallen
§ 28 Ordnungswidrigkeiten
§ 29 Allgemeine Verwaltungsvorschriften
§ 30 Zuständigkeit und Verfahren
§ 31 Anwendbarkeit der Gewerbeordnung
§ 32 Aufgehoben
§ 33 Änderung anderer Vorschriften
§ 34 Übergangsvorschriften
§ 35 Bezugnahme auf Vorschriften
§ 36 Änderung des Bundesfernstraßengesetzes
§ 37 Weggefallen
§ 38 Inkrafttreten

GESETZLICHE ANFORDERUNGEN

vor der Bar (Auszug)

Eingang Der Eingang sollte sicher und gut beleuchtet sein, damit sich kein Gast beim *Eintreten* verletzen kann.

Firmenangabe Der Name der Bar, des Besitzers oder Inhabers und die Gesellschaftsform des Unternehmens *müssen* angegeben werden.

Öffnungszeiten Für den Gast ist es wichtig, dass *Öffnungszeiten* aushängen. Erkundigen Sie sich bei der Stadt, wie lange die Bar aufgehalten werden darf. Bei Öffnungszeiten bis morgens um 4 Uhr muss dafür eine Erlaubnis vorliegen, da die allgemeine Sperrzeit um 0 Uhr beginnt und um 7 Uhr endet.

Persönliche Angaben Bei bestandener *Barmeisterprüfung* sollte der Barmeisterbrief mit ausgehängt werden.

Preisverzeichnis Vor der Bar sollte ein *Preisverzeichnis* angebracht sein, das der Gast vor dem Betreten der Bar gut sehen und lesen kann.

Abfallbeseitigung Der Abfall in der Bar sollte sortiert werden: Glas, Papier, Biomüll und Sondermüll.

Allgemeine Verbote Es dürfen keine alkoholischen Getränke an *erkennbar Betrunkene* verabreicht werden.

Ausschank von alkoholfreien Getränken Ein *alkoholfreies Getränk* darf nicht teurer als das *billigste alkoholische Getränk* sein.

Barutensilien Alle *Barutensilien* sollten gut abwaschbar sein. Schneidebretter dürfen nicht aus Holz sein.

Bekämpfung von Rauschgiftkriminalität *Wer seinen Kunden eine Möglichkeit* zum Verbrauch, Erwerb oder Abgabe von Drogen gewährt bzw. verschafft, muss mit einer Freiheitsstrafe und Geldstrafe rechnen.

Erlaubnis Die Verabreichung von Milch, Milcherzeugnissen oder alkoholfreien Mischgetränken bedarf *keiner* Erlaubnis.

Erste Hilfe Sobald in der Bar gearbeitet wird, sind ein Waschbecken mit Seife, eine Handbürste und ein Handtuch vorgeschrieben. Nicht vergessen werden darf der *„Erste-Hilfe"-Kasten*.

Getränkeschankanlagen Beim *Ausschank von Fassbier* muss ein Nachweis erbracht werden, dass die *Leitungen jeden Monat mindestens 2 Mal gereinigt* werden. Die abwechselnd mit Getränken und Luft in Berührung kommenden Teile der *Zapfarmatur* sind *einmal täglich* zu reinigen. *Hinterdruckleitungen* sind *jeden Monat einmal* zu reinigen. Abgestandenes, trübes, schales und *Neig- oder Tropfbier* darf nicht ausgeschenkt werden.

Jugendschutzgesetz An *Kinder und Jugendliche unter 16 Jahren* dürfen *Branntweine* oder branntweinhaltige Genussmittel weder abgegeben, noch darf ihnen der Verzehr gestattet werden. Eine Ausnahme sind Jugendliche, die sich in Begleitung von einem Erziehungsberechtigten befinden. Man darf ihnen schwache alkoholische Getränke ausschenken.

Räumlichkeiten Es müssen *Toiletten*, eine *gute Entlüftung*, *Brandschutz* bei allen Dekorationen und Tapeten, eine Bartheke mit zwei Spülbecken oder Spülmaschinen vorhanden sein.

Sauberkeit Es sollten alle Geräte, Einrichtungen und Möbel hygienisch einwandfrei sein. *Sehr wichtig ist vor allem die Sauberkeit des Barmannes bzw. der Bardame an Körper, Kleidung und Haaren.*

Sperrzeiten Sperrzeiten werden nach den *öffentlichen Bedürfnissen* oder besonderen örtlichen Verhältnissen allgemein oder für einzelne Betriebe *verlängert*, *verkürzt* oder *aufgehoben*.

Toiletten Ebenfalls *Visitenkarte des Hauses*. Es müssen Herren- und Damentoiletten mit Waschbecken, Seife und Handtüchern vorhanden sein. Bei mehreren Angestellten sogar eine Personaltoilette. Die Toiletten müssen leicht erreichbar und eindeutig gekennzeichnet sein.

1.7 Tabakwaren
in Restaurant und Bar

Zigarre als Digestif und Genusskultur

Eine neue Genusskultur hat Einzug gehalten. Wir erleben als eine Art Renaissance, ein feines Essen nicht nur mit dem Digestif wie Cognac oder Portwein, sondern auch mit einer ausgezeichneten Zigarre oder mit einem Zigarillo abschließt. Diese versprechen zusätzlichen Genuss, Gemütlichkeit und Zufriedenheit. Kaum ein Tag vergeht, an dem die gehobenen Gäste oder die Prominenz von Film und Fernsehen ihren Abend nicht mit Zigarren ausklingen lassen. Das Revival der „Dunhills" und „Davidoff's" gilt vor allem den so genannten Premium-Zigarren.
Zigarren sind in der Bar und im Restaurant eher etwas verpönt, da man an die negativen Auswirkungen des Qualms denkt, der die Gäste einhüllt. Von Nichtrauchern wird dies oftmals als Tortur empfunden. Man sollte daher Raucherzimmer, Raucherecken im Restaurant oder in der Bar mit einer guten Ablüftung vorsehen, damit die übrigen Gäste nicht belästigt werden.

Der Genuss einer Zigarre verlangt nach Kennen und Können, es sollten daher folgende Kriterien beachtet werden:

- Einkauf
- Sorte
- Preisniveau
- Genuss
- Anbieter
- Größe
- Lagerung

Die wechselseitigen Genüsse aus gutem Essen, einem guten Wein und einer guten Zigarre können durch ein perfektes Zusammenspiel den Genuss noch steigern. Verfügen Zigarren über Geschmackskomponenten wie *Süße*, *Säure* und *Bitterstoffe*, dann lassen sie sich auch mit Speisen, Wein oder Cocktails der entsprechenden Geschmackskomponenten kombinieren. Es sollte lediglich darauf geachtet werden, dass sich das Aroma von Wein durch den Genuss einer Zigarre verändern kann.

Die Tradition des Rauchens

Rauchen gilt gemeinhin als ein Symbol zwischen Kult und Kultur. Bei den Indianern in Südamerika hatte der Genuss von Tabak einen rituellen Charakter. Demitrio Pela erlernte 1541 von einem Indianerhäuptling die Anfertigung einer Zigarre mit der Hand. Durch die Entdeckung Amerikas kam das edle Gewächs nach Europa, wo 1720 in Sevilla bereits größere Mengen davon angepflanzt wurden. Zigarrenrauchern wurde nachgesagt, dass sie wohlhabend seien, und sie verkörperten den Inbegriff des Erfolgs.
Heutzutage hat die Zigarre eine andere, aber dennoch besondere Bedeutung. Sie wird in klassischer Form genossen, nur gepafft, aber nicht inhaliert. Anders als die Zigarette ist sie kein Suchtmittel, sondern Ausdruck einer niveauvollen Genusskultur.
Eine falsche Wahl der Zigarren nach dem Essen kann den gesamten positiven Eindruck zunichte machen. Man sollte sich daher stets vor dem Zigarrenkauf von einem Fachmann beraten lassen.

Die Kunst des Zigarrenkaufs

Auswahlkriterien:

1. Durch welche *Tabak-Melange* sind die Zigarren gekennzeichnet?
2. *Von welchen Plantagen* stammen die *Einlage*, das *Umblatt* und das *Deckblatt*?
3. *Wo* ist die Zigarre *gefertigt* worden?

Die Zigarrenformate sind vielfältig, dazu variieren die Farben zwischen *claro* für gelbbraun und *oscuro* für schwarz. Zudem gibt es Geschmacksunterschiede. Ein dunkles Deckblatt ist aber nicht zwingend ein Zeichen für eine besonders kräftige, intensive Zigarre.
Der Einkauf einer brasilianischen oder kubanischen Zigarre ist alleine noch keine Garantie für hohe Qualität. Gerade Länder wie *Nicaragua*, *Sumatra*, *Java* und die *Dominikanische Republik* befinden sich qualitativ gesehen auf dem Vormarsch.

Die Größe der Zigarren

Besonders lange Zigarren können eine Ewigkeit anhalten, und wenn ein Gast eine Zigarre über ein Ringmaß von 45 mm um 22 Uhr zu rauchen beginnt, wird er die Rechnung wahrscheinlich nicht vor 24 Uhr bestellen.
Der Durchmesser einer Zigarre wird in der Maßeinheit von 1/64 Zoll eines festgelegten Ringmaßes ausgedrückt. Hat eine Zigarre ein Ringmaß von 49, dann ist sie 49/64 Zoll dick. Eine Zigarre mit einem Ringmaß von 64 wäre demnach 1 Zoll dick. Es gibt heute nur noch wenige Zigarren, die ein solches Format haben, wie die 229 mm lange Royal Jamaica Goliath oder die ebenso lange José Benito Magnum aus der Dominikanischen Republik. Die größte noch rauchbare Zigarre, die Koh-i-Noor, misst 460 mm und hat ein Ringmaß von 47. Eine Casa Blanca ist fast einen Meter lang und hat ein Ringmaß von 96.
Als allgemeine Regel gilt, dass dickere Zigarren meist ein *volleres Aroma* besitzen, *langsamer* brennen und *weniger heiß* werden. Die Kubaner sagen:

> *„Wenn Du auf die 30 zugehst, rauche eine Zigarre mit einem Ringmaß 30; wenn du gegen 50 gehst, rauche eine 50er.“*

> *„Zigaretten sind für den Augenblick, die Zigarre jedoch ist für die Ewigkeit gebaut.“*

Grundtypen

Longfiller und Shortfiller

Sie unterscheiden sich in Format, Farbe, Provenienzen des Tabaks, Dicke, Länge und deren Verarbeitung.

Longfillers

Sie bestehen aus *entrippten*, ganzen Tabakblättern und sind *„handmade“*, also von Hand gerollt. Es werden nur wenige vollständige Blätter verwendet, die zuvor strenge Qualitätsprüfungen bestehen müssen.

Shortfillers

Sie werden aus *gerissenen* Tabakblättern zusammengesetzt und *maschinell gefertigt*. Es muss also mit Schwankungsbreiten gerechnet werden. Sie werden rauchfertig mit offenem Kopf angeboten und eignen sich daher für unerfahrene Raucher zum Einstieg.

Die wichtigsten vier Grundtypen unter den vielen Geschmacksrichtungen und Charaktereigenschaften von Zigarren sind:

1. **Sumatra:** Sie kommt aus Holland mit einer Einlage aus Indonesien, würziger Brasil und aromatischer Havanna. Das Umblatt stammt aus Java und das Deckblatt aus Sumatra (Europäische Geschmacksrichtung).
2. **Havanna:** Sie kommt aus Kuba, ist würzig aromatisch, hat ein herrliches Bouquet und einen niedrigen Nikotingehalt (Amerikanische Geschmacksrichtung).
3. **Bahia:** Sie kommt aus Brasilien, ist mild, würzig und besitzt eine gute Brandeigenschaft (Südamerikanische Geschmacksrichtung).
4. **Manila:** Sie kommt von den Philippinen, hat ein aromatisches Einlegblatt und ein mittelkräftiges Aroma (Asiatische Geschmacksrichtung).

Kriterien zur Verkostung von Zigarrensorten

Alle Zigarren werden einen Tag vorher im *Klimaschrank (Humidor)* stabilisiert und beim Test ohne Banderole präsentiert. Die Bewertung erfolgt anhand der folgenden Kriterien:

1. **Anmutungscharakter:** Im kalten Zustand nach Aroma, Feuchtigkeit und Elastizität.
2. **Das Anzünden:** Beurteilung nach den Kriterien einfach oder kompliziert.
3. **Das Brandverhalten:** Brennt die Zigarre gleichmäßig, langsam oder schnell ab.
4. **Geschmacksnuancen:** Süßlich, bitter, mild herbe, würzig erdig, leicht mittelkräftig, kräftig usw.
5. **Optische und aromatische Anmutung:** Im kalten und warmen Zustand.
6. **Ganzheitliche Bewertung:** Hält die Zigarre, was sie verspricht?
7. **Abschließende Bewertung:** Notenvergabe auf einer Skala von 1 bis 10 (aufsteigende Wertung).

Zigarrentest und Sorten

Nur sehr gute Zigarren können sich gemeinhin am Markt behaupten. Mittelmäßige Zigarren, die der Raucher nicht kennt, haben keine Chance.
Getestet wurden von Zigarrentestern jeweils 66 Zigarren in den Formaten von *Corona*, *Panatela*, *Robusto*, *Churchill* und *Figurado* als sog. Blindtest ohne Banderole. Das *Ergebnis* dieses Tests lautete folgendermaßen:
Einige wenige Zigarren schmeckten miserabel und einige wenige machten ihrem Premium-Prädikat alle Ehre. Oft wurde die Frage gestellt, bei welcher Zigarrensorte sowohl Geschmack als auch Preisniveau perfekt miteinander harmonieren.

- Die Panatela-Formate (schmal und lang) konnten nicht überzeugen. In aller Regel überwogen bittere Geschmacksnuancen.
- In den Formaten Churchill (dick und lang) und Figurado (Kopf spitz, Körper zylindrisch) überzeugten die Cubaner: Romeo y Julieta und die Montecristo no. Zwei erhielten beste Noten.
- Zigarren von Davidoff belegten fünfmal die vorderen Plätze.
- Die höchste Bewertung erhielt Carlos VII., kreiert von Carlos Torano. Der Exil-Kubaner überraschte die Jury.
- Als beste Havanna wurde Ernesto Che Guevara und Fidel Castro entwickelt.
- Als Geheimtipp zum Kennenlernen erwiesen sich die Long-Filler aus Nicaragua.

Für einen erfolgreichen Auftritt empfiehlt die Jury einen Satz über Zigarren von Zino Davidoff:

„Mit den Zigarren ist es wie mit den Frauen: Schenkt man ihnen nicht genügend Aufmerksamkeit, gehen sie aus."

Einige Ergebnisse des Test im Detail

Robusto	**Carlos VII Torano** *Dominikanische Republik*	*Die beste Zigarre im Test. Guter Zug, ein süffiger milder Genuss, dezente Würze von Anfang bis Ende.* **Importeur:** *Villiger*	*7,40 Pkt.*
	Joya de Nicaragua *Nicaragua*	*Aufwendige Ausstattung, günstiger Genuss, fein abgestimmte Mischung, dezente Süße und zart-bittere Nuancen.* **Importeur:** *Kohlhase, Kopp & Co.*	*6,50 Pkt.*
	The Griffin's Davidoff *Dominikanische Republik*	*Feine Optik. Milder, leicht süßlicher, aromatischer Rauchgenuss.* **Importeur:** *Gebr. Heinemann.*	*6,30 Pkt.*
Panatela	**Da Ponte Extra** *Honduras*	*Natürlicher, sympathischer Geruch, kräftig, zum Ende hin angenehm pfeffrig.* **Importeur:** *Charles Fairmorn*	*5,90 Pkt.*
	Panatela *Dominikanische Republik*	*Erdige Aromen, leicht bitter. Wird zum Ende hin angenehm würzig.* **Importeur:** *Kohlhase, Kopp & Co*	*5,40 Pkt.*
	Portofino Cafe (Tubes) *Jamaica*	*Eine ausgewogene Zigarre mit erdigen Sattel- und Lederaromen.* **Importeur:** *Kohlhase, Kopp & Co.*	*5,30 Pkt.*
Churchill	**Romeo y Julieta** *Cuba*	*Ein aromatischer und charaktervoller Klassiker von der karibischen Insel. Perfekt in der Verarbeitung.* **Importeur:** *5 Th Avenue Spirits*	*7,25 Pkt.*
	Davidoff Double „R" *Dominikanische Republik*	*Sehr ausgewogen, milde Süße, zarter Bitterton, zum Ende hin kräftig, aber nicht beißend.* **Importeur:** *Gebr. Heinmeann*	*6,95 Pkt.*
	Don Diego, Monarchs Tubes *Dominikanische Republik*	*Feinwürzig, rund und weich, leichte Nussaromen* **Importeur:** *Kohlhase-Kopp & Co.*	*6,45 Pkt.*
Figurado	**Montecristo Nr. 2** *Cuba*	*Ein Meisterwerk. Aromareich, bis zum Ende ausgewogen würzig. Perfekte After-Dinner-Zigarre.* **Importeur:** *5 TH Avenue Spirits*	*7,22 Pkt.*
	Centenas 1994 Dunhill *Dominikanische Republik*	*Würzig im Duft, aromareich im Geschmack.* **Importeur:** *Stanwell*	*7,06 Pkt.*
	Spezial „T" Davidoff *Dominikanische Republik*	*Zarter zimt-zedriger Duft, etwas fest im Zug. Zum Ende hin angenehm würzig.* **Importeur:** *Gebr. Heinemann*	*6,72 Pkt.*
Corona	**Grand Cru Nr. 1 Davidoff** *Dominikanische Republik*	*Perfekt in der Optik und bis zur Hälfte auch im Geschmack. Danach deutlich bitter.* **Importeur:** *Gebr. Heinemann*	*6,94 Pkt.*
	Baron de Rothschild *Cafe, Macanudo Jamaika*	*Intensives Aroma, zart-bitter werdend, bleibt aber harmonisch.* **Importeur:** *Kohlhase, Kopp & Co.*	*6,75 Pkt.*
	Griffin's No. 200. Davidoff *Dominikanische Republik*	*Sehr kultivierte Zigarre, erste Hälfte sehr angenehm im Geschmack, danach leicht bitter.* **Importeur:** *Gebr. Heinemann*	*6,69 Pkt.*

Die Lagerung

Tabakwaren ziehen leicht fremde Gerüche an und sind sehr *temperaturempfindlich*. Sie müssen darum *geruchsfrei und dunkel* gelagert werden. Eine zu hohe Luftfeuchtigkeit oder Trockenheit schadet der Zigarre. Trocknet die Zigarre aus, schmeckt sie heiß, scharf und bitter. Zigarren dürfen ebenso nie direkt mit Wasser in Berührung kommen.

Ganz gleich, ob die Zigarre in der Kiste oder einzeln im Glasröhrchen verpackt ist: Aus dem *Humidor* schmeckt sie am besten. Einen guten Humidor erkennt man vor allem beim Schließen. Saugt er die Luft an und fällt mit einem leicht schmatzenden Laut zu, ist er von guter Qualität.
Zigarren brauchen eine gleichmäßige Temperatur von 15 bis 20 °C und Luftfeuchtigkeit von 60 bis 70 %.

Der Genuss einer Zigarre

Ist die Entscheidung für eine bestimmte Zigarre gefallen, müssen weitere anspruchsvolle Aufgaben bewältigt werden: das richtige Anschneiden, das Entzünden und das Rauchen.

Prüfung des Deckblattes

Die Zigarre wird zwischen Daumen und Zeigefinger leicht zusammengedrückt. Dabei bewegt man sie etwas hin und her und prüft somit das Deckblatt auf Feuchtigkeit und Trockenheit.

Test auf Feuchtigkeit

Bevor man die Zigarre schneidet, testet man mit den Lippen die Spitze der Zigarre. Ist sie noch zu trocken, befeuchtet man sie.

Anschneiden einer Zigarre

Die geschlossenen Zigarren werden eingeschnitten, es gibt dabei mehrere Möglichkeiten:

1. *Zigarrenabschneider:* er schneidet eine ca. 1/2 cm tiefe Kerbe in die Zigarre, dadurch wird eine bessere Rauchentwicklung gefördert. Die Tiefe des Einschneidens richtet sich hierbei jeweils nach der Größe der Zigarre.
2. *Zigarrenabschneider mit einem geraden Schnitt:* das Ergebnis ist nicht so gut wie beim Kerbeneinschnitt.
3. Kleine Schere und Messer.
4. Hat man nichts zur Hand, kann man eine Kerbe mit dem Fingernagel in die Zigarre ritzen oder das vordere Ende der Zigarre abbeißen (was jedoch nicht der feinen Art entspricht).

Entzünden der Zigarre

Dieser Vorgang besteht aus folgenden Schritten:

1. Das Ende der Zigarre wird zunächst über der *Streichholzflamme* einige Sekunden vorgewärmt. Der Schwefelkopf sollte abgebrannt sein.
2. Jetzt nimmt man die Zigarre in den Mund und entzündet das Ende der Zigarre mit einem zweiten Streichholz. Die Flamme darf dabei nicht zu groß sein. Vermeiden Sie zum Anzünden ein Benzinfeuerzeug.

Der erste Zug an der Zigarre

Man hält die Zigarre etwas schräg im Mund, macht kleine Züge und dreht sie etwas über der Flamme. Dies ermöglicht ein besseres Entzünden der Zigarre. Wichtig ist, dass eine gleichmäßig starke Glut am Zigarrenende erreicht wird.

Das Rauchen

Kenner genießen nur den Rauch der Zigarre, sie inhalieren ihn nicht, sondern stoßen oder blasen ihn langsam und genießerisch aus, dies jedoch nicht in das Gesicht anderer Gäste. Eine Zigarre wird nie bis zum Ende geraucht, da dort die Bitterstoffe wie Teer und Nikotin austreten. Die Zigarre wird auf einen speziellen *Zigarrenaschenbecher* abgelegt und sie erlischt durch den konzentrierten Teerstoffgehalt nach einiger Zeit von selbst. Demnach entfällt das Ausdrücken.

1.8 Übungen

1 Nennen Sie 10 verschiedene Bartypen!

2 Was verstehen Sie unter einer American Bar?

3 Was verstehen Sie unter einer Happy-Hour-Bar?

4 Was verstehen Sie unter einer Satelliten-Bar?

5 Wonach richtet sich die Einrichtung der Bar?

6 Wie sollte eine Bartheke aussehen?

7 Warum befinden sich hinter der Bar noch Aufbauten oder Regale?

8 Welche Beleuchtung sollten Sie in der Bar anbringen?

9 Wo sollten die Barutensilien stehen?

1 *Pianobar, Restaurant-Bar, Bierbar, American Bar, Satelliten-Bar, Happy-Hour-Bar, Champagner-Bar, Cocktail-Bar, Minibar, Disko-Bar.*

2 *Bei der American Bar ist die Bartheke der Mittelpunkt, um den sich die Barhocker gruppieren.*

3 *In der Happy Hour werden die Getränke preiswerter angeboten, wodurch der Umsatz gesteigert und somit der Deckungsbeitrag abgedeckt wird.*

4 *Es ist eine fahrbare Bar, die überall aufgestellt werden kann.*

5 *Hierbei kommt es auf den Bartyp an, welchen Gästekreis die Bar hat und wie teuer die Getränke verkauft werden.*

6 *Es gibt verschiedene Formen von Bartheken, z. B.: geradlinig, hufeisenförmig, rund, viereckig oder oval. Wichtig ist, dass sie in den Raum passt und der Barmann eine gute Übersicht und ein übersichtliches Arbeitsfeld hat.*

7 *Auf oder in Regalen werden Flaschen und Gläser abgestellt. Wichtig ist, dass die Regale auch verschließbar sind, damit die Gläser nicht verstauben.*

8 *Die Beleuchtung richtet sich nach dem Stil der Bar. Sie sollte eine gewisse Atmosphäre ausstrahlen. Wichtig ist, dass nicht die Gäste oder Flaschen angestrahlt werden, sondern nur markante Punkte in der Bar, wie z. B. Bilder. Eine indirekte Beleuchtung ist dem grellen Licht vorzuziehen.*

9 *Die Barutensilien müssen so stehen, dass man sie schnell ergreifen kann und der Arbeitsablauf dabei nicht gestört wird.*

10 Worauf ist zu achten, damit die Gäste auch an der Bartheke essen können?

11 Was ist noch wichtig für die Einrichtung einer Bar (7 Beispiele)?

12 Worauf achtet man bei der Gestaltung der Barkarte?

13 Nennen Sie die gesetzlichen Richtlinien zur Erstellung der Barkarte!

14 Nennen Sie einige gesetzliche Anforderungen vor der Bar!

15 Nennen Sie einige gesetzliche Anforderungen in der Bar!

16 Nennen Sie einige warme und kalte Speisen, die man in der Bar anbieten könnte!

17 Nennen Sie die wichtigsten Gruppen einer Barkarte!

18 Welche Grundtypen unterscheidet man bei den Zigarren und wie unterscheiden sie sich?

19 Nennen Sie die Grundtypen der Zigarre!

20 Woraus besteht eine Zigarre?

21 Wie lagert man eine Zigarre?

10 *Auf jeden Fall soll die Barplatte (Abstellplatte) groß genug sein, um auch die Essteller abstellen zu können.*

11 *Musikanlage, Entlüftung, Sitzgelegenheiten, Garderobe, Feuerschutz, Anlieferung der Waren, Abfallbeseitigung usw.*

12 *Format, Material, Gestaltung des Umschlag, Gestaltung des Innenteil, Schrift, Farbe.*

13 *Anschrift, Inhaber, Telefon-/Fax-Nr., Inhaltsangabe von Speisen und Getränken, Preisangabe, Anteile der Schad- und Fremdstoffe, Volumen-% der Getränke, Ausschankmaße, Öffnungszeiten, Gute Lesbarkeit der Karte, Angabe von Bedienungsgeld und anderen Aufschlägen.*

14 *Preisverzeichnis, Firmenangabe, Öffnungszeiten.*

15 *Sauberkeit, Toiletten, Erste Hilfe, Abfallbeseitigung.*

16 *Sundries, Finger-Food, Crostinis, Suppen, Cocktailhappen, Kebaps, Tapas, Käsewürfel.*

17 *Apéritifs, Digestifs, Long Drinks, Short Drinks, alkoholische Getränke, nicht alkoholische Getränke.*

18 *Longfiller bestehen aus entrippten, ganzen Blättern und sind von Hand gerollt. Shortfillers werden aus gerissenen Tabakblättern zusammengesetzt und maschinell gefertigt.*

19 *Sumatra, Havanna, Bahia und Manila.*

20 *Die Zigarre besteht aus Einlage, Umblatt und Deckblatt.*

21 *Eine Zigarre lagert man bei einer gleichmäßigen Temperatur von 15 bis 20 Grad und einer Luftfeuchtigkeit von 60 bis 70 %, am besten in einem Hunidor.*

Kapitel 2

Barutensilien

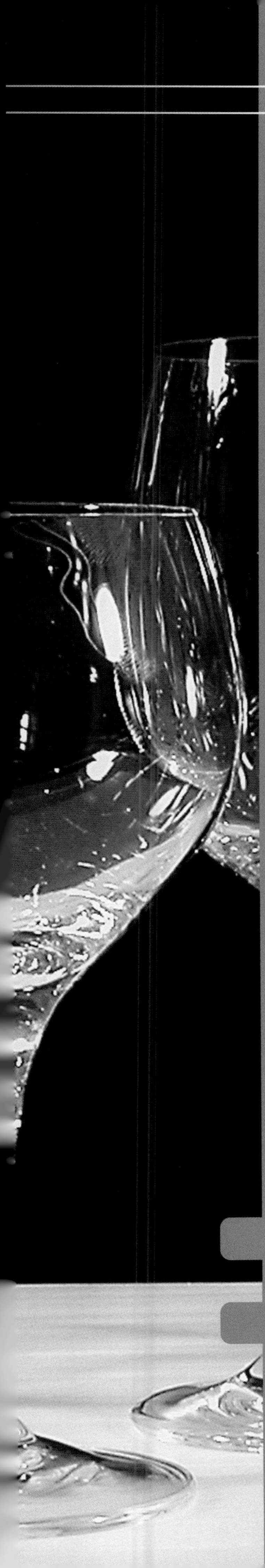

2.1 Große Barutensilien

Ohne Barutensilien ist eine Arbeit in der Bar unmöglich. Man unterscheidet zwischen großen Bargeräten und kleineren Barutensilien. Die Barutensilien sind das so genannte *Handwerkszeug* des Barmixer. Das höchste Gebot für den Barmixer ist die *Sauberkeit* und dementsprechend müssen die Geräte auch behandelt werden. Da die Barsprache „Englisch" ist, werden die wichtigsten Utensilien auch in englischer Sprache benannt.

Die bedeutendsten Geräte für die Privatbar sind in der nachfolgenden Auflistung mit einem Sternchen versehen.

2.1/1 *Elektrischer Mixer*

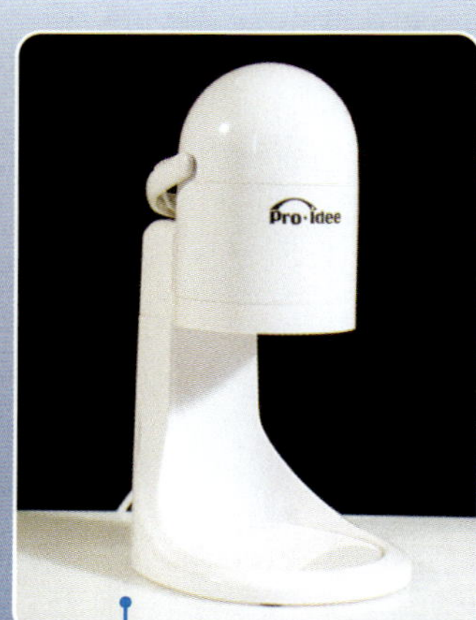

2.1/2 *Shaved-Ice-Maschine*

2.1/3 *(Hand) Crushed-Ice-Maschine*

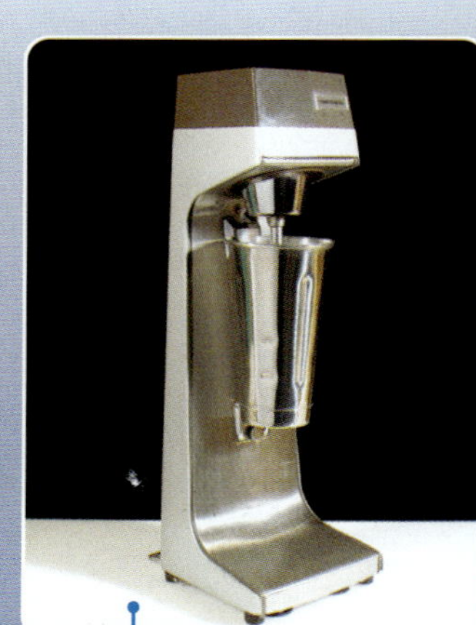

2.1/4 *Hamilton Beach (Blender, Stabmixer)*

2.1/5 *Würfeleismaschine*

2.1/6 *Eiskübel*

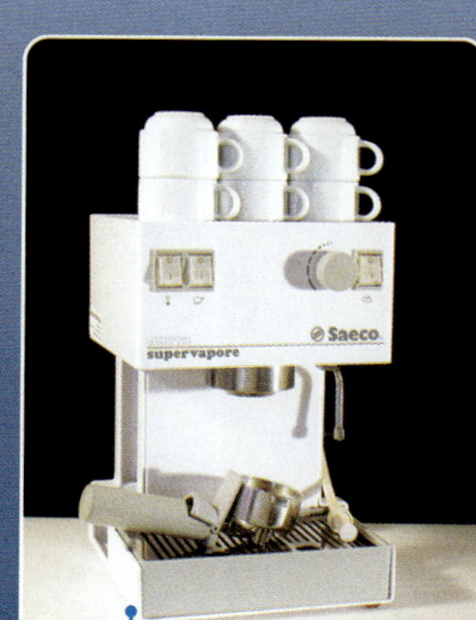

2.1/7 *Espressomaschine*

2.1/8 *Fruchtpresse (elektrisch)*

Abb.	Geräte	Handhabung
2.1/1	**Elektrischer Mixer*** **(electric mixer)** **Aufsatzmixer**	*Er wird verwendet, um Getränke und Cocktails mit vorher zerkleinerten Früchten herstellen zu können, was ein Stabmixer nicht kann. Die Früchte werden dabei zu Mus verarbeitet. Er ist nicht zu entbehren, da er im Stoßgeschäft den Shaker ersetzt.*
2.1./2	**Shaved-Ice-Maschine**	*Meistens wird das fest gefrorene Getränk oder Eis mittels einer Shaved-Ice-Maschine, auf die man mit der Hand drückt, hergestellt.*
2.1/3	**Crushed-Ice-Maschine**	*Dies ist eine elektrische Maschine, die Crushed Ice (zerstoßenes Eis) herstellt. Es gibt auch Crushed-Ice-Maschinen, in denen man das Würfeleis mit der Hand zermahlt.*
2.1/4	**Hamilton Beach (Blender, Stabmixer)**	*Er ist ein elektrisches Mixgerät mit drei Geschwindigkeitsstufen. Er eignet sich besonders für die Herstellung von schwer vermengbaren Getränken, z. B. für Getränke auf Milch-, Frucht- oder Sahnebasis und Getränke mit Eiern.*
2.1./5	**Würfeleismaschine**	*Sie wird für die Herstellung von Würfeleis verwendet.*
2.1/6	**Eiskübel*** **(ice bucket)**	*Für die mise en place benötigt man einen kleinen Eiskübel für Eiswürfel und Crushed Ice.*
2.1./7	**Kaffeemaschine, Espressomaschine**	*Jede Bar hat eine Kaffee- oder Espressomaschine.*
2.1/8	**Fruchtpresse (elektrisch)**	*Um größere Mengen Orangen oder Zitronen zu pressen, benötigt man eine elektrische Fruchtpresse.*
o. Abb.	**Abfalleimer (groß)***	*In einigen Abfalleimern werden die Abfälle vorsortiert. Leere Flaschen werden nicht in den Abfalleimer geworfen.*
o. Abb.	**Chambrair für Sekt**	*Sehr dekorativ ist es, wenn man die vorgekühlte Flasche Sekt oder Champagner in einen Chambrair stellt. Er ist jedoch hauptsächlich für den Service im Barraum gedacht. Hinter der Bartheke kann er auch für Crushed Ice benutzt werden.*
o. Abb.	**Chromtabletts** **Holztabletts**	*Es gibt größere und kleinere Chromtabletts. Man benutzt sie hauptsächlich im Service für Gäste, die im Barraum an kleinen Tischen sitzen. Auf der Bartheke werden sie nicht eingesetzt.*
o. Abb.	**Mörser (groß)***	*In ihm zerstößt man Körner, Kräuter und Zitrusfrüchte.*
o. Abb.	**Schneidebrett*** **(carving board)**	*Es sollte nicht aus Holz bestehen, sondern aus Kunststoff. Es wird zum Schneiden von Früchten verwendet, daher sollte es auch eine Saftrinne haben.*
o. Abb.	**Sekt- oder Champagner-Kühler***	*In ihm wird der Sekt (Champagner) in Eis gekühlt oder auch mit Eiswürfeln frappiert.*

2.2 Kleinere Barutensilien

Abb. 2.2/1	Geräte	Handhabung
1.	**Zweiteiliger Shaker***	*Er ist besonders für Fachleute gedacht, die das Getränk durch den Strainer abgießen.*
2.	**Boston Shaker**	*Der Boston Shaker besteht aus 2 Teilen, dem unteren Glas- und dem oberen Metallteil.*
3.	**Strainer***	*Es ist ein Sieb, um das Eis im Shaker zurückzuhalten.*
4.	**Barlöffel-Trinkhalm**	*Für den privaten Gebrauch sehr geeignet. Die Löffelhalterung ist gleichzeitig Trinkhalm. Nachteil: Er ist schwer zu reinigen.*
5.	**Eiszange (Barzange)***	*Die Barzange ist die dritte Hand des Barmixers. Sobald der Gast in der Bar ist, sollte der Barmixer nach Möglichkeit nichts mehr mit der Hand anfassen.*
6.	**Eiswürfelbehälter, Eiseimer (ice bucket)**	*Der kleine Eiskübel wird aus Metall, Glas oder Silber hergestellt. Er steht entweder dem Barmann zur Verfügung oder wird beim Clubservice eingesetzt (Eiszange nicht vergessen).*

2.2/1 *Barutensilien von links nach rechts: 1. Zweiteiliger Silber Shaker, 2. Boston Shaker, 3. Strainer, 4. Barlöffel, 5. Eiszange, 6. Eiswürfelbehälter*

2.2/2 *Barutensilien von links nach rechts: 1. Rührglas, 2. Eispickel, 3. Spritzflasche, 4. Sektquirl, 5. Dosenöffner, 6. Siphon, 7. Trichter*

Abb. 2.2/2	Geräte	Handhabung
1.	**Rührglas, Mixglas (Mixing glass)**	*Cocktails, die nur aus alkoholischen und klaren Zutaten bestehen, werden nur kurz gerührt und nicht geschüttelt (geshaket). Der Sinn ist, dass die Cocktails nicht verwässern.*
2.	**Eispickel***	*Er zerkleinert ganze Eisblöcke und Eisstücke.*
3.	**Spritzflaschen**	*Sind für Bitters (Angostura-Bitter, Orangen-Bitter) gedacht. Sie sind bauchig und aus Glas hergestellt.*
4.	**Sektquirl (swizzle stick, twirling stick)**	*Sie werden aus Holz, Metall, Silber und Gold hergestellt. Sie dienen zum Herausquirlen der Kohlensäure von kohlensäurehaltigen Getränken. Die moderne Form ist dementsprechend ein kleiner Schneebesen.*
5.	**Dosenöffner***	*Zum Öffnen von Dosen zu verwenden.*
6.	**Siphon**	*In den Siphon-Behälter füllt man klares Leitungswasser und setzt eine Kohlensäure-Patrone darauf. Durch Druck erhält man ein neutrales kohlensäurehaltiges Wasser.*
7.	**Trichter***	*Zum Umfüllen von Getränken benötigt man Trichter. Mit den größeren Trichtern füllt man Getränke in Flaschen und mit dem kleinen Trichter füllt man Bitters um und ein.*

Abb. 2.2/3	Geräte	Handhabung
1.	**Schraubverschlussöffner**	*Zum Öffnen von Schraubverschlüssen an Gläsern. Sollte auch im privaten Bereich nicht fehlen.*
2.	**Barlöffel (schmal)***	*Um Oliven aus schlanken Gläsern zu holen, benutzt man diesen Barlöffel.*
3.	**Sommeliermesser mit Sektkorkenheber***	*Wenn sich der Korken der Sektflasche schlecht öffnen lässt, benutzen Sie diesen Heber.*
4.	**Eisschaufel***	*Diese Eisschaufel ist mit Löchern versehen, so kann das Wasser aus dem Würfeleisbehälter leicht durchlaufen.*
5.	**Eiszange (schmal)**	*Hat man kleinere Eiswürfel, benutzt man diese Eiszange.*

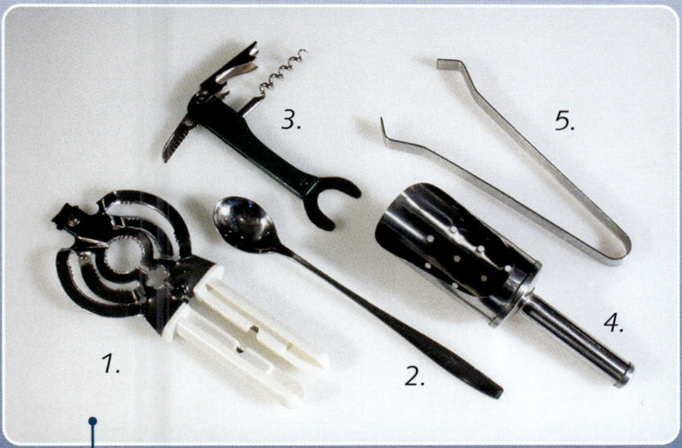

2.2/3

2.2/4

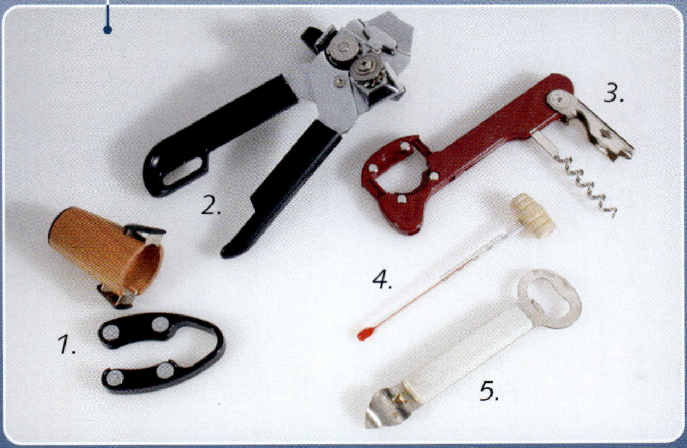

Abb. 2.2/4	Geräte	Handhabung
1.	**Weinflaschenkapselabschneider**	*Es gibt mehrere Arten, wie man die Kapsel an der Weinflasche oben sauber abschneidet. Mit diesen Kapselabschneidern erhalten Sie einen sauberen Abschnitt.*
2.	**Dosenöffner***	*Auch in der Bar öffnet man gelegentlich Dosen und benötigt den entsprechenden Öffner.*
3.	**Weinkapselabschneider**	*Sommeliermesser mit Weinkapselabschneider.*
4.	**Weinthermometer**	*Das Weinthermometer kann man in die Weinflasche oder in das Weinglas hängen, um die optimale Servier- und Trinktemperatur zu kontrollieren.*
5.	**Flaschenöffner und Dosenlocher**	*Mit diesem Flaschenöffner lassen sich diverse Verschlüsse, selbst Kronkorken auf einfache Art und Weise anheben.*

Abb.	Geräte	Handhabung
2.2/5	**Kombi-Pressen**	*Von links nach rechts: Zitronenpresse, Grapefruitpresse, Orangenpresse zum Auspressen der jeweiligen Frucht.*
2.2/6	**Kleine Handpresse***	*Um Zitrusfrüchte schnell zu pressen, verwendet man diese Presse.*
2.2/7	**Handpresse (Limettenzange)**	*Wird verwendet um schnell einige Tropfen Zitronensaft zu gewinnen.*
2.2/8	**Hebelzitruspresse**	*Zum Auspressen von Zitrusfrüchten jeder Art.*

2.2/5

2.2/6

2.2/7

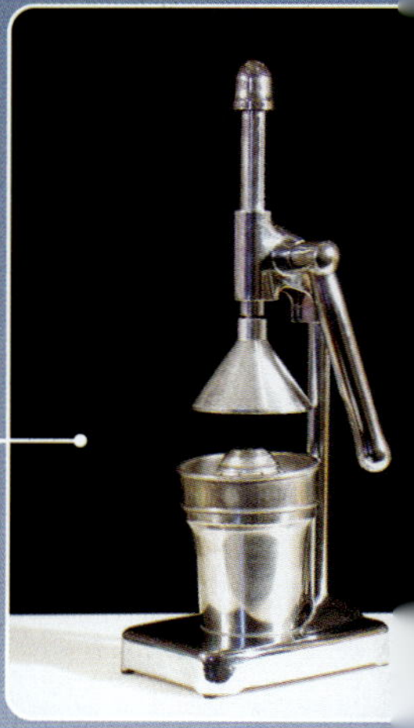
2.2/8

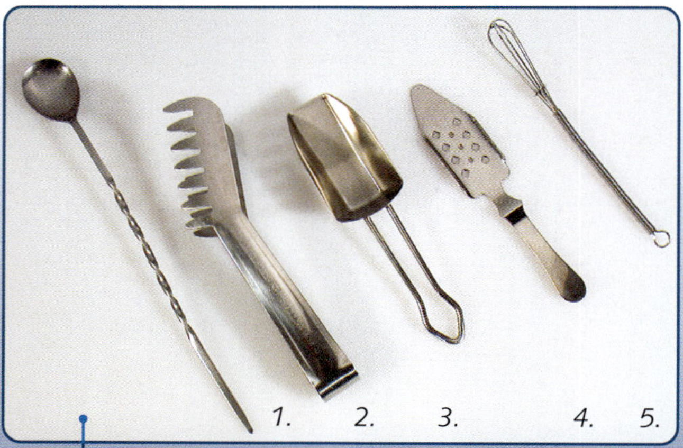

2.2/9

Abb. 2.2/9	Geräte	Handhabung
1.	**Barlöffel (Barspoon)***	*Einen Barlöffel verwendet man zum Umrühren der Getränke im Rühr- und Gästeglas. Er wird aus rostfreiem Metall oder Silber hergestellt. Einige haben am Ende einen* **Stößel (Muddler)**, *um Blätter, Zucker und Früchte zu zerdrücken.*
2.	**Eiszange (groß)***	*Das Würfeleis wird aus hygienischen Gründen mit der Eiszange und nicht mit den Händen aus dem Eisbehälter geholt. Außerdem würde das Eis in der Hand schmelzen.*
3.	**Eisschaufel für Crushed Ice**	*In der* **Crushed-Ice-Maschine** *werden die großen Eiswürfel fein gemahlen. Aus diesem Behälter entnimmt man mit der kleinen Eisschaufel das Crushed Ice.*
4.	**Zuckerwürfel-Bügel (Absinthlöffel)**	*Um Pastis au sucre herzustellen, muss man diesen Bügel auf das* **Ricard-Glas** *legen. Darauf legt man wiederum einige Zuckerwürfel. Dann wird das Eiswasser langsam über den Würfelzucker gegossen. Somit kann bestimmt werden, wie süß der Pastis sein soll.*
5.	**Kleiner Sektquirl**	*Früher hatte man einen Sektquirl aus Holz, heute wird er aus Metall hergestellt. Gäste, die* **keine Kohlensäure im Sekt** *vertragen können, verwenden den kleinen Sektquirl, um diese herauszuschlagen.*

Abb. 2.2/10	Geräte	Handhabung
1.	**Flaschenausgießer (pourer)**	*In den gängigen Bars hat man sie auf den Flaschen. Sie nehmen automatisch die Portionen von 2 cl bzw. 4 cl auf und stoppen den weiteren Ausfluss. Andere Spezial-Ausgießer lassen sich beliebig auf die gewünschten cl einstellen, z. B. auf 1,5 cl oder 1,2 cl.*
2.	**Korken* (corks)**	*Mit Korken verschließt man alle offenen Getränke in der Bar. Es gibt auch Spezial-Flaschenverschlüsse.*
3.	**Hebelkorkenzieher*, Sommeliermesser (bottle opener)***	*Er besteht aus:* *1. Dem* **Schneidemesser***, um die Kapsel der Weinflasche einzuschneiden.* *2. Dem* **Dorn***, der in den Korken gedreht wird.* *3. Dem* **Hebel***, mit dem der Korken langsam aus der Flasche gezogen wird.* *4. Dieses Messer hat noch einen* **Zusatzhebel***. Mit ihm lässt sich noch sicherer der Korken herausziehen.*
4.	**Behälter für Trinkhalme*, Spieße und Stirrer**	*Sie können aus Glas, Chrom oder Silber bestehen. Dekorativ werden die Trinkhalme darin aufrecht gestellt.*
5.	**Eisportionierer**	*Will man kleine Eiskugeln aus der Speiseeisschale entnehmen, so verwendet man einen Eisportionierer. Dieser sollte vorher in heißes Wasser getaucht werden.*
6.	**Eitrenner**	*Für die Zubereitung von Flips muss man das Eigelb vom Eiweiß trennen, wobei ein Eitrenner nützlich sein kann.*
7.	**Patent Sektflaschenverschlüsse***	*Die Auswahl ist ebenfalls sehr groß. Sie werden zum Verschließen geöffneter Sektflaschen verwendet. Wichtig ist, dass die Kohlensäure auch mindestens einige Tage erhalten bleibt.*

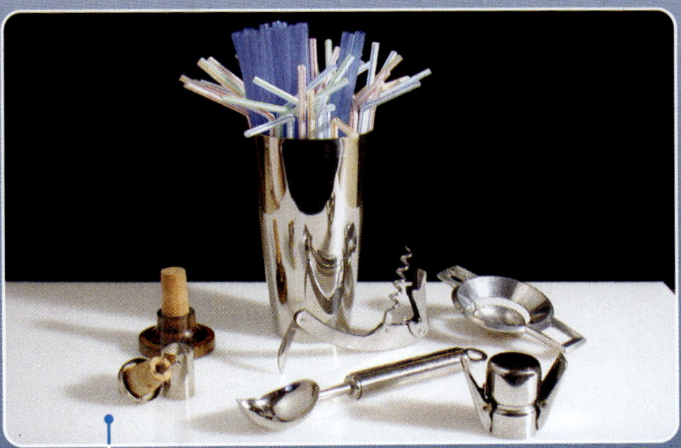

2.2/10 *1. Flaschenausgießer, 2. Korken, 3. Hebelkorkenzieher, 4. Trinkhalmbehälter, 5. Eisportionierer, 6. Eitrenner, 7. Sektflaschenverschluss*

2.2/11

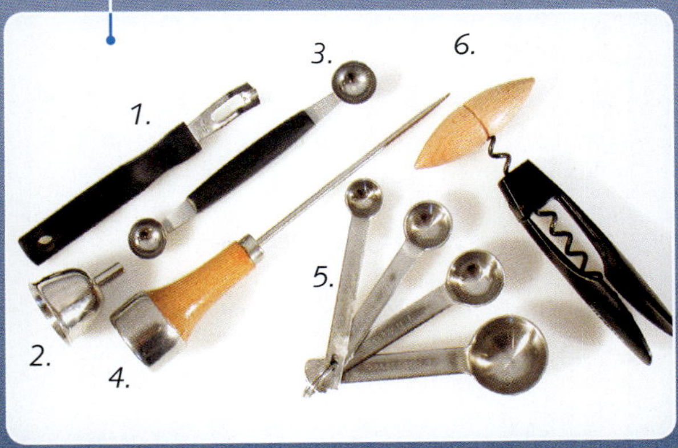

Abb. 2.2/11	Geräte	Handhabung
1.	**Zestenreißer**	*Sie werden zur Gewinnung von Zesten aus Zitrusfrüchten verwendet, die dann als Dekoration dienen.*
2.	**Kleiner Ausgießer**	*Er wird benötigt, um Getränke in kleine Flaschen umzufüllen.*
3.	**Parisienne-Ausstecher**	*Man benutzt ihn, um Kugeln für Garnituren auszustechen.*
4.	**Eispickel**	*Er wird verwendet, um größere Eisstücke zu zerkleinern.*
5.	**Messlöffel**	*Erhältlich u. a. in den Größen 1/4 Teelöffel, 1/2 Teelöffel, 1 Teelöffel, 1 Esslöffel.*
6.	**Öffner**	*Eingesetzt zum Öffnen von Weinflaschen.*

Barutensilien

Abb. 2.2/12	Geräte	Handhabung
1.	**Champagne Fresh**	*Im Champagne Fresh wird durch den Aufsatz Sauerstoff in die Sektflasche gepumpt, dadurch bleibt der Champagner länger frisch.*
2.	**Mörser und Stößel**	*Im Mörser werden mit dem Stößel Früchte, Kräuter oder Gewürze zerdrückt.*
3.	**Früchtepicker**	*Man benutzt ihn, um Früchte aus einem Glas zu holen und abzudrücken.*
4.	**Eislöffel**	*Der Eislöffel enthält ein Sieb, damit das Wasser ablaufen kann.*
5.	**Kleine Crushed-Ice-Presse**	*Hauptsächlich für den privaten Gebrauch gedacht, um eine Portion Crushed Ice herzustellen.*
o. Abb.	**Würfeleis-schaufel**	*Auch bei ihr kann das Wasser durch den Löffel laufen.*
o. Abb.	**Zitronen-spaltpresse**	*Darin gibt man dem Gast bspw. eine Zitronenecke zum Bloody Mary.*
o. Abb.	**Eishammer**	*Will man kleine Eisstücke zu Crushed Ice schlagen, verwendet man einen Eishammer. Er ist vorwiegend für den privaten Gebrauch gedacht. Man nimmt ein sauberes Tuch, gibt die Eisstücke hinein, schlägt das Tuch zu und zerkleinert dann mit dem Eishammer die Eisstücke.*
o. Abb.	**Muskatmühle***	*Damit man den Muskat nicht mehr mit den Händen auf der Reibe reiben muss, verwendet man aus hygienischen Gründen die Muskatmühle.*
o. Abb.	**Aschenbecher***	*Wird in der Bar geraucht, erhält der Gast einen Aschenbecher.*
o. Abb.	**Bestecke***	*Unentbehrlich sind Bestecke wie Kaffeelöffel, Kuchengabel, Esslöffel und große Essgabeln in der Bar.*
o. Abb.	**Cocktail-spieße* (cocktail sticks)**	*Sie werden in* **verschiedenen Farben und Größen** *hergestellt und richten sich nach der Größe der Garnitur. Gefertigt sind sie aus Holz, Metall, Kunststoff und Plastik. Vielfach sieht man auch eine Garnitur am Stick. Auf Sticks steckt man z. B. Cocktail-Kirschen, Perlzwiebeln, Cornichons, Oliven und Früchte. Sie werden dann in das Glas oder auf den Glasrand gelegt.*

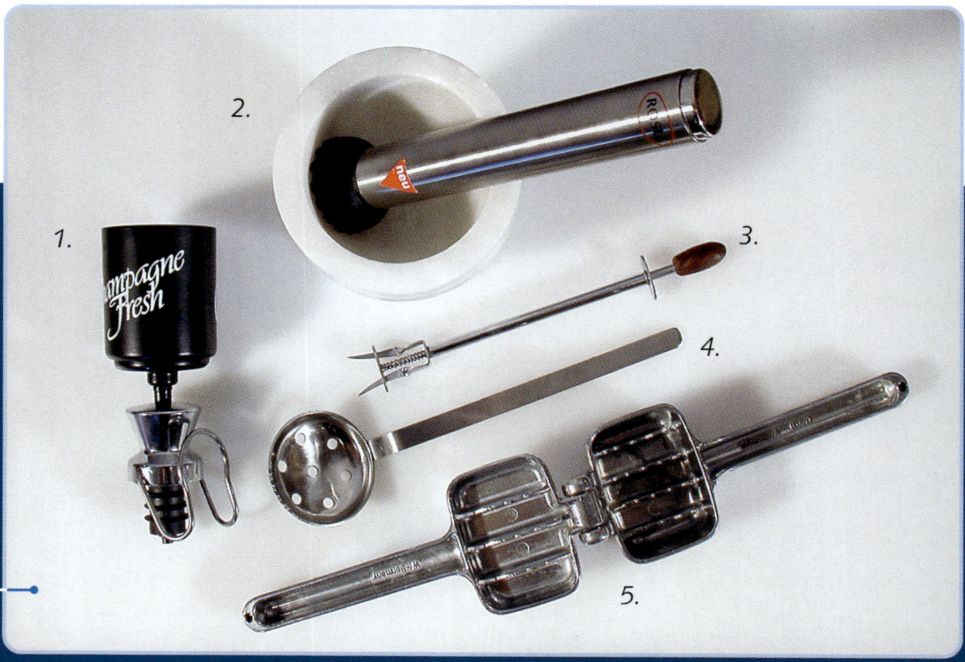

2.2/12

Abb.	Geräte	Handhabung
o. Abb.	**Crustabehälter**	*Ein* **dreiteiliger Behälter***, bei dem ein Teil für die Flüssigkeit (Sirup), die anderen Teile für Zucker und Salz vorgesehen sind.*
o. Abb.	**Krüge für Säfte und Wasser***	*Gibt es in* **verschiedenen Größen***, angefangen von 0,2 Liter bis 1,5 Liter. In die kleineren Krüge gibt man Rahm, Orangensaft, Zitronensaft, Cococream oder Wasser.*
o. Abb.	**Mühlen***	*Werden verwendet zum Mahlen von Pfefferkörnern, Salz und Muskat.*
o. Abb.	**Sägemesser***	*Um Zitrusfrüchte durchzuschneiden verwendet man ausschließlich ein Sägemesser. Verwendet man glatte Messer, so könnten sie schnell stumpf werden. Es gibt die Messer in verschiedenen Größen. Neben dem Barmesser sollte man ein größeres Sägemesser haben, um größere Früchte (Ananas) damit schneiden zu können.*
o. Abb.	**Schere***	*Mit ihr schneidet man Trinkhalme durch und ab. Weiter können* **Kronkorken** *damit gehoben werden.*
o. Abb.	**Screw pull**	*Spezieller Korkenzieher, um den Korken rucklos herauszuziehen. Man verwendet ihn hauptsächlich für Flaschen mit Depot (Rotwein- und Portwein-Flaschen).*
o. Abb.	**Sirupflaschen**	*Sie werden verwendet, um verschiedene Sirups aufzubewahren wie z. B.* **Grenadine**, **Maracuja**, **Banane**, **Cocos** *usw.*
o. Abb.	**Sticks**	*Kleine Spieße mit einer* **Länge von 6 bis 14 cm**. *Man spießt damit Obst und Sauergemüse auf.*
o. Abb.	**Stirrer**	*Sie haben eine* **Größe von 14 bis 18 cm** *und finden Verwendung beim Umrühren von Long Drinks. Sie bestehen aus Glas, Metall, Plastik oder Plexiglas.*
o. Abb.	**Stößel (muddler)**	*Jeder Mörser hat einen* **Stößel**. *Er kann aus Holz, Metall oder Marmor hergestellt sein. Mit ihm werden die Kräuter und Zitrusfrüchte im Mörser zerstoßen.*
o. Abb.	**Sundriesbehälter* (Knabbersachen)**	*Auf jeden Fall werden in der Bar Knabbereien aufgestellt wie z. B. Chips, Nüsse, Mandeln, Oliven usw. Die Schalen bestehen aus Metall, Holz oder Glas.*
o. Abb.	**Trinkhalme (straws)**	*Die Auswahl ist heute sehr groß und es gibt sie in vielen Farb-, Form- und Größenvarianten. Teilweise sind sie auch in die Dekoration integriert. Hergestellt werden sie aus Plastik oder Stroh. Die Strohtrinkhalme sind in Papier eingehüllt.*
o. Abb.	**Untersetzer (coasters, underliner)**	*Es sind Tropfenfänger, hergestellt aus Kork, Metall, Silber, Karton, Papier oder Holz. Sie halten die Bartheke sauber.*

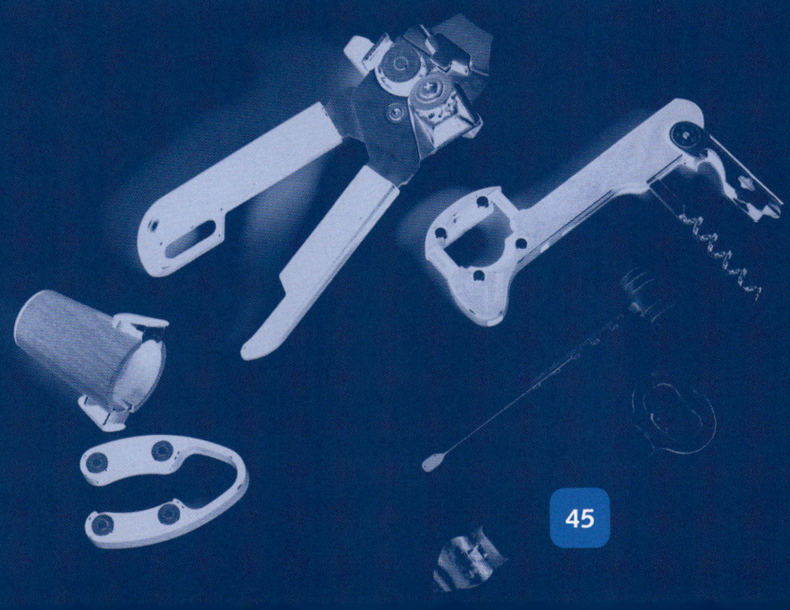

2.3 Gläser

Das oberste Gebot bei Zubereiten und Servieren von Getränken ist die *Sauberkeit* des Glases. Die Ränder dürfen nicht *angeschlagen* oder anderweitig beschädigt sein, sonst könnte sich Gast damit am Mund verletzen. Die Wahl des Glases ist von der Gesamtmenge des Getränks abhängig. Bei Tumbler- und Longdrinkgetränken bevorzugt man schwere und massivere Formen. Generell sollte man beim Einkauf auf Folgendes achten:

1. FORM:

Man sollte wissen, für welches Getränk das Glas benutzt werden soll, und die entsprechende Form wählen. Für die Profibar sollten sie stapelbar sein.

2. MATERIAL:

Nicht alle Gläser eignen sich für eine Bar. Das Glas sollte stabil sein (gute Haltbarkeit) und sich gut reinigen lassen.

3. GrundMATERIAL:

Das Grundmaterial zur Glasherstellung ist *Quarzsand*. Werden Flussmittel Natron (Soda) und Kreide (Kalkstein) verwendet, entsteht ein *einfaches Glas* oder ein *Natronglas*. Wird Natron durch Kali ersetzt, entsteht ein härteres und schöneres Glas, das *Kristallglas* oder Kaliglas. Es ist leichter als das Natronglas.
Das *Böhmische Kristallglas* wird durch Kreide- und Kalibeimengungen zusätzlich gehärtet.
Bleikristallglas oder Bleiglas entsteht durch Zusatz von Bleioxyd. Bleikristallgläser werden mundgeblasen und sind somit besonders wertvoll.
Eine besondere Glasart ist das *feuerfeste Glas*. Es wird unter Zusatz von Schamotten und Borax hergestellt.
Einfache Gläser werden durch maschinelles Pressen in *Hohlglasmaschinen* hergestellt, es entsteht ein *Pressglas*. Man erkennt es an den *Nähten*.

4. WERT des Glases:

Der Wert des Glases wird durch seinen *Klang*, das *Lichtbrechungsvermögen* und seine *Wandstärke* bestimmt.

5. DEKOR:

Veredelt werden Kristallgläser durch Färben, Bemalen, Ätzen, Gravieren und Schleifen. In der Bar verwendet man hauptsächlich klare Gläser. Ausnahmen bilden Cocktailschalen und Cocktailkelche mit farbigen (schwarz oder rosa) Füßen und Stielen.

6. GrundFORMEN:

Man unterscheidet:

- **Kelchgläser:** bestehend aus Fuß, Stiel und Kelch
- **Schalengläser:** bestehend aus Fuß, Stiel und flachem Kelch
- **Becher:** ohne Stiel oder mit kurzem Fuß (Fußbecher)

Nachfolgend eine Auswahl spezieller und häufig in einer Bar verwendeter Glasarten.

Tumbler

Charakteristisch für den Tumbler ist der doppelt dicke Boden. Die Unterscheidung erfolgt anhand verschiedener Größen und Inhaltsmengen.

2.3/1

Abb. 2.3/1	Glas	Inhalt	Verwendung
1.	**Ganz kleiner Tumbler**	*4 cl*	*Als Schnapsglas, für Probegetränke, gekühlte Getränke wie Aquavit, Wodka.*
2.	**Kleiner Tumbler**	*12 cl*	*Für Säfte, Wasser, alkoholfreie Getränke wie Orangensaft, Tomatensaft.*
3.	**Mittlerer Tumbler***	*14 cl*	*Für Frucht- und Gemüsegetränke, Joghurtmischgetränke, Milchshakes.*
4.	**Old-Fashioned-Glas, breit***	*24 cl*	*Whisky, Sours, Rickey, Caipirinha, Frappés, Spirituosen „on the rocks".*
5.	**Mittlerer Tumbler, hoch**	*20 cl*	*Fizzes, Egg-Nogs, Sours, Juleps, Joker, Frappés, Sorbets.*
6.	**Übergroßer Tumbler**	*26 cl*	*Long Drinks, Highballs, Joker, Fancy Drinks, alkoholfreie Getränke.*
7.	**Übergroßer Tumbler***	*38 cl*	*Highballs, Coolers, Collinses, Long Drinks, Juleps, alkoholfreie Getränke.*

Cocktail-Gläser

Man unterscheidet *Cocktail-Kelche* und *Cocktail-Schalen.*
Die Cocktail-Kelche werden zum Servieren von klaren Before-Dinner-Drinks, die nur aus alkoholischen Zutaten bestehen, genommen. Hingegen verwendet man Cocktail-Schalen für trübe After-Dinner-Drinks. Es sind mehrheitlich Sweet-Cocktails mit größerem Volumen.
Cocktail-Kelche sollten auf jeden Fall gekühlt oder frappiert werden.
Die Kelche für *Short Drinks* beinhalten *bis zu 8 cl* und die für *Long Drinks über 8 cl.* In den meisten Bars finden vorwiegend die Long-Drink-Gläser, also auch Cocktail-Kelche und Cocktail-Schalen über 8 cl Verwendung.

2.3/2

Abb. 2.3/2	Glas	Inhalt	Verwendung
1.	**Cocktail-Kelch***	*3 cl*	*Für Schnäpse wie Aquavit, Genever, Tequila, Pousse Cafés.*
2.	**Cocktail-Kelch***	*8 cl*	*Short Drinks, Before-Dinner-Cocktails, Martini-Cocktail, Manhattan, Bonn 2000, für alle Cocktails mit einer Garnitur im Glas.*
3.	**Cocktail-Schale***	*8 cl*	*After-Dinner-Drinks wie Alexander, First Love, Grasshopper, Mona Lisa u. a.*
4.	**Cocktail-Schale***	*16 cl*	*Für Sektcocktails wie Frozen-Erdbeer-Daiquiri, Flips, Fancy Drinks.*

Sekt (Champagner)-Gläser

Auch hier unterscheidet man zwischen *Sekt-Kelchen* und *Sekt-Schalen*. Für einen qualitativ hochwertigen Sekt oder Champagner verwendet man ausschließlich die Kelche, damit die Kohlensäure nicht so schnell entweichen kann. Sekt-Schalen sind weitaus dekorativer und werden aus diesem Grund für Sekt-Cocktails bevorzugt.

Abb. 2.3/3	Glas	Inhalt	Verwendung
1.	**Champagner-Flöte**	*8 cl*	*Hochwertigen Champagner kann man in Champagner-Flöten servieren.*
2.	**Champagner-Kelch**	*10 cl*	*Für sehr guten Champagner bevorzugt.*
3.	**Champagner-Schale**	*14 cl*	*Für Champagner gedacht, aber auch für sehr dekorative Sektcocktails geeignet.*
4.	**Sekt-Schale***	*12 cl*	*Für alle dekorativen Cocktails, die mit Sekt aufgefüllt werden.*
5.	**Sekt-Kelch***	*16 cl*	*Für einfache Sektsorten gedacht, Flips, Egg-Nogs u. a.*

2.3/3

2.3/4

Ballon-/Exotische Gläser

Ballon- und exotische Gläser sind große und hohe Gläser mit einem Inhalt von *25 cl bis 40 cl*. Sie werden hauptsächlich für *Long Drinks* genommen. Insbesondere sollten sie sauber sein, selbst Fingerabdrücke sind zu vermeiden, da der positive Gestaltungseffekt sonst verloren geht. Alle exotischen Gläser sind klar, der Fuß oder Stiel kann jedoch gefärbt sein. So serviert man z. B. eine Piña Colada gerne in einem Glas mit grünem Fuß und Stiel. Letztendlich ist die Auswahl jedoch eine individuelle Entscheidung eines jeden Barmanns.

Abb. 2.3/4	Glas	Inhalt	Verwendung
1.	**Ballonglas, ausgestellte Form, Biertulpe***	*12,5 bis 50 cl*	*Für Coladas wie Swimming Pool, Piña Colada, alkoholfreie Long Drinks, Cocopeach, Bier.*
2.	**Exotic-Glas, Colada-Glas**	*bis 40 cl*	*Für Tropicanas, Asia Drinks, Fruit Drinks, Coladas.*
3.	**Hurricane**	*bis 35 cl*	*Für großen Caribbean Fruitpunch, Planter's Punch, Piña Colada.*
4.	**Tulpenglas**	*bis 50 cl*	*Für Coladas, Tropicanas und Biercocktails.*

Weingläser

Wein ist grundsätzlich ein edles Getränk und sollte das Glas bekommen, das er verdient. Jedes Glas sollte so klar sein, dass man mit dem Auge den Wein in allen seinen Farbnuancen erkennen kann. Die Form ermöglicht die Aufnahme des Aromas durch die *Nase* und den *Gaumen*. Jeder elegante Wein verlangt nach einem *großen, dünnwandigen, kristallklaren und farblosen* Glas. Der Stiel sollte ausreichend lang sein, um beim Heben des Glases die Erwärmung des Weines zu verhindern (Ausnahme bei Rotweinen, die zu kalt gelagert wurden). *Form und Größe* müssen der Entwicklung des Bouquets des jeweiligen Weines in Richtung Nase dienlich sein. Der Kelch muss sich nach oben mehr oder minder verjüngen, was zudem das Schwenken des Weines erlaubt. Allgemein gilt, dass Weißweine kleinere Gläser benötigen als Rotweine, da sie meist jünger getrunken werden und weniger Luft brauchen. Stößt man gute Gläser leicht miteinander an, so sollten sie „klingen". Bei den Weingläsern unterscheidet man noch ein Glas in Apfelform, Tulpenform, gerader Form und ausgestellter Form.

1. 2. 3. 4. 5.

2.3/5

Abb. 2.3/5	Glas*
1.	**Weißweinglas***
2.	**Roséweinglas***
3.	**Rotweinglas***
4.	**Bordeauxglas***
5.	**Burgunderglas***

Besondere Gläser

Werden besondere Gläser von den Firmen zu den Getränken angeboten, so finden diese selbstverständlich Verwendung. Sie stellen optisch meist mehr dar und das Getränk lässt sich aus diesen Gläsern auch besser trinken.

2.3/6

1. 2. 3. 4. 5. 6. 7. 8. 9.

Abb. 2.3/6	Glas	Inhalt	Verwendung/Charakteristika
1.	**Pousse Café**	*3 cl*	*Bei diesem Glas werden kleine Einheiten angeboten. Wichtig ist, dass man die Getränke gemäß spezifischem Gewicht langsam über einen Löffel laufen lässt.*
2.	**Cognac-Schwenker**	*2–4 cl*	*Der Cognac-Schwenker ist out. Man verwendet ihn heute nur noch für spezielle Cocktails oder zum Flambieren eines Cognacs.*
3.	**Cognac-Dégustierer***	*2 cl*	*In diesem Glas wird heute der Cognac dégustiert, da man in ihm eine viel bessere Blume und Bouquet erhält.*
4.	**Slibowitz**	*2 cl*	*Ein Pflaumen-Branntwein aus Jugoslawien wird in diesem hohen, bunten Glas mit Henkel serviert.*
5.	**Wodka-Glas**	*2–4 cl*	*Den Wodka trinkt man wie den Slibowitz aus einem hohen, schlanken Glas. Durch das Trinken aus dem hohen, engen Glas erhält man die Blume nicht.*
6.	**Calvados-Glas***	*2 cl*	*Den Apfelbranntwein aus der Normandie trinkt man aus diesem Glas, durch dessen Deckel die Blume nicht flüchtig wird.*

Abb. 2.3/6	Glas	Inhalt	Verwendung/Charakteristika
7.	**Tequila-Glas**	*2–4 cl*	*Das Glas ist hoch und dickwandig. Es ist speziell für den Cocktail „La cucaracha" gedacht.*
8.	**Fernet-Glas**	*2–4 cl*	*Es sind ebenfalls hohe, schlanke Gläser, bei denen sich die Blume nicht hervorhebt.*
9.	**Bierlikör-Glas**	*2–4 cl*	*Den erhitzten Bierlikör gießt man in das Glas und setzt darauf eine Rosette mit geschlagener Sahne.*
10.	**Schladerer-Glas***	*2–4 cl*	*Ein typisches Schnapsglas, etwas bauchig und oben mit ausgestellter Form.*
11.	**Trester-Glas**	*2 cl*	*Durch die Glasform ist das Bouquet nicht genau zu definieren.*
12.	**Portwein-Glas***	*5 cl*	*Für Port- und andere Südweine gedacht.*

Abb. 2.3/6	Glas	Inhalt	Verwendung/Charakteristika
13.	**Underberg**	*2–4 cl*	*Ein spezielles Glas für Bitters.*
14.	**Verre***	*2–4 cl*	*Für Weinbrand, Cognac, Sherry und Portwein gedacht, ein Universal-Glas.*
15.	**Sherry***	*5 cl*	*Hoch, bauchig und nach oben ausgestellt, für alle Südweine gedacht.*
16.	**Ricard**	*4 cl*	*Ricard trinkt man pur, mit oder ohne Eiswürfel und nach Geschmack mit Leitungswasser.*
17.	**Wermut**	*5 cl*	*Für das Servieren von Wermut pur genutzt.*
18.	**Campari**	*4 cl*	*Campari trinkt man mit Soda, Mineralwasser oder mit Orangensaft aus dem entsprechenden Glas.*

2.4 Messer

Messer gibt es in verschiedenen Größen und Formen. Ein Messer ist immer so gut, wie es scharf ist. Es macht Spaß mit einem scharfen Messer zu schneiden. Ein stumpfes Messer nimmt jedem die Lust am Schneiden und schneidet nicht. Man kann sich sogar damit mehr verletzen.
Die Messer unterscheiden sich hauptsächlich durch ihren Wellen- oder Glatt-Schliff. Mit Messern, die einen *Glatt-Schliff* haben, sollte man *niemals Zitrusfrüchte schneiden*, da sie dann stumpf werden.

2.4/1 1. 2. 3. 4. 5. 6.

Abb. 2.4/1	Messer	Klinge	Zubehör	Verwendung
1.	**Ananasmesser***	*gewellt*	*entfällt*	*Größeres Messer, um eine Ananas im Phasenschnitt oder in Scheiben zu schneiden. Größere Exoten wie Melone, Papaya und Mango werden hiermit geteilt.*
2.	**Barmesser***	*gewellt*	*2 Spitzen*	*Mit diesem Messer werden alle Exoten im* **Phasen- oder Spiral-Schnitt** *zerteilt. Mit den Spitzen holt man z. B. Cocktail-Kirschen aus dem Glas oder spießt andere Früchte damit auf.*
3.	**Barmesser (Garniturmesser)**	*glatt*	*2 Spitzen*	*Mit der glatten Klinge schneidet man z. B. Filets aus einer geschälten Zitrusfrucht heraus. Mit der gebogenen Zinke spießt man Garnituren auf und setzt sie dann ans Glas.*
4.	**Zestenreißer-messer***	*gewellt*	*Zestenreißer*	*Mit der gewellten Seite gewinnt man* **Zesten** *von den Exoten. Mit dem Zestenreißer hingegen reißt man die Streifen von den Exoten.*
5.	**Officemesser***	*glatt*		*Es wird* **Obst** *damit geschnitten und alle anderen Früchte in der Bar, mit Ausnahme der Exoten.*
6.	**Universalzange* (Bar-Kombizange)**	*stabil*	*mehrfach*	*Sektdrahtschneider, Kapselöffner, Universal Zange, Sektkorkenheber, Kapselabschneider, Haltegriff, Dosenlocher*

2.5 Strainer

Zum Abgießen von Cocktails aus dem Shaker dient der *Strainer*. Jeder gelernte Barmann wird einen Strainer benutzen, da der Abgießvorgang dadurch weitaus eleganter aussieht und schneller durchführbar ist. Zusätzlich werden die Eiswürfel und Kerne der Zitrusfrüchte zurückgehalten. Strainer sind in der Regel aus Edelstahl oder Silber hergestellt. Der Rand des Strainers besteht aus einer Spirale, mitunter weist er noch zusätzlich zwei Nippel (Ohren) auf. Vor dem Ausgießen aus dem Shaker gibt man den Strainer mit der Spirale nach unten in einen Shaker. Nun drückt man den Strainer gut an den Shaker an, damit keine Eisstücke in das Glas fallen können. Beim Abseihen des Cocktails sollte man den Shaker nie zu tief auf das Glas halten, sondern immer nach oben ziehen. Bei größeren Strainern benutzt man die Nippel und schenkt darüber aus, dadurch verschüttet man keine Flüssigkeit. Je nach Größe des Shakers oder anderen Gefäßes verwendet man den dazu passenden Strainer.

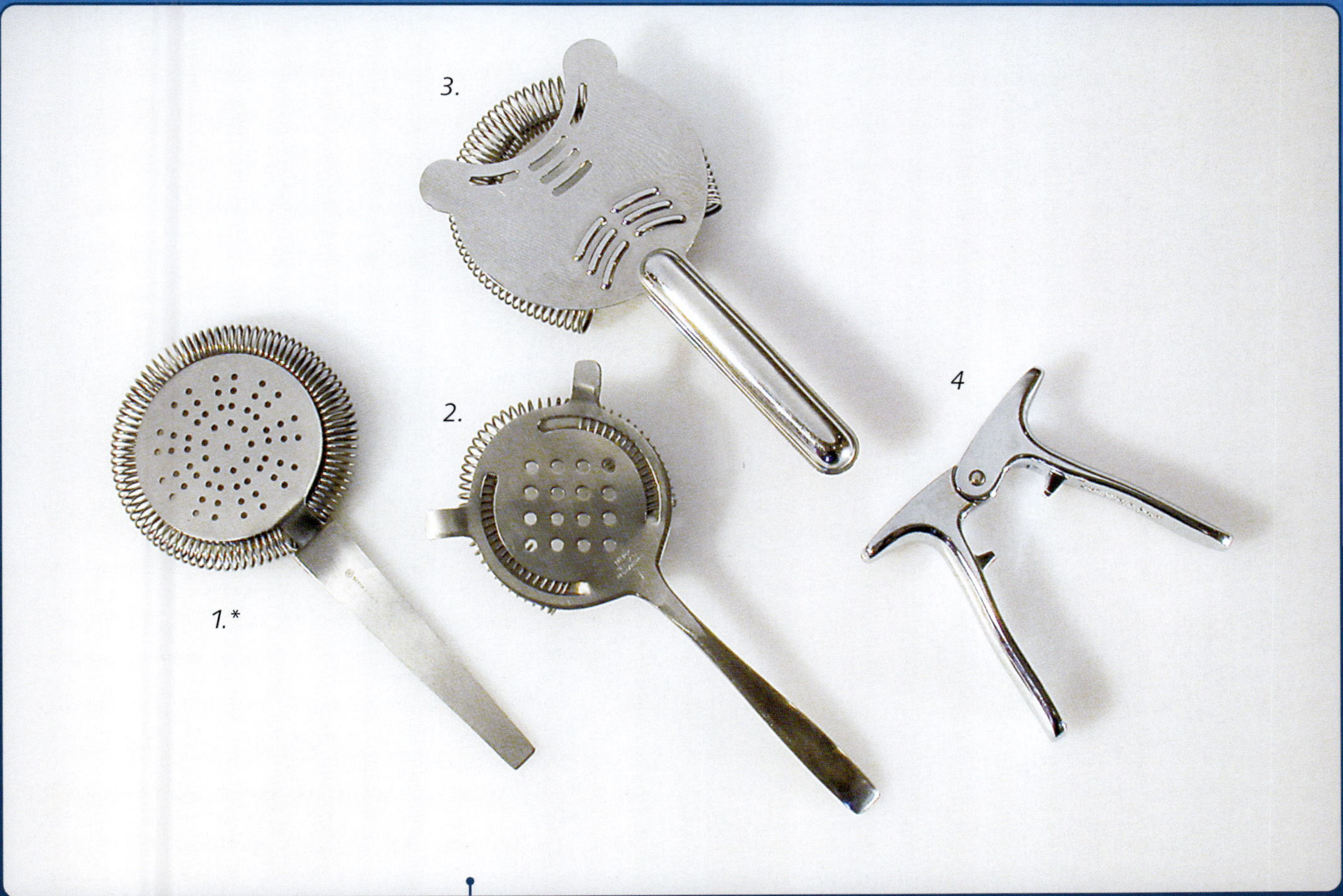

2.5/1 *1. Durchmesser 7 cm, 2. Durchmesser 6,5 cm, 3. Durchmesser 9 cm, 4. Sektflaschenöffner*

2.6 Messbecher,
Measure und Jigger

In jeder Bar benutzt man zum Abmessen von Getränken und Cocktails einen Messbecher. Es gibt diverse Arten von Messbechern, die zu verschiedenen Anlässen benutzt werden. Profis mixen mit Freestyle-Technik.

Ohne Abmessung gelingen Cocktails nicht. Ein richtig abgemessener Cocktail, z. B. Alexander, muss in Berlin, London, Stockholm oder New York immer gleich schmecken. Wird er falsch abgemessen oder aus anderen Bestandteilen hergestellt, dann schmeckt er anders und der Gast könnte enttäuscht sein.
Erfahrene Mixer benutzen selten einen Messbecher. Sie haben das Gefühl in der Hand, ob sie jetzt 1 cl oder 2 cl ausschenken. Anfänger sollten immer einen Messbecher benutzen. Bitte achten Sie beim Einschenken immer darauf, dass das Glas auch wirklich bis zum Rand oder Füllstrich eingeschenkt wird. Schenkt man zu wenig ein, wird der Gast betrogen. Schenkt man zu viel ein, verschenkt man das Getränk in der Bar und die Inventur kann dann nicht mehr stimmen. Hat man im privaten Bereich einmal zu wenig eingeschenkt, so muss man, um denselben Geschmack zu erreichen, die andere Flüssigkeit auch weniger einschenken, somit stimmt dann wieder das Verhältnis.

Abb. 2.6/1	Messbecher	Inhalt	Verwendung
1.	**Kippbecher***	*2 cl*	*Sie werden zum Herstellen einzelner Cocktails verwendet und haben den Vorteil, dass man die Flüssigkeitsmenge besser kontrollieren kann. Das Eingießen in den Shaker wird durch Einsatz des Kippbechers erleichtert, man legt ihn auf den Shaker, behält eine ruhige Hand und braucht nur noch kippen.*
2.	**Kippbecher***	*4 cl*	*Dieser Kippbecher wird wie die kleinere Variante (Nr. 1) verwendet.*
3.	**Jigger (Messbecher)**	*2 cl und 4 cl*	*Mit ruhiger Hand hebt man den Jigger in die Höhe des Shakers und gießt die Flüssigkeit langsam hinein.*
4.	**Jigger**	*4 cl und 2 cl*	*Dieser Jigger hat im Vergleich zur kleineren Ausgabe nur eine andere Form.*
5.	**Jigger**	*6 cl und 3 cl*	*Für ein genaues Abmessen größerer Mengen sollte man diesen Jigger nehmen.*
6.	**Glas-messbecher**	*1 cl bis 5 cl*	*Ein Universalmessbecher, mit dem man die einzelnen cl entsprechend der Maßangabe abmessen kann.*

2.6/1

2.6/2

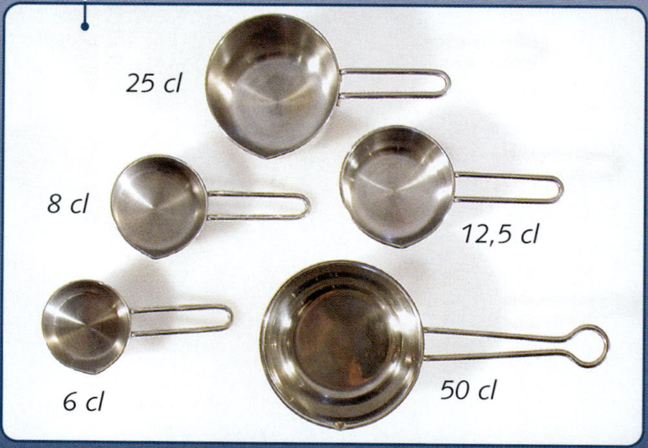

Griffbecher (Abb. 2.6/2)

Griffbecher stellen eine Sonderform im Bereich der Messbecher dar. Sie erleichtern in den verschiedenen Größenordnungen das Abfüllen und Messen von Getränken bei größeren Gesellschaften.

2.7 Eisarten

Ohne Eiswürfel ließen sich in einer Bar schwerlich gekühlte Getränke zubereiten und servieren, gleich welcher Art. Eiswürfel sollten grundsätzlich klar, nicht milchig sein. Sie werden in verschiedenen Größen von der Eiswürfelmaschine hergestellt. Werden sie selbst hergestellt, so wird *klares Leitungswasser* verwendet und in dafür vorgesehenen Gefäßen eingefroren. Bei größeren Mengen friert man einfach das Wasser in Eimern ein. Um das Eis zu zerkleinern, benutzt man Eisstecher und Eispickel. Würfeleis sollte aus hygienischen und schmelztechnischen Gründen niemals mit den Händen berührt werden. Dafür gibt es Eisschaufeln in verschiedenen Größen, mit Löchern und ohne Löcher. Fachleute verwenden Eiswürfel bei einem *Kältegrad um –15°* Celsius. Bei dieser Temperatur lösen sich die Eiswürfel besser auf und der Cocktail kühlt dann besser.

Die verschiedenen Eiswürfel-Sorten

Eiswürfel (ice cubes)	*Es sind normale Eiswürfel mit verschiedenen Gewichten und Größen, meist von 10 g bis 20 g. Sie schmelzen langsam und werden von Eismaschinen in Kegel- und Würfelformen hergestellt. Nimmt man zum Shaken kleine Würfel, so gibt man ca. 6–8 Würfel in den Shaker, bei größeren Würfeln entsprechend weniger.*
Fancy ice cubes (nicht zum Shaken gedacht)	*Verschiedene Fruchtstücke werden von Wasser umschlossen und gefroren. In spezielle dafür vorgesehene Behälter gibt man Früchte wie Kirschen, Himbeeren, Mandarinenstücke und Weintrauben, gießt das Wasser darauf und lässt alles gefrieren. Das Wasser kann als Variante zusätzlich auch mit den verschiedenen Sirups wie Grenadine, Mango und Kaffee oder Tee gefärbt werden.*
Crushed Ice*	*Für Crushed Ice gibt es extra eine Crushed-Ice-Maschine, die mit der Hand oder elektrisch betrieben wird. Das Ergebnis ist ein Eis mit feiner Körnung. Verwendet wird es für Frappés, Caipirinha, Cobblers und Daiquiri.*
Cobbler Ice	*Diese Eissorte hat eine etwas gröbere Körnung als das Crushed Ice.*
Shaved Ice (Schneeeis)	*Es wird speziell von Shaved-Ice-Maschinen hergestellt und, wie der Name schon sagt, geschabt. Auch fertige Fruchtcocktails lassen sich einfrieren und anschließend mit der Maschine schaben. Da das Eis besonders fein ist, schmilzt es auch leichter. Eine sofortige Verwendung ist deshalb angeraten.*
Cracked Ice (Rock ice), Roheis	*Roheisstangen oder in Eimern und anderen größeren Behältern eingefrorenes Eis wird mit dem Eispickel oder Eishammer in unregelmäßige Stücke geschlagen.*
Trockeneis (o. Abb.)	*Es ist ein in Würfel gepresster Kohlensäureschnee. Gießt man Wasser darauf, entsteht ein weißer Rauch. Als Showeffekt sehr geeignet, aber nicht für den Genuss im Getränk.*
Sorbet Ice	*Ein aus Fruchtsaft, Zucker und Geschmacksstoffen hergestelltes Eis. Es wird z. B. als Zitronensorbet oder Mangosorbet mit Sekt aufgefüllt.*
Ice-Cream	*Speiseeis wie Vanille, Schokolade, Kaffee und Cacao. Es wird aus Milch, Eiern, Zucker und Geschmacksstoffen hergestellt. Sehr bekannt und beliebt sind Eis-Kaffee und Eiscrème-Soda.*

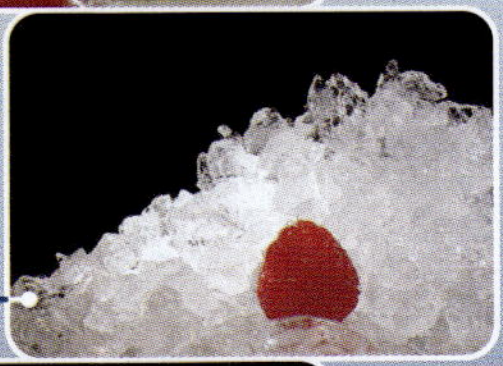

2.8 Gewürze und Gewürzsaucen

Es ist erstaunlich, wie viele Gewürze in der Bar Verwendung finden. Sie werden als Geruchs- oder Geschmacks-Stoffe zugegeben. Durch sie wird das Getränk *schmackhaft und auch besser verdaulich*. Die gängigsten Gewürze, die in den Rezepten genannt werden, sind im Folgenden aufgeführt. Gewürze und Kräuter sollten stets

Abb. 2.8/1	Gewürze	Verwendung	Cocktail
1.	**Pfeffer***	*Am besten werden schwarzer oder weißer Pfeffer frisch in der Mühle gemahlen. Er findet Verwendung für Pick-me-ups.*	*Prairie Oyster, Bloody Mary, Tomatensaft, Apotheke*
2.	**Cayenne-Pfeffer***	*Stets nur ganz wenig benutzen (eine Prise).*	*Cocktailsaucen, Suppen*
3.	**Muskatnuss***	*Aus der Mühle mahlt man sie direkt auf das Getränk.*	*Flip, Egg-Nog, Alexander*
4.	**Salzmühle***	*Meersalz mit Jod wird für alle Gemüse- und Kräuter-Cocktails verwendet. Sparsam verwenden, lieber nochmals nachwürzen.*	*Tomaten-Kräuter-Drink, Vitamin-Bombe, Kresse-Cocktail*

2.8/1

2.8/2

Abb 2.8/2	Gewürze	Verwendung	Cocktail
1.	**Tabasco***	*Diese Sauce entsteht auf der Grundlage von Chili. Sie ist sehr scharf. Einige Tropfen reichen aus.*	*Prairie Oyster, Salatsaucen, Tomatensaft*
2.	**Ketchup***	*Wird aus Salz, Zucker, Essig, Ingwer, Nelken, Pfeffer, Tomaten und Zitronensaft hergestellt.*	*Prairie Oyster*
3.	**Worcestershire-Sauce* (Worcester-Sauce)**	*Ist ein Flüssiggewürz, das 3 Jahre in Fässern reift. Es besteht hauptsächlich aus Chilis, Malzessig, Melasse, Muskat, Zwiebeln, Pfeffer, Salz, Zucker u. a.*	*Prairie Oyster, Tomatencocktail, Tomatensaft, Suppe und Salatsaucen*
4.	**Angostura Bitter***	*Auszüge aus der Angosturarinde und anderen Gewürzen. Einige Tropfen reichen aus.*	*Manhattan, Martini-Dry, James Bond, Champagner-Cocktail*
5.	**Orangen-Bitter***	*Wird aus den Schalen der Bitterorange hergestellt. Auch hier sind einige Tropfen völlig ausreichend.*	*Tropical Drinks*

frisch sein, trocken, luftdicht, dunkel und kühl gelagert und schnell verbraucht werden. Getrocknete Gewürze halten bis zu einem Jahr. Die ungemahlenen Gewürze halten sich länger als die gemahlenen Gewürze. Eine zu lange Lagerdauer bedeutet Qualitätsminderung.

Verschiedene bevorzugte Salze

Auch aus der Bar ist der Einsatz von Salz nicht wegzudenken.

Gewürze	Verwendung	Cocktail
Salz	*Auch Salz wird frisch in der Salzmühle gemahlen. Man sollte vorzugsweise jodiertes Speisesalz verwenden.*	*Zu allen Ernüchterungsgetränken wie Virgin Oyster, Tomatensaft.*
Diätsalz, Meersalz, Steinsalz	*Salz ist ein lebenswichtiger Nährstoff, der den Wasserhaushalt reguliert sowie das Nervensystem beeinflusst. Beim Diätsalz wird das Natrium durch Kalium und Magnesium ersetzt. Steinsalz wird aus in uralten Gesteinsschichten verdunstetem Meersalz gewonnen.*	*Pick-me-ups*

Beliebte Kräuter

Gewürze	Verwendung	Cocktail
Petersilie	*Es wird frische krausblättrige Petersilie (mild) und frische glattblättrige Petersilie (kräftig, aromatisch) verwendet.*	*Kräuter-Cocktail*
Kresse	*Hier verwendet man frische Brunnenkresse.*	*Kresse-Cocktail, Crusta*
Pfefferminze	*Passt als Garnitur fast zu jedem alkoholfreien Getränk.*	*Julep, Pimm's, Mojito*
Melisse	*Wird wie Pfefferminze eingesetzt.*	*Springtime*
Schnittlauch	*Meist bei Pick-me-ups als Garnitur obenauf gestreut.*	*Der Wecker*

Diverse Zuckersorten

Gewürze	Verwendung	Cocktail
Sandzucker*	*Wird zur Dekoration bei Crustas eingesetzt.*	*Crusta, Fizz, Hot as Hell*
Brauner Zucker*	*Wird für Exotik-Getränke und Joker verwendet.*	*Caipirinha*
Würfelzucker*	*Er wird mit Angostura-Bitter getränkt.*	*Champagner-Cocktail*
Läuterzucker*	*1 Liter Wasser wird mit 1 kg Zucker aufgekocht.*	*Fizz, Julep*
Zimtzucker	*Für Crustas verwendet.*	*Big Apple*
Puderzucker*	*Kann auch anstelle von Läuterzucker verwendet werden.*	*Gin Fizz*

Weitere unverzichtbare Gewürze und Cocktaileinlagen

Abb. 2.8/3	Gewürze	Verwendung	Cocktail
1.	**Essig***	*Zum Würzen von Pick-me-ups und Ernüchterungs-Getränken vorgesehen.*	*Prairie Oyster*
2.	**Öl (Olivenöl)***	*Für Ernüchterungsgetränke gedacht.*	*Prairie Oyster*
3.	**Senf***	*Soll möglichst scharf sein. Vorzugsweise für Rittmeister verwendet.*	*Pilcaller*
4.	**Meerrettich**	*Ebenfalls sehr scharf, findet er Verwendung für Rittmeister.*	*Jägerbissen*
5.	**Oliven, schwarz und grün (mit und ohne Stein)***	*Klassische Garnituren am Spieß serviert.*	*Martini-Dry, Alhambra-Cocktail*
6.	**Perlzwiebeln**	*Werden bei Herstellung von Ernüchterungsgetränken eingesetzt.*	*Pimm's Arera, Gipson*
7.	**Cornichons**	*Werden ebenfalls bei Ernüchterungsgetränken eingesetzt.*	*Pimm's Arera*
8.	**Baby-Birne**	*Passt nur in einen Cocktailkelch, für Spezialgetränke, Joker.*	*Williams Christ*
9.	**Kokosflocken***	*Werden für Crustas verwendet.*	*Ananas-Shake, Strawberry Dream*

2.8/3

2.9 Übungen

1 Was verstehen Sie unter einem Barstock?

1 Es sind große und kleine Gebrauchsgegenstände, die man für die Zubereitung und Servieren von Cocktails, Getränken usw. benötigt.
1. Große Gebrauchsgegenstände wie Kaffeemaschine, elektrische Mixer usw.
2. Kleine Gebrauchsgegenstände wie Shaker, Messbecher, Gläser, Barzangen usw.

2 Nennen Sie große Gebrauchsgegenstände (8).

2 Abfalleimer, Sektkühler, elektrische Fruchtpresse, Schneidebretter, Würfeleismaschine, Kaffeemaschine und elektrischer Mixer.

3 Nennen Sie kleine Gebrauchsgegenstände (12).

3 Barmesser, Jigger, Korkenzieher, Muskatmühle, Dosenöffner, Strainer, Trinkhalme, Untersetzer, Shaker, Messbecher, Gläser und Barzange

4 Woraus besteht das Grundmaterial für Gläser?

4 Quarzsand.

5 Worauf müssen Sie beim Einkauf von Gläsern achten?

5 Sie sollten stabil sein und sich gut reinigen lassen.

6 Was verstehen Sie unter a) Natronglas, b) Kristallglas, c) Pressglas, d) Bleikristallglas?

6 Natronglas: Wenn man zum Quarzsand noch Natron (Soda) und Kreide (Kalkstein) hinzufügt, dann entsteht ein einfaches Glas.
Kristallglas: Wird Natron durch Kali ersetzt, dann entsteht das Kristallglas.
Pressglas: Einfache Gläser werden durch Pressen in Hohlmaschinen hergestellt. Ergebnis ist das sogenannte Pressglas.
Bleikristallglas: Durch Zugabe von Kreide, Kali und Bleioxyd, entsteht das Bleikristallglas.

7 Woran erkennen Sie den Wert eines Glases beim Einkauf?

7 Am Klang, Lichtbrechungsvermögen und Wandstärke.

8 Welche Grundformen unterscheidet man bei den Gläsern?

8
1. Kelchgläser: Sie bestehen aus Fuß, Stiel und Kelch.
2. Schalengläser: Sie bestehen aus Fuß, Stiel und flacher Schale.
3. Becher: Gläser ohne Stiel mit kurzem kräftigen Fuß.

9 Welche Gläser werden hauptsächlich in einer Bar verwendet?

9 Tumbler, Cocktailgläser, Sektgläser, Biergläser, Weingläser, Ballongläser und Spezialgläser.

10 Welche Messbechergrößen kennen Sie?

10 *2 cl, 3 cl, 4 cl, 6 cl und Messglas 1 bis 5 cl, Griffbecher 6 cl bis 50 cl, Messzylinder 1 cl bis 100 cl*

11 Welche Aufgabe hat ein Strainer?

11 *Legt man den Strainer in den Shaker, so werden Eiswürfel, Kerne usw. zurückgehalten und nur das Getränk dadurch abgeseiht.*

12 Nennen Sie die verschiedenen Eisformen bzw. Eisarten in der Bar.

12 *Ice Cubes, Fancy Ice Cubes, Crushed Ice, Cobbler Ice, Shaved Ice, Rock Ice, Trockeneis, Sorbeteis und Ice-Cream.*

13 Welche Kräuter können in der Bar verwendet werden?

13 *Petersilie, Kresse, Schnittlauch, Pfefferminze und Zitronenmelisse.*

14 Welche Zuckerarten finden in der Bar Verwendung?

14 *Sandzucker, Brauner Zucker, Würfelzucker, Zimtzucker, Vanillezucker und Läuterzucker.*

15 Welche Messer kommen in der Bar zum Einsatz?

15 *Großes Ananasmesser, Barmesser, Zestenreißer, Officemesser und Kellnermesser.*

16 Beschreiben Sie kurz ein Barmesser.

16 *Das Barmesser hat einen gewellten Schliff, der sich besonders eignet für das Schneiden von Zitrusfrüchten.*
Weiter befinden sich oben 2 Spitzen, mit denen man problemlos Früchte aus einem Glas oder einer Dose entnehmen kann.

17 Woraus besteht ein Boston Shaker?

17 *Er ist zweiteilig und besteht aus dem unteren Teil (aus Glas) und dem oberen Teil (aus Metall).*

18 Welche gesetzlichen Anforderungen muss ein Schneidebrett erfüllen?

18 *Schneidebretter dürfen nie aus Holz bestehen, sondern aus Kunststoff (Hygiene).*

19 Wozu verwendet man einen Mörser und woraus besteht er?

19 *Ein Mörser besteht meistens aus Marmor oder Metall. Gewürzkörner, Zitrusfrüchte und Kräuter werden darin zerdrückt. Zum Mörser gehört noch ein Stößel.*

20 Wie sieht ein Barlöffel aus und wozu verwendet man ihn?

20 *Ein Barlöffel hat einen langen Stiel, damit man mit ihm im Rührglas rühren kann. Es können damit Früchte aus einem Glas entnommen werden. Er wird auch viel als Maß bei Cocktails verwendet. Manche Barlöffel haben oben noch einen Stößel, mit dem man Früchte ausdrücken kann.*

21 Wie sollte eine Eisschaufel beschaffen sein?

21 *Eine Eisschaufel sollte Löcher haben, damit das Wasser ablaufen kann.*

22 Warum verwendet man eine Muskatmühle?

22 Aus hygienischen Gründen reibt man den Muskat in der Mühle und nicht mit der Hand auf einem Reibeisen.

23 Wozu kann man einen Quirl verwenden?

23 Er dient zum Herausschlagen (Quirlen) von Kohlensäure aus kohlensäurehaltigen Getränken, wie z. B. Schaumwein, Mineralwasser usw.

24 Warum verwendet man beim Zerteilen von Zitrusfrüchten Sägemesser?

24 Man sollte ein Sägemesser verwenden, da alle Messer mit glattem Schliff ansonsten stumpf werden.

25 Wozu verwendet man Untersetzer?

25 Unter jedes Getränk an der Bar sollte man einen Untersetzer oder ein Deckchen legen, um Geräusche beim Hinstellen zu vermeiden. Falls etwas vom Getränk überlaufen sollte, so wird durch den Untersetzer die Bartheke nicht verschmutzt.

26 Was wird unter einem Zestenreißer verstanden?

26 Mit dem Zestenreißer werden Spiralen oder Längsstreifen von den Zitrusfrüchten gewonnen, die man dann als Garnitur verwendet.

27 Welche Glasform wird für einen eleganten Wein eingesetzt?

27 Das Glas sollte dünnwandig, kristallklar sowie farblos sein und einen feinen Klang haben.

28 Für welche Getränke werden Ballon- und Exotic-Gläser verwendet?

28 Für Coladas, Tropicanas und Biercocktails.

29 Was verstehen Sie unter einem Stößel?

29 Mit dem Stößel werden Blätter, Früchte und Gewürze im Mörser zerstoßen.

30 Welches Glas verwendet man für einen edlen Cognac?

30 Ein Cognac-Dégustierglas.

31 Nennen Sie die wichtigsten Gewürze in der Bar.

31 Salz, Pfeffer, Muskat, Paprika, Cayenne, Zucker und Zimt, Tabasco.

32 Nennen Sie flüssige Gewürze in der Bar.

32 Ketchup, Worcestershiresauce, Essig und Öl.

33 Welche Garnituren können in der Bar noch verwendet werden?

33 Cocktail-Kirschen, Perlzwiebeln, Cornichons, gefüllte Oliven, ungefüllte Oliven, Kokosflocken, Baby-Birne, Orangen, Zitronen und Limetten.

Kapitel 3

Einrichtung eines Barstocks

Als Barstock bezeichnet man die Gesamtheit aller alkoholischen und nicht alkoholischen Getränke in einer Bar, welche pur oder gemixt verwendet werden. Zusätzlich alle großen und kleinen Gebrauchsgegenstände für die Zubereitung und das Servieren von Getränken in der Bar. Er ist abhängig von der Größe der Bar, der Barkarte und vom Gästekreis.

Übersicht des Getränkebestandes
Die nachfolgende Zusammenstellung enthält die gängigsten Getränke einer kommerziell betriebenen Bar. Für die Privat-/Hausbar sind die wichtigsten Getränke mit einem Sternchen (*) versehen.

3.1 Basisgetränke

Die Basisgetränke sind besonders wichtig. Sie können damit mehr als 90 Cocktails zubereiten, wenn Sie noch weiter zusätzliche Getränke und Garnituren einsetzen. Dazu gehören Säfte, Limonaden, Sirups, Milch u. a. Zum Auffüllen verwenden Sie Mineralwasser, Coca Cola, Ginger Ale, Tonic und Bitter Lemon. Als Garnituren: Orangen, Zitronen, Limetten und Früchte der Saison. Wichtig ist, dass Sie für gute Cocktals nur Markengetränke einsetzen. So sollten Sie z. B. bei Cognac oder Weinbrand aus Deutschland oder anderen Ländern nur VSOP Getränke (mindestens 5 Jahre Eichenfasslagerung) verwenden. Das Gelingen eines guten Cocktails hängt von der Qualität des Wareneinsatzes ab.
Probieren Sie vorher die Basisgetränke gegeneinander und Sie werden Unterschiede feststellen. Edle Basisgetränke trinkt man pur und genießt sie.

Art	Marke
Cognac*, Weinbrand, Brandy	*Asbach Uralt, Rémy Martin, Hennessy, Martell, Courvoisier, Camus, Hine*
Whisky*	**Scotch** *Ballantines, Chivas Regal, Johnny Walker, Vat 69, Black & White, Dimple*
Irish	*Tullamore Dew, Paddy, Jameson, Black Bush, Bushmills, Sainsbury's*
American	*Jim Beam, Jack Daniel's, Four Roses, Wild Turkey, Old Grand-Dad*
Canadian	*Canadian Club, Old Canada, Windsor, Black Velvet, Seagram's V. O.*
Wodka*	*Moskovskaya, Grasovka, Gorbatschow, Finlandia, Smirnoff, Danska, Wyborowa*
Rum*	*Myers's Rum, Rum Coruba, Bacardi, Lemon Hart, Havana Club (braun und weiß)*
Gin*	*Beefeater, Gilbey's, Gordon's, Finsbury, Bols Dry Gin, Plymouth, Greenall's*
Tequila*	*Sierra weiß und braun, Olmeza, Sauza, El Toro, Mariachi, Silla, Coyote*

3.1/1 | Cognac

3.1/2 | Whisky

3.1/3 | Wodka

3.1/4 | Rum

3.1/5 | Gin

3.2 Wermut

Wegen des niedrigen Preises wurden die Wermuts früher warm und pur getrunken. Heute verwendet man sie in kleinen Maßen für Cocktails. Sie werden on the rocks serviert oder mit Mineralwasser aufgefüllt und stets kalt getrunken. Zur Herstellung des Wermuts (ital. und franz. Vermouth) sind 4 Arbeitsschritte notwendig:

1. Ausgangsprodukt des Weines,
2. Zusammensetzung der Kräuterauszüge,
3. Die Aromatisierung des Weines,
4. Die Schönung, Filtration und Stabilisierung des Weines durch die Lagerung.

Die Geschmacksrichtungen gehen von fein-süß, süß-herb, herb und trocken. Der Name Wermut wurde dem Namen Vermuota entnommen und war ein mit Wermutkräutern angesetzter Wein. Er wird hauptsächlich als Apéritif ausgeschenkt. Die meisten Wermuts kommen aus Italien.

Frankreich	**Noilly Prat*, St. Raphael, Dubonnet**	
Italienische Firmen *mit ihren Produkten*	**Cinzano*:**	*Secco dry, Bianco, Rosso, Rosé*
	Carpano:	*Punt e Mes*
	Martini & Rossi:	*Extra dry, Bianco, Rosso, Rosé*
	Belardi:	*Dry, Bianco, Rosso*
	Cora:	*Dry, Bianco, Rosso*
	Mirafiore:	*Dry, Bianco, Rosso, Rosé*
	Stock:	*Dry, Bianco, Rosso, Rosé*
Geschmacksrichtungen und Farben	**Secco (extra dry):**	*Hellgelb, sehr trocken*
	Bianco:	*Dunkles Gelb, fein süß bis leicht bitter*
	Rosso:	*Rotbraun, kräftig süß und leicht bitter*
	Rosé:	*Rosa, halbsüß und leicht bitter*
	Amro:	*Rotbraun, bittersüß*

3.2/1
Wermut Extra Dry

3.2/2
Wermut Rosé

3.2/3
Wermut Bianco

3.2/4
Punt e Mes

3.2/5
Noilly Prat

3.3 Dessertweine

Meistens lernt man sie auf der Insel oder in dem Land kennen, wo man seinen Urlaub macht. Sind sie trocken, so werden sie als Apéritif vor dem Essen oder zu Suppen (Ochsenschwanzsuppe – Madeira) getrunken. Eine Ausnahme bildet z. B. Gänseleberparfait als Vorspeise, so trinkt man einen Vintage Port dazu. Zum Dessert trinkt man halbtrockene und süße Dessertweine. Viele gute Dessertweine kennt man überhaupt nicht in Deutschland, so werden auf der Insel Madeira sehr trockene, halbtrockene und süße Madeiras angeboten. Sie sollten sie vor dem Einkauf probieren, damit Sie auch wissen wozu man sie empfehlen könnte. Bevorzugen Sie beim Einkauf nur bekannte Herstellerfirmen. Trockene Dessertweine trinkt man bei 9 bis 12 °C und süße von 14 bis 18 °C.

Art	Beschreibung/Herkunft
Sherry*	*Fino Dry* (extra trocken), Manzanilla (leicht trocken), Amontillado (halbtrocken und trocken), Olorosso (halbsüß und trocken), Cream (sehr süß).* **Firmen:** *Sandeman, Domecq, Manzanilla, Harvey's.*
Portwein*	*Ruby* (jung, fruchtig bis etwas lieblich). Tawny* (ein ausgereifter Ruby, gehaltvoll). Fine Tawny (10 Jahre, 20 Jahre, 40 Jahre, ausgereift). Vintage Port (reift 12–30 Jahre in der Flasche).* **Firmen:** *Sandeman, Taylor's, Kopke, Ferreira, Noval.*
Madeira	*Es gibt ihn trocken, halbtrocken und süß. Er kommt von der Insel Madeira. Charakteristisch für den Geschmack ist die Vulkanerde.*
Malaga	*Er wird in der Region Costa del Sol in Spanien hergestellt und wird meist als Dessertwein angeboten.*
Marsala	*Er wird in Sizilien hergestellt und mit Ausbruchweinen gemischt und anschließend gespritet.*
Samos	*Wird auf der griechischen Insel Samos aus überreifen Trauben hergestellt.*
Tokajer	*Ein aus Ungarn stammender Dessertwein, wird in pechschwarzen Tunnels gelagert.*
Mavrodaphne	*Ein typischer Dessertwein aus Griechenland, sehr individueller Geschmack, somit nicht für jedermann ein Genuss.*

3.3/1 Sherry Fino

3.3/2 Madeira

3.3/3 Malaga

3.3/4 Marsala

3.3/5 Port Full Ruby

3.4 Bitters

Bitters ist der Sammelbegriff für bittere Liköre und Würzbitter. Wie der Name sagt, sind sie bitter und werden dementsprechend verwendet. Selbst bei Magenverstimmungen sollen sie helfen und man soll sich dann anschließend wohler fühlen. Suze, Cynar und Campari trinkt man als Apéritif mit Soda, Orangensaft, Maracujanektar, Sekt und Tonic Wasser. Sind die Bitters Ihnen zu bitter, so trinken Sie anschließend ein Glas Wasser. Sie werden als long drink und short drink angeboten.

Art	Beschreibung/Herkunft
Amer Picon	*Ein Weindestillat mit den Geschmacksrichtungen von Chinarinde, Orangenschalen und Kräutern. Es ist ein französischer Bitterapéritif.*
Byrrh	*Ebenfalls ein französischer Apéritif, der aus Wein und Auszügen von Chinarinde hergestellt wird.*
Campari*	*Campari trägt zwar immer die Bezeichnung Bitter, ist aber kein Bitter wie andere Magenbitter. Campari wird in Italien hergestellt und wirkt durch seine Kräuter appetit anregend. Man trinkt ihn wie Magenbitter nie pur.*
Aperol	*Ebenfalls ein italienisches Produkt. Er wird ersatzweise für Campari genommen, da er nicht so bitter ist. Hergestellt wird er aus Chinarinde, Rhabarber, Enzian, Bitterorangen, Kräutern und Alkohol.*
Fernet Branca*	*Kommt aus Italien und wird hauptsächlich als Magenbitter getrunken. Auch als Zugabe bei Cocktails ist er nicht zu verachten (Apotheke).*
Fernet Menta*	*Ein Erzeugnis der Firma Fratelli Branca in Italien. Er hat einen ausgeprägten Pfefferminzgeschmack.*
Underberg	*Ein Magenbitter, der in Rheinberg, Deutschland, hergestellt wird. Von Kennern wird er aus der kleinen Flasche getrunken. Underberg trinkt man nur pur.*
Boonekamp	*Ein Magenbitter, der in verschiedenen Ländern hergestellt wird und gesetzlich nicht geschützt ist.*
Appenzeller	*Ein Schweizer Kräuterbitter.*
Almaro Fesina Ramazotti	*Ein italienischer Kräuterbitter, der aus ca. 35 Kräutern hergestellt wird.*
Cynar	*Ein Bitter-Apéritif, der in Italien hergestellt wird. Seinen besonderen Charakter erhält er durch Artischocken und Kräuter. Man trinkt ihn mit Soda, Orangensaft, Ginger Ale oder sogar pur.*
Suze	*Ein französischer Bitter-Apéritif. Durch seinen niedrigen Alkoholgehalt (16 Vol.-%) zeichnet er sich besonders aus und wird auf Würfeleis als long drink getrunken oder aber auch mit Soda, Tonic Water oder Sekt aufgefüllt.*

3.4/1 Campari Bitter

3.4/2 Aperol Bitter

3.4/3 Fernet Branca Bitter

3.4/5 Boonekamp Würzbitter

3.4/4 Underberg

3.5 Würzbitter

Würzbitters sind noch intensiver im Geschmack als Bitters. Man verwendet bei den Cocktails *nur einige Tropfen*. Pur werden sie nie getrunken. Sie entstanden bei der Suche nach Heilgetränken. Im Unterschied zu den Würzbitters müssen Bitters 100 g Zucker pro Liter aufweisen. Würzbitters sind also nicht süß. Neben der Verwendung von verschiedenen Kräutern, Samen und Wurzeln ist besonders das Herstellungsverfahren von Bedeutung.

Art	Beschreibung/Herkunft
Angostura*	*Für einen Martini Cocktail oder Manhattan verwendet man nur einige Tropfen. Probieren Sie mal zwei Tropfen Angostura auf einem Zuckerwürfel. Hergestellt wurde er zuerst in Trinidad, später von der Firma Riemerschmid in Deutschland.*
Orangen-Bitter	*Auch als Holländischer Bitter bekannt. Er wird aus den Schalen der bitteren Orange hergestellt. Verwendet wird er wie Angostura und nie pur getrunken.*
Peachbitter	*Wird wie die anderen Bitters nur tropfenweise verwendet und hat einen starken Pfirsichgeschmack.*

3.5/1 *Angostura Würzbitter*

3.5/2 *Orangen-Bitter Würzbitter*

3.6 Anisgetränke

Sind in Deutschland nicht so bekannt und werden hauptsächlich in Frankreich, Spanien, Italien, Jugoslawien, der Türkei und Griechenland getrunken und hergestellt. In Deutschland trinkt man sie ohne Eiswürfel und gießt sie mit Eiswasser (nie mit Mineralwasser) auf. In den anderen Ländern werden die Anisgetränke pur, on the rocks oder mit Leitungswasser getrunken. Beim Aufgießen werden die Anisgetränke milchig. In Frankreich nennt man sie Pastis, in Griechenland Ouzo und in der Türkei Raki. Man sollte sie nie kalt stellen, da sie dann trüb werden und Flocken bilden könnten. Weiter auffüllen kann man sie noch mit Orangensaft, Coca Cola und Bitter Lemon.

Art	Beschreibung/Herkunft
Pernod*	*Wird vorwiegend aus den Früchten des Anisbaumes in Frankreich hergestellt. Hinzu kommen noch Auszüge von Pflanzen, Früchten, Zucker, Kräutern und Weingeist.*
Absinth	*Bis zum Jahr 1998 war er in Deutschland verboten. Durch den Gehalt von Thujon verursachte er Absinthepilepsie. Heute hat ein Liter Absinth nur 10 mg Thujon. Er wird im Gegensatz zu anderen Anisgetränken aus der Wermutpflanze hergestellt.*
Ricard 45	*Er wird aus Auszügen von Pflanzen aus Süßholz in Frankreich hergestellt und enthält kein Fenchel.*
Yeni Raki	*Ein in der Türkei hergestelltes Anisgetränk. Durch monatelange Lagerung in Eichenfässern erhält er seinen besonderen Geschmack.*
Ouzo	*Aus vergorenen Trauben mit Anis und Kräutern wird er in Griechenland hergestellt.*

3.6/1 | *Anisgetränk Pernod*

3.6/2 | *Anisgetränk Ricard*

3.6/3 | *Anisgetränk Yeni Raki*

3.7 Brände, Geiste,

Spirituosen

Als Grundmaterial für Brände verwendet man *Getreide* (Roggen, Weizen, Gerste, Hafer, Mais), *Steinobst* (Kirschen, Mirabellen, Zwetschgen, Pfirsiche, Aprikosen), *Kernobst* (Trauben, Birnen), *Beerenobst* (Himbeeren), *Pflanzen* (Zuckerrohr, Palmen, Kakteen, Reis), *Exoten* (Feigen, Bananen, Ananas, Melonen, Datteln), *Kräuter* (Kümmel, Dill), *Gemüse* (Kartoffeln), *Gewürze* (Wacholder) oder *Wurzeln* (Enzian). Alle Brände werden durch *Destillation* gewonnen und es entsteht ein reiner Alkohol. Dieser wird durch Zugabe von destilliertem Wasser auf Trinkstärke herabgesetzt. Einem Korndestillat kann man z. B. Wacholderbeeren zusetzen, um Wacholdergeschmack zu erhalten. Beeren enthalten nur wenig Zucker, der in Alkohol umgewandelt werden kann. Darum werden Beeren in Weingeist eingelegt, der den Beeren die Geschmacksstoffe entzieht. Diese aromahaltige Flüssigkeit wird abdestilliert und man erhält dann z. B. einen Himbeergeist.

Art	Marke
Kornbranntwein*	*Whisky, Wodka, Fürst Bismarck, Getreidedestillate.*
Rum (Zuckerrohr)*	*Bacardi* (weiß und braun), Myers's Rum, Cachaça, Pitu.*
Wacholder	*Gin*, Genever*, Steinhäger.*
Obstbranntwein	*Kirschwasser*, Zwetschgenwasser, Aprikosengeist, Slibowitz (Pflaumen), Himbeergeist, Mirabellengeist, Calvados* (Äpfel), Birnengeist.*
Branntweine aus Wurzeln	*Enzian, Aquavit (Kümmel), Tequila (Agave).*
Brände aus Kräutern, Samen, Pflanzen	*Boucha (Feigen).*

3.7/1 William's Birne Kernobstbranntwein

3.7/2 Calvados Kernobstbranntwein

3.7/3 Kirschwasser Steinobstbranntwein

3.7/4 Waldhimbeergeist Beerenobstbranntwein

3.7/5 Mirabell Steinobstbranntwein

3.8 Spirituosen

aus Wein

Weindestillate werden unterschiedlich benannt. Weinbrand in Deutschland, Brandy in England und den USA. Cognac darf sich nur ein im Cognacgebiet hergestellter Weinbrand nennen, Gleiches gilt für Armagnac.
Weindestillate gibt es in unterschiedlichen Qualitäten und Preisen. Eine Flasche Cognac kann 11 Euro, aber auch bis zu 1.500 Euro kosten. Bei der Herstellung kommt es darauf an, welche Traubensorte verwendet wird und wie lange der Cognac lagert. Probieren Sie z. B. einen VSOP (5 Jahre) im Vergleich mit einem XO (10 Jahre). Extra teure Cognacs (extra old) können bis zu 30 Jahre und mehr im Fass lagern. Jede Firma hat eine eigene Herstellungsweise bei Weindestillaten. Nicht zuletzt ist es eine Frage des Geschmacks.
Spirituosen aus Wein sollten bei Zimmertemperatur (18 °C) getrunken werden. Genießen Sie Aroma, Aussehen und Geschmack Schluck für Schluck.

Art	Beschreibung
Asbach Uralt*	*Er wird aus Weinmost hergestellt.*
Weindestillat*	*Rémy Martin* Ein in Frankreich hergestellter Cognac.*
Pisco Control	*Ein Weindestillat aus Chile.*
Carlos I.	*Ein in Spanien hergestelltes Destillat.*
Metaxa Golden	*Ein in Griechenland hergestellter Weinbrand.*
Armagnac	*Ein aus dem Armagnac-Gebiet, in Frankreich hergestellter Weinbrand.*
Trester	*Aus Maische der Weinreben hergestellter Weinbrand. Die guten Trester stellt man heute aus vielen guten Rebenmaischen her, z. B. Cabernet Sauvignon (Rotweinrebe), Chardonnay (Weissweinrebe) u. a.*
Grappa	*Ebenfalls ein Tresterbranntwein aus Italien. So viele Weingüter es in Italien gibt, so viele Arten Grappe werden produziert.*
Marc	*Die besten französischen Tresterbranntweine sind der Marc de Champagne und der Marc de Bourgogne.*

3.8/1
Asbach Uralt

3.8/2
Camus V.S.O.P

3.8/3
Carlos I.

3.8/4
Pisco Control

3.8/5
Metaxa

3.9 Liköre

Liköre sind meistens süß bis würzig und fruchtig. Man unterscheidet Liköre aus *Fruchtsaft* (Cherry Brandy – Kirsche, Peachtree – Pfirsiche), aus *Auszügen von Früchten* (Grand Marnier – Orangenschale und Cognac, Cherry Heering – dunkelrote Stevenskirschen), Liköre mit *Kräutern und Gewürzen* (Pfefferminzlikör, Amaretto – Bittermandeln und Kräuter, Galliano – 70 verschiedene Kräuter und Vanille), *Emulsionsliköre* (Eier- und Moccalikör), *Kaffee-/Tee-/Kakaoliköre* (Tia Maria – Jamaika Rum, Kaffee, Kräuter, Kakao, Vanille). Hergestellt werden sie aus Alkohol, Wasser, geschmacklichen Zugaben und Zucker. Man trinkt sie pur oder auch als Frappés. Edelliköre wir Grand Marnier, Galliano, Cointreau, Bénédictine D.O.M.

Name	Beschreibung/Herkunft
Bénédictine D.O.M.	*ein Kräuter-Gewürzlikör aus Frankreich. Der Namenszusatz D.O.M. heißt „Deo Optimo Maximo" (dem Gott, dem Besten und Größten geweiht)*
Cointreau*	*ein Fruchtlikör aus Frankreich. Wird aus Schalen von süßen und bitteren Orangen (Pomeranze) hergestellt.*
Cherry Heering	*ein Fruchtsaftlikör aus Dänemark. „Der beste Kirschlikör der Welt".*
Drambuie	*ein Whiskylikör aus Schottland. Ein Maltwhisky, dem Honig und Heidekräuterextrakte zugegeben werden.*
Galliano*	*ein Kräuter-Gewürzlikör aus Italien. Er besteht aus vielen Kräutern und Gewürzen. Erstklassige Cocktails, als Digestif, lassen sich davon zubereiten.*
Grand Marnier	*ein Fruchtlikör aus Frankreich. Er wird aus der karibischen Bitterorange hergestellt und mit Cognac veredelt.*

3.9/1 Bénédictine Kräuter-Gewürzlikör

3.9/2 Grand Marnier Fruchtlikör

3.9/3 Cointreau Fruchtlikör

3.9/4 Drambuie Whiskylikör

werden für Cocktails zum Mixen benutzt. Auch für alle Sorten von Saucen, als Digestif und zum Flambieren kann man sie gut einsetzen.
Aus der großen Auswahl an Emulsions- und Fruchtlikören muss man zumindest einige in der Bar haben. Sehr bekannt sind alle Cremeliköre. Sie werden auf Milchbasis hergestellt: Creme de Cacao, Creme de Mocca.
Klare Cremeliköre müssen mindestens einen Zuckergehalt von 250 g pro Liter enthalten: Creme de Bananes, Creme de Cassis, Creme de Café, Creme d'Ananas.
Der Curaçao zählt zu den Orangenlikören. Durch Farbzusatz erhält man einen Curaçao Blue. Weitere Liköre, denen man Farbe zusetzt: Grüne Banane, Red Orange.

3.9/5 Galliano
Kräuter-Gewürzlikör

- Apricot Brandy*
- Cherry Brandy
- Curacao
- Blue Curaçao*
- Maraschino
- Kiwi
- Melon
- Creme de Banane
- Creme de Cacao*
- Crème de Menthe
- Advokaat
- Grüne Banane

3.9/10
Grüne Banane

3.9/6
Edelkirsch

3.9/7
Apricot Brandy

3.9/8
Blue Curaçao

3.9/9
Creme de Cacao
braun

3.10 Schaumweine

Was wäre die Bar ohne Sekt oder Champagner? Die meisten Sektcocktails sind Apéritifs (long drinks). Beim Sekt sind Perlung und natürlich Geschmack ausschlaggebend. Sekt sollte nie zu lange liegen, sondern frisch getrunken werden. Wichtig für den Sekteinkauf: Große Flaschen (ab Magnum) haben eine bessere Qualität. Achten Sie darauf, ob der Sekt eine einfache Gärung oder Flaschengärung (méthode champenoise) durchlaufen hat. Schaumwein, Spumante und Perlwein haben immer eine einfache Gärung.
Sekt ist Qualitätsschaumwein und wird u. a. unterschieden nach Jahrgang, Traubenart und Lagerdauer. Für Cocktails und als Apéritifs verwendet man nur trockene (dry) Sekte. Als Digestif empfiehlt man einen Medium-Sekt. Sollte ein Gast einen Extra Dry oder Brut bestellen, so wird ihm dieser selbstverständlich serviert.
Nur aus der Champagne stammende Schaumweine dürfen sich Champagner nennen.

Herkunft	Name
Deutschland	*Henkell*, Söhnlein, Deinhard, Deutz & Geldermann, Kupferberg, Hoehl, Scharlachberg, Fürst von Metternich, Carstens SC, MM, Mumm, Schloß Wachenheim*
Frankreich	*Bollinger, Heidsieck & Co, Deutz & Geldermann, Krug, Moët & Chandon*, Mumm & Co, Piper-Heidsieck, Pommery, Taittinger, Roederer Louis, Schlumberger*
Italien	*Asti Spumante, Martini Brut, Ferrari Brut*
Österreich	*Hochriegel, Schlumberger*
Russland	*Krimskoje Rot, Weiß Brut, Weiß Halbtrocken*
Spanien	*Freixenet, Codorníu, Roger Goulart, Reserva Brut*

3.10/1 *Fürst von Metternich*

3.10/2 *Schloß Wachenheim*

3.10/3 *Moët & Chandon*

3.10/4 *Taittinger*

3.11 Biere

Neben Cocktails sollte man in der Bar auch Bier anbieten. Ein Bier vom Fass weiß der Gast besonders zu schätzen. Folgende Grundsätze sind bei Bierausschank zu beachten: Das Bier sollte die richtige Temperatur haben (8 bis 10 °C), eine gute und feste Schaumkrone zeigen und gut gelagert sein (6 bis 8 °C). Hygiene-Richtlinien müssen beachtet werden, die Zapfsäule sollte gekühlt sein, die Bierleitung nicht zu lang.

Nach dem Deutschen Reinheitsgebot gebrautes Bier benötigt zur Herstellung nur vier Rohstoffe: Wasser, Gerste (Weizen, Roggen), Hopfen und Hefe. Es gibt auch Biere mit anderen Rohstoffen wie Mais, Reis oder Zucker und weiteren Zugaben.

Als Biergattung unterscheidet man: *Einfachbiere* (2–5,5 % Stammwürze), *Schankbiere* (7–8 % Stammwürze), *Vollbiere* (11–14 % Stammwürze), *Starkbiere* (über 16 % Stammwürze). Man unterscheidet zweierlei Sorten von Bierarten. *Untergärige Biere* (Pils) mit einer langsamen Hefevergärung bei 6–9 °C und *obergärige Biere* (Weizen, Kölsch, Alt) mit einer schnelleren Hefevergärung bei 15–18 °C.

Herkunft	Name
Dänemark	*Tuborg, Carlsberg (Kopenhagen)*
Deutschland	*Paulaner, König Pilsener*, Beck's, Hannen, Kölsch, Kulmbacher, Warsteiner, Hacker-Pschorr, Dortmunder*
Frankreich	*Kronenbourg (Straßburg)*
Großbritannien	*Ale, Porter, Stout*
Holland	*Amstel (Amsterdam), Heineken (Amsterdam)*
Italien	*Forst (Lagunda bei Bozen)*
Schweiz	*Feldschlößchen (Rheinfelden), Falken (Schaffhausen)*

3.11/1 Warsteiner

3.11/2 Tuborg

3.11/3 Beck's

3.12 Weine

3.12/2 Franken

Wein wird in der Bar kaum angeboten. Dennoch sollte man einen guten Ausschankwein anbieten. Grundsätzlich unterscheidet man: *Weißwein:* weiße Trauben werden gemaischt, gekeltert und der entstehende Traubensaft wird dann vergoren. *Rotwein:* rote Trauben werden mit der Schale gemaischt und an dieser Maische vergoren. *Roséwein:* rote Trauben werden gekeltert und nicht an der Maische vergoren.
Die *Güteklasse* der Weine in Deutschland:

1. Deutscher Tafelwein
2. Qualitätswein
3. Qualitätswein mit Prädikat

Einfache Weine sollten in einem Jahr getrunken werden. Qualitätsweine mit Prädikat (Kabinett, Spätlese, Auslese, Beerenauslese, Trockenbeerenauslese und Eiswein) können je nach Qualität und Jahrgang länger lagern.

Rot-, Weiß- und Rosé-Weine	
Deutsche Weinanbaugebiete	*Ahr, Baden-Bodensee, Franken, Hessische Bergstraße, Mosel-Saar-Ruwer, Mittelrhein, Nahe, Pfalz, Rheingau, Rheinhessen, Saale-Unstrut, Sachsen, Württemberg*
Europäische Weinanbaugebiete	*Bosnien und Herzegowina, England, Frankreich, Italien, Jugoslawien, Kroatien, Österreich, Portugal, Slowenien, Schweiz, Spanien.*
Weinanbaugebiete aus Übersee	*Afrika, Argentinien, Australien, Chile, Neuseeland, Uruguay*

3.12/1 Mosel

3.12/3 Rhein

3.12/4 Italien

3.12/5 Frankreich

3.13 Sirups

Keine Bar kommt ohne Sirups aus. Sie werden zu den alkoholischen, aber vor allem auch zu den nicht alkoholischen Getränken verwendet. Die Sirups sind mit Zucker eingedickte (konzentrierte) Säfte. Sie verleihen dem Getränk eine kräftige Farbe, geben ihm eine erfrischende Säure und runden den Fruchtgeschmack ab.
Sie dürfen nach den gesetzlichen Bestimmungen auch gefärbt werden. Man verwendet sie nur in kleinen Mengen, da die meisten sehr süß sind. Sirups dürfen nur aus Fruchtsaft hergestellt werden und haben höchstens einen Zuckergehalt von 68 %.

Art	Beschreibung/Herkunft
Fruchtsirups	*Bestehen aus reinem Fruchsaft (-mark) und Zucker. Durch den hohen Fruchtgehalt sind sie sehr dickflüssig.* *Granatapfel (Grenadine), Kokos, Maracuja, Limette, Banane, Mandarine, Guave, Aprikose, Mango, Ananas, Preiselbeeren*
Barsirups	*Sind Gewürz- und Fruchtsirups, die einen geringeren Fruchtanteil haben, und denen zusätzlich natürliche Aromastoffe beigefügt werden. Sie sind auch ohne Kühlung länger haltbar und leicht flüssig.* *Blutorange, Mandel, Rohrzucker, London Dry, Italiano, Havana, Vanille, Karamell, Amarena Kirsche*

3.13/1
Granatapfelsirup

3.13/2
Maracujasirup

3.13/3
Kokossirup

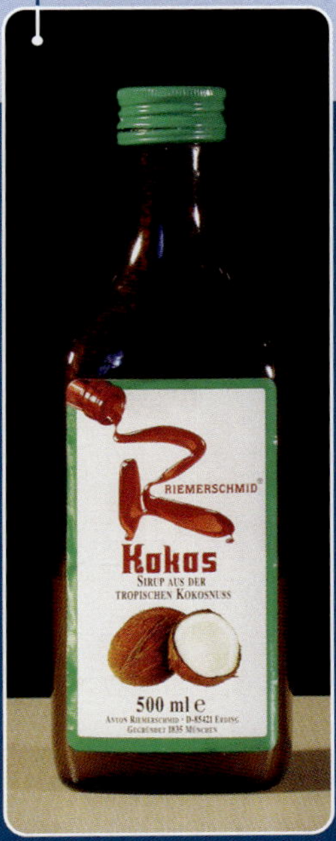

3.14 Sonstiges

Mineralwasser	*Deutschland:* *Apollinaris*, Rhenser, Überkinger, Krumbacher, Fachinger.* *Frankreich:* *Perrier, Vichy, Èvian.* *Italien:* *San Pellegrino, San Benedetto.* *Österreich:* *Gasteiner.* *Man unterscheidet* **Trinkwasser** *(Leitungswasser)* **Tafel-Sodawasser** *(Trinkwasser mit Zusätzen von Sole und Meerwasser)* **Quellwasser** *(aus unterirdischen Wasservorkommen)* **Natürliches Mineralwasser** *(unterirdische Vorkommen mit zusätzlichen Mineralstoffen*
Fruchtsäfte, Gemüsegetränke und Limonaden	*Orangensaft*, Zitronensaft*, Ananassaft*, Birnensaft, Aprikosensaft, Grapefruitsaft.* *Tomatensaft*.* *Coca-Cola*, Bitter Lemon*, Tonic*, Ginger Ale*.* *Fruchtsäfte sollten in einer guten Bar frisch gepresst zubereitet werden. Limonaden sollten stets kühl stehen.*
Milchprodukte	*Milch*, Sahne*, Joghurt*, Kefir, Buttermilch, Vanilleeis*, Dickmilch. Milchprodukte enthalten wertvolle Inhaltsstoffe: Vitamine, Mineralstoffe, Eiweiß, Fett. Achten Sie auf das Haltbarkeitsdatum!*
Zucker	*Läuterzucker*, Sandzucker, Brauner Zucker (Rohzucker), Würfelzucker, Puderzucker.* *Zucker wird aus Zuckerrüben oder Zuckerrohr hergestellt. Beim Einkauf beachtet man Form, Hygiene, Farbe und Reinheit. Erhöhter Verbrauch führt zu Übergewicht und Energieüberschuß.*
Heiße Getränke	*Kaffee*, Tee, Espresso*.* *Sollten frisch gebrüht und heiß serviert werden.*
Andere Zutaten	*Eier, Garnituren (Obst, Gemüse), Gewürze, Essig, Öl.*
Flüssige Gewürze	*Tabasco*, Tomaten Ketchup*, Chili, Worcestershiresauce*.*

3.15/1 | Tabasco

3.15/2 | Worcestershiresauce

3.15 Übungen

1 Was verstehen Sie unter Barstock?

1 Das sind alle alkoholischen und nicht alkoholischen Getränke in der Bar. Sie werden pur und gemixt verwendet.

2 Welches sind die bekannten Basisgetränke, die in keiner Bar fehlen sollten?

2 Whisky, Weinbrand (Cognac), Gin, Wodka, Tequila und Rum.

3 Welche Wermutarten kennen Sie?

3 Dry, Bianco (weiß), Rosso (rot) und Rosé.

4 Zählen Sie einige Dessertweine auf.

4 Sherry, Portwein, Madeira, Malaga, Samos, Tokayer und Marsala.

5 Welche Bitters und Würzbitter kennen Sie?

5 Bitters: Campari, Fernet Branca, Fernet Mentha, Underberg, Appenzeller, Suze, Cynar, Aperol. Würzbitter: Angostura Bitter, Orangen Bitter.

6 Nennen Sie einige Anisgetränke.

6 Pernod, Ricard, Ouzo und Raki.

7 Wie könnte man die Branntweine einteilen?

7 Kornbranntwein, Rum, Arrac, Obstbranntwein, Wacholderbranntwein, Branntweine aus Wurzeln, Kräutern, Samen und Pflanzen.

8 Nennen Sie einige ausländische Edelliköre.

8 Bénédictine D.O.M., Cointreau, Grand Marnier, Drambuie, Galliano, Cherry Heering, Sambuca, Cassis und Malibu.

9 Welche Siruparten kennen Sie?

9 Sirups aus: Grenadine, Banane, Melone, Limette, Erdbeere, Kokos, Maracuja, Kirsch und Mango.

10 Welche Getränkegruppen sind darüber hinaus in jeder Bar zu finden?

10 Wein, Sekt, Champagner, Bier, Mineralwasser, Frucht- und Gemüsegetränke, heiße Getränke (Kaffee, Tee, Espresso), Milchprodukte (Milch, Sahne, Joghurt, Kefir, Buttermilch, Kondensmilch).

11 Was darf außer flüssigen Getränken nicht in der Bar fehlen?

11 Eier (frische), Garnituren aus Obst und Gemüse, Sauergemüse wie z. B. Oliven, Perlzwiebeln, Cornichons, Sundries (Knabbergebäck).

12 Welche Gewürze finden Verwendung in der Bar?

12 Salz (Selleriesalz), Pfeffer, Tabasco, Worcestershire-Sauce, Ketchup, Muskat, Essig und Öl.

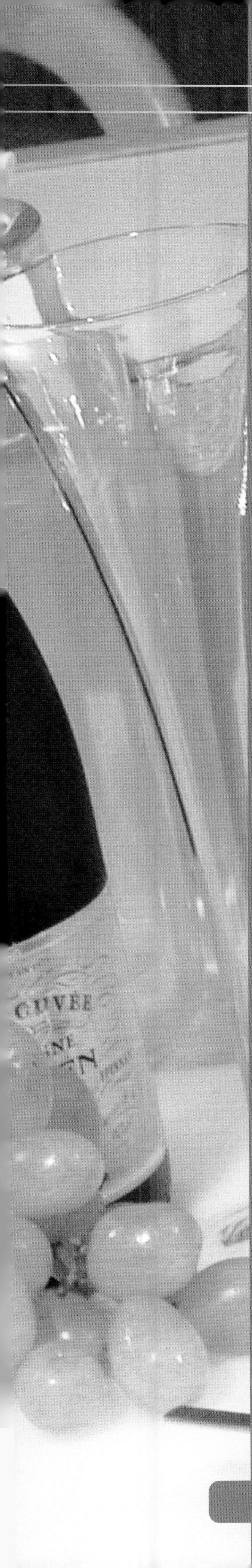

Kapitel 4

Arbeiten in der Bar

4.1 Grundsätze des Mixens

Mixen ist keine Zauberei, obwohl es dem Gast oftmals wie eine solche vorkommt. Der Barmann sollte in der Regel beim Zubereiten der Getränke keine **(Zauber-)Show** abhalten (Ausnahme: Showbar-Keeping), sondern sich vielmehr auf die Qualität der Cocktails konzentrieren.

Hinsichtlich der Auswahl des zum jeweiligen Gast passenden Getränkes sollte der Barmann den Gast erst einmal fragen, welche Geschmacksrichtung dieser bevorzugt (ob dry, medium sweet oder sweet, ob als Short Drink oder Long Drink). Wichtig ist, ob der Cocktail als **Before-Dinner-** oder **After-Dinner-Cocktail** getrunken wird.

Ist der Gast unschlüssig, was er aus der Barkarte auswählen soll, so berät man ihn fachgerecht, um ihm die Orientierung zu erleichtern. Meistens steht zu jedem Cocktail die Zubereitungsart und woraus er besteht in der Barkarte beschrieben. Für interessierte Gäste gibt zuweilen selbst der Profi ein Rezept preis.

Wie und in welcher Reihenfolge werden Cocktails empfohlen?

1. Man empfiehlt zunächst einen *kurzen* (Short) Drink, Dry- oder Medium-dry-Cocktail, danach einen
2. *langen* (Long) Drink (Champagner- oder Sekt-Cocktail sowie andere aufgefüllte Getränke), letztendlich einen
3. *Ernüchterungs-Cocktail* (alkoholfreien Cocktail).

Wird diese Reihenfolge eingehalten, kann der Gast problemlos mehrere Cocktails trinken, ohne Beschwerden zu bekommen. Bei dem Genuss sämtlicher alkoholischen Getränke sollte der Barmann seine Gäste darauf hinweisen, dass anschließend nicht mehr aktiv am Straßenverkehr teilgenommen werden sollte.

Empfehlen Sie doch mal einen kleinen Cocktail!

Es empfiehlt sich, den Gästen auch kleine Cocktails (halbe Cocktails) darzureichen. Sie haben nur die Hälfte an Alkohol, lassen sich rascher trinken und sind preiswerter. Sicher hat der Barmann beim Mixen der kleinen Cocktails einen höheren Arbeitsaufwand, aber eine gute Mise en place wird ihm dabei sicher nützlich sein.

Mocktails sind *alkoholfreie Cocktails.* Sie sind in zahlreichen Bars bei den Gästen sehr beliebt. Auch sie müssen in der richtigen Reihenfolge getrunken werden: Erst dry, dann medium-dry und zum Abschluss sweet.

Mocktails sollen erfrischend sein, bei der Zubereitung sollte Sahne nur in Maßen verwendet werden.

4.1/1 | Wie hält man einen einfachen Shaker?

Die zwei Daumen hält man auf den Deckel oder das Oberteil des Shakers. Mit den 2 Zeige- und Mittelfingern greift man vorne an den Shaker. Mit den 2 Ring- und kleinen Fingen greift man hinter den Shaker, so dass er fest in beiden Händen liegt. In Schulterhöhe wird nun kurz 6 Sekunden von vorne nach hinten geshaket.

4.1/2 | Wie wird abgeseiht?

Zuerst steckt man den Strainer (das Barsieb) mit dem Kranz nach unten in den Becher (damit der Kranz geschont wird). Der rechte Daumen umschließt vorne den Becher. Der Zeigefinger liegt auf den Bügel des Strainers. Mittelfinger, Ringfinger und kleiner Finger umschließen und halten hinten den Becher. Langsam wird die Flüssigkeit durch das Barsieb gegossen, dabei bitte nicht schütteln.

4.1/3

Wie hält man einen Boston Shaker?

In das Glasteil hinein misst man die Getränke auf die benötigte Menge Würfeleis ab. Das Glasteil kann gänzlich gefüllt sein, da man aus dem Metallteil ausgießt. Das Metallteil wird auf das Glasteil gestülpt, der Shaker damit verschlossen. Ein kleiner Schlag mit der Handfläche darauf kann nicht schaden. Anschließend fasst man mit beiden Händen, von hinten nach vorne das Metallteil des Shakers an, die Fingerspitzen berühren dabei das Glasteil. Jetzt dreht man den Shaker so, dass das Metallteil nach unten zeigt. Geshaket wird später wie mit dem normalen Shaker, aus dem Metallteil wird abgeseiht.

4.2 Mise en place

Unter Mise en place versteht man die Vor- und Nacharbeiten in der Bar, d.h. Arbeiten vor dem Eintreffen der ersten Gäste (Bar-setup) und Arbeiten, die verrichtet werden, nachdem der letzte Besucher die Bar verlassen hat (Bar-cleanup).

Bar-Setup	**Bar-Cleanup**
1. *Bar kurz* **lüften**	1. *Bar kurz* **lüften**
2. *Barutensilien, Bareinrichtung, Toilette, Messer, Mixgeräte, elektrische Geräte, Gläser, Saughalme, Untersetzer u. a. auf Sauberkeit und Funktion prüfen*	2. **Barutensilien** *säubern*
3. **Barstock check** *(überprüfen). Alle alkoholischen und nicht alkoholischen Getränke überprüfen, Sundries aufstellen u. a.*	3. *Geöffnete Flaschen überprüfen und Kapseln* **reinigen**. **Entsorgung** *Müll, Flaschen u. a.*
4. **Garnituren** *vorbereiten*	4. **Garnituren** *versorgen (einpacken, Kühlschrank)*
5. *Orangen- und Zitronensaft* **pressen**	5. *Säfte* **versorgen**
6. **Überprüfung** *von Spülmaschine, Eis, Kaffeemaschine, Musikanlage, Kasse*	6. **Reinigung von:** *Spülmaschine, Kaffeemaschine. Müllentsorgung, Bestellung aufgeben u. a.*
7. **Reinigung** *der Bartheke, Schneidebretter u. a.*	7. **Reinigung** *der Bartheke, Schneidebretter u. a.*
8. *Kasse* **vorbereiten**, *Wechselgeld*	8. **Abschlag** *der Kasse, Abrechnung*
9. *Kleidung und Körperhygiene* **überprüfen**	9. *Kleidung und Körperhygiene* **überprüfen**

Mise en place für einen Alexander-Cocktail

Getränke/Speisen/Diverses	Wichtige Vor-/Nacharbeitsschritte
Bier	*Gut vorkühlen, Temperatur 6–8 Grad. Auch ungekühltes Bier bereit halten. Auf Verfallsdatum achten.*
Champagner und Sekt	*Für Cocktails wird nur Dry-Champagner und Dry-Sekt verwendet, kein Medium-Sekt. Hinsichtlich der Gläser unterscheidet man Sektschalen und Sektkelche.*
Eier	*Sie sollten generell nur frisch verarbeitet werden. Eiweiß stets separat aufbewahren. Eier schlägt man nie vor dem Gast auf. Man dreht ihm den Rücken zu und teilt dann das Eiweiß vom Eigelb.*
Eishammer	*Nie vor dem Gast das Eis schlagen, immer nur im Office. Nur in der jeweiligen Maschine wird Crushed Ice und Shaved Ice vor den Augen des Gastes bereitet.*
Essig- und Ölflaschen	*Nach Entnahme immer verschlossen halten.*
Flüssige Sahne/Rahm	*Stets geschlossen aufbewahren, auf Verfallsdatum achten, möglichst vor dem Gebrauch eine Probe entnehmen.*
Fruchtsäfte	*Sie müssen immer frisch für den Gast gepresst werden. Für die Vorarbeit Zitronensaft und Orangensaft frisch pressen. Zu Hochbetriebszeiten kann man auch Säfte aus Flaschen verwenden.*
Garnituren	*Zitrusfrüchte und andere Früchte immer frisch schneiden und nicht mit den Händen anfassen, dafür gibt es eine Barzange. Dekorationen möglichst einfach und doch wirkungsvoll gestalten. Manchmal ist bereits auch ein schönes Glas ausreichend, man kann das Getränk bspw. in Gläsern mit farbigem Stiel servieren.*
Läuterzucker	*Er wird für die Bar vorgekocht. 1 Liter Wasser und 1 kg Zucker aufkochen. Danach erkalten lassen und in Flaschen umfüllen.*
Limonaden-/Saftflaschen	*Vor dem Gebrauch immer schütteln.*
Mineralwasser	*Vor dem Gebrauch kalt stellen (7–10 °C). Ruhige Wasser wie Fachinger und Vichy immer bei Zimmertemperatur (bis 18 °C) aufbewahren.*
Muskatnuss	*Man reibt sie nicht mehr mit den Händen, vielmehr kommt eine spezielle Muskatnussmühle zum Einsatz.*
Oliven	*Nur einfache, keine gefüllten Oliven verwenden. Privat auch gefüllte Oliven*
Sirups	*Sofern aus der Dose stammend, immer sofort nach dem Öffnen in Flaschen umfüllen. Auf Verfallsdatum achten, abends nach Gebrauch die Öffnung der entsprechenden Flaschen säubern.*
Spritzflaschen	*Abends immer mit einem Korken verschließen.*
Tabasco	*Stets wieder in der Schachtel verpacken, damit die Farbe nicht verloren geht.*
Trinkhalme	*Bei eingepackten Trinkhalmen unteres Ende hochziehen und oberes Ende eingepackt lassen.*
Zucker	*Zuckerbehälter auffüllen. Wahlweise Würfelzucker, Sandzucker, braunen Zucker oder Puderzucker nach Belieben verwenden.*
Menagen	*Unter Menagen versteht man alle Gewürze, z. B. Salz, Pfeffer, Tabasco, Worcestershire-Sauce, Ketchup, Essig, Öl usw.*

4.3 Das Shaken
(shake – schütteln)

Übersicht über die Zubereitungsarten

Generell werden die folgenden Getränkezubereitungsarten in einer Bar unterschieden:

- Zubereitung im Shaker
- Zubereitung im Boston-Shaker
- Zubereitung im Rühr- oder Mixglas
- Zubereitung im Gästeglas
- Zubereitung im Stabmixer, Hamilton Beach oder Blender
- Zubereitung im Elektromixer (Aufsatzmixer)
- Sonstige Zubereitungsarten

Auf den Folgeseiten sollen diese im Detail vorgestellt werden.

Grundsätzlich gibt es mehrere Arten von Shakern, z. B. zweiteilige und dreiteilige Shaker. Sie können aus Chromstahl, Silber oder Plexiglas gefertigt sein. Für die Aufnahme von Getränken ist das Volumen von großer Bedeutung.

Normale Shaker fassen einen Inhalt von 0,5–0,7 Liter. In ihnen werden maximal 3 bis 4 Cocktails geschüttelt. Diese Shaker kommen vorzugsweise im privaten Bereich oder in kleineren Barbetrieben zum Einsatz. Für größere Bars gibt es 1-Liter-Shaker in Form von Spezialanfertigungen. Fachleute shaken jedoch im Boston Shaker.

4.3/1
Dreiteiliger Shaker

4.3/2
Zweiteiliger Shaker

Wie wird geshaket?

Was wird im normalen Shaker gemixt?

Alle Getränke, die mit schwer vermengbaren Bestandteilen (Ingredienzien), wie z. B. Sirup, Milch, flüssiger Sahne, Eiern und Likören zubereitet werden.

Bestandteil des Shakers

Der *dreiteilige* Shaker besteht aus dem großen Unterteil mit Aufsatz sowie integriertem Barsieb und Deckel. Diesen Shaker benutzt der professionell ausgebildete Barmann jedoch kaum, ebenso wenig das integrierte Barsieb. Es wird lediglich im privaten Bereich benutzt, der gelernte Barmann verwendet den Strainer, ein ganz spezielles Barsieb.

Der *zweiteilige* Shaker besteht aus einem größeren Unterteil mit Aufsatz. Bei seiner Verwendung ist ein Strainer unverzichtbar.

Beim *Boston Shaker* handelt es sich ebenfalls um einen zweiteiligen Shaker. Der Untersatz besteht aus Glas und das Oberteil aus Metall (s. Kap. 4.5).

Wie lange sollte geshaket werden?

Die Dauer des Mixvorganges hängt von der *Eismenge* ab, die in den Shaker gegeben wird. Beim normalen Shaker gibt man 6–8 Eiswürfel von je 15 g in den Shaker. Dann erfolgt ein Mixvorgang von etwa *6 Sekunden* mit *langem Shaker-Weg.*
Bei kurzem Shaker-Weg verlängert sich die Mixdauer auf ca. *8–10 Sekunden*. Bei größeren Eiswürfeln gibt man weniger Eiswürfel in den Shaker.

Wird jedoch *zu lange* geschüttelt, kann der *Cocktail verwässern*. Die Dauer des Shakens hängt auch von dem *Inhalt* des Bechers (Shakers) ab. Werden mehrere Cocktails gleichzeitig zubereitet, so wird *länger* geschüttelt als beim Mixen eines Einzelcocktails.

Wie wird geshaket?

Hart (kräftig): Alle normalen Cocktails werden auf diese Weise ca. 6 Sekunden geschüttelt.

Weich (rund): Rund werden alle Cocktails *mit flüssiger Sahne* ca. 6 Sekunden lang geschüttelt, damit eine bessere Bindung *(Emulsion)* entsteht. Schüttelt man nicht rund, könnte die Sahne gerinnen, es entsteht keine Emulsion.

Sehr hart (sehr kräftig): Dauer ca. 16 Sekunden. Auf diese Art wird z. B. der Gin Fizz geschüttelt. Optimalerweise sollte sich eine kleine Eisschicht auf dem Shaker bilden.

Grundsätzlich sollte der Shaker stets mit Würfeleis vorgekühlt werden, bitte jedoch nicht vergessen, das entstandene Schmelzwasser vor dem Auffüllen der Ingredienzien wieder abzuseihen. Der Shaker wird *gleichmäßig in waagerechter Richtung* hin und her bewegt, nicht von oben nach unten.

Reihenfolge beim Shaken

Die *schweren und preiswerten Bestandteile* wie Sirup und flüssige Sahne gibt man zuerst auf das Eis im Shaker. Falls bei der Zutatenwahl eine Verwechslung eintritt, gießt man so lediglich die leicht zu ersetzenden Bestandteile ab. Anschließend folgt die Beigabe der Alkoholika. Sodawasser gibt man grundsätzlich nicht mit in den Shaker, die Getränke werden bei Bedarf später damit aufgefüllt.

Vorkühlen/Frappieren des Glases

Bei klaren Cocktails, die hauptsächlich aus puren Spirituosen bestehen, frappiert man das Glas, indem man die Eiswürfel bspw. in einer Cocktail-Schale kreisförmig bewegt. Wird das Getränk in einem Cocktail-Kelch serviert, so werden die Eiswürfel nur hineingelegt. Vor dem Auffüllen des Cocktails entfernt man das Eis wieder.

4.4 Zubereitung im *Shaker*

1

3

5

7

Zubereitung am Beispiel eines ALEXANDER-COCKTAIL

Rezept

2 cl Sahne
2 cl Crème de Cacao braun
2 cl Cognac oder Brandy
6 Eiswürfel

Geschmack

Sweet

Art

After-Dinner-Cocktail, Short Drink

Glas

Cocktail-Schale oder Kelch (für Privatgebrauch)

Zubereitung

Im Shaker mit Würfeleis rund shaken und ins Glas abseihen.

Garnitur

keine, nach IBA geriebene Muskatnuss oder Zimt über das Getränk geben

Service

Untersetzer
kein Trinkhalm

Am Beispiel eines bestimmten Getränkes soll nunmehr der detaillierte Arbeitsablauf des Mixens und Servierens in seiner ganzen Komplexität vorgestellt werden.

Mise en place (Vorbereitung)

In die *Mitte des Arbeitsplatzes* folgende Arbeitsgeräte stellen oder legen: Dreiteiligen oder zweiteiligen Shaker, Messbecher und Strainer

Zur *rechten Seite des Shakers* die benötigten Flüssigkeiten aufstellen, jeweils mit dem Etikett nach vorne: Flüssige Sahne, Crème de Cacao braun, Cognac oder Brandy (vorzugsweise wird hier ein preiswerter Cognac VSOP verwendet, da er einen neutralen Geschmack hat). Zur Rechten befinden sich also sämtliche Getränke, die man mit der rechten Hand greifen kann.

Zur *linken Seite des Shakers* das Cocktailglas, und bei Bedarf auch die Garnitur, vorbereiten. Das Würfeleis wird aus dem Eiskühler entnommen. Schreibt das jeweilige Rezept einen Zuckerrand vor, so wird er vor dem Mixen zubereitet.

Mise en place für einen Alexander-Cocktail.

Würfeleisbehälter, Jigger, Cocktailglas, Shaker, Strainer, Muskatmühle, Crème de Cacao, Brandy, Sahne

Arbeitsschritte ALEXANDER-COCKTAIL

1 *6–8 Stücke Würfeleis in den Shaker geben. Bei anderen Cocktails, die ohne Sahne hergestellt werden, wird das Glas vorher frappiert oder gekühlt.*

2 *Der Shaker wird frappiert und das Schmelzwasser abgegossen. Sollten die Eiswürfel bereits stark geschmolzen sein, werden sie durch neue ersetzt. Durch den Frappiervorgang werden die Eiswürfel geschmeidiger und der Shaker wird schon vorgekühlt.*

2

3 *Mit dem Messbecher werden alle vorgeschriebenen Flüssigkeiten auf das Würfeleis gegosssen. Der Messbecher wird genau bis zum Rand gefüllt und zwar die preiswerten, leicht ersetzbaren Flüssigkeiten zuerst, dann die höherwertigen Getränke. Es ist wichtig, dass die Flüssigkeiten genau abgemessen werden, da sonst immer ein anderer Geschmack entsteht.*

4

4 *Der Shaker wird gut verschlossen, damit keine Flüssigkeit entweichen kann. Mit den Daumen hält man den Deckel auf das Unterteil des Shakers. Mit den Zeige- und Mittelfingern greift man vorne an den Shaker und mit den Ring- und kleinen Fingern hinter den Shaker. So hat man den Shaker fest in beiden Händen. Man kann den Shaker auch mit einer sauberen Serviette umwickeln.*

5 *Nun wird in Schulterhöhe der Shaker immer weich geschüttelt. Rund (in Kreisbewegung) ca. 6 Sekunden lang schütteln. Sahne-Cocktails werden immer weich geshaket. Cocktails ohne Sahne werden hingegen waagerecht hin und her geschüttelt.*

6

6 *Vorsichtig werden beide Teile des Shakers auseinandergezogen.*

7 *Der fertige Cocktail wird durch einen Strainer in das links stehende Glas geseiht. Dabei hält man mit der linken Hand das Glas am Stiel fest. Sollte sich der Shaker nicht öffnen lassen, so schlägt man ihn unterhalb des oberen Aufsatzes kurz an einen harten Gegenstand. Das Würfeleis verbleibt im Shaker, damit der Cocktail nicht verwässert. Ist der Inhalt des Shakers für mehrere Gläser gedacht, so muss abwechselnd eingeschenkt werden. Dadurch wird die Flüssigkeit gleichmäßig auf die Gläser verteilt und bleibt schön kalt.*

8 *Der Alexander wird nun dem Gast mit einem freundlichen Lächeln auf einem Untersetzer serviert. Nach der neuen IBA Rezeptur reibt man etwas Muskat auf den Cocktail (wenn der Gast dies wünscht).*

8

4.5 Zubereitung im Boston Shaker

Zubereitung am Beispiel eines SIDE CAR

Rezept

2 cl Zitronensaft
2 cl Brandy
2 cl Cointreau
6 Eiswürfel

Geschmack

medium dry

Art

Before-Dinner-Cocktail
Short Drink

Glas

Cocktail-Kelch (vorgekühlt), für privat auch Cocktail-Schale

Zubereitung

Im Boston oder Metall-Shaker kräftig shaken und ins Glas abseihen.

Garnitur

Keine, gem. IBA Cocktail-Kirsche am Stick

Service

Untersetzer
kein Trinkhalm

Der Boston Shaker ist zweiteilig und besteht aus einem unteren Teil aus Glas, und einem oberen und größeren Teil aus Metall. Er wird von den meisten Barmixern bevorzugt, da er mehr Inhalt fasst als der dreiteilige Shaker. Ein Sieb ist im Boston Shaker nicht integriert. Ein weiterer Vorteil: Der Cocktail ist nach der Fertigstellung im Glas transparent (durchsichtig erkennbar).

Mise en place

Wie bei Verwendung des zwei- und dreiteiligen Shakers zur Herstellung des Alexander-Cocktails.

Mise en place für einen Side Car.

Eiswürfelbehälter, Eiszange, Boston Shaker, Cocktail-Kirsche am Stick, Jigger, Cocktail-Glas, Strainer, Brandy, Cointreau, Zitronensaft

1

3

5

7

Arbeitsschritte SIDE CAR

1 *Der untere, aus Glas bestehende Teil des Shakers wird zu 1/3 mit Eiswürfeln (6–8 Eiswürfel) gefüllt. Bei den Eiswürfeln kommt es jeweils auf die Menge der Cocktails an. Bei einem Cocktail benötigt man 6 Eiswürfel von 15 g Gewicht, bei mehreren Cocktails entsprechend bis zu 8–10 Eiswürfel.*

2 *Das Schmelzwasser wird durch den Strainer abgeseiht.*

2

3 *Mit dem Messbecher gießt man nun alle vorgeschriebenen Flüssigkeiten auf die Eiswürfel. Fachleute benötigen keinen Messbecher mehr, da sie es aus Erfahrung im Gefühl haben, welche Menge z. B. 1 cl oder 2 cl entspricht. Der Barmann mit weniger Praxiserfahrung sollte immer von der Flasche aus in den Jigger abmessen und anschließend die Flüssigkeit auf das Eis abgießen.*

4 *Nun wird das Metallteil auf das Glasteil gesetzt. Man achte darauf, dass der Boston Shaker auch wirklich verschlossen ist.*

4

5 *Die folgende Handhabung unterscheidet sich nun von der beim zwei- oder dreiteiligen Metallshaker. Nachdem man das Metalloberteil auf das Glas gesetzt hat, wird der Shaker umgedreht, so dass sich das Metallteil unten befindet. Geshaket wird dann wie beim normalen Shaker. Befindet sich das Glasteil unten, so wird hart geshaket. Für die Mixdauer, ist die Flüssigkeitsmenge der Cocktails ausschlaggebend. Die durchschnittliche Shaketauer beträgt ca. 6–8 Sekunden.*

6 *Anschließend wird der Boston Shaker geöffnet. Um das Öffnen zu erleichtern schlägt man mit der Handfläche an das Metallteil.*

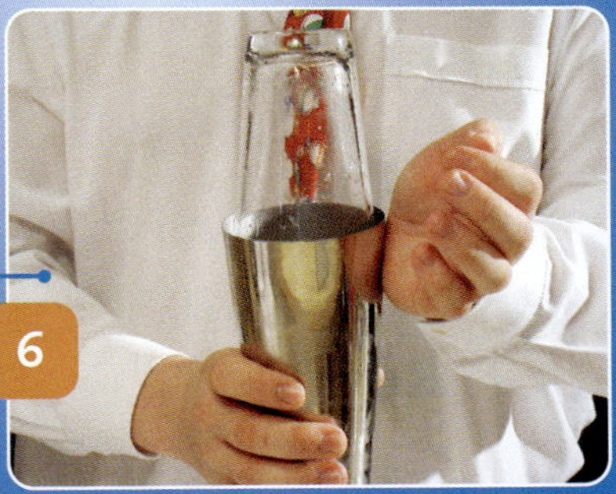

6

7 *Der fertige Cocktail wird mit dem Strainer in das vorbereitete Glas abgeseiht. Dabei ist darauf zu achten, dass der Strainer fest an das Glas gedrückt wird, um zu vermeiden, dass Eiswürfel in das Glas rutschen. Vor dem Abseihen, gibt man eine Cocktailkirsche am Stick in das Glas.*

8

8 *Das Servieren des Side Car. Mit einem freundlichen Lächeln setzt man den Side Car auf einem Untersetzer vor dem Gast ab.*

4.6 Zubereitung im
Rühr- oder Mixglas

Zubereitung am Beispiel eines
MANHATTAN-COCKTAIL

Rezept

4 cl Canadian Whisky
2 cl Vermouth rosso
2 Tropfen Angostura
6 Eiswürfel
1 Cocktail-Kirsche

Geschmack

very dry

Art

Before-Dinner-Cocktail
Short Drink

Glas

Cocktail-Kelch für privat
auch Cocktail-Schale
frappiert

Zubereitung

Im Rührglas mit Würfeleis rühren und ins Glas abseihen.

Garnitur

Cocktail-Kirsche am Stick ins Glas

Service

Untersetzer
kein Trinkhalm

Im Rührglas werden Cocktails, die aus reinen und klaren Alkoholika bestehen, kurz auf Würfeleis gerührt. Würden diese Cocktails im Shaker zubereitet, würden sie verwässern. Die Cocktails sollten nach dem Rühren sofort abgeseiht werden. Das Würfeleis lässt man im Glas.

Mise en place

In die *Mitte des Arbeitsplatzes* stellt man das Rührglas, den Barlöffel, den Messbecher und legt dazu das Barsieb (Strainer). An der *rechten Seite* des Rührglases stehen stets die benötigten Flüssigkeiten, man erfasst sie anhand der Etiketts und stellt sie mit diesen gut sichtbar nach vorne ab: Flasche Canadian-Whisky, Flasche Vermouth rosso, Spritzflasche Angostura.
An der *linken Seite* werden der gekühlte Cocktail-Kelch oder die Cocktail-Schale (für den Privatgebrauch) sowie die Cocktail-Kirsche am Stick platziert. Hinter dem Glas steht der Behälter mit Würfeleis, zusätzlich liegt eine Eiszange bereit.

Mise en place für einen Manhattan-Cocktail.

Eiswürfelbehälter, Cocktail-Kirsche am Stick, Rührglas mit Barlöffel, Cocktail-Schale mit Würfeleis, Strainer, Jigger, Canadian Whisky, Vermouth rosso, Angostura

TIPP

Man unterscheidet 3 Arten des Rührens:

a) Der Barlöffel wird am Rande des Glases geführt und das Getränk kurz gerührt. Es kommt kein Sauerstoff dazu.

b) Der Barlöffel wird in drehender Bewegung von unten nach oben gezogen. Es kommt nur wenig Sauerstoff dazu.

c) Der Barlöffel wird am Glasrand kräftig auf das Eis gestoßen. Es kommt sehr viel Sauerstoff dazu.

Arbeitsschritte MANHATTAN-COCKTAIL

1 *Vorbereitung des Cocktail-Glases und der Garnitur. Der Cocktail-Kelch bzw. die Cocktail-Schale wird mit 3 Eiswürfeln frappiert. Aus dem Glas holt man mit einer Zange die Cocktail-Kirsche und steckt sie an einen Stick. Das Würfeleis wird erst aus dem Glas entfernt, wenn man den Cocktail einschenkt.*

2 *Im Rührglas wird mit 6–8 Stück Würfeleis das Glas vorgekühlt. Durch den Strainer (Barsieb) wird das Schmelzwasser geseiht (abgegossen).*

3 *Mit Hilfe des Messbechers (Measure, Jigger) werden nun alle im Rezept vorgeschriebenen Flüssigkeiten abgemessen und auf die Eiswürfel gegossen (preiswerte vor teuren Ingredienzen). Vorsicht bei Verwendung von Angostura, bitte nur 1–2 Tropfen hinzugeben und nicht 2 Dash.*

4 *Mit dem Barlöffel wird nun alles ca. 4 Sekunden kurz verrührt oder gestoßen.*

5 *Den fertigen Cocktail seiht man nun durch den Strainer in das vorgekühlte Glas ab. Werden mehrere Drinks zubereitet, wird abwechselnd aus dem Rührglas ausgeschenkt. Die Eiswürfel bleiben im Rührglas. Die Cocktail-Kirsche hat man vor dem Abseihen ins Glas gegeben.*

6 *Der fertige Manhattan wird mit einem freundlichen Lächeln vor dem Gast auf einem Untersetzer abgestellt.*

4.7 Zubereitung im Gäste- oder Trinkglas

Die Zubereitung im Gästeglas ist wohl die einfachste Art einen Cocktail herzustellen. Hier zählen jedoch auch die menschliche Erfahrung und das Können des Barmannes.
Im Gästeglas werden heiße Getränke, Fancy Drinks, Champagner-Cocktails, Joker, Juleps, Pastis, Vermouth-Drinks und Pousse-Cafés zubereitet. Es sind Drinks, deren Zutaten sich durch einfaches Rühren leicht vermischen lassen (Ausnahme: Pousse-Café.)

Zubereitung am Beispiel eines KIR ROYAL

Mise en place (Vorbereitung)

In die Mitte des Arbeitsplatzes stellt man den gekühlten Sektkelch und den Jigger (2 cl-Messbecher).
An die rechte Seite wird die Flasche Kir und der eisgekühlte Champagner gestellt. Eiswürfel benötigt man beim Kir Royal nicht, man bereitet den Cocktail ja gleich im Gästeglas zum sofortigen Genuss.
Eiswürfel werden jedoch verwendet bei Fancy-Drinks, Juleps und Getränken on the rocks (auf Würfeleis).
Auf der linken Seite bereitet man in der Regel die Garnituren vor, beim Kir entfällt dies jedoch.

Mise en place für einen Kir Royal.

Champagner, Champagner-Kelch, Jigger, Cassis

Arbeitsschritte KIR ROYAL

1 *Je nach Geschmack des Gastes gießt man 1–2 cl Crème de Cassis in den Champagnerkelch.*

2 *Anschließend wird gleich mit 9–10 cl sehr kaltem Champagner (keinesfalls mit normalem Sekt!) aufgegossen.*

3 *Das fertige Getränk wird dem Gast sofort mit einem freundlichen Lächeln serviert und auf einem Untersetzer abgestellt.*

Zubereitung

Zubereitung
am Beispiel eines
CAMPARI SODA

Mise en place

In die Mitte des Arbeitsplatzes stellt man den breiten Tumbler oder ein kleines Highball-Glas und den Jigger. An die linke Seite stellt man einen Eisbehälter mit Eiswürfeln und Eiszange. Hier wird ebenso von einer ungespritzten Zitrone eine Scheibe abgeschnitten. An der rechten Seite steht der Campari und das gekühlte Soda- oder Mineralwasser.

Mise en place für einen Campari Soda.

Eisbehälter, Eiszange, Zitrone, Mineralwasser oder Sodawasser, Glas, Jigger, Campari

Arbeitsschritte CAMPARI SODA

1 *In den Tumbler gibt man mit der Eiszange 6 Stücke Würfeleis.*

2 *Daraufhin misst man mit dem Jigger 4 cl Campari ab und rührt mit dem Barlöffel kurz durch.*

3 *Zum Schluss füllt man mit etwas Sodawasser (Mineralwasser) auf, rührt mit dem Barlöffel nochmals kurz durch und gibt die Scheibe Zitrone in das Glas.*

4 *Jetzt ist das Getränk fertig und man serviert es dem Gast mit einem freundlichen Lächeln.*

4.8 Zubereitung mit dem Stabmixer

(Hamilton Beach oder Blender)

Zubereitung am Beispiel eines DAIQUIRI

Rezept

2 cl Limettensaft
1 cl Läuterzucker
4 cl Cuba Rum weiß
1 BL Crushed Ice

Geschmack

dry

Art

Apéritif, Short Drink

Glas

Cocktail-Kelch oder Cocktail-Schale

Zubereitung

Im Stabmixer mit Crushed Ice (oder Shaker) mixen und ins Glas abseihen.

Garnitur

Keine, auf Wunsch Cocktail-Kirsche

Service

Untersetzer
kein Trinkhalm

Zubereitung mit dem Stabmixer

Um mehrere Cocktails zu mixen, ist es mitunter einfacher, den *Stabmixer* zu benutzen. Man schont dabei die Hände und sich selbst.
Im Gegensatz zu dem Elektromixer, der auch zerkleinert, *kann mit dem Stabmixer nur mit Crushed Ice gemischt werden.* Er hat den Nachteil, dass er zu laut ist und sich die Blätter des Stabes nur schlecht säubern lassen.

TIPP

Bereitet man mehrere unterschiedliche Cocktails zu, sollten die Rührblätter stets vorher mit warmem Wasser und dann mit kaltem Wasser gereinigt werden. Hierzu wird der mit etwas Wasser gefüllte Becher kurz unter die Halterung gehalten.

Mise en place

Die Zutaten wie weißer Rum, Zitronensaft, Läuterzucker, sowie der Blender, Strainer, Glas, Jigger und Crushed Ice werden vorbereitet.

Mise en place für einen Daiquiri.

Würfeleis, Stabmixer, Cocktail-Kelch mit Eiswürfel, Strainer, Jigger, Cocktail-Kirsche, Glas mit Crushed Ice oder Würfeleis, Zitronensaft, Cuba-Rum weiß, Läuterzucker.

Arbeitsschritte DAIQUIRI

1 *In den Cocktail-Kelch gibt man einige Eiswürfel und kühlt (frappiert) so das Glas vor.*

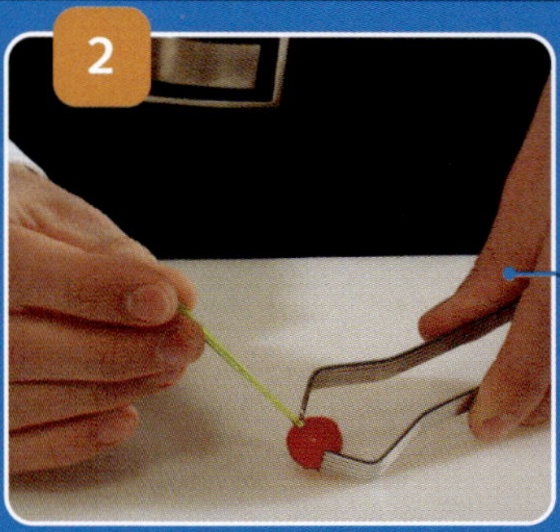

2 *Verwendet man eine Cocktail-Kirsche, wird sie vorher am Stick aufgespießt.*

3 *Für einen Cocktail gibt man eine kleine Schaufel voll Crushed Ice in den Becher.*

4 *Auf das Crushed Ice gibt man die abgemessenen Flüssigkeiten wie Zitronensaft, Läuterzucker und weißen Rum.*

5 *Die Geschwindigkeitsstufe für den vorgesehenen Rührgang wird eingestellt. Es gibt 3 Stufen: high, medium und low.*

6 *Dann wird der Becher in die Halterung gedrückt und fixiert. Der Rührvorgang wird dadurch automatisch ausgelöst. Es wird nur 1–3 Sekunden gemischt.*

Sobald der Cocktail fertig gemixt ist, zieht man den Becher langsam nach unten, hierdurch schaltet das Gerät sich automatisch ab. Die beweglichen Rührblätter sollten dabei möglichst nicht den Becher berühren. Sobald die Rührblätter sich außerhalb des Cocktails befinden, lässt man sie kurz ausschlagen, wodurch sie sich selbst reinigen.

7 *Der fertige Cocktail wird in den vorbereiteten Cocktail-Kelch abgeseiht. Zusätzlich kann man in den servierbereiten Drink etwas Crushed Ice und eine Cocktail-Kirsche am Stick geben.*

4.9 Zubereitung im Aufsatzmixer/ Elektromixer

Zubereitung am Beispiel eines BIG APPLE

Rezept

6 cl Joghurt
2 cl Apfelsaft
1/4 Apfel
1 TL Zucker
3 cl Sahne,
1 cl Zitronensaft
Prise Zimt
1 EL Crushed Ice

Geschmack

Sweet

Art

Alkoholfreier Cocktail
Short Drink
After-Dinner-Cocktail

Glas

Cocktail-Kelch

Zubereitung

Im Elektromixer mit Crushed Ice mixen und mit dem Eis ins Glas gießen.

Garnitur

1 Apfelschnitz, Minzeblatt und Cocktail-Kirsche am Stick ans Glas stecken. Eine Prise Zimt auf das Getränk streuen.

Service

Untersetzer, Serviette
kein Trinkhalm

Der Elektromixer wird generell bei großem Stoßgeschäft, und wenn man große Mengen an Cocktails gleichzeitig mixen möchte, eingesetzt. Insbesondere auch, um Cocktails *mit ganzen Früchten* und um *Frozen Drinks* (siehe Frozen-Erdbeer-Daiquiri) zuzubereiten. Einzelne Cocktails, ohne Früchte, sollten vorzugsweise geshaket werden. Als Eis gibt man lediglich Crushed Ice in den Elektromixer.

Werden mehrere Long Drinks gleichzeitig zubereitet, so verzichtet man auf Crushed Ice oder Würfeleis. Diese Zubereitung nennt man dry blend.

Die fertigen Drinks werden in Gläser, die zu 2/3 mit Eiswürfeln gefüllt sind, abgegossen.

Mise en place.
Die Zutaten wie Joghurt, Zucker, Apfel, Zimt, flüssige Sahne, Apfelsaft und Zitronensaft bereitstellen.

Mise en place für einen „Big Apple".

Crushed Ice, Zimt, Sandzucker, Apfel, Messer, Cocktail-Kelch mit Eiswürfeln, Apfelschnitz mit Pfefferminzblatt und Kirsche am Stick, Jigger, Joghurt, Apfelsaft, Sahne, Zitronensaft.

Arbeitsschritte BIG APPLE

1 *Der Apfel wird gewaschen und dann geschält. Der geschälte Apfel wird halbiert und nochmals durchgeschnitten. Sodann wird er entkernt und zuerst in Scheiben, dann in Streifen und zum Schluss in Würfel geschnitten. Grundsätzlich sollten alle Früchte vorher gewaschen und geteilt werden, der Geschmack entwickelt sich dadurch besser und die Früchte lassen sich schneller pürieren.*

2 *Als nächstes gibt man einen Esslöffel Crushed Ice in den Elektromixer. Darauf folgen die abgemessenen anderen Zutaten und Gewürze. Werden mehrere Cocktails gleichzeitig gemixt, so gibt man mehr Crushed Ice oder Würfeleis in den Mixer.*

3 *Jetzt wird der Elektromixer gut verschlossen, zuerst auf die einfachste Stufe und anschließend auf die höchste Stufe eingeschaltet. Gemixt wird ca. 6–12 Sekunden, es kommt darauf an, wie viel Fruchtmenge in den Elektromixer gegeben wurde. Die Früchte sollten am Ende in jedem Fall zu Mus verarbeitet sein.*

4 *Der fertige Cocktail wird nochmals abgeschmeckt. Bei Bedarf kann noch etwas nachgewürzt werden.*

5 *Anschließend wird er in den vorbereiteten Cocktail-Kelch mit dem Crushed Ice eingegossen. Ein Barsieb wird hierbei nicht benötigt. Bei Zubereitung mehrerer Cocktails wird abwechselnd eingegossen. Als Garnitur gibt man einen Apfelschnitz (nach Bedarf auch eine Scheibe Kumquat und 1/2 Cocktail-Kirsche) an den Cocktail-Kelch und streut noch etwas Zimt auf den Cocktail.*

6 *Serviert wird der Cocktail mit freundlichem Lächeln. Er wird auf einem Untersetzer vor dem Gast abgestellt.*

4.10 Weitere Zubereitungsarten von Mixgetränken

1. Shaken von Cocktails im GÄSTEGLAS (Speed shake):

Diverse Cocktails kann man, wie bereits erläutert, im Boston Shaker zubereiteten. Gedacht ist dabei selbstverständlich nur an einen einzelnen Cocktail. Man nimmt das passende Gästeglas, stülpt das Metallteil des Shakers darauf und shaket wie beim Boston Shaker beschrieben. Wichtig ist, dass das Gästeglas genau zum Metalloberteil passt. Der fertige Cocktail wird aus dem Metallteil in das Gästeglas gegossen.

2. Zubereitung von Cocktails in verschiedenen GEFÄSSEN

Sehr dekorativ servieren lassen sich Getränke in Kokosnuss, Ananas, Papaya, Melone, Silberbecher, Holzschale und Holzbecher.

3. Gästeglas mit einem DECKEL oder privat mit der sauberen HANDFLÄCHE abdecken.

Siehe: La Cucaracha

4.11 Merkblatt

WAS JEDER BARMANN WISSEN SOLLTE
und was in keiner Bar fehlen darf!

Abfalleimer

Neben jedem Schneidebrett sollte ein kleiner Abfalleimer für Kronkorken, Sektkorken, Weinkorken und andere Abfälle bereitstehen.

Abspritzen von Zitronen- und Orangenschalen

Viele Cocktails werden im Glas mit den Ölen von Zitronen- und Orangenschalen (Zeste-Peel) abgespritzt. Die Zeste wird nie größer als ein Ein-Euro-Stück geschnitten. Beim Abspritzen hat man die helle Seite innen. Man gibt die Zeste nie mit in das Glas, da sie den Gast nur stört. Generell werden nur ungespritzte Zitrusfrüchte verwendet. In Ausnahmefällen können sie auch nur heiß abgewaschen werden.

Angosturaflecken

Aufgepasst, sie sind sehr hartnäckig und man kann sie kaum entfernen.

Aschenbecher

Unbedingt leeren, sobald dieser benutzt wurde.

Bargeld

Immer unter Verschluss in einer abschließbaren Kasse oder Schublade aufbewahren.

Bargläser

Sie werden beim Einschenken des Getränkes immer auf dem Arbeitstisch abgestellt, also nie mit der Hand hochgehoben und vor dem Gast eingegossen.

Bargläser (kühlen)

Für kurze Getränke nimmt man nach Möglichkeit gekühlte Gläser (aus dem Gefrierfach). Sind sie nicht gekühlt, werden sie mit Würfeleis frappiert.

Bargläser einschenken

Immer unten auf dem Schneidebrett einschenken, nie auf der Bartheke vor dem Gast. Haben die Gläser einen Stiel, werden sie auch nur dort angefasst.

Barkarte

Bei der Übernahme einer Bar immer auf Preise und Rezepturen achten und sie auswendig lernen.

Barutensilien

Bei Gebrauch immer wieder an die gleiche Stelle zurückstellen, um unnötiges Suchen zu vermeiden.

Begrüßung des Gastes

Freundliche Begrüßung mit Augenkontakt, Bestellung annehmen und Untersetzer oder Deckchen einsetzen. Zur Kasse gehen und bonieren, Getränk zubereiten, Getränke mit freundlichem Lächeln servieren und auf dem Untersetzer absetzen. Auch Flaschen werden auf Untersetzer abgestellt.

Besteckglas

Es sollte immer mit warmem Wasser gefüllt sein. Nicht vergessen, das Wasser bei Gebrauch häufiger zu wechseln.

Bewertung eines Cocktails

Bei Prüfungen wird wie folgt bewertet: Aussehen und Präsentation, Aroma, Geschmack, Bleibender Eindruck.

Boston Shaker

Er besteht unten aus Glas und oben aus Metall. Beim Shaken zeigt das Metallteil generell nach unten.

Cassis

Er sollte ständig auf der Barkarte stehen, damit er nicht alt und farblos wird.

Cocktails

Es können im normalen Shaker nur 2–3 gleichzeitig hergestellt werden. Misst man eine größere Menge ab, läuft der Shaker beim Schütteln über.

Crème de Cacao

Wenn nicht anders im Rezept beschrieben, nimmt man stets braunen Crème de Cacao.

Eiswasser

Immer aus dem Shaker oder Rührglas auslaufen lassen, nicht herausschütteln, damit schont man das Barsieb (Strainer).

Eiswürfel

Auf die Eiswürfel im Kühler sollte man immer einen kleinen Schuss Mineralwasser gießen, damit sie nicht aneinander kleben. Eiswürfel sollten bei –15 Grad Celsius gefroren werden.

Eiszange

Die Eiszange ist nicht nur für Eiswürfel da. Alle Einlagen für das Glas, wie Obststücke, Obstscheiben, Oliven und Eiswürfel, werden nur mit der Eiszange (Barzange) in das Glas gegeben, nie mit den Händen!

Elektromixer

Wird bei Hochbetrieb in der Bar benutzt. Er muss für Cocktails mit ganzen Früchten, für Frappés und Milchshakes verwendet werden. Für größere Flüssigkeitsmengen unerlässlich. Man gibt in den Elektromixer immer nur Crushed Ice oder bei größeren Mengen auch Würfeleis. Wird bei Hochbetrieb in der Bar im Elektromixer ohne Eis gemixt, so füllt man das Glas 3/4 mit Würfeleis.

Flaschen

Die Flaschen werden nach Sorten geordnet aufgestellt, immer mit dem Etikett nach vorne. Die gängigen Sorten sollten dabei in der vordersten Reihe stehen. Beim Einkauf auf die vorgeschriebene Verwendung achten. Bei wenig Bedarf, sollten kleine Flaschen eingekauft werden.

Frappieren von Gläsern

Nur bei klaren Cocktails kann man das Glas mit Eiswürfeln frappieren. Frappiert werden Cocktail-Schalen, Cocktail-Kelche füllt man mit Würfeleis auf.

Garnituren
Garnituren, die in das Glas kommen, gibt man stets vor der Flüssigkeit in das Glas, darauf seiht man den Cocktail ab. Garnituren, die an das Glas gesteckt werden, platziert man erst nach dem eingeschenkten Cocktail am Glasrand oder man legt sie am Stick auf den Glasrand. Nach Möglichkeit fasst man alle Garnituren nicht mit der Hand an, sondern platziert sie mit der Spitze eines Barmessers oder einer Barzange.

Geshakete Drinks
Sie können bei Hochbetrieb in der Bar auch mit dem Elektromixer oder Stabmixer hergestellt werden. Darin werden sie ohne Eis gemixt und in das mit Eiswürfeln gefüllte Glas gegossen.

Hamilton Beach oder Blender/Stabmixer
Sie sollten nur bei Hochbetrieb in der Bar benutzt werden. Sie sind zu laut und es geht nicht viel schneller als mit dem Shaker. Außerdem ist das Flügelblatt schlecht zu säubern. Es muss nach jeder Cocktailart mit Wasser gesäubert werden.

Inhalt eines Cocktails
Short Drinks haben bis zu 8 cl Inhalt, Long Drinks haben über 8 cl und maximal bis 25 cl Inhalt. Zudem sollten sie nicht mehr als 5 Ingredienzen enthalten.

Kalte Getränke
Sekt, Bier, Säfte, Limonaden und Mineralwasser gehören in den Kühlschrank. Wodka und Aquavit liegen im Gefrierschrank kalt.

Kipp-Messbecher
Sie haben zwei Bügel und zwar einen kleinen und einen großen. Sie werden auf das Glas oder den Shaker abgelegt. Der größere Bügel ist stets vorne, damit man besser kippen kann. Der Messbecher hat den Vorteil, dass kein Getränk verschüttet wird. Er wird nur für Einzelgetränke verwendet.

Klassische Cocktails
Es wird vorzugsweise auf eine Garnitur verzichtet.

Kohlensäurehaltige Getränke
Zutaten wie: Limonaden, Soda und Sekt dürfen nie im Shaker mit geschüttelt werden (Ausnahmen bestätigen die Regel).

Licht in der Bar
Das Licht sollte nie auf die Flaschen gerichtet werden, da Getränke licht- und wärmeempfindlich sind.

Long Drink
Bei Long Drinks empfiehlt es sich, immer einen Trinkhalm oder Stirrer in das Glas zu geben.

Messbecher
Es gibt sie in verschiedenen Größen von 2–25 cl. Für die Inventur nimmt man einen Messbecher von 1 Liter Größe. Die Becher werden immer auf der Arbeitsplatte abgestellt, mit Ausnahme des Kipp-Messbechers. Niemals mit der Hand in die Luft hochhalten und dann füllen. Für den Gebrauch eines Messbechers braucht man eine ruhige Hand, da sonst die Flüssigkeiten verschüttet werden. Messbecher immer bis zum Rand füllen, nie mit Bogen oder unterhalb der Markierung. Hat man aus Versehen zu viel eingeschenkt, so stellt man ihn zur Seite leert den Überschuss erst später wieder in die Flasche, wenn der Gast nicht zuschaut.

Mixdauer
Sie hängt von der Anzahl der Mixgetränke ab. Bei einem Cocktail braucht man in der Regel 6 Sekunden. Hat man zu viel Würfeleis und shaket zu lange, kann der Cocktail verwässern.

Oliven
Wenn möglich, keine gefüllten Varianten verwenden. Befindet sich eine Olive im Glas, stellt man bei gutem Service noch ein extra Schälchen mit Oliven hin.

Quirl
Für Sekt, nur auf Bestellung einsetzen, um aus dem Getränk die Kohlensäure herauszuschlagen.

Rezepte
Wenn nicht anders angegeben, sind die Rezepte immer für eine Person gedacht.

Rum
Soweit nicht anders beschrieben, verwendet man stets weißen Rum bei Cocktails.

Sauberkeit
Ist das erste Gebot in der Bar. Der Barmann sollte sauber arbeiten, einen sauberen Arbeitsplatz haben, sauber gekleidet sein, ein sauberes Aussehen und einen guten Umgangston haben. Sauberkeit ist beim Mixen das oberste Gebot. Deshalb muss jedes Gerät sofort nach Gebrauch gesäubert werden.

Schneideplatte
Sie darf nie aus Holz bestehen, sondern aus Marmor, Kunststoff oder Spezialglas. Dies ist hygienischer, sie kann leichter gesäubert werden.

Sektflaschenverschlüsse
Den Sekt hebt man damit nur für kurze Zeit (1–2 Tage) auf. Nach längerer Zeit geht die Kohlensäure verloren.

Service hinter der Bartheke
Hinter der Bar wird nie mit dem Tablett serviert, d. h. die vorbereiteten Gläser werden immer mit der Hand eingesetzt.

Serviertabletts
Sie werden vom Ober nur vor der Bartheke benutzt.

Shaker
Es gibt zweiteilige und dreiteilige Shaker. Sie sind aus Chrom, Silber oder Plexiglas hergestellt. Wichtig ist, dass man sie nie überfüllt, da die Flüssigkeit sonst ausläuft.

Strainer
Ein Barsieb sollte man nach Gebrauch immer waschen, aber nicht mit einem Tuch trocknen, sondern vielmehr darauf trocken schlagen.

Tabascoflasche
Nie aus der Verpackung nehmen, da er sonst die rote Farbe verliert und blass wird.

Trinkhalme
Sie sollten aus Stroh oder Plastik hergestellt sein. Man kann sie bei Bedarf direkt ins Glas geben oder bietet sie in einem Glas an. Der Gast kann sich nach Belieben selbst bedienen. Für den Privatgebrauch gibt es Trinkhalme aus Chrom, die zusätzlich mit einem Löffel versehen sind. Für die kommerzielle Gastronomie sind sie nur bedingt einsetzbar, da sie sich schlecht reinigen lassen. Strohhalme sollten stets in Papier verpackt sein.

Untersetzer
Jedes Getränk setzt man nach Möglichkeit auf einen Untersetzer. Das hält die Theke sauber, vermeidet zusätzliche Geräusche und zeugt von besserem Service.

Verschwiegenheit
Es ist selbstverständlich, dass die Geheimnisse, die einem der Gast in seiner Barlaune anvertraut hat nicht preisgegeben werden.

Wechselgeld
Es ist in diverser Stückelung ständig bereitzuhalten, immer in Anlehnung an die Getränkepreise.

4.12 Übungen

1 **Was verstehen Sie unter mise en place?**

1 Man unterscheidet 2 Bedeutungen des Begriffs: Vorarbeiten bevor der Gast die Bar betritt, wie: Garnituren vorbereiten, Crackers und Trinkhalme auffüllen, Bainmarie für Löffel mit Wasser auffüllen, Eiskühler versorgen, lüften, Lichter einschalten, Säfte pressen u. a. Abschlussarbeiten sobald alle Gäste die Bar verlassen haben, z. B. Kasse abrechnen, Getränke auffüllen, Bestellungen für den nächsten Tag schreiben, Säubern der Geräte und gebrauchten Flaschen, lüften, Lichter ausschalten u. a.

2 **Welche 7 Zubereitungsarten kennen Sie zur Herstellung von Mixgetränken?**

2 Shaken im Shaker, Shaken im Boston-Shaker, Rühren im Rührglas, Zubereitung im Gästeglas, Zubereitung im Elektromixer, Zubereitung im Stabmixer (Hamilton Beach oder Blender), Sonstige Zubereitungsarten wie: Shaken im Gästeglas, Zubereitung von Mixgetränken in Früchten, Silberbechern oder Holzschalen.

3 **Was verstehen Sie unter Before-Dinner- und After-Dinner-Cocktails? Nennen Sie einige Beispiele!**

3 Before-Dinner-Cocktails (Apéritifs): sollten trocken oder halbtrocken sein und werden vor dem Essen serviert. Zum Beispiel Martini Dry, Manhattan, Williams Christ, Gibson, Claridge, Gimlet, trockene Sektcocktails u. a.
After-Dinner-Cocktails (Digestifs): sind halbtrockene oder süße Cocktails und werden nach dem Essen getrunken z. B. Alexander, Sweet Maria, Golden Torpedo, Golden Dream u. a. Außerdem werden auch Liköre und Branntweine zum Kaffee angeboten.

4 **Welche Cocktails werden geshaket und welche gerührt?**

4 Geshaket werden alle Getränke mit schwer vermengbaren Bestandteilen (Ingredienzien), wie z. B. Sirups, Milch, flüssiger Sahne, Eiern und Likören. Gerührt werden alle Cocktails die aus reinen, klaren Alkoholika bestehen.

5 **Wie lange shaket und rührt man einen Cocktail?**

5 Geshaket werden Cocktails ca. 6 bis 18 Sekunden. Es kommt darauf an, wie viele Cocktails man gleichzeitig im Shaker mixt und welche Cocktails im Shaker geshaket werden.
Gerührt werden die Cocktails nur ca. 4 Sekunden, um ein Verwässern zu vermeiden.

6 **Welche Typen von Shakern kennen Sie und worin besteht der Unterschied?**

6 Es gibt 3-teilige, 2-teilige und Boston Shaker. Der 3-teilige Shaker besteht aus dem größeren Unterteil mit Aufsatz und dem integrierten Barsieb. Er wird hauptsächlich im Privatbereich benutzt.
Der 2-teilige Shaker besteht aus dem größeren Unterteil und Aufsatz. Zum Abseihen benutzt man einen Strainer. Er wird von Barmixern gerne verwendet, da das Sieben durch den Strainer sehr schnell geht.
Der Boston Shaker setzt sich aus dem unteren Glas- und dem oberen größeren Metallteil zusammen. Moderne Bars shaken im Boston Shaker. Der Vorteil besteht in der Optik und darin, dass man in ihm mehrere Cocktails zeitgleich mixen kann. Ein Sieb ist im Boston Shaker nicht integriert.

7 Welche Arten von Shaken oder Schütteln kennen Sie?

7 Hart werden fast alle Cocktails geshaket und zwar bis 6 Sekunden. Weich oder rund werden alle Cocktails mit flüssiger Sahne geshaket, damit eine bessere Emulsion entsteht. Würden die Cocktails mit Sahne hart geshaket, könnte die Sahne gerinnen, was sowohl Geschmack als auch Optik nicht zugute kommt. Sie werden ca. 6 Sekunden rund geshaket. Sehr hart oder sehr kräftig werden alle Fizzes ca. 16 Sekunden geshaket.

8 In welcher Reihenfolge gibt man die Bestandteile auf die Eiswürfel in den Shaker?

8 Die schweren und preiswerten Bestandteile wie Sirup und flüssige Sahne gibt man zuerst auf das Eis in den Shaker. Darauf folgen die Alkoholika. Tritt eine Verwechslung ein, so kann man die Sirups und Sahne zuerst entfernen.

9 In welcher Reihenfolge empfiehlt man Cocktails?

9 Zuerst empfiehlt man die kurzen (Short Drinks), wie Dry- und Medium-dry-Cocktails.
Danach empfiehlt man die langen (Long Drinks), wie Champagner-Cocktails und aufgefüllte Mixgetränke, wie Tequila Sunrise u. a.
Zum Schluss sollte man immer die Ernüchterungs-Getränke anbieten, da sie ohne Alkohol zubereitet werden und diesen neutralisieren.

10 Welche mise en place trifft man, bevor ein Cocktail gemixt wird?

10 Zuerst werden, sofern Bedarf besteht, die Garnituren hergestellt. Die Alkoholika und Sirups stellt man als Rechtshänder auf die rechte Seite und mit dem Etikett nach vorne. Das Arbeitsgerät wie z. B. den Shaker stellt man zur Mitte. Die Gläser platziert man auf die linke Seite, da sie von rechts aus eingeschenkt werden.

11 Kommen die Garnituren in das Glas oder auf den Glasrand?

11 In das Glas kommen die Garnituren mit und ohne Stick, die vorher gegessen werden sollten. Alle Garnituren, die an den Glasrand gesteckt werden, kommen erst nachdem man den Cocktail in das Glas eingeschenkt hat an oder auf den Glasrand.
Würde man sie zuerst in das Glas geben, könnte das Getränk beim Einschenken überschwappen und das Glas wäre außerdem zu voll.

12 Wie nimmt man eine Bestellung an?

12 Man geht mit einem freundlichen Lächeln auf den Gast zu und fragt ihn, welchen Wunsch er hat. Ist er unschlüssig, so berät man ihn und fragt nach seinem Vorlieben, ob er bspw. einen trockenen, halbtrockenen oder süßen Cocktail möchte. Hat man nicht den richtigen Geschmack des Gastes getroffen, so entschuldigt man sich und empfiehlt kostenlos einen anderen Cocktail. Sobald der Gast einen Cocktail bestellt hat, legt man ihm ein Untersetz-Deckchen hin. Der Barmann weiß so stets auf einen Blick, dass dieser Gast seine Wahl getroffen hat.

13 Wie serviert man einen Cocktail?

13 Sobald der Cocktail fertig gemixt wurde, stellt man ihn mit einem freundlichen Lächeln auf dem Untersetzer ab und nimmt dabei Blickkontakt mit dem Gast auf.
Den Cocktail setzt man bspw. mit folgenden Worten ab: „Wohl bekomm's!", „Ich hoffe, dass Ihnen der Cocktail mundet!", „Sehr zum Wohle!"

14 Warum stellt man einen Unterteller oder ein Unterdeckchen für das Glas ein?

14 *Die Theke bleibt sauber, falls der Gast beim Absetzen des Glases die Flüssigkeit überschütten sollte. Durch das Absetzen des Glases auf ein Deckchen werden unangenehme Geräusche aufgefangen.*

15 Was sind Mocktails?

15 *Mocktails sind alkoholfreie Cocktails, die man ebenfalls in der Bar anbieten sollte. Sie werden ebenso wie alkoholische Cocktails in der Reihenfolge dry über medium dry bis sweet angeboten.*

16 Was verstehen Sie unter der Zubereitung im Gästeglas?

16 *Im Gästeglas lässt sich ein Cocktail auf einfachste Art herstellen. Bei einem Campari Soda gießt man zuerst 4 cl Campari über die Eiswürfel in das Glas und füllt nach Wunsch des Gastes mit Soda- oder Mineralwasser auf.*

17 Welche Getränke werden im Gästeglas zubereitet?

17 *Heiße Getränke, Fancy-Drinks, Champagner-Cocktails, Joker, Juleps, Pastis, Vermouth-Drinks u. a.*

18 Wann verwendet man einen Elektromixer (Aufsatzmixer)?

18 *Cocktails mit ganzen Früchten oder Frozen Drinks stellt man im Elektromixer her. Bei Hochbetrieb in der Bar können die Coladas und Tropicanas auch darin bereitet und anschließend auf Würfeleis oder Crushed Ice in das Glas umgefüllt werden.*

19 Wann verwendet man einen Stabmixer (Hamilton Beach oder Blender)?

19 *Um größere Mengen zu mixen, verwendet man an Stelle des Shakers den Stabmixer. Es ist dabei zu beachten, dass er nicht wie der Elektromixer die Früchte zerkleinert, sondern nur das Getränk mischt oder aufschäumt (Flips).*

20 In welche Gefäße oder Schalen können Cocktails gefüllt werden?

20 *Cocktail-Kelche und Cocktail-Schalen. In ausgehöhlte Früchte wie Ananas, Melone, Papaya, Orangen, Grapefruit oder Kokosnuss, in Holzschalen, in Silberbecher, in verschiedene Gläser wie: Tumbler, Ballongläser u. a.*

21 Warum seiht man ein Getränk ab?

21 *Es ist selbstverständlich, dass jedes Mixgetränk mit dem Strainer aus dem Shaker abgeseiht wird, da hierdurch die Eissplitter zurückgehalten werden.*

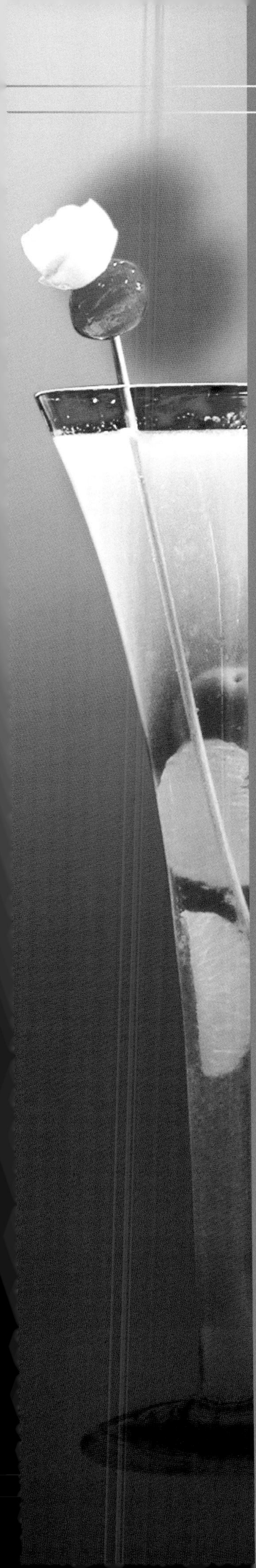

Kapitel 5

Alkoholische Mischgetränke

5.1 Apéritifs

Apéritifs sind Getränke, die man vor dem Essen zu sich nimmt. Sie sind meistens *dry* oder *medium dry* und werden als *Short Drink* angeboten, damit der Magen nicht schon vor dem Essen überfüllt ist. Ausnahmen bilden lediglich die trockenen Champagner-Cocktails. Sofern möglich, sollten Apéritifs auf die Speisen abgestimmt werden.

Empfehlen Sie vor dem Essen einen *trockenen Cocktail*, nicht nur ein Glas Sekt mit Orangensaft. Auch ein Glas *Sherry Fino* oder ein *weißer Port* mit Tonic aufgefüllt auf Eis und Zitronenscheibe sind sehr beliebt.

Wichtig ist, dass alle *Getränke richtig temperiert* getrunken werden. So sollte z. B. ein Glas Sekt 6 Grad und ein Sherry Fino 12 bis 14 Grad beim Servieren aufweisen.

Warme Getränke sind keine Apéritifs mehr, sie wirken zu magenfüllend und sind daher als Apéritif nicht mehr geeignet. Apéritifs sollen ja schließlich den Appetit anregen. Alle Before-Dinner-Cocktails, trockene Sekt-Cocktails und einige Medium-Cocktails zählt man zu den Apéritifs.

Zubereitung am Beispiel eines AMERICANO

Rezept

3 cl Campari Bitter
3 cl Wermut, rot
6 cl Sodawasser (Mineralwasser)
4 Eiswürfel

Geschmack

very dry

Art

Apéritif

Glas

Breiter Tumbler

Zubereitung

Eiswürfel in das Gästeglas geben, darauf die Getränke abmessen und alles umrühren.

Garnitur

1/2 Orangen-, 1/4 Zitronenscheibe in das Glas geben und mit Sodawasser (Mineralwasser) auffüllen.

Service

Untersetzer
2 kleine Trinkhalme

Grundrezept

1. *Ein Old-Fashioned-Glas zu 3/4 mit Eiswürfeln füllen.*
2. *3 cl Campari und 3 cl Vermouth Rosso darübergießen.*
3. *Mit dem Barlöffel gut umrühren.*
4. *1/2 Orangenscheibe und 1/2 Zitronenscheibe seitlich in das Glas geben.*
5. *Mit ca. 6 cl Sodawasser (Mineralwasser) auffüllen. Man kann das Getränk auch nur angießen und dem Gast eine kleine Flasche Mineralwasser dazu servieren. So kann dieser nach Wunsch auffüllen.*
6. *Service: Auf einem Untersetzer mit kleinen Trinkhalmen den Americano mit einem freundlichen Lächeln servieren.*

Mise en place zur Herstellung eines Americanos.

Eiswürfel, 1/2 Orangen- und 1/2 Zitronenscheibe, Barmesser, Glas, Jigger, Barlöffel, Mineral- oder Sodawasser, Campari, Wermut

Arbeitsschritte AMERICANO

1

1 *Old-Fashioned-Glas zu 3/4 mit Eiswürfeln füllen*

2

2 *Abgemessenen Campari und Vermouth Rosso über das Würfeleis gießen*

3

3 *Alles mit dem Barlöffel gut und kurz umrühren*

4

4 *Orangen- und Zitronenscheibe in das Glas geben*

5

5 *Mit Sodawasser oder Mineralwasser auffüllen*

6

6 *Den Americano mit einem freundlichen Lächeln servieren*

Auswahl weiterer Apéritifs

Name Abb.	Rezept	Geschmack Art	Glas	Zubereitung	Garnitur	Service
Adonis	2 cl Sherry Fino 4 cl Vermouth Rosso 1 Tropfen Orangenbitter 6 Eiswürfel	Dry Short Drink	Cocktail-Kelch	Alles im Rührglas mit Würfeleis rühren und in das Glas seihen.	Keine	Untersetzer
Black Passion	3 cl Rum braun 1,5 cl Crème de Cassis 1 Tropfen Angostura 6 Eiswürfel	Dry Short Drink	Kleiner Tumbler	Alles im Gästeglas auf Würfeleis rühren.	Keine	Untersetzer
Buxy	4 cl Ruby Port 2 cl Wodka 1 cl Zitronensaft 6 Eiswürfel	Dry Short Drink	Cocktail-Kelch	Alles im Shaker mit Würfeleis shaken und in das Glas abseihen.	Keine	Untersetzer
Dolce Amaro	2 cl Campari 2 cl Wermut weiß 1 Spritzer Amaretto 6 Eiswürfel	Dry Short Drink	Kleiner Tumbler	Alles im Gästeglas auf Würfeleis rühren.	Orangenschale an das Glas stecken	Untersetzer Serviette
Gimlet 5.1/1	4 cl Gin 2 cl Roses Lime Juice 6 Eiswürfel	Medium Long Drink	Cocktail-Kelch	Im Rührglas mit Würfeleis rühren und ins Glas abseihen.	1 Limettenscheibe ans Glas stecken	Untersetzer Serviette
Gin and It	4 cl Gin 2 cl Wermut rot 4 Eiswürfel	Dry Short Drink	Cocktail-Kelch	Im Rührglas mit Würfeleis rühren und ins Glas abseihen.	Cocktail-Kirsche am Stick in das Glas legen	Untersetzer
Gin Tonic	4 cl Gin 10 cl Tonic 4 Eiswürfel	Dry Long Drink	Breiter Tumbler	Gin im Gästeglas auf Würfeleis rühren, mit Tonic auffüllen und umrühren.	Zitronenscheibe in das Glas geben	Untersetzer Trinkhalm Serviette
Moskito 5.1/2	2 cl Wodka 2 cl Aperol 4 cl Orangensaft 1 Tropfen Zitronensaft 6 Eiswürfel	Dry Short Drink	Cocktail-Kelch	Alles im Shaker mit Würfeleis shaken und in das Glas abseihen.	Orangenscheibe an das Glas stecken	Untersetzer Serviette

5.1/1 Gimlet

5.1/2 Moskito

Name Abb.	Rezept	Geschmack Art	Glas	Zubereitung	Garnitur	Service
Negroni 5.1/3	*2 cl Campari 2 cl Gin 2 cl Vermouth Rosso 6 Eiswürfel*	*Very dry Short Drink*	*Kleiner Tumbler*	*Würfeleis in das Gästeglas geben, die Getränke darüber gießen und umrühren.*	*Orangenscheibe und Cocktail-Kirsche in das Glas oder an das Glas stecken*	*Untersetzer Serviette*
Perfect Calvados 5.1/4	*3 cl Calvados 1 cl Wermut rot 1 cl Wermut weiß 6 Eiswürfel*	*Dry Short Drink*	*Kleiner Tumbler*	*Alles im Gästeglas auf Würfeleis rühren.*	*Miniapfel am Stick in das Glas geben oder ans Glas stecken*	*Untersetzer Serviette*
Portonic	*4 cl weißer Portwein 4 cl Tonic 4 Eiswürfel*	*Medium erfrischend Long Drink*	*Kleiner Tumbler*	*In das Gästeglas das Würfeleis, darauf den Portwein, die Zitronenscheibe geben und zum Schluss Tonic zugießen.*	*1/2 Zitronenscheibe ins Glas geben*	*Untersetzer*
Tom Collins 5.1/5	*4 cl Gin 2 cl Zitronensaft 1 cl Läuterzucker 10 cl Sodawasser 8 Eiswürfel*	*Dry Long Drink*	*Hohes Collins-Glas 30 cl*	*In das Gästeglas die Getränke auf Eiswürfel gießen und mit Sodawasser auffüllen.*	*Cocktail-Kirsche und Zitronenscheibe ins Glas geben oder Zitronenscheibe ans Glas stecken*	*Untersetzer Trinkhalm Stirrer Serviette*
V.W.	*3 cl Wermut weiß 3 cl Williams Birne 6 Eiswürfel*	*Dry Short Drink*	*Cocktail-Kelch*	*Im Rührglas mit Würfeleis rühren und ins Glas abseihen.*	*Cocktail-Kirsche am Stick ins Glas legen*	*Untersetzer*
Vermouth sec	*5 cl Vermouth Dry oder On the rocks mit 4 Eiswürfeln*	*Dry Short Drink*	*Wermut-Glas 5 cl oder breiter Tumbler, für Version on the rocks*	*In das Gästeglas ausschenken.*	*Keine*	*Untersetzer*

5.1/3
Negroni

5.1/4
Perfect Calvados

5.1/5 Tom Collins

5.2 Bier-Mixgetränke

Jeder Biertrinker wird überrascht sein, betrachtet man die Vielzahl an *Bier-Mixgetränken*. Bestellt ein Gast ein Bier, so fragen Sie ihn doch einfach einmal: „Haben Sie schon mal ein Bier-Mixgetränk getrunken?" Er wird höchstwahrscheinlich mit „nein" antworten. Laden Sie ihn spontan dazu ein, ein solches zu probieren, und versuchen Sie ihn zu begeistern. Es gibt sogar schmackhafte Bier-Mixgetränke ohne Alkohol. Bier-Mixgetränke sind insbesondere *im Sommer* sehr erfrischend und durstlöschend.

Zubereitung eines Bier-Mixgetränkes am Beispiel eines CHURCHILL

Rezept

2 cl Campari
10 cl Pils

Geschmack

very dry

Art

Bier-Cocktail

Glas

Breite Tulpe, Ballonglas, Biertulpe (kein Bierglas)

Zubereitung

Ins Gästeglas zuerst den Campari geben, dann mit lediglich 8 bis 10 cl Pils auffüllen

Garnitur

Keine

Service

Untersetzer
kein Trinkhalm

Grundrezept

1. *In eine hohe Tulpe oder ein Ballonglas gießt man 2 cl Campari.*
2. *Eine Pilsflasche wird auf den Kopf gestellt. Mit Schwung schenkt man das Bier ein.*
3. *Bitte aufpassen, das Bier (der Schaum) darf nicht überlaufen.*
4. *Nun wird das Bier sofort durch den Schaum getrunken.*
5. *Den Rest des Bieres in der Flasche schenkt man erst ein, wenn das Glas ausgetrunken wurde, also bitte nicht vorher nachschenken, da der Cocktail ansonsten an Geschmack verliert.*

Arbeitsschritte CHURCHILL

1 *In ein Ballonglas gießt man 2 cl Campari*

2 *Die Pilsflasche stellt man auf den Kopf und schenkt mit Schwung das Bier ein*

3 *Aufpassen, dass der Schaum nicht überläuft*

4 *Mit viel Schaum wird jetzt das Bier sofort serviert und getrunken*

Bier-Mixgetränke

Auswahl weiterer beliebter Bier-Mixgetränke

Name	Rezept	Geschmack Art	Glas	Zubereitung	Garnitur	Service
Acapulco Trip	*4 cl Tequila weiß 1/2 cl Grenadinesirup 1/2 cl Zitronensaft 10 cl Pils und 10 cl Ginger Ale 6 Eiswürfel*	*Medium*	*Hoher Tumbler*	*Alkohol und Säfte mit Würfeleis im Shaker mixen, in das Glas abseihen und mit Pils und Ginger Ale auffüllen.*	*Zitronen-Spirale in das Glas*	*Untersetzer*
Exotic Banana	*3 cl Bananennektar 3 cl Ananassaft 5 cl Maracujanektar 1 cl Curaçao Blue 2 cl Maracujasirup 10 cl alkoholfreies Bier 6 Eiswürfel*	*Medium Alkoholfrei*	*Ballonglas oder Biertulpe*	*Säfte im Shaker mit Würfeleis mixen, in das Glas abseihen, dann mit Bier auffüllen.*	*Ananas, Banane, Cocktail-Kirsche am Stick an das Glas stecken*	*Untersetzer Serviette*
Fliegen-der Holländer	*4 cl Apricot Brandy Eiskaltes Heineken- oder Amstel-Bier*	*Medium*	*Ballonglas oder Biertulpe*	*Likör in das Gästeglas geben, dann mit Bier auffüllen.*	*Keine*	*Untersetzer*
Grüne Lady	*1 cl Pfefferminz-Sirup 20 cl Weizenbier (kalt) zum Auffüllen Eiswürfel*	*Medium*	*Ballonglas oder Biertulpe*	*Pfefferminzsirup mit Eiswürfeln in das Gästeglas geben und mit Weizenbier auffüllen.*	*Pfefferminze auf das Getränk legen*	*Untersetzer*
Kloster-trunk	*4 cl Escorial grün 20 cl eiskaltes Pils*	*Medium*	*Ballonglas oder Biertulpe*	*Likör in das Gästeglas geben, dann mit Pils auffüllen.*	*Keine*	*Untersetzer*
Ku'-damm-Kir	*1 cl Crème de Cassis Eiskalte Berliner Weiße zum Auffüllen*	*Medium*	*Ballonglas oder Biertulpe*	*Cassis in das Gästeglas geben und darauf die eiskalte Berliner Weisse gießen.*	*Keine*	*Untersetzer*
Mexican Radler	*10 cl Pils (kalt) 10 cl Ginger Ale 4 cl Tequila weiß 2 Eiswürfel*	*Dry*	*Hoher Tumbler oder Ballonglas, kein Bierglas*	*Eiswürfel in das Gästeglas geben, dann mit Tequila Pils und Ginger Ale auffüllen.*	*Eiswürfel in das Glas geben*	*Untersetzer*
Tropical Wonder	*5 cl Ananassaft 5 cl Orangensaft 1 cl Mandelsirup 1 cl Pfefferminzsirup 10 cl alkoholfreies Bier 6 Eiswürfel*	*Medium Alkoholfrei*	*Ballonglas, Biertulpe, kein Bierglas*	*Säfte im Shaker mit Würfeleis mixen, in das Glas abseihen, dann mit Bier auffüllen.*	*Orangenscheibe an das Glas stecken*	*Untersetzer Serviette*
Zitronen-Strip	*10 cl Tonic Water Zitronenscheibe 20 cl Pils (kalt) 3 Eiswürfel*	*Medium*	*Ballonglas oder Biertulpe*	*In das Gästeglas 3 Eiswürfel geben und dann mit Pils und Tonic auffüllen.*	*Zitronenscheibe an das Glas stecken*	*Untersetzer*

5.3 Bowlen und Cups

Bowlen

Bowlen werden vorzugsweise *kalt zur Sommerzeit* getrunken. Eine Ausnahme bildet hier die heiße *Feuerzangen-Bowle*, die entsprechend bei der Abhandlung der Spezialgetränke in Kapitel 7 Erwähnung findet.

Beim Ansetzen einer Bowle sollten nur frische, reife, in Scheiben oder Würfel geschnittene Früchte Verwendung finden, es lassen sich aber ebenso Fruchtsirups oder Kräuter in das Rezept einarbeiten. Als Ansatzgefäß dient ein Glaskrug oder Steingutgefäß. Beide Gefäße sollte man gut verschließen können, damit das Aroma nicht verloren geht. Nach Möglichkeit sollten nie Eiswürfel in die Bowle gegeben werden. Zum Verlängern kann man eine *Flasche Mineralwasser* nehmen.

Eine Bowle zum Schluss nur mit kalten Getränken, wie z. B. Wein, Sekt, Mineralwasser usw. auffüllen. Das Bowlengefäß setzt man dann auf eine Schüssel oder einen Topf mit Eiswürfeln, damit die Bowle schön kalt bleibt. Zum Kühlen gibt es auch spezielle Glaseinsätze, die keine Flüssigkeiten durchlassen.

Zubereitung einer Bowle am Beispiel der ERDBEER-BOWLE

Rezept

Für 12 Personen
500 bis 1000 g frische Erdbeeren, 12 cl Grand Marnier (oder 6 cl Weinbrand und 6 cl Wermut rot), Zucker nach Geschmack, 2 Flaschen leichten Wein (Riesling, Riesling x Silvaner) und 1 Flasche Sekt dry.

Grundrezept

1. *Die Früchte werden zuerst gewaschen und dann geputzt, damit sie nicht verwässern.*
2. *Man schneidet die Früchte in Würfel oder Scheiben und gibt sie in das Bowlengefäß.*
3. *Auf die Früchte gibt man je nach Geschmack Zucker, Sirup, Likör und etwas Wein.*
4. *Zugedeckt lässt man nun die Bowle 1–2 Stunden im Kühlschrank ziehen.*
5. *Vor dem Servieren gießt man 1 Flasche spritzigen, kalten Wein und 1 Flasche Sekt darauf und rührt nur langsam um, damit die Kohlensäure nicht verloren geht.*
6. *Service: Mit dem Schöpflöffel gibt man die Bowle mit den Früchten in ein kleineres Bowlenglas, stellt dieses auf einen Unterteller mit Serviette ab und reicht einen Kaffeelöffel dazu. Anschließend stellt man die Bowle auf ein Gefäß mit Eiswürfeln kalt.*

Arbeitsschritte ERDBEERBOWLE

1 *Früchte waschen, putzen und in Scheiben schneiden*

2 *Im Bowlengefäß werden die Früchte mit Zucker und etwas Likör aromatisiert*

3 *Nachdem die Früchte im Kühlschrank 1 bis 2 Stunden gezoge haben, gießt man Wein und Sekt darauf*

4 *Aus dem Bowlengefäß schenkt man die Bowle in Bowlengläser ein*

Auswahl weiterer erfrischender Bowlen

Name	Rezept	Geschmack Art	Glas	Zubereitung	Garnitur	Service
Himbeer-Bier-Bowle	*3 Würfel Ananas 3 Würfel Mango 3 Himbeeren 1/2 cl Himbeersirup 3 Eiswürfel 10 cl Altbier (kalt)*	*Medium Frühlings-Bowle*	*Bowlen-Glas*	*Früchte mit Sirup im Glas ansetzen. Würfeleis zugeben und mit Altbier auffüllen.*	*Keine*	*Untersetzer Teelöffel Serviette*
Himbeer-Cassis-Bowle 5.3/1	*8 Himbeeren 1 cl Crème de Cassis 8 cl Rosé Wein (sehr kalt)*	*Fruchtig Frühlings-Bowle*	*Sekt-Schale*	*Im Gästeglas Himbeeren mit Cassis ziehen lassen und dann mit Wein auffüllen.*	*Himbeeren*	*Untersetzer Serviette Teelöffel*
Lychee-Bowle 5.3/2	*4 Lychees 1 cl Lycheesirup 1 Spritzer Zitronensaft 8 cl Rosé Sekt (kalt)*	*Erfrischend Medium*	*Sekt-Schale*	*Im Gästeglas Lychees mit Sirup und Zitronensaft ziehen lassen, dann mit Sekt auffüllen.*	*Glasrand erst in Zitronensaft, dann in Zucker tauchen*	*Untersetzer Serviette Teelöffel*
Melonen-Bowle (für 5 Personen)	*1/2 Galia Melone entkernen und ohne Schale in Würfel schneiden 4 cl Melonenlikör 1 cl Zitronensaft 1/2 l leichten Weißwein 1/2 l trockenen Sekt Pfefferminz-Blätter*	*Sommer- und Herbst-Getränk Medium, spritzig*	*Bowlen-Glas*	*Fruchtfleisch mit Likör und Zitronensaft übergießen und 1 Stunde ruhen lassen, dann mit Wein und Sekt auffüllen (siehe Seite 118).*	*Pfefferminz-Blätter in die Bowle geben*	*Untersetzer Teelöffel Serviette auf Eis stellen*
Zitrusbowle mit Rosmarin (für 6 Personen)	*12 Orangenfilets 12 Grapefruitfilets 3 Orangenscheiben 2 Zitronenscheiben 4 EL Zucker 2 Rosmarinzweige 1 Flasche Weißwein medium 1 Flasche Sekt dry*	*Kräuter-Bowle*	*Bowlen-Glas*	*Früchte und Obstscheiben mit Zucker, etwas Weißwein und Rosmarin ansetzen. 10 Minuten ziehen lassen, dann mit dem Rest Weißwein und Sekt auffüllen (siehe Seite 118).*	*Früchte mit in das Glas geben*	*Untersetzer Teelöffel Serviette auf Eis stellen*

5.3/2
Lychee-Bowle

5.3/1
Himbeer-Cassis-Bowle

Cups

Im Unterschied zu den Bowlen *darf man Eiswürfel* mit in die Cups geben. In einem Cup ist so viel Alkohol, dass einige Eiswürfel nicht schaden können.

Zubereitung am Beispiel eines SANGRIA-CUP

Rezept

für 10 Personen
2 Orangen in Scheiben
2 Zitronen in Scheiben
2 Bananen in Scheiben
Zucker nach Geschmack
2 cl Jamaica Rum
4 cl Curaçao weiß
6 cl Weinbrand
2 Flaschen Rotwein
Mineralwasser nach Geschmack

Geschmack

medium

Art

Cup
Sommer-Getränk

Glas

Wein-Glas oder Sekt-Schale

Zubereitung

Im Bowlen-Krug ansetzen und später Eiswürfel zugeben

Garnitur

Früchte werden mit dem Getränk eingeschenkt

Service

Untersetzer, Serviette, Kaffeelöffel

Grundrezept

1. *Ungespritzte Orangen und Zitronen mit den Bananen in Scheiben schneiden und in den Bowlekrug geben.*
2. *Rum, Curaçao weiß, Weinbrand darauf gießen und 1–2 Stunden ziehen lassen.*
3. *Auf den Ansatz die Flaschen Rotwein und das Mineralwasser gießen, nach Wunsch können noch einige Eiswürfel in das Gefäß gegeben werden.*
4. *Service: Aus dem Bowlekrug schöpft man die Sangria mit den Früchten in ein Weinglas. Das Glas stellt man auf einen Untersetzer.*

Arbeitsschritte SANGRIA-CUP

1

1 Die geschnittenen Früchte in den Bowlekrug geben

2

2 Die Spirituosen darauf gießen und 1–2 Stunden ziehen lassen

3

3 Rotwein und Wasser zugießen und Eiswürfel in die Bowle geben

4

4 Bowle mit Früchten in das Glas geben

5.4 Cobblers

Cobblers sind *Long Drinks*, die im Sommer als erfrischendes Getränk angeboten werden. Sie werden in einer Sekt-Schale (Cobbler-Schale, auch Cobbler-Kelch) serviert. Stets wird die Sekt-Schale vorher mit *Cobblereis* (crushed ice) oder *Shaved Ice* zu 3/4 gefüllt und zur Mitte ein Eiskegel geformt. Darauf ordnet man mit einer Zange frische Früchte der Saison an. Über die Früchte gießt man dann nach Wahl und Geschmack: Sirup, Likör, Sherry, Portwein und Weinbrand und füllt dann langsam mit etwas Sekt oder Champagner an.

Cobblers können auch als alkoholfreie Getränke mit Mineralwasser oder Ginger Ale aufgefüllt werden. Wichtig ist, dass die Dekoration mit Früchten den Cocktail appetitlich aussehen lässt. Stehen einmal keine frischen Früchte als Garnitur zur Verfügung, so kann man auch Dosenfrüchte nehmen. Der Cobbler wird grundsätzlich im *Gästeglas* zubereitet.

Zubereitung eines Cobblers am Beispiel des Champagner-Cobbler PEACH LOVE

Rezept

1 cl Orangensaft
1 cl Pfirsich Nektar
3 cl Pêcher Mignon oder Pfirsichlikör
1/2 BL Grenadine
3 cl Champagner (Sekt dry)
1 Tropfen Angostura
2 EL Crushed Ice

Zubereitung

1. *Garnituren und Crushed Ice (Cobblereis) vorbereiten.*
2. *Die Sekt-Schale (Cobbler-Schale) zu 3/4 mit Crushed Ice füllen.*
3. *Das Eis mit dem Barlöffel glatt streichen und zu einem Kegel formen.*
4. *Auf das Eis garniert man die vorbereiteten Früchte (verschiedenfarbige Saisonfrüchte).*
5. *Über die Früchtegarnitur gießt man die im Rezept vorgeschriebenen Alkoholika und Sirups. 3 cl Pêcher Mignon, 1 cl Orangensaft, 1 cl Pfirsichnektar und 1/2 Barlöffel Grenadine.*
6. *Anschließend mit etwas Champagner oder Sekt auffüllen.*
7. *Service: Der Cobbler wird sofort auf einen Untersetzer gestellt, mit Löffel oder Gabel, Serviette und 2 kleinen Trinkhalmen serviert. Wird er nicht sofort getrunken, verwässert er und verliert an Geschmack.*

Weiteres Highlight: STRAWBERRY COBBLER

Name	Rezept	Geschmack Art	Glas	Zubereitung	Garnitur	Service
Strawberry Cobbler	*4 Erdbeeren 5 weiße Weintrauben 2/2 Zitronenscheiben 2 cl Erdbeerlikör 1 cl Erdbeersirup 1 Tropfen Angostura Crushed Ice 6 cl Sekt*	*Medium Long Drink Sommer-Getränk*	*Sekt-Schale*	*Wie Peach Love zubereiten*	*Erdbeeren und Weintrauben auf Eis anrichten*	*Untersetzer, 2 kleine Trinkhalme kleine Gabel und Löffel Serviette*

Arbeitsschritte COBBLER

1 *Garnituren und Crushed Ice vorbereiten*

2 *Die Sektschale zu 3/4 mit Crushed Ice füllen*

3 *Das Eis wird mit dem Barlöffel glattgestrichen und zu einem Kegel geformt*

4 *Die vorbereiteten Früchte werden dekorativ auf dem Eis garniert, dabei wird das Farbenspiel beachtet*

5 *Über die Früchte gießt man die vorgesehenen Alkoholika und Sirup*

6 *Anschließend wird das Getränk mit Champagner aufgefüllt*

7 *Man steckt 2 kleine Trinkhalme in das Eis*

8 *Den Cocktail mit einem Lächeln sofort servieren, da sonst das Eis schmilzt und das Getränk verwässert*

5.5 Cocktails

Unter Cocktails versteht man alkoholische und nicht alkoholische Getränke, die aus Spirituosen, Likören, Dessertweinen, Fruchtsäften, Sahne, Früchten und Aromen in Form von Würzbitters (Angustura-, Peach- oder Orangenbitter) hergestellt werden. Cocktails zählen zu der Gruppe der *Short Drinks* (außer Champagner- und Sekt-Cocktail). Sie werden im Shaker, Rührglas, Stabmixer (Hamilton Beach), elektrischem Mixer oder Gästeglas zubereitet.

Es lassen sich zunächst folgende Kategorien herausstellen:

Short Drinks (bis 6 cl oder 8 cl Inhalt)

Der klassische trockene Cocktail ist ein Short Drink (z. B. Martini-Cocktail) und wird im Rührglas mit Würfeleis kurz gerührt und in einem vorgekühlten (frappierten) Glas serviert. Short Drinks können Dry-Medium- und Sweet-Cocktails sein. Serviert werden sie in Cocktail-Schalen oder Cocktail-Kelchen.
Man trinkt die trockenen Short Drinks als *Before-Dinner-Cocktails* und die süßeren Short Drinks als *After-Dinner-Cocktails* jeweils gut gekühlt. Short Drinks serviert man nicht auf Eis, sie werden abgeseiht.

Long Drinks (über 8 cl Inhalt)

Long Drinks werden mit Säften, Sekt, Mineralwasser und Limonaden *aufgefüllt*. Sie werden meistens mit Eiswürfeln serviert (wie Highballs und Cobblers). Typische Long Drinks sind *alle Sekt-Cocktails*, die zwar mit Sekt aufgefüllt, aber ohne Eiswürfel serviert werden. Long Drinks trinkt man bevorzugt abends und an heißen Tagen. Sie sind erfrischend und stillen den Durst. Sie werden überwiegend in hohen Gläsern serviert, dann kann man sie bei Bedarf zusätzlich mit Früchten ausgarnieren. Besondere Beachtung sollte man in dieser Kategorie auch den *nicht alkoholischen Fruchtdrinks* schenken. Half Long Drinks sind Short Drinks, die abgespritzt werden.

Darüber hinaus lassen sich 4 Cocktailarten unterscheiden, die im Folgenden näher vorgestellt werden.

Dry-Cocktails (trockene Cocktails)

Dry-Cocktails zählen meistens zur Kategorie der *Short Drinks*, sie werden mit trockenen Getränken wie Gin, Wodka, Sherry dry und Campari im Rührglas auf Würfeleis kurz gerührt. Dadurch sollen sie nicht verwässern und schmecken dann angenehm erfrischend und trocken. Sie regen den Appetit an, daher serviert man sie vor dem Essen als Before-Dinner-Cocktail (Apéritif).
Cocktail-Kelche und -Schalen werden beim Servieren bevorzugt, sie sollten nach Möglichkeit vorgekühlt (frappiert) sein.
Klassische Beispiele sind der *Martini-Cocktail* und der *Manhattan*.

Medium-Cocktails (halbtrockene Cocktails)

Sie können vor dem Essen (als Before-Dinner-Cocktail) oder nach dem Essen (als After-Dinner-Cocktail, Digestif) getrunken werden. Dabei soll der Gast selbst entscheiden, in welcher Variation er sie trinken möchte.
Medium-Cocktails werden meist im Shaker mit Likör und Würfeleis geshaket. Im Elektromixer kann man sie mit zerstoßenem Eis (crushed ice) herstellen. Werden sie mit Säften zubereitet, serviert man sie in einer Sekt-Schale.
Klassische Beispiele sind der *White Lady* und der *Side Car*.

Sweet-Cocktails (süße Cocktails)

Sweet-Cocktails zählen auf jeden Fall zu den *After-Dinner-Cocktails* und werden als Genuss nach dem Essen empfohlen. Sie werden meistens mit einer Spirituose, Likör und Sahne im Shaker mit Würfeleis *rund geshaket*, damit sie nicht gerinnen. Da die Cocktails sehr mächtig sind, serviert man sie in einem Cocktail-Kelch oder Cocktail-Schale.

Sekt-, Champagner-Cocktails

Wie der Name schon sagt, werden Sekt-Cocktails *mit Sekt* und Champagner-Cocktails *mit Champagner* hergestellt. Beachtet man die korrekte Zubereitung nicht, so ist der Cocktail eine Fälschung. Angesichts dieses Aspektes ist es daher auch durchaus vertretbar, dass ein Champagner-Cocktail teurer sein muss als ein Sekt-Cocktail. Wichtig ist bei allen Sekt- und Champagner-Cocktails, dass sie *sehr kalt* und *dry* (trocken) sein müssen. Serviert werden sie in Sekt-Kelchen oder Sekt-Schalen und Champagnerflöten. Oftmals mixt man die Getränke mit Spirituosen und Fruchtsäften und garniert sie mit Früchten aus.

Before-Dinner-Cocktails, Pre-Dinner-Drinks, Apero-Cocktails, Apéritif

Sie werden vor dem Essen getrunken und sind hauptsächlich *Dry- und Medium-*Cocktails. Dry-Cocktails werden *im Rührglas* kurz mit wenig Würfeleis gerührt, damit sie *nicht verwässern*. Es sollte immer ein *vorgekühltes* oder frappiertes Cocktail-Glas verwendet werden, da Drinks vorwiegend kalt getrunken werden. Sobald sie sich erwärmen, verlieren sie an Frische und Geschmack. Cocktails, die nicht mehr schmecken, stellt man zur Seite und verzichtet darauf, sie zu trinken. Dry-Cocktails bekommen in der Regel keinen Zuckerrand.

After-Dinner-Cocktails, Digestif

Wie der Name bereits sagt, werden diese Getränke nach dem Essen getrunken. Ihre Geschmacksskala reicht von medium bis sweet. Stellen Sie dem Gast auf einem Digestifwagen mehrere After-Dinner-Getränke zur Verfügung. Es sollten folgende Getränke empfohlen werden: Weinbrand, Liköre, Obstbranntweine, Vintage Port und Sherry Cream, Irish Coffee und Rüdesheimer Kaffee. Zum Kaffee nach dem Essen werden auch gerne Grappa, Likör oder Cognac angeboten.

Rezept

4 cl Gordon Gin
2 cl Noilly Prat
2 Tropfen Angostura
6 Eiswürfel

Geschmack

very dry

Art

Short Drink
Apéritif

Glas

Cocktail-Kelch

Zubereitung

Im Rührglas mit Eiswürfeln rühren und ins Glas abseihen

Garnitur

grüne Olive mit Stein am Stiel ins Glas legen

Service

Untersetzer

Herstellung eines Dry-Cocktails am Beispiel des MARTINI-DRY (auf französische Art)

Es gibt viele Martini-Cocktails, angefangen bei *Dry*, *Medium* und *Sweet*. Ein Martini-Dry-Cocktail aus Deutschland schmeckt allerdings anders als der aus Amerika, England, Frankreich oder Italien. Am besten, man fragt den Gast, wie er den Martini-Dry haben möchte.

Zubereitung

1. *Man frappiert einen Cocktail-Kelch und lässt das Eis solange im Glas stehen, bis der Cocktail fertig gerührt ist.*
2. *Die Garnitur wird vorbereitet und zwar 1 grüne Olive am Spieß und 1 Zeste Zitrone (Peel). Bei der klassischen Version ist die grüne Olive nicht gefüllt.*
3. *Jetzt füllt man in das Rührglas 6 Eiswürfel und frappiert das Rührglas. Dadurch wird die Kühlung verbessert und der Sauerstoff aus den Eiswürfeln gelöst, das Eis wird klar.*
4. *Nun gießt man das bereits gesammelte Wasser über den Strainer (Barsieb) ab.*
5. *Die Spirituosen, Wermut und Bitter, werden auf die Eiswürfel gegeben. Vorsicht beim Bitter, nur einige wenige Tropfen in das Rührglas geben. Achten Sie darauf, dass genau abgemessen wird. Jedes ungenaue Abmessen verändert den Cocktailgeschmack.*
6. *Mit dem Barlöffel werden die Spirituosen im Mixglas (Rührglas) kurz (4 Sekunden) gestoßen, dabei werden die Spirituosen gekühlt und mit Sauerstoff versehen.*
7. *Jetzt entfernt man das Eis aus dem Cocktailglas und gibt die Garnitur am Spieß hinein. Der gestoßene Cocktail wird in das vorgekühlte Glas abgeseiht.*
8. *Über den Cocktail spritzt man eine Zeste Zitrone ab und reibt mit ihr den Glasrand ein. Die Zeste selbst wird nicht in das Glas gegeben, sie würde den Gast beim Trinken nur stören.*
9. *Garnitur: Die Garnitur ist bereits im Glas.*
10. *Service: Man serviert den Dry-Martini-Cocktail auf einem Untersetzer mit Serviette. In guten Bars stellt man noch eine Schale mit ungefüllten grünen Oliven dazu.*

Die im Rezept genannten Zutaten sowie die nachfolgend abgebildeten Geräte werden bereitgestellt.

Mise en place zur Herstellung eines Martini-Dry-Cocktails (französische Art).

Eiswürfel, Eiszange, Zeste Zitrone, Barmesser, Olive am Stick, Rührglas mit Barlöffel, Jigger, Cocktail-Kelch, Strainer, Gordon Gin, Noilly Prat, Angostura

Arbeitsschritte MARTINI-DRY

1 *Man frappiert mit 3 Eiswürfeln einen Cocktail-Kelch*

2 *Die Garnituren werden vorbereitet: 1 grüne ungefüllte Olive am Stick und eine Zeste Zitrone*

3 *In das Rührglas gibt man 6 Eiswürfel und frappiert damit das Glas*

4 *Nachdem sich das Wasser abgesetzt hat, gießt man es durch einen Strainer ab und hält die Eiswürfel zurück*

5 *Die Spirituosen werden genau abgemessen und über das Eis gegossen*

6 *Jetzt werden mit einem Barlöffel die Spirituosen im Mixglas kurz (4 Sekunden) gestoßen.*

7 *In das Glas gibt man die Olive und seiht dann den fertigen Cocktail in das Glas ab*

8 *Über den Cocktail spritzt man die Zeste Zitrone ab, anschließend reibt man mit der Zeste nochmals über den Glasrand*

Auswahl verschiedener Dry- und Medium-dry-Cocktails

Name Abb.	Rezept	Geschmack Art	Glas	Zubereitung	Garnitur	Service
Alasca 5.5/1	*4 cl Gin 2 cl Chartreuse gelb 6–8 Eiswürfel*	*Dry Medium dry*	*Cocktail-Kelch, Glas frappieren*	*Im Rührglas mit Würfeleis rühren und ins Glas abseihen.*	*Zitronenzeste über den Cocktail abspritzen*	*Untersetzer*
Angel's Face	*2 cl Gin 2 cl Apricot Brandy 2 cl Calvados 6 Eiswürfel*	*Dry*	*Cocktail-Kelch, Glas frappieren*	*Im Rührglas mit Würfeleis rühren und in das Glas abseihen.*	*Keine*	*Untersetzer*
Bacardi	*2 cl Zitronensaft 1 cl Grenadine 4 cl Rum (Bacardi weiß) 6 Eiswürfel*	*Dry*	*Cocktail-Kelch, Glas frappieren*	*Im Shaker mit Würfeleis shaken und in das Glas abseihen.*	*Cocktail-Kirsche am Stick in das Glas geben*	*Untersetzer Serviette*
Bijou	*2 cl Gin 2 cl Chartreuse grün 2 cl Vermouth dry 6 Eiswürfel*	*Medium dry*	*Cocktail-Kelch, Glas frappieren*	*Im Rührglas mit Würfeleis kurz rühren und in das Glas abseihen.*	*Zitronentwist ins Glas legen*	*Untersetzer*
Black Russian	*4 cl Wodka 2 cl Kahlúa (Tia Maria) 6 Eiswürfel*	*Medium dry*	*Cocktail-Kelch, Glas frappieren*	*Im Rührglas mit Würfeleis rühren und in das Glas abseihen.*	*Keine*	*Untersetzer*
Blue Lady 5.5/2	*2 cl Zitronensaft 2 cl Curaçao Blue 4 cl Gin 6–8 Eiswürfel*	*Dry*	*Cocktail-Kelch, Glas frappieren*	*Im Shaker mit Würfeleis shaken und in das Glas abseihen.*	*Keine*	*Untersetzer*
Bronx	*2 cl Orangensaft 1 cl Vermouth Rosso 1 cl Vermouth Dry 2 cl Gin 6–8 Eiswürfel*	*Medium dry*	*Cocktail-Schale, Glas frappieren*	*Im Shaker mit Würfeleis shaken und in das Glas abseihen.*	*Keine*	*Untersetzer*
Caruso 5.5/3	*2 cl Gin 2 cl Crème de Menthe 2 cl Noilly Prat 6 Eiswürfel*	*Very dry*	*Cocktail-Schale, Schale frappieren*	*Im Rührglas mit Würfeleis rühren und in das Glas abseihen.*	*Pfefferminze an den Glasrand stecken*	*Untersetzer*
Chirivari	*2 cl Gin 2 cl Martini bianco 1 cl Aperol 2 cl Sekt dry 6 Eiswürfel*	*Dry*	*Cocktail-Kelch, Glas frappieren*	*Im Rührglas mit Würfeleis kurz rühren und in das Glas abseihen.*	*Limettenscheibe an das Glas stecken*	*Untersetzer*
Claridge 5.5/4	*2 cl Gin 2 cl Noilly Prat 1 cl Apricot Brandy 1 cl Cointreau 6–8 Eiswürfel*	*Dry*	*Cocktail-Schale, Glas frappieren*	*Im Rührglas mit Würfeleis rühren und ins Glas abseihen.*	*Keine*	*Untersetzer*

5.5/1
Alasca

5.5/2
Blue Lady

5.5/3
Caruso

Name Abb.	Rezept	Geschmack Art	Glas	Zubereitung	Garnitur	Service
Derby	4 cl Gin 2 Tropfen Peach Bitter	Very dry	Cocktail-Kelch, Glas frappieren	Im Rührglas mit Würfeleis rühren und in das Glas abseihen.	Pfefferminz-Blatt an das Glas stecken	Untersetzer
Dry Martini	6 cl Gin 3 Dash Vermouth dry 1 grüne Olive mit Stein 1 Zitronenzeste 6–8 Eiswürfel	Very dry	Cocktail-Kelch, Glas frappieren	Im Rührglas mit Würfeleis rühren und ins Glas abseihen.	Getränk mit Zeste abspritzen, 1 grüne Olive mit Kern am Stick in das Glas geben	Untersetzer Serviette
Galliano Margarita 5.5/5	2 cl Zitronensaft 4 cl Tequila weiß 2 cl Galliano Likör 6–8 Eiswürfel	Medium dry	Cocktail-Kelch, Glas frappieren	Im Shaker mit Würfeleis hart shaken und in das Glas abseihen.	Salzrand, dünne Limetten-Spirale an das Glas stecken	Untersetzer Serviette
Gibson 5.5/6	4 cl Gin 2 cl Vermouth Dry 6–8 Eiswürfel	Dry	Cocktail-Kelch, Glas frappieren	Im Rührglas mit Würfeleis rühren und ins Glas abseihen.	1 Perlzwiebel am Stick ins Glas geben	Untersetzer Serviette
Kingston	1 cl Zitronensaft 1 BL Grenadine 3 cl Jamaica Rum 2 cl Gin 6–8 Eiswürfel	Very dry	Cocktail-Schale, Glas frappieren	Im Shaker mit Würfeleis shaken und ins Glas abseihen.	Keine	Untersetzer
Lemon Dash 5.5/7	2 cl Zitronensaft 1 cl Curaçao blue 4 cl Havana Club weiß 6 Eiswürfel	Dry	Cocktail-Schale, Glas frappieren	Im Rührglas mit Würfeleis rühren und ins Glas abseihen.	Zuckerrand und Zitronenspirale in das Glas geben	Untersetzer Serviette
Manhattan	4 cl Canadian Whisky 2 cl Wermut rot 2 Tr. Angostura 6 Eiswürfel	Very dry	Cocktail-Kelch	Im Rührglas mit Würfeleis kurz rühren und in das Glas abseihen.	Cocktail-Kirsche am Stick ins Glas geben	Untersetzer Serviette
Manhattan Perfect 5.5/8 (S. 130)	4 cl Canadian Whisky 1 cl Vermouth rosso 1 cl Vermouth dry 6–8 Eiswürfel	Dry	Cocktail-Kelch, Glas frappieren	Im Rührglas mit Würfeleis rühren und ins Glas abseihen.	Mit Zitronen-Zeste abspritzen und Cocktail-Kirsche am Stick ins Glas geben	Untersetzer, Serviette
Margarita 5.5/9 (S. 130)	2 cl Limettensaft oder Zitronensaft 4 cl Tequila weiß 2 cl Cointreau (oder Curaçao Triple Sec) 6–8 Eiswürfel	Joker Dry	Cocktail-Schale	Im Shaker mit Würfeleis shaken und in das Glas abseihen.	Salzrand, Limetten- oder Zitronenscheibe an das Glas stecken	Untersetzer, Serviette

5.5/4 Claridge

5.5/5 Galliano Margarita

5.5/6 Gibson

5.5/7 Lemon Dash

Auswahl verschiedener Dry- und Medium-dry-Cocktails

Name Abb.	Rezept	Geschmack Art	Glas	Zubereitung	Garnitur	Service
Paddy Cocktail	3 cl Irish Whiskey 3 cl Vermouth Rosso 2 Tropfen Angostura 6–8 Eiswürfel	Very dry	Cocktail-Schale, Glas frappieren	Im Rührglas mit Würfeleis rühren und ins Glas abseihen.	Keine	Untersetzer
Paradise 5.5/10	2 cl Orangensaft 2 cl Apricot Brandy 2 cl Gin 6–8 Eiswürfel	Medium dry	Cocktail-Schale, Glas frappieren	Im Shaker mit Würfeleis shaken und in das Glas abseihen.	Keine	Untersetzer
Pink Daiquiri 5.5/11	3 cl Zitronensaft 1–2 cl Läuterzucker 5 cl weißer Rum einige Tropfen Grenadine 6–8 Eiswürfel	Dry	Cocktail-Kelch, Glas frappieren	Im Shaker mit Würfeleis hart shaken und in das Glas abseihen.	Keine	Untersetzer
Red Lion 5.5/12	1 cl Orangensaft 1 cl Zitronensaft 2 cl Gin 1 cl Grand Marnier 1 BL Grenadine 6 Eiswürfel	Medium dry	Cocktail-Schale, Glas frappieren	Im Shaker mit Würfeleis shaken und in das Glas abseihen.	Keine	Untersetzer
Rob Roy	4 cl Scotch Whisky 2 cl Wermut rot 1 Tr. Angostura 6 Eiswürfel	Dry	Cocktail-Kelch, Glas frappieren	Im Rührglas mit Würfeleis kurz rühren und in das Glas abseihen.	Cocktail-Kirsche am Stick, in das Glas geben	Untersetzer Serviette
Rose Cocktail	1 cl Grenadine 3 cl Kirschwasser 2 cl Wermut dry 6 Eiswürfel	Dry Apéritif	Cocktail-Kelch, Glas frappieren	Im Shaker mit Würfeleis und in das Glas abseihen.	Cocktail-Kirsche am Stick in das Glas geben	Untersetzer Serviette
Salto Mortale 5.5/13	1,5 cl Lime-Juice 4 cl Wodka 1 cl Sherry Fino 6–8 Eiswürfel	Very dry	Cocktail-Kelch, Glas frappieren	Im Rührglas mit Würfeleis rühren und ins Glas abseihen.	Limettenscheibe ans Glas stecken	Untersetzer Serviette
Schwarzwälder Cocktail	5 cl Kirschwasser 1,5 cl Vermouth Bianco 1 Tropfen Orangenbitter 6–8 Eiswürfel	Dry	Cocktail-Kelch	Im Rührglas mit Würfeleis rühren und ins Glas abseihen.	Cocktail-Kirsche am Stick ins Glas geben	Untersetzer Serviette

5.5/10
Paradise

5.5/11
Pink Daiquiri

5.5/8
Manhattan Perfect (S. 129)

5.5/9
Margarita (S. 129)

Name Abb.	Rezept	Geschmack Art	Glas	Zubereitung	Garnitur	Service
Schweizer Cocktail	*5 cl Williams 1,5 cl Vermouth Bianco 1 Tropfen Orangenbitter 6–8 Eiswürfel*	*Dry*	*Cocktail-Kelch*	*Im Rührglas mit Würfeleis rühren und in das Glas abseihen.*	*Birnen-Kugel am Stick ins Glas geben*	*Untersetzer Serviette*
Side Car	*2 cl Zitronensaft 2 cl Cognac (Brandwein) 2 cl Cointreau (oder Curaçao Triple Sec) 6 Eiswürfel*	*Dry*	*Cocktail-Schale, Glas frappieren*	*Im Shaker mit Würfeleis shaken und in das Glas abseihen.*	*Keine*	*Untersetzer*
White Lady	*2 cl Zitronensaft 2 cl Gin 2 cl Cointreau (oder Curaçao Triple Sec) 6 Eiswürfel*	*Dry*	*Cocktail-Schale, Glas frappieren*	*Im Shaker mit Würfeleis shaken und in das Glas abseihen.*	*Keine (IBA-Standard: Zuckerrand)*	*Untersetzer*
White Spider	*4 cl Wodka 2 cl Crème de Menthe weiß Würfeleis*	*Dry*	*Cocktail-Kelch, Glas frappieren*	*Im Rührglas mit Würfeleis rühren und in das Glas abseihen.*	*Keine*	*Untersetzer*
Wodka Gimlet 5.5/14	*4 cl Wodka 2 cl Rose's Lime Juice 6 Eiswürfel*	*Dry*	*Cocktail-Kelch, Glas frappieren*	*Im Rührglas mit Würfeleis kurz rühren und in das Glas abseihen.*	*Limettenscheibe ans Glas stecken*	*Untersetzer Serviette*
Wodka-Martini **Wodka-Gibson**	*5 cl Wodka 1 cl Vermouth Dry Bianco 6–8 Eiswürfel 5 cl Gin 1 cl Vermouth Dry 6 Eiswürfel*	*Very dry*	*Cocktail-Kelch, Glas frappieren*	*Im Rührglas mit Würfeleis rühren und ins Glas abseihen.*	*Bei Martini Olive mit Kern und Zeste Zitrone, bei Gibson Perlzwiebel am Stick in das Glas geben*	*Untersetzer Serviette*

5.5/12
Red Lion

5.5/13
Salto Mortale

5.5/14
Wodka Gimlet

Auswahl verschiedener Medium-Cocktails

Name Abb.	Rezept	Geschmack Art	Glas	Zubereitung	Garnitur	Service
Alice	*1 cl Sahne 1 cl Orangensaft 1/2 cl Mandarinen Sirup 3 cl Cointreau 6 Eiswürfel*	*Medium*	*Cocktail-Kelch*	*Im Shaker mit Würfeleis rund shaken und in das Glas abseihen.*	*Keine*	*Untersetzer*
Ecstasy	*2 cl Brandy 2 cl Drambuie 2 cl Vermouth dry 6 Eiswürfel*	*Medium*	*Cocktail-Kelch, Glas frappieren*	*Im Rührglas mit Würfeleis kurz rühren und in das Glas abseihen.*	*Keine*	*Untersetzer*
Quattro 5.5/15	*1,5 cl Canadian Club Whisky 1,5 cl Amaretto 1,5 cl Crème de Cassis 1,5 cl Vermouth dry 6 Eiswürfel*	*Medium*	*Cocktail-Kelch, Glas frappieren*	*Im Rührglas mit Würfeleis kurz rühren und in das Glas abseihen.*	*Mit Orangen-Zeste das Getränk abspritzen*	*Untersetzer*
Red Baron 5.5/16	*1 cl Zitronensaft 4 cl Southern Comfort 4 cl Apfelsaft 1/2 cl Cassis 1/2 cl Grenadine 6 Eiswürfel*	*Medium*	*Sekt-Schale*	*Im Shaker mit Würfeleis shaken und mit dem Eis ins Glas gießen.*	*Roten (Grenadine) Zuckerrand an das Glas drücken*	*Untersetzer Serviette*
Rusty Nail	*3 cl Scotch Whisky 3 cl Drambui 6 Eiswürfel*	*Medium*	*Cocktail-Kelch, Glas frappieren*	*Im Rührglas mit Würfeleis kurz rühren und in das Glas abseihen.*	*Keine*	*Untersetzer*
Yellow Bird 5.5/17	*1 cl Zitronensaft 1 cl Galliano 3 cl Rum weiß 1 cl Cointreau 6 Eiswürfel*	*Medium*	*Cocktail-Schale, Glas frappieren*	*Im Shaker mit Würfeleis shaken und ins Glas abseihen.*	*Cocktail-Kirsche am Stick in das Glas geben*	*Untersetzer Serviette*

5.5/15 Quattro

5.5/16 Red Baron

5.5/17 Yellow Bird

Sekt-/Champagner-Cocktails

Alle Cocktails können mit Sekt oder Champagner aufgefüllt werden. Sie werden als Apéritif oder Digestif angeboten. Es handelt sich dabei generell um Long Drinks.

Name Abb.	Rezept	Geschmack Art	Glas	Zubereitung	Garnitur	Service
Alhambra 5.5/18	*1 cl Orangensaft 1 cl Campari oder Aperol 1 cl Cointreau 8 cl Sekt dry (kalt) 6 Eiswürfel*	*Dry Apéritif*	*Sekt-Kelch*	*Im Shaker mit Würfeleis shaken, in das Glas abseihen und mit Sekt auffüllen.*	*Kumquat-Rose mit Cocktail-Kirsche an einen langen Spieß und in das Glas stellen. 2 Mandarinen und 1 schwarze Olive ins Glas legen*	*Untersetzer Serviette*
Apricot Velvet	*4 cl Orangensaft 2 cl Marillenlikör 1 Tropfen Orangen-Bitter 10 cl Sekt dry (kalt) 6 Eiswürfel*	*Medium dry Digestif*	*Sekt-Kelch*	*Im Shaker mit Würfeleis shaken und in das Glas abseihen und mit Sekt (sehr kalt) auffüllen.*	*1 Limetten-Scheibe an das Glas stecken*	*Untersetzer Serviette*
Arosa Spezial 5.5/19	*2 cl Ananassaft 2 cl Apricot Brandy 8 cl Sekt dry (kalt) 6 Würfeleis*	*Medium Digestif*	*Sekt-Schale*	*Im Shaker mit Würfeleis shaken, in das Glas abseihen und mit Sekt auffüllen.*	*Keine*	*Untersetzer*
Bellini	*2 cl Pfirsichmark von weißem Pfirsich oder 4 cl Pfirsichnektar 1 cl Pêcher Mignon 8 cl Champagner Dry (kalt) 6 Eiswürfel*	*Medium, erfrischend Digestif*	*Sekt-Schale*	*Im Shaker mit Würfeleis shaken und in das Glas abseihen, dann mit Sekt auffüllen.*	*Pfirsichkeil ans Glas stecken*	*Untersetzer Trinkhalm Serviette*
Champagner-Cocktail	*1 Stück Würfelzucker 3 Tropfen Angostura 1 St. Würfelzucker 10 cl Champagner Dry (sehr kalt)*	*Very dry*	*Champagner-Kelch*	*Würfelzucker mit Angostura beträufeln, in das Glas geben und dann mit Champagner auffüllen.*	*Würfelzucker mit Angostura*	*Untersetzer*

5.5/18
Alhambra

5.5/19
Arosa Spezial

Sekt-/Champagner-Cocktails

Name Abb.	Rezept	Geschmack Art	Glas	Zubereitung	Garnitur	Service
DBU	2 cl Campari (Aperol) 2 cl Cointreau 2 cl Grapefruitsaft 8 cl Sekt dry (kalt) 6 Eiswürfel	Kräftig, bitter	Sekt-Kelch	Mit Würfeleis im Shaker shaken und in das Glas abseihen, dann mit Sekt langsam auffüllen.	Keine	Untersetzer
Deutscher Sekt-Cocktail	2 Tropfen Zitronensaft 2 Tropfen Läuterzucker 2 cl Eierlikör (sofort in den Shaker füllen) 2 cl Weinbrand 6 Eiswürfel 8 cl Sekt dry (kalt)	Medium, cremig	Sekt-Schale	Mit Würfeleis im Shaker kräftig shaken, in das Glas abseihen, dann langsam mit Sekt auffüllen.	Keine	Untersetzer
French 75	2 cl Gin 2 cl Cointreau 2 cl Zitronensaft 1 Dash Pernod 6 Eiswürfel 8 cl Champagner (kalt)	Kräftig	Sekt-Schale	Mit Würfeleis im Shaker shaken, in das Glas abseihen, dann langsam mit Champagner auffüllen.	Orangenscheibe und Cocktail-Kirsche am Stick an das Glas stecken	Untersetzer Serviette
Hemingway	2 cl Cuba Rum weiß 2 cl Zitronensaft 2 cl Cointreau 6 Eiswürfel 8 cl Champagner (kalt)	Dry Apéritif	Sekt-Schale	Mit Würfeleis im Shaker shaken, in das Glas abseihen und langsam mit Champagner auffüllen.	Keine	Untersetzer
Hot as Hell (Flying) 5.5/20	1 cl Zitronensaft 1 cl Gin 1 cl Cointreau 1 Cocktail-Kirsche 8 cl Sekt dry (sehr kalt) 6 Eiswürfel	Dry, erfrischend Empfangs-Cocktail	Sekt-Kelch	Im Shaker mit Würfeleis shaken in das Glas abseihen und dann mit Sekt auffüllen.	Zuckerrand, Cocktail-Kirsche ohne Stick in das Glas geben	Untersetzer Serviette
Italian Colore	1 cl Wodka 2 cl Pêcher Mignon 1 cl Grenadine 7 cl Prosecco (kalt) 6 Eiswürfel	Medium	Sekt-Kelch	Alles mit Würfeleis im Shaker shaken, in das Glas abseihen, dann mit Prosecco langsam auffüllen.	Grüner Zuckerrand	Untersetzer Serviette

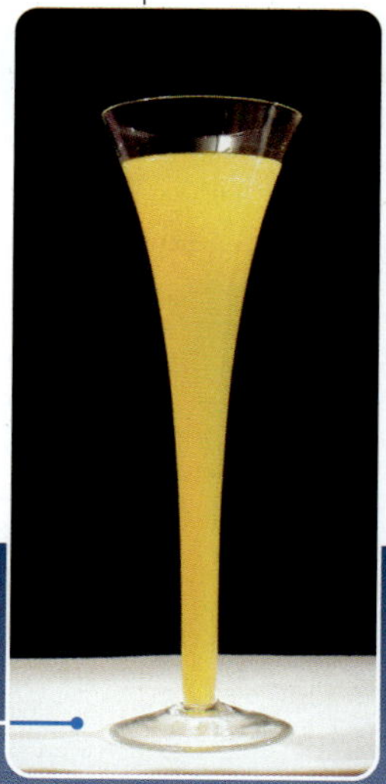

5.5/21
Mimosa

5.5/20
Hot as Hell

Name Abb.	Rezept	Geschmack Art	Glas	Zubereitung	Garnitur	Service
James Bond	4 cl Wodka (sehr kalt) 1 Tropfen Angostura 8 cl Champagner Brut sehr kalt	Very dry Apéritif	Champagner-Kelch	Wodka und Angostura in das Glas geben und mit Champagner auffüllen.	Keine	Untersetzer
Kathinka	2 cl Orangensaft 2 cl Wodka 2 cl Apricot Brandy 10 cl Sekt dry (kalt) 6–8 Eiswürfel	Medium Apéritif	Sekt-Kelch	Im Shaker mit Würfeleis shaken, in das Glas abseihen und mit Sekt auffüllen.	Cocktail-Kirsche in das Glas legen	Untersetzer Serviette
Kir Royal (auch Pêche Royal, Melon Royal)	1/2–2cl Crème de Cassis 10 cl Champagner dry (sehr kalt)	Medium Apéritif	Champagner-Kelch	Likör nach Geschmack in das Glas geben und mit Champagner auffüllen.	Keine	Untersetzer
Mimosa 5.5/21	4 cl Orangensaft 8 cl gut gekühlter Sekt oder Champagner	Medium Digestif	Sekt-Kelch	Orangensaft in das Glas geben und mit Sekt auffüllen.	Keine	Untersetzer
Morning Glory	8 cl Orangensaft 1 cl Zitronensaft 1 cl Grenadine 2 cl Sekt dry (kalt) 1 EL Crushed Ice	Medium sweet Erfrischend leicht	Sekt-Kelch	Säfte mit Sirup und Crushed Ice im Elektromixer mixen, mit dem Eis in das Glas gießen und mit Sekt auffüllen.	Orangenscheibe, Minzeblatt und 1/2 Cocktail-Kirsche am Stick, an das Glas stecken	Untersetzer Serviette
Ohio 5.5/22	2 cl Vermouth Rosso 2 cl Curaçao Orange 2 cl Canadian Whisky 8 cl Champagner Dry 2 Tropfen Angostura 6 Eiswürfel	Dry, wuchtig Apéritif	Sekt-Schale	Im Rührglas mit Würfeleis rühren, in das Glas abseihen und mit Champagner auffüllen.	Cocktail-Kirsche am Stick in das Glas geben	Untersetzer Serviette
Peach Love Story 5.5/23	2 cl Orangensaft 2 cl Pêcher Mignon 1/2 BL Grenadine 10 cl Sekt dry (kalt) 6–8 Eiswürfel	Medium, dry Digestif	Sekt-Schale	Im Shaker mit Würfeleis shaken, in das Glas abseihen und mit Sekt auffüllen.	Pfirsich-Ecke ans Glas stecken	Untersetzer Serviette

5.5/23
Peach Love Story

5.5/22
Ohio

Sekt-/Champagner-Cocktails

Name Abb.	Rezept	Geschmack Art	Glas	Zubereitung	Garnitur	Service
Prince of Wales	2 cl Cognac 1 cl Curaçao Orange oder Cointreau 1 Tropfen Angostura 4 Eiswürfel 10 cl Champagner dry	Medium dry, kräftig Long Drink	Silber-Becher oder hoher Tumbler	In den Becher oder in das Glas Würfeleis geben, darauf die Spirituosen abmessen und mit kaltem Champagner auffüllen.	2 Cocktail-Kirschen und 1/2 Scheibe Orange in das Glas geben	Untersetzer Serviette
Ritz	2 cl Orangensaft 2 cl Cognac 2 cl Cointreau 10 cl Champagner (kalt) 6 Eiswürfel	Medium Long Drink	Sekt-Kelch	Im Shaker mit Würfeleis shaken, in das Glas abseihen und mit Champagner (kalt) auffüllen.	1/2 Orangen-Scheibe an das Glas stecken	Untersetzer Serviette
Sinfonia	1 Streifen von geschälter Ogenmelone (Honig-Galiamelone) gewürfelt 1 cl Bananenlikör 1 Tropfen Zitronensaft 1/2 BL Läuterzucker 1 EL Crushed Ice 8 cl Sekt dry (kalt)	Sweet, erfrischend Sommer-Cocktail Long Drink	Sekt-Schale	Alles im Elektromixer mit Crushed Ice mixen und mit dem Eis in die Sekt-Schale gießen. Vorsichtig nach und nach mit Sekt auffüllen.	Melonen-Schnitz mit Schale, Minzeblatt, Cocktail-Kirsche am Stick, an das Glas stecken	Untersetzer Serviette
Sir Henry	3 cl Orangensaft 3 cl Calvados 2 cl Pêcher Mignon 6 Eiswürfel 10 cl Champagner dry	Medium Long Drink	Sekt-Kelch	Im Shaker mit Würfeleis shaken, in das Glas abseihen, dann mit Champagner auffüllen.	Pfirsichstück, Cocktail-Kirsche am Stick an das Glas stecken	Untersetzer Serviette
Southern Trip	4 cl Orangensaft 4 cl Southern Comfort 8 Eiswürfel 10 cl Champagner dry	Medium Long Drink	Hoher Tumbler	Im Gästeglas mit Würfeleis rühren und mit Champager auffüllen.	Orangenscheibe, Cocktail-Kirsche am Stick an das Glas stecken	Untersetzer Trinkhalm Serviette
Spezial	2 cl Bacardi weiß 2 cl Vermouth extra dry 2 cl Orangensaft (nicht frisch) 2 cl Maracujasirup 2 cl Sekt dry (kalt) 6 Eiswürfel	Apéritif Medium Long Drink	Sekt-Kelch	Alles mit Würfeleis im Shaker shaken und in das Glas abseihen, dann mit Sekt langsam auffüllen.	Cocktail-Kirsche an einem langen Spieß ins Glas	Untersetzer Serviette
Take Five	3 cl Zitronensaft 1 cl Orangensaft 2 cl Läuterzucker 1 cl Grenadine 3 cl Gin 6 Eiswürfel mit Sekt auffüllen	Medium, kräftig Long Drink	Ballon-Glas	Mit Würfeleis im Shaker shaken und in das Glas abseihen. Zum Schluss mit Sekt auffüllen	Kumquat, Minzeblatt, 1/2 Cocktail-Kirsche am Stick, an das Glas stecken	Untersetzer Serviette Trinkhalm

Sweet-Cocktails

Bei der folgenden Auswahl an Sweet-Cocktails handelt es sich um After-Dinner-Cocktails (Digestifs).

Name Abb.	Rezept	Geschmack Art	Glas	Zubereitung	Garnitur	Service
African Flamingo	*2 cl Sahne 2 cl Red Orange 2 cl Maracuja Likör 6–8 Würfeleis*	*Sweet Short Drink*	*Cocktail-Kelch mit schwarzem Fuß*	*Im Shaker mit Würfeleis rund shaken und in das Glas abseihen.*	*Orangen-Scheibe, Pfeffer-minze, Cocktail-Kirsche am Stick an das Glas stecken*	*Untersetzer Serviette*
Alexander	*2 cl Sahne 2 cl Crème de Cacao braun 2 cl Cognac 6–8 Eiswürfel*	*Sweet Short Drink*	*Cocktail-Schale*	*Im Shaker mit Würfeleis rund shaken und in das Glas abseihen.*	*Muskatnuss über den Cocktail reiben*	*Untersetzer*
Amaretto Spezial *5.5/24*	*2 cl Sahne 4 cl Amaretto 2 cl Bacardi weiß 6 Eiswürfel*	*Sweet Digestif Short Drink*	*Cocktail-Kelch*	*Mit Würfeleis im Shaker rund shaken und in das Glas abseihen.*	*Kakao über das Getränk streuen*	*Untersetzer*
Baby *5.5/25*	*2 cl Sahne 1 cl Kokossirup 2 cl Bananenlikör 2 cl Galliano 6 Eiswürfel*	*Sweet Short Drink*	*Cocktail-Kelch*	*Im Shaker mit Würfeleis rund shaken und in das Glas abseihen.*	*Kokosnussrand mit Grenadine vorbereiten*	*Untersetzer Serviette*
Blue Bärchen *5.5/26*	*4 cl Apfelsaft 2 cl Curaçao Blue 1 cl Southern Comfort 1 Schokokuss 6 Eiswürfel*	*Medium Fancy Drink Short Drink*	*Cocktail-Kelch*	*Schokokuss aushöhlen und den Inhalt mit den anderen Getränken und Würfeleis im Shaker rund shaken und in die Schokohülle abseihen.*	*Schokohülle in das Glas stellen. In die Waffel ein Loch stechen und den Trink-halm hinein-geben, auf die Schokoform legen, dann das Gummibärchen darauf legen*	*Untersetzer Serviette Trinkhalm*

5.5/24
Amaretto Spezial

5.5/26
Blue Bärchen

5.5/25
Baby

Sweet-Cocktails

Name Abb.	Rezept	Geschmack Art	Glas	Zubereitung	Garnitur	Service
Cherry Lady	*2 cl Sahne 2 cl Bananennektar 1 Tropfen Zitronensaft 4 cl Kirschsaft 2 cl Malibu 6 Eiswürfel*	*Medium sweet Long Drink*	*Sekt-Schale*	*Mit Würfeleis im Shaker rund shaken und mit dem Eis in das Glas gießen.*	*Physalis an das Glas stecken*	*Untersetzer Serviette*
Chirara Kiss	*2 cl Sahne 4 cl Feigenlikör 2 cl Galliano 6 Eiswürfel*	*Sweet Short Drink*	*Cocktail-Kelch*	*Mit Würfeleis im Shaker shaken und in das Glas abseihen.*	*Karambole Cocktail-Kirsche am Stick an das Glas stecken*	*Untersetzer Serviette*
Coppertino	*2 cl Sahne 2 cl Galliano 2 cl Kahlúa oder Tia Maria 6–8 Eiswürfel*	*Sweet Short Drink*	*Cocktail-Schale*	*Im Shaker mit Würfeleis rund shaken und in das Glas abseihen.*	*Keine*	*Untersetzer*
First Love 5.5/27	*2 cl Sahne 2 cl Crème de Cacao braun 2 cl Grand Marnier 6–8 Eiswürfel*	*Sweet Short Drink*	*Cocktail-Kelch*	*Im Shaker mit Würfeleis rund shaken und in das Glas abseihen.*	*Keine*	*Untersetzer*
Frangi	*2 cl Rahm 2 cl Amaretto 2 cl Crème de Cacao braun 6–8 Eiswürfel*	*Sweet Short Drink*	*Cocktail-Schale*	*Im Shaker mit Würfeleis rund shaken und in das Glas abseihen.*	*Keine*	*Untersetzer*
Frou Frou 5.5/28	*2 cl Sahne 2 cl Crème de Cacao braun 2 cl Crème de Banane 6–8 Eiswürfel*	*Sweet Short Drink*	*Cocktail-Kelch*	*Im Shaker mit Würfeleis rund shaken und in das Glas abseihen.*	*Keine*	*Untersetzer*

5.5/28
Frou Frou

5.5/27
First Love

Name Abb.	Rezept	Geschmack Art	Glas	Zubereitung	Garnitur	Service
Golden Cadillac	2 cl Sahne 2 cl Galliano 2 cl Crème de Cacao weiß 6 Eiswürfel	Sweet Short Drink	Cocktail-Kelch	Im Shaker mit Würfeleis rund shaken und in das Glas abseihen.	Keine	Untersetzer
Golden Dream 5.5/29	2 cl Sahne 2 cl Orangensaft 2 cl Cointreau 2 cl Galliano 6–8 Eiswürfel	Sweet Short Drink	Cocktail-Kelch	Im Shaker mit Würfeleis rund shaken und in das Glas abseihen.	Keine	Untersetzer
Golden Torpedo	2 cl Sahne 2 cl Amaretto 2 cl Galliano 6–8 Eiswürfel	Sweet Short Drink	Cocktail-Kelch	Im Shaker mit Würfeleis rund shaken und in das Glas abseihen.	Keine	Untersetzer
Grass-hopper 5.5/30	2 cl Sahne 2 cl Crème de Cacao weiß 2 cl Crème de Menthe grün 6–8 Eiswürfel	Sweet Short Drink	Cocktail-Schale	Im Shaker mit Würfeleis rund shaken und in das Glas abseihen.	Minzeblatt auf das Getränk legen	Untersetzer
Himbeer-Traum	5 cl Grand Marnier 1 cl Himbeergeist 1 cl Himbeersirup 6 Eiswürfel	Sweet Short Drink	Cocktail-Kelch	Im Shaker mit Würfeleis rund shaken und in das Glas abseihen.	Physalis, Minze-blatt am Stick an das Glas stecken	Untersetzer Serviette
Kahlúa Alexander	2 cl Sahne 2 cl Kahlúa 2 cl Cognac 6 Eiswürfel	Sweet Short Drink Kaffee-Getränk	Cocktail-Schale	Im Shaker mit Würfeleis rund shaken und in das Glas abseihen.	Muskat über den Cocktail reiben	Untersetzer
Lady Rose	2 cl Rahm 2 cl Grüne Banane-Likör 2 cl Maracuja Likör 6–8 Eiswürfel	Sweet Short Drink	Cocktail-Schale	Im Shaker mit Würfeleis rund shaken und in das Glas abseihen.	Keine	Untersetzer

5.5/29
Golden Dream

5.5/30
Grasshopper

Sweet-Cocktails

Name Abb.	Rezept	Geschmack Art	Glas	Zubereitung	Garnitur	Service
Lake of Lugano	0,5 cl Sahne 0,5 cl Kirschwasser 5 cl Curaçao Blue 6–8 Eiswürfel	Medium sweet Short Drink	Cocktail-Kelch	Im Shaker mit Würfeleis rund shaken und in das Glas abseihen.	Keine	Untersetzer
Miriam 5.5/31	2 cl Sahne 2 cl grüne Banane 3 cl Kiwi Liqueur 6–8 Eiswürfel	Sweet Short Drink	Cocktail-Kelch	Im Shaker mit Würfeleis rund shaken und in das Glas abseihen.	Keine	Untersetzer
Mona Lisa 5.5/32	2 cl Noilly Prat 2 cl Crème de Cacao braun 2 cl Maraschino 6–8 Eiswürfel	Medium sweet Short Drink	Cocktail-Schale	Im Shaker mit Würfeleis rund shaken und in das Glas abseihen.	Zuckerrand, 1 Cocktail-Kirsche am Stick in das Glas legen	Untersetzer Serviette
Petticoat 5.5/33	2 cl Sahne 1 cl Kokossirup 2 cl Malibu 2 cl Kirschlikör 6 Eiswürfel	Sweet Short Drink	Cocktail-Kelch	Im Shaker mit Würfeleis rund shaken und in das Glas abseihen.	1/4 Feige, Cocktail-Kirsche, Minzeblatt am Stick an das Glas stecken	Untersetzer Serviette
Red Scheuni	2 cl Sahne 4 cl Bananennektar 1 cl Zitronensaft 1 cl Kokossirup 2 cl Cherry Brandy 1 EL Crushed Ice	Sweet Fruchtmisch-Getränk Long Drink	Sekt-Schale	Mit Crushed Ice im Elektromixer mixen und mit dem Eis in das Glas gießen.	Karambole, Cocktail-Kirsche am Stick an das Glas stecken	Untersetzer Serviette
Sarotti-Mohr 5.5/34	2 cl Eierlikör 1 cl Sahne, leicht geschlagen 2 cl Wodka 2 cl Tia Maria 6 Eiswürfel	Sweet Short Drink	Cognac-Schwenker	Im Shaker alles außer der Sahne rund shaken und in das Glas abseihen.	Leicht geschlagene Sahne über einen Löffel auf das Getränk laufen lassen, Schokostreusel darüber streuen	Untersetzer Serviette

5.5/32
Mona Lisa

5.5/31
Miriam

Name Abb.	Rezept	Geschmack Art	Glas	Zubereitung	Garnitur	Service
Schoko-Banana-Dream	*4 cl Sahne 2 cl Rum weiß 2 cl Crème de Bananes 2 cl Crème de Cacao weiß 1 EL Crushed Ice*	*Sweet fruchtig Long Drink*	*Sekt-Schale*	*Im Elektromixer mit Crushed Ice mixen und mit dem Eis in das Glas gießen.*	*Bananen-Scheibe, Minzeblatt, Erdbeere am Stick an das Glas stecken*	*Untersetzer Serviette*
Sweet Angel	*2 cl Sahne 2 cl Amaretto 2 cl Crème de Cacao braun 2 BL Mayers Rum 6 Eiswürfel*	*Sweet Digestif Short Drink*	*Cocktail-Kelch*	*Mit Würfeleis im Shaker shaken und in das Glas abseihen.*	*Physalis an das Glas stecken*	*Untersetzer Serviette*
Sweet Maria	*2 cl Sahne 2 cl Amaretto 2 cl Wodka 6–8 Eiswürfel*	*Medium sweet Short Drink*	*Cocktail-Kelch*	*Im Shaker mit Würfeleis rund shaken und in das Glas abseihen.*	*Keine*	*Untersetzer*
Swiss Dream	*2 cl Sahne 2 cl Crème de Cacao braun 2 cl Cherry Brandy 6–8 Eiswürfel*	*Medium sweet Short Drink*	*Cocktail-Kelch*	*Im Shaker mit Würfeleis rund shaken und in das Glas abseihen.*	*Keine*	*Untersetzer*

5.5/33
Petticoat

5.5/34
Sarotti-Mohr

5.6 Coladas

Herstellung einer Colada am Beispiel der COCOPEACH COLADA

Rezept

6 cl Ananassaft
2 cl Sahne
2 cl Kokossirup
4 cl Pêcher Mignon oder Pfirsich Likör
2 cl Rum Havanna weiß
2 cl Rum Havanna braun
2 cl Malibu
6–8 Eiswürfel

Geschmack

sweet

Art

Colada
Exotic Drink
Long Drink

Glas

Ballonglas

Zubereitung

Mit Würfeleis im Shaker rund shaken oder mit Crushed Ice im Elektromixer mixen.

Garnitur

Ananasscheibe mit Blättern und Cocktail-Kirsche am Stick an das Glas stecken

Service

Untersetzer
Serviette, Stirrer

Coladas sind *Exotic Drinks*, die vor allem in den tropischen Ländern getrunken werden. Es sind sehr heiße Zonen, in denen man erfrischende Getränke als Durstlöscher benötigt. An Alkohol wird dabei jedoch nicht gespart. Die Getränke werden mit Würfeleis, Alkohol (braunem und weißem Rum), Fruchtsäften und Fruchtgarnituren serviert. Coladas sind *Long Drinks*, die aus hohen Tumblern, speziellen Ballongläsern oder *Exotic-Gläsern* getrunken werden. Sie werden im Shaker geshaket, und sobald frische Früchte, z. B. Ananas oder Bananen, mit verwendet werden, bereitet man sie im Elektromixer zu. Serviert werden sie immer auf Untersetzern, mit Trinkhalm und Serviette. Meistens werden sie mit dem geshaketen oder gemixten Eis ins Glas gegossen.

Zubereitung

1. *Mise en place und die Garnitur wird vorbereitet.*
2. *In den unteren Teil des Shakers gibt man 1/3 grobe Eiswürfel (6–8 Stück), frappiert den Shaker und gießt das Wasser durch den Strainer ab.*
3. *Alle Zutaten werden genau abgemessen und über das Würfeleis gegeben. Werden mehrere Coladas hergestellt oder erfolgt die Zubereitung sogar mit frischen Früchten, so mischt man sie mit etwas Crushed Ice im Elektromixer.*
4. *Der Shaker wird gut verschlossen. Jetzt wird kräftig und rund geshaket, damit eine bessere Emulsion entsteht und die Sahne im Shaker nicht gerinnt.*
5. *Nach dem Shaken wird der fertige Cocktail in ein halbes, mit groben Eiswürfeln gefülltes Ballonglas abgeseiht oder mit den Eiswürfeln abgegossen. Bei dieser Zubereitung wird das Glas nicht mit Würfeleis gefüllt. Im Herkunftsland serviert man das Getränk in einer Ananas.*
6. *Sobald das Getränk im Glas ist, rührt man es kurz mit dem Barlöffel um.*
7. *Garnitur: Bei allen Coladas verwendet man auf jeden Fall die Früchte, mit denen man das Getränk zubereitet hat. In diesem Fall eine frische Scheibe Ananas und für das Aussehen zusätzlich eine Scheibe Karambole und eine Cocktail-Kirsche. In das Glas steckt man 2 dicke Trinkhalme.*
8. *Service: Serviert wird die Colada auf einem Untersetzer mit Trinkhalm und Serviette. Mit der Serviette kann man sich nach dem Essen der Früchte die Hände abtrocknen.*

Mise en place zur Herstellung einer Cocopeach Colada.

Eiswürfel, Garnituren, Glas, Elektromixer oder Shaker, Jigger, Cream of Coconut, Sahne, Ananassaft, Pêcher Mignon, Kokossirup

Arbeitsschritte COLADA

1 *Den unteren Teil des Shakers $^1/_3$ mit groben Eiswürfeln (6–8 Stück) füllen und das Wasser abgießen*

2 *Die Zutaten abmessen und über die Eiswürfel geben*

3 *Den Shaker gut verschließen und kräftig 6 Sekunden rund shaken*

4 *Das fertige Getränk wird nun in das mit groben Eiswürfeln halb gefüllte Ballonglas abgeseiht*

5 *Das fertige Getränk wird jetzt kurz mit einem Barlöffel umgerührt*

6 *Die vorbereiteten Garnituren werden an das Glas gesteckt*

7 *In das Glas steckt man 2 dicke Trinkhalme*

8 *Mit einem freundlichen Lächeln serviert man das Glas dem Gast*

Auswahl an weiteren beliebten Coladas

Name Abb.	Rezept	Geschmack Art	Glas	Zubereitung	Garnitur	Service
Bahama Flower	*2 cl Ananassaft 2 cl Sahne 1 cl Kokossirup 2 cl Malibu 2 cl grüne Banane 1 cl Pêche Mignon 1 EL Crushed Ice*	*Sweet Joker Party-Drink*	*Sekt-Schale*	*Im Elektromixer mit Crushed Ice mixen und mit dem Eis in das Glas gießen.*	*Grenadine, Kokosnuss-Rand*	*Untersetzer Trinkhalm Serviette*
Golden Colada 5.6/1	*2 cl Orangensaft 2 cl Zitronensaft 1 cl Sahne 1 cl Galliano 2 cl brauner Rum 2 cl weißer Rum 1 EL Kokossirup*	*Sweet Exotic Drink, Aufpassen, hoher Alkohol-gehalt*	*Ballon-Glas, Exotic-Glas*	*Im Elektromixer mit Crushed Ice mixen und mit dem Eis in das Glas gießen.*	*Ananasecke, Physalis und Cocktail-Kirsche am Stick ans Glas stecken*	*Untersetzer 2 dicke Trink-halme Serviette*
Guaven-Wonder	*4 cl Sahne 2 cl Guavensirup 2 cl Orangensaft (Flasche) 1 cl Anananssaft 1 cl Zitronensaft 2 cl Grand Marnier 2 cl Havana Rum weiß 8 Eiswürfel*	*Medium Party-Drink*	*Großer Cognac-Schwenker*	*Im Shaker mit Würfeleis rund shaken und mit dem Eis in das Glas gießen.*	*Ananas, Kumquat, Cocktail-Kirsche*	*Untersetzer Serviette Trinkhalm Stirrer*
Mexicana	*2 cl Sahne 2 cl Bananennektar 4 cl Orangensaft 1 cl Kokossirup 2 cl Zitronensaft 2 cl Batida de Coco 2 cl Tequila 1 EL Crushed Ice*	*Sweet, fruchtig Joker Party-Drink*	*Ballon-Glas*	*Im Elektromixer mit Crushed Ice mixen und mit dem Eis in das Glas gießen.*	*Kokosnuss-Rand, Zitronenecke, Litschi, Cocktail-Kirsche am Stick an das Glas stecken*	*Untersetzer Serviette Trinkhalm*
Naxos Colada 5.6/2	*2 cl Sahne 1 cl Orangensaft 2 cl Curaçao blue ½ cl Kokossirup 2 cl Malibu 1 cl Rum weiß 8 Eiswürfel*	*Sweet Exotic Drink*	*Ananas (ausgehöhlt)*	*Im Shaker mit Würfeleis rund shaken und mit dem Eis in die Ananas gießen.*	*Ananasdeckel, darauf Erdbeer-scheiben und eine Cocktail-Kirsche am Stick in die Ananas stecken*	*Untersetzer Trinkhalm Serviette*

Name Abb.	Rezept	Geschmack Art	Glas	Zubereitung	Garnitur	Service
Piña Colada	*10 cl Ananassaft 4 cl Sahne 3 cl Kokossirup 2 cl Malibu 1 cl weißer Rum Havanna 1 El Crushed Ice*	*Sweet Exotic Drink*	*Ballon-Glas, Exotic-Glas*	*Im Elektromixer mit Crushed Ice mixen und mit dem Eis in das Glas gießen.*	*Ananasecke, Ananasblatt, Cocktail-Kirsche am Stick und an das Glas stecken*	*Untersetzer 2 dicke Trinkhalme Serviette*
Samba de Coco	*2 cl Sahne 4 cl Orangensaft 4 cl Ananassaft 2 cl Kokossirup 2 cl Rum weiß Spr. Zitronensaft 4 cl Bitter Lemon 8 Eiswürfel*	*Medium, erfrischend Joker Party-Drink*	*Cognac-Schwenker*	*Im Shaker mit Würfeleis rund shaken und mit dem Eis in das Glas gießen.*	*Karambole Cocktail-Kirsche am Stick an das Glas stecken*	*Untersetzer Serviette Trinkhalm Stirrer*
Spring-time Colada 5.6/3	*2 cl Sahne 8 cl Ananassaft 2 cl weißer Rum 4 cl Batida de Coco 2 cl Malibu 1 cl Amaretto 1 cl Maracuja-Sirup 1 EL Crushed Ice*	*Sweet Exotic Drink*	*Kokosnuss (abge-schnitten und entleert)*	*Im Elektromixer mit Crushed Ice mixen und mit Eis in die Kokosnuss gießen.*	*Kiwischeibe, Kumquat-Stern und Cocktail-Kirsche am Stick an die Kokos-nuss stecken*	*Untersetzer Serviette Trinkhalm*
Swim-ming Pool	*4 cl Sahne 1 cl Kokossirup 10 cl Ananassaft 1 Spritzer Zitronensaft 2 cl Wodka 2 cl Curaçao blue 2 cl Rum weiß 2 EL Crushed Ice*	*Sweet, vollmundig*	*Ballon-Glas mit grünem Fuß*	*Mit Crushed Ice im Elektro-mixer (oder Shaker) mixen und mit dem Eis in das Glas gießen.*	*Ananasecke, Cocktail-Kirsche am Stick an das Glas stecken*	*Untersetzer Serviette Trinkhalm*

5.6/1 Golden Colada

5.6/2 Naxos Colada

5.6/3 Springtime Colada

5.7 Collinses

Collinses sind *Long Drinks*, die im *Gästeglas* (Collinses-Glas, hoher Tumbler) mit viel Würfeleis hergestellt werden. Man serviert sie im Sommer als Durst löschendes Getränk. Die ersten Collinses wurden mit *Genever* zubereitet, heute verwendet man verschiedene Alkoholika und richtet sich nach dem Geschmack der Gäste.

Collinses werden im Unterschied zu den Fizzes im Gästeglas zubereitet. Der Anteil an Sodawasser (Mineralwasser) ist höher. Außerdem gibt man immer Eiswürfel in den hohen Tumbler und rührt das fertige Getränk mit dem Barlöffel um. Ein Collinses-Glas hat ca. 25 bis 30 cl Inhalt. Es wird auch für Coolers und Punches verwendet. Weitere Collinses sind mit Cognac (Pierre Collins), mit Calvados (Jack Collins), mit Wodka (Joe Collins), mit Pisco (Pisco Collins), mit weißem Rum (Pedro Collins), mit braunem Rum (Jamaika Collins) zubereitet.

Füllt man den hohen Tumbler ganz mit Crushed Ice, so füllt man nicht mit Mineralwasser auf.

Herstellung eines Collinses am Beispiel des JOHN COLLINS

Rezept

2 cl Zitronensaft
1 cl Läuterzucker
4 cl Genever
8–10 Eiswürfel
10 cl Sodawasser

Geschmack

dry

Glas

Hoher Tumbler

Zubereitung

In das Gästeglas die Eiswürfel geben und darauf die anderen Flüssigkeiten gießen, zum Schluss umrühren und mit Sodawasser auffüllen.

Garnitur

Zitronenscheibe mit den Cocktail-Kirschen am Stick an das Glas stecken

Service

Untersetzer, Trinkhalm, Stirrer, Serviette

Grundrezept

1. *Das Collinses-Glas (hoher Tumbler) wird zu 3/4 mit Eiswürfeln gefüllt.*
2. *Die Rezeptur genau abmessen und über das Eis geben:*
   4 cl Genever,
   2 cl Zitronensaft,
   1 cl Läuterzucker,
   mit Sodawasser (Mineralwasser) auffüllen und dem Barlöffel kurz umrühren.
3. *Garnitur: Zitronenscheibe mit 3 Cocktailkirschen am Stick an das Glas stecken*
4. *Service: Auf einem Untersetzer mit Trinkhalm, Serviette und Stirrer.*

Arbeitsschritte COLLINS

1 *Tumbler mit Würfeleis füllen*

2 *Getränke darauf abmessen und umrühren*

3 *Mit Zitronenscheibe und Kirschen ausgarnieren*

5.8 Coolers

Coolers sind *Long Drinks*, die vornehmlich im Sommer getrunken werden. Cooler heißt so viel wie Kühler. Im Unterschied zum Cobbler werden sie mit groben Eiswürfeln *im Shaker geshaket* und in einen mit Crushed Ice vorgekühlten Tumbler gegeben. Man kann sie auch auf Crushed Ice zubereiten, die Getränke darüber gießen und mit Ginger Ale oder Limonade auffüllen. Als Garnitur steckt man einen Früchtespieß in das Glas. Coolers sind Fizzableitungen, die nicht mit Sodawasser, sondern mit *Ginger Ale* oder *Bitterlimonade* aufgefüllt werden. Kommt im Rezept das Wort „Lemon“ vor, so füllt man mit Bitter Lemon auf.

Herstellung eines Coolers am Beispiel des SPRINGTIME COOLER

Grundrezept

1. *In den Shaker gibt man 6–8 Eiswürfel, frappiert ihn und gießt das Schmelzwasser ab.*
2. *Ein Cooler kann auch direkt auf den Eiswürfeln im Gästeglas zubereitet werden, dabei entfällt das Shaken.*
3. *Dann werden die Getränke genau abgemessen und über die Eiswürfel gegeben.*
4. *Nun im Shaker ca. 6 Sekunden kräftig shaken.*
5. *Der fertige Cocktail wird in einen mit Würfeleis frappierten hohen Tumbler abgeseiht. Anschließend wird noch mit dem Barlöffel umgerührt.*
6. *Zum Schluss füllt man das Glas mit Ginger Ale auf.*
7. *Garnitur: Auf den Glasrand steckt man eine Karambole. In das Glas werden einige Cocktail-Kirschen gegeben.*
8. *Service: Serviert wird er auf einem Untersetzer mit Trinkhalm und Serviette.*

Auswahl

Name Abb.	Rezept	Geschmack Art	Glas	Zubereitung	Garnitur	Service
Flamingo Cooler 5.8/1	*2 cl Zitronensaft 1 BL Grenadine 3 cl Gin 1 cl Apricot Brandy 8 cl Ginger Ale 6–8 Eiswürfel*	*Dry Long Drink Sommer-Getränk*	*Hohen Tumbler mit Crushed Ice füllen*	*Mit Würfeleis im Shaker kräftig shaken, auf Crushed Ice im Glas abseihen und mit Ginger Ale auffüllen.*	*Cocktail-Kirsche am Stick auf das Crushed Ice geben*	*Untersetzer Trinkhalm Stirrer Serviette*
Springtime Cooler 5.8/2	*6 cl Orangensaft 3 cl Zitronensaft 4 cl Wodka 2 cl Curaçao Blue 1 cl Zuckersirup 2 cl Ginger Ale 2 Cocktail-Kirschen 6–8 Eiswürfel*	*Medium Long Drink Sommer-Getränk*	*Hohen Tumbler mit Crushed Ice füllen*	*Mit Würfeleis im Shaker kräftig shaken, auf Crushed Ice im Glas abseihen und mit Ginger Ale abspritzen.*	*Karambole-Scheibe am Glasrand, Cocktail-Kirschen in das Glas geben*	*Untersetzer Trinkhalm Stirrer Serviette*
Exotic Cooler	*4 cl Rum braun 3 cl Zitronensaft 1 Tropfen Angostura Bitter 2 cl Läuterzucker 8–10 cl Ginger Ale 6–8 Eiswürfel ins Glas geben*	*kräftig Joker*	*Hoher Tumbler, Collinsglas*	*Alles im Shaker (außer Ginger Ale) mit Würfeleis shaken und auf das Eis im Glas abseihen. Dann mit Ginger Ale auffüllen.*	*weißen Zuckerrand ans Glas geben*	*Untersetzer Serviette Stirrer*
Galliano Cooler	*4 cl Galliano 3 cl Zitronensaft 2 cl Läuterzucker 8 cl Bitter Lemon 8 Eiswürfel*	*fruchtig*	*Hoher Tumbler, Joker Collinsglas*	*Alles im Shaker (außer Bitter Lemon) mit Würfeleis shaken und auf das Eis im Glas abseihen. Dann mit Bitter Lemon auffüllen.*	*1 Orangenscheibe und 1 Zitronenscheibe ins Glas stecken.*	*Untersetzer Serviette Stirrer*

5.8/1 | Flamingo Cooler

5.8/2 | Springtime Cooler

5.9 Daiquiris

Zubereitung am Beispiel eines
FROZEN ERDBEER-SEKT-DAIQUIRI

Rezept

3 cl Zitronensaft
2 cl Erdbeersirup
4 cl Erdbeerpüree
4 cl weißer Rum
4–6 cl Sekt dry
1 EL crushed ice

Geschmack

medium

Art

Sommer- und Party-Getränk

Glas

Sekt-Schale

Zubereitung

Alle Zutaten außer Sekt mit Crushed Ice im Elektromixer mixen, mit dem Eis in das Glas gießen und mit Sekt auffüllen

Garnitur

Breiter Zuckerrand

Service

Untersetzer
keine Trinkhalme
Serviette

Den ersten Daiquiri mixte der bekannte Barmann Constante Ribalagua in der Florida Bar auf Kuba für den Schriftsteller Ernest Hemingway. Daiquiris werden immer mit viel Crushed Ice, weißem Rum, Läuterzucker und Fruchtsaft hergestellt. Bei Daiquiris, die mit Sekt aufgefüllt sind, nimmt man frische Früchte (Erdbeeren, Himbeeren, Pfirsiche), Sirups und Zitronensaft. Vorsicht beim Auffüllen mit Sekt, da er sehr schäumt.

Frozen Daiquiri

Frozen Daiquiri gibt man in eine Sekt- oder Cocktail-Schale. An das Glas gibt man einen breiten Zuckerrand. Der Frozen Daiquiri ist fest und geschmeidig. Das Eis kann man mit dem Löffel essen. Es wird die doppelte Menge an Würfeleis verwendet wie bei normalen Daiquiris.

Mise en place
zur Herstellung eines Erdbeer-Sekt-Daiquiris.

Crushed Ice, Erdbeerwürfel (Erdbeerpüree), Sekt-Schale, Jigger, Elektromixer, Zitronensaft, weißer Rum, Erdbeersirup, Sekt dry.

Zubereitung

1. *Die Sekt-Schale wird zuerst mit Zitrone befeuchtet. Dann wird sie tief in Zucker eingetaucht.*
2. *Die Erdbeeren werden gewaschen, geputzt und in kleine Würfel geschnitten.*
3. *Alle Zutaten, außer dem Sekt, gibt man in den Elektromixer und mixt sie kurz durch.*
4. *Anschließend gibt man Crushed Ice hinzu und mixt nochmals kurz.*
5. *Den fertigen Daiquiri gießt man mit dem Crushed Ice in die vorbereitete Sektschale.*
6. *Zum Schluss wird der Cocktail nach und nach mit Sekt aufgefüllt.*
7. *Service: Man serviert den Daiquiri immer auf einem Untersetzer mit 2 kleinen Trinkhalmen. Sobald ein Zuckerrand am Daiquiri ist, kann man auf die Trinkhalme verzichten. Sobald es sehr heiß ist, gibt man noch etwas Crushed Ice in den Daiquiri.*

Arbeitsschritte DAIQUIRI

1 Zuckerrand für die Sekt-Schale herstellen

2 Gewaschene Erdbeeren in Würfel schneiden

3 Alle Zutaten in den Mixer geben

4 Crushed Ice in den Mixer geben und alles mixen

5 Den fertigen Daiquiri in die Sekt-Schale gießen

6 Zum Schluss nach und nach mit Sekt auffüllen

Kleine Auswahl weiterer beliebter Daiquiris

Name Abb.	Rezept	Geschmack Art	Glas	Zubereitung	Garnitur	Service
Ananas-Daiquiri 5.9/1	3 cl Zitronensaft 2 cl Ananassirup 4 cl weißer Rum 1 Scheibe frische Ananas 1 EL Crushed Ice	Medium dry Long Drink Party-Drink	Cocktail-Schale	Alles im Elektro-Mixer mit Crushed Ice mixen und in das Glas gießen.	Etwas Crushed Ice in das Glas geben. Ananas-ecke und Cock-tail-Kirsche am Stick an das Glas stecken	Untersetzer 2 kleine Trink-halme Serviette
Cherry Daiquiri 5.9/2	3 cl weißer Rum 2 cl Cherry Brandy 1 cl Kirschwasser 2 cl Limettensirup 6 Eiswürfel	Medium After-Dinner-Cocktail Party-Drink	Cocktail-Kelch	Im Shaker oder Rührglas herstellen und in das Glas abseihen.	Cocktail-Kirsche am Stick in das Glas	Untersetzer Serviette
Daiquiri IBA-Standard	2 cl Zitronensaft 1 cl Läuterzucker 4 cl weißer Rum 6 Eiswürfel	Dry Apéritif Short Drink	Cocktail-Kelch	Im Shaker mit Würfeleis shaken und in das Glas ab-seihen.	Cocktail-Kirsche am Stick in das Glas geben	Untersetzer Serviette
Daiquiri on the rocks	4 cl Havana Rum braun 2 cl Zitronensaft 1 cl Läuterzucker 8 Eiswürfel	kräftig (American style) Joker	Breiter Tumbler	Glas mit Würfeleis füllen und die abgemessenen Getränke darauf gießen und umrühren.	Cocktail-Kirsche ins Glas legen	Untersetzer Serviette
Havana-cup Daiquiri	4 cl Havana Bar-Sirup 2 cl Bananennektar 2 cl Maracujanektar 2 cl Ananassaft 1 cl Zitronensaft 6 Eiswürfel Crushed Ice	fruchtig alkoholfrei	Breiter Tumbler	Glas mit crushed ice füllen. Getränke mit Würfeleis im Shaker shaken und auf Crushed Ice abseihen.	Fruchtspieß aus Ananaswürfeln, Cocktail-Kirschen und Bananenschei-ben aufs Glas legen	Untersetzer Saughalm Serviette

5.9/1
Ananas Daiquiri

5.9/2
Cherry Daiquiri

Name Abb.	Rezept	Geschmack Art	Glas	Zubereitung	Garnitur	Service
Frozen Daiquiri einfach 5.9/3	*5 cl Cuba Rum weiß 2 cl Zitronensaft 1 cl Läuterzucker 2 kleine Schaufeln Würfeleis*	*Dry*	*Cocktail-Schale*	*Im Elektromixer länger mit Würfeleis sämig mixen, dann mit dem Eis in das Glas gießen.*	*Cocktail-Kirsche am Stick in das Glas geben*	*Untersetzer Serviette*
Frozen Himbeer-Sekt-Daiquiri	*Wie Himbeer Daiquiri Mit Sekt oder Champagner dry auffüllen Breiter Zuckerrand*	*Medium dry Long Drink Ein Genuss bei Hochzeiten im Sommer*	*Sekt-Schale*	*Ohne Sekt, alles im Elektromixer mit Crushed Ice mixen und in das Glas gießen.*	*Breiter Zuckerrand, etwas Crushed Ice in das Glas geben*	*Untersetzer 2 kleine Trinkhalme Serviette*
Himbeer-Daiquiri	*3 cl Zitronensaft 2 cl Himbeersirup 4 cl Himbeerpüree 4 cl weißer Rum 1 EL Crushed Ice*	*Medium dry Long Drink Party-Drink*	*Cocktail-Kelch*	*Alles im Elektromixer mit Crushed Ice mixen und in das Glas gießen.*	*Etwas Crushed Ice in das Glas geben*	*Untersetzer 2 kleine Trinkhalme*
Mango-Daiquiri	*4 cl Havana Rum weiß 1 cl Lime juice 2 Streifen Mango 1 cl Triple Sec 1/2 cl Mango Bar-Sirup 1 EL Crushed Ice*	*fruchtig Joker*	*Cocktail-Kelch*	*Alles im elektrischen Mixer mit Crushed Ice mixen und auf ein mit Crushed Ice gefülltes Glas abseihen.*	*weißen Zuckerrand ans Glas geben*	*Untersetzer Serviette*
Frozen Banana Daiquiri	*4 cl Rum weiß 1 cl Lime juice 1 cl Grapefruitsaft 1/2 Banane in Scheiben 1,5 cl Crème de Banane 2 kleine Schaufeln Eiswürfel*	*fruchtig erfrischend Joker*	*Sekt-Schale*	*Alles im elektrischen Mixer mit dem Würfeleis mixen und ins Glas gießen.*	*Bananenscheiben und Cocktail-Kirsche auf das Eis legen*	*Untersetzer Teelöffel Serviette*

5.9/3
Frozen Daiquiri einfach

5.10 Daisies

Daisies sind *Long Drinks*, die im *Shaker* zubereitet und *im Sekt-Kelch oder in der Sekt-Schale* serviert werden. Sie sind *Fizzableitungen*, wobei Läuterzucker durch *Grenadine* ersetzt wird.
Sie werden meist von weiblichen Gästen bevorzugt. Daisies stellt man vorwiegend auf Basis von Whisky, Brandy, Gin, Rum oder Wodka her.

Herstellung einer BACARDI DAISY

Grundrezept

1. *In den Shaker gibt man 6–8 Eiswürfel.*
2. *Der Shaker wird frappiert. Das Wasser gießt man ab.*
3. *Über die Eiswürfel gibt man Grenadinesirup, Zitronensaft und die gewünschte Spirituose, z. B. Rum.*
4. *Man schließt den Shaker. Er wird wie ein Gin Fizz sehr hart ca. 16 Sekunden geshaked.*
5. *Den fertigen Cocktail seiht man durch den Strainer in eine Sekt-Schale oder ein Sekt-Glas ab.*
6. *Garnitur: In den Daisy gibt man einige Cocktail-Kirschen.*
7. *Service: Serviert wird er auf einem Untersetzer mit Trinkhalm, Serviette und Löffel.*

Die Daisy-Highlights

Name	Rezept	Geschmack Art	Glas	Zubereitung	Garnitur	Service
Bacardi-Sekt-Daisy	1 cl Grenadine 2 cl Zitronensaft 4 cl Rum weiß 4–6 cl Sekt dry 6–8 Eiswürfel	Medium, erfrischend Long Drink Sekt-Cocktail	Sekt-Schale	Mit Würfeleis im Shaker shaken und in das Glas abseihen, dann mit Champagner auffüllen	2 Cocktail-Kirschen am Stick in das Glas geben	Untersetzer Trinkhalm Löffel Serviette
Brandy-Champagner-Daisy	1 cl Grenadine 2 cl Zitronensaft 4 cl Brandy 6–8 Eiswürfel 6 cl Champagner dry	Medium, erfrischend Long Drink Sekt-Cocktail	Sekt-Schale	Wie oben	Orangen-Scheibe, Ananas-ecke, Cocktail-Kirsche am Stick an das Glas stecken	Untersetzer Trinkhalm Serviette

Arbeitsschritte DAISY

1 *In den Shaker gibt man mehrere Eiswürfel*

2 *Über die Eiswürfel misst man die erforderlichen Ingredienzen ab*

3 *Jetzt wird der Cocktail hart geshaket*

4 *Durch den Strainer gießt man den Cocktail in die Sekt-Schale ab und garniert ihn*

5.11 Ernüchterungs-getränke („Pick-me-ups“)

Herstellung einer VIRGIN OYSTER (PRAIRIE OYSTER)

Rezept

100 g Tomatenketchup
einige Tropfen Olivenöl
einen Tropfen Essig
einige Tropfen Worcestershiresauce, Selleriesalz, Tabasco, Paprika, 1 Eigelb

Geschmack

Würzig
Sehr scharf

Art

Ernüchterungs-Getränk
Pick-me-up

Glas

Cocktail-Schale

Zubereitung

Wie oben beschrieben zubereiten

Garnitur

Gewürze nach Geschmack

Service

Untersetzer, Serviette, Glas Wasser zum Nachspülen

Es sind scharf gewürzte Getränke und Cocktails, die den Geist wieder auffrischen, ermuntern oder auch neue Kräfte geben sollen. In Deutschland nennt man sie auch *„Katergetränke“*.
Hat man etwas mehr Alkohol zu sich genommen als man ursprünglich beabsichtigt hatte, greift man zu einem solchen Katergetränk. Sie können jedoch nicht vollständig dem Alkohol seine Wirkung nehmen, also bitte Hände weg vom Steuer. Katergetränke mit Alkohol (Pick-me-ups) empfiehlt man auch nach schwerem Essen, da sie dann den Magen beruhigen. Man denke da bspw. an Underberg, Fernet Branca und Ramazzotti. Bei der **Prairie Oyster** könnte man auch ein Glas Golden Sherry zur Abrundung danach anbieten.

Mise en place für Virgin Oyster

1 Glas Wasser, Cocktail-Kelch mit Eigelb, Ketchup, Worcestershiresauce, Tabasco, Essig, Olivenöl, Essig, Paprika, Selleriesalz.

Grundrezept

1. *In eine Cocktail-Schale gibt man einige Tropfen Olivenöl.*
2. *Das Glas schwenkt man damit aus.*
3. *In die Mitte des Glases gibt man einige Tropfen Worcestershiresauce.*
4. *Darauf setzt man ein ganzes Eigelb (nicht verlaufen und frisch).*
5. *Das Eigelb umgibt man nun mit einem Kranz Tomatenketchup.*
6. *Auf das Eigelb kommen die Gewürze wie z. B. Selleriesalz (Salz), Tabasco, Paprika und einige Tropfen Essig.*
7. *Garnitur: Die Gewürze dienen als Garnitur. Für den Glanz gibt man zum Schluss noch einige Tropfen Olivenöl dazu. Einige Gäste wünschen zur Geschmacksverfeinerung noch 2 cl Weinbrand, Whisky oder Sherry über den Cocktail. Dann ist er aber kein Ernüchterungsgetränk mehr, man spricht dann von einer* **Prairie Oyster**.
8. *Service: Auf einem Untersetzer setzt man den Cocktail mit einer Serviette ein. Jetzt wird er vom Gast zum Munde geführt und mit einem Schluck ausgeschlürft. Ein Glas Wasser stellt man zum Nachspülen bereit.*

Arbeitsschritte VIRGIN OYSTER

1 *Zuerst gibt man einige Tropfen Olivenöl in die Cocktailschale*

2 *Das Glas wird mit dem Olivenöl ausgeschwenkt*

3 *Zur Mitte des Glases gibt man einige Tropfen Worcestershiresauce*

4 *Auf die Worcestershiretropfen gibt man das Eigelb*

5 *Um das Eigelb wird ein Tomatenketchup-Rand gezogen*

6 *Auf das Eigelb kommen sichtbar die Gewürze*

7 *Auf die Gewürze werden zum Glanz noch einige Tropfen Olivenöl gegeben*

8 *In einem Schluck wird nun die Virgin Oyster getrunken*

Pick-me-ups

Auswahl an beliebten Pick-Me-Ups

Name Abb.	Rezept	Geschmack Art	Glas	Zubereitung	Garnitur	Service
Apotheke 5.11/1	3 cl Fernet Branca 1 cl Crème de Menthe grün 2 cl Martini rosso 4 Eiswürfel	Dry	Cognac-Schwenker	Alle Zutaten werden mit Würfeleis im Rührglas gerührt und in ein vorgekühltes Glas abgeseiht.	Ohne	Untersetzer
Bloody Johannita	4 cl Tequila weiß 4 cl Sangrita 6–8 Eiswürfel	Very dry, würzig	Cocktail-Kelch	Im Shaker mit Eiswürfeln shaken und in das Glas abseihen.	Gehackte Sellerie-Blätter auf das Getränk	Untersetzer Serviette
Bloody Maria	wie Bloody Mary, anstelle von Wodka nimmt man jedoch 4 cl Tequila, 6–8 Eiswürfel	Very dry, würzig und scharf	Mittlerer Tumbler	Wird wie Bloody Mary im Rührglas gerührt.	Zitronen-Spalte an das Glas stecken	Untersetzer Serviette
Bloody Mary 5.11/2	4 cl Wodka 1 cl Zitronensaft einige Tropfen Tabasco und Worcestershiresauce nach Geschmack Selleriesalz, Pfeffer 10 cl Tomatensaft 6–8 Eiswürfel	Very dry, würzig und scharf	Mittlerer oder breiter Tumbler	Gewürze und Wodka im Rührglas mit Eis rühren, in einen Tumbler abseihen und mit Tomatensaft auffüllen.	Zitronen-Scheibe an das Glas stecken oder Stauden-Sellerie-Stange in das Getränk	Untersetzer Serviette
Bull Shot	4 cl Wodka 12 cl kalte Kraftbrühe Selleriesalz, Tabasco Pfeffer, Worcestershire-sauce, 6 Eiswürfel	Kräftig	Hoher Tumbler	Wodka und Gewürze auf Würfeleis in das Glas geben, umrühren und mit Brühe auffüllen, Würfeleis, herausnehmen.	Petersilie auf das Getränk streuen	Untersetzer Serviette
Der Wecker	5 cl Sangrita gekühlt 1 Eigelb, Schnittlauch 6–8 Eiswürfel	Very dry, würzig und scharf	Cocktail-Kelch	Im Shaker mit Eiswürfeln hart shaken und in das Glas abseihen.	Röllchen Schnittlauch auf das Getränk	Untersetzer Serviette
Kater-Drink 5.11/3	1 cl Whisky 1 cl Portwein 10 cl Milch 1 cl Läuterzucker 1 Eigelb, einige Tropfen Zitronensaft 1 EL Crushed Ice	Medium Stärkungs-Cocktail Egg-Nog	Hoher Tumbler	Mit Crushed Ice im Elektromixer mixen und mit dem Eis ins Glas gießen.	Geriebener Muskat auf das Getränk	Untersetzer Serviette Stirrer

5.11/1 Apotheke

5.11/2 Bloody Mary

5.11/3 Kater Drink

Name Abb.	Rezept	Geschmack Art	Glas	Zubereitung	Garnitur	Service
Kater-Drink Royal	4 cl Tomatensaft 1 cl Ketchup 2 cl Sangrita 8 cl Kraftbrühe (kalt) Selleriesalz, Paprika, Worcestershiresauce 6 Eiswürfel	Dry Pick-me-up Ohne Alkohol	Ballon-Glas	Das Würfeleis in das Gästeglas geben, die Zutaten darauf gießen und umrühren.	Petersilie auf das Getränk streuen	Untersetzer Stirrer
Prairie Oyster	wie Virgin Oyster nur noch mit 2 cl Weinbrand oder Whisky verfeinern	Dry Stärkungs-Cocktail	Cocktail-Schale	Wie Virgin Oyster herstellen, nur mit Alkohol.	Gewürze nach Geschmack	Untersetzer Serviette
Stinger 5.11/4	4 cl Weinbrand 2 cl Crème de menthe weiß Eiswürfel	Medium	Cognac-Schwenker	Im Rührglas mit Eiswürfeln rühren und in den Cognac-Schwenker abseihen.	Ohne	Untersetzer
Tomatensaft 5.11/5	10 cl Tomatensaft gekühlt Salz, Pfeffer, Tabasco Worcestershiresauce Selleriesalz 6–8 Eiswürfel	Dry Pick-me-up Ohne Alkohol	Kleiner Tumbler	Im Rührglas mit Eiswürfeln rühren und in das Glas abseihen.	Petersilien-Sträußchen an das Glas stecken	Untersetzer Serviette Stirrer
Toscana 5.11/6	4 cl Fernet-Branca 2 cl Crème de Menthe grün 3 Tropfen Pernod	Medium Pick-me-up	Cocktail-Kelch	Im Rührglas mit Eiswürfeln rühren und in das Glas abseihen.	Kleine Zitronenspirale in das Getränk legen	Untersetzer
Virgin Mary „keusche Mary"	wie Bloody Mary aber ohne Alkohol	Dry Pick-me-up Ohne Alkohol	Kleiner hoher Tumbler	Wie Bloody Mary herstellen, nur ohne Alkohol.	Zitronen-Spalte an das Glas stecken	Untersetzer Serviette

5.11/4 Stinger

5.11/5 Tomatensaft

5.11/6 Toscana

5.12 Fancy Drinks

Fancy Drinks sind Getränke und Cocktails mit Phantasiebezeichnungen, die besonders durch ihre Dekorationen auffallen. Jeder könnte seinem selbst entworfenen Cocktail (Fancy Drink) einen eigenen Namen geben. Fancy Drinks bietet man hauptsächlich an bei Hochzeiten, Taufen, Silvester, Weihnachten, Geburtstagen und anderen Festlichkeiten. Sie werden speziell für eine Person oder den Anlass kreiert. Wichtig ist, dass der selbst kreierte Cocktail gut aussieht und den Gästen schmeckt.

Fancy Drinks sind gut als Joker einsetzbar. Joker sind Mixgetränke oder pure Alkoholika und nicht alkoholische Getränke, die man zu einem besonderen Zweck oder Anlass einsetzt. Auch Spezialgetränke zur „Happy Hour" sind Joker.

Auswahl an Fancy Long Drinks

Name Abb.	Rezept	Geschmack Art	Glas	Zubereitung	Garnitur	Service
Afro Fresh	*4 cl Ananassaft 4 cl Maracujanektar 2 cl Zitronensaft 2 cl Cointreau 1/2 cl Kokossirup 1/2 cl Grenadine 8 Eiswürfel*	*Medium, leicht Sommer-Getränk*	*Ballon-Glas*	*Mit Würfeleis im Shaker shaken und mit dem Eis in das Glas gießen.*	*Physalis an das Glas stecken*	*Untersetzer Trinkhalm Serviette*
Amaretto Frappé	*1 cl Sahne 4 cl Espresso kalt 2 cl Amaretto 1 Kugel Vanilleeis 1 EL Crushed Ice*	*Sweet Kaffee-Eis-Frappé*	*Sekt-Kelch*	*Alles im Elektromixer mit Crushed Ice mixen und mit dem Eis in das Glas gießen.*	*Kaffeepulver auf das Getränk streuen*	*Untersetzer Trinkhalm*
Aperol Face	*1 cl Zitronensaft 2 cl Orangensaft 1 cl Mandelsirup 4 cl Ananassaft 4 cl Grapefruitsaft 3 cl Aperol 8 Eiswürfel*	*Wohltuend Party-Drink*	*Ballon-Glas*	*Alles im Shaker mit Eis kräftig shaken und mit dem Eis in das Glas gießen.*	*Ananasecke, Cocktail-Kirsche am Stick an das Glas stecken*	*Untersetzer Serviette Trinkhalm Stirrer*
Blue Lagoon 5.12/1 (S. 163)	*2 cl Wodka 2 cl Curaçao Blue 2 cl Zitronensaft 6 Eiswürfel, crushed ice 2–4 cl Tonic*	*Medium, erfrischend Long Drink Sommer-Party*	*Sekt-Kelch*	*Im Shaker mit dem Würfeleis shaken, in das Glas abseihen und mit Tonic abspritzen.*	*Karambole und Crushed Ice ins Glas geben*	*Untersetzer Trinkhalm Serviette*
Cara-binieri	*8 cl Orangensaft 1 Eigelb 3 cl Tequila 2 cl Galliano 2 cl Lime Juice 1 EL Crushed Ice*	*Erfrischend Flip*	*Sekt-Schale*	*Alles im Elektromixer oder Blender mit Crushed Ice mixen und mit dem Eis ins Glas gießen.*	*Muskatnuss über das Getränk reiben*	*Untersetzer*

Einen Joker empfiehlt man Gästen, die etwas Besonderes haben möchten. Die Joker sind meistens die Lieblingsgetränke des Barmannes. Einige Gäste trinken Cocktails auch nur auf Empfehlung. Der Barmann sollte darauf achten, dass die Cocktails an die jeweilige Jahreszeit angepasst sind.

Fancy Long Drinks lassen sich in 3 verschiedenen Variationen mixen.

1. Im Elektromixer ohne Würfeleis aufmixen und dann in ein mit Würfeleis gefülltes Glas gießen.
2. Sie werden im Elektromixer mit Crushed Ice gemixt und mit dem Eis in das Glas gegossen.
3. Sie werden im Shaker mit Würfeleis gemixt und anschließend in das Glas abgeseiht.

Name Abb.	**Rezept**	**Geschmack Art**	**Glas**	**Zubereitung**	**Garnitur**	**Service**
Caribbean Eistee	*4 cl Wodka 4 cl Malibu 2 cl Kiwilikör 6 cl Eistee 6 Eiswürfel*	*Medium Eistee-Getränk*	*Kleiner Tumbler*	*Alles im Shaker mit Würfeleis shaken und mit dem Eis in das Glas gießen.*	*Kiwischeibe, Cocktail-Kirsche am Stick und an das Glas stecken*	*Untersetzer Serviette 2 kleine Trinkhalme*
Casablanca	*2 cl Zitronensaft 4 cl Orangensaft 3 cl Wodka 2 cl Eierlikör 8 Eiswürfel*	*Medium, erfrischend Joker*	*Breiter Tumbler*	*Im Shaker mit Würfeleis shaken und mit dem Eis in das Glas gießen.*	*Orangen-Scheibe an das Glas stecken*	*Untersetzer Serviette*
Cherry Margarita	*1 cl Zitronensaft 1 cl Cherry Brandy 3 cl Kirschmus (Schattenmorellen) 1 cl Cointreau 3 cl Tequila weiß 2 EL Crushed Ice*	*Pikant Margarita*	*Breiter Tumbler*	*Alles im Elektromixer mit Crushed Ice mixen und mit dem Eis gleich in das Glas gießen.*	*Kirschen auf das Eis legen*	*Untersetzer Teelöffel*
Cool Cherry Kiss *5.12/2 (S. 163)*	*8 cl Sahne 5 cl Ananassaft 4 Spritzer Zitrone 4 cl Kirschsaft 8 cl Bacardi weiß 4 cl Batida de Coco 4 cl Crème de Coco 8 Eiswürfel*	*Medium Long Drink Colada Sommer-Party*	*Ballon-Glas*	*Ballonglas zu $^3/_4$ mit Eiswürfeln füllen. Im Shaker mit den Eiswürfeln shaken, über die Eiswürfel abseihen und zum Schluss den Kirschsaft floaten.*	*Minzeblatt, Ananasecke und Cocktail-Kirsche an das Glas stecken*	*Untersetzer Trinkhalm Serviette*
Cuba Libre	*4 cl Rum weiß 1 cl Zitronensaft 10 cl Coca Cola zum Auffüllen Eiswürfel*	*Sweet Sommer-Getränk*	*Hoher Tumbler*	*Glas mit Eiswürfeln füllen. Die Getränke darauf füllen und mit Coca Cola auffüllen, umrühren.*	*Zitronen-Scheibe an das Glas stecken*	*Untersetzer Trinkhalm Serviette*

Auswahl an Fancy Long Drinks

Name Abb.	Rezept	Geschmack Art	Glas	Zubereitung	Garnitur	Service
Dream of the Sea	4 cl Wodka 2 cl Peach Liqueur 2 cl Apricot Brandy 1 cl Crème de Cassis 1 cl Amaretto 1 cl Orangensaft 6 cl Ananassaft 2 cl Zitronensaft 1 EL Crushed Ice	Medium Fancy Drink Party-Drink	Ballon-Glas	Im Elektromixer oder Hamilton Beach mit Crushed Ice kurz mixen und mit dem Eis in das Glas gießen.	Blauer Zuckerrand, Lemon-Scheibe, Cocktail-Kirsche am Stick und an das Glas stecken	Untersetzer Serviette Trinkhalm
Eierlikör-Sekt-Flip	6 cl Eierlikör 12 cl Sekt medium zum Auffüllen 6 Eiswürfel	Medium Joker Sekt-Cocktail	Sekt-Kelch	Im Shaker den Eierlikör mit Würfeleis rund shaken und in das Glas abseihen.	Mit Sekt auffüllen	Untersetzer Trinkhalm
Erntedank	2 cl Orangensaft 6 cl Apfelsaft 30 g Kürbis 2 Scheiben Ingwerwurz 1/2 TL Honig Kurkuma (gemahlen) 1 EL Crushed Ice	Herzhaft Herbstgetränk Alkoholfrei	Breiter Tumbler	Alles im Elektromixer mit Crushed Ice mixen und mit dem Eis in das Glas gießen.	Kürbis-Ecke, Minze-Blatt, Cocktail-Kirsche am Stick, an das Glas stecken	Untersetzer Serviette breiter Trinkhalm
Fresa Colada	1 cl Sahne 1 cl Erdbeersirup 1 cl Malibu 2 cl Batida de Coco 4 cl Bacardi weiss 6 Eiswürfel	Medium sweet Colada	Sekt-Schale	Alles im Shaker mit Würfeleis rund shaken und mit dem Eis in das Glas gießen.	Früchte der Saison am Stick an das Glas stecken	Untersetzer Trinkhalm Serviette Stirrer
Fresco	2 cl Batida de Coco 2 cl weißer Rum 1 cl Malibu 8 cl Ananassaft 1 Spritzer Zitronensaft 3 Erdbeeren 1 El Crushed Ice	Süßlich, erfrischend Colada Long Drink	Ballon-Glas	Alles im Elektromixer mit Crushed Ice mixen und mit dem Eis in das Glas gießen.	Ananasecke, Minzeblatt, Cocktail-Kirsche am Stick an das Glas stecken	Untersetzer Serviette Trinkhalm
Green Alexa	2 cl Zitronensaft 6 cl Orangensaft 2 cl Gin 2 cl Curaçao blue 6 Eiswürfel Mit Tonic abspritzen	Medium, erfrischend Sommer-Getränk Crusta	Hoher Tumbler	Mit Würfeleis im Shaker shaken, mit Eis ins Glas gießen und mit Tonic abspritzen.	Zuckerrand	Untersetzer Serviette
Gurken-Suppe	2 cl Sahne 2 cl Gurkensaft 2 cl Bacardi weiß 1 cl Curaçao blue 3 cl Orangensaft 2 Sp. Zitronensaft 6 Eiswürfel	Medium Fancy-Gemüse-Drink	Ballon-Glas mit grünem Fuß	Im Shaker oder Blender mit Würfeleis shaken und mit dem Eis in das Glas gießen.	Gurkenscheibe, Radieschen am Stick an das Glas stecken	Untersetzer Serviette Trinkhalm

Name Abb.	Rezept	Geschmack Art	Glas	Zubereitung	Garnitur	Service
Harvey Wall-banger	*10 cl Orangensaft* *4 cl Wodka* *1 cl Galliano* *5 Eiswürfel*	*Medium* *Floater*	*Hoher Tumbler*	*Eiswürfel in das Glas geben. Wodka und Orangensaft dazugießen und umrühren. Mit Galliano floaten und nicht mehr umrühren.*	*Orangen-Scheibe an das Glas stecken*	*Untersetzer* *Trinkhalm* *Serviette* *Stirrer*
Hurrican	*2 cl Lime Juice* *4 cl Ananassaft* *1 cl Zitronensaft* *1 cl Maracujasirup* *4 cl brauner Rum* *2 cl weißer Rum* *8 Eiswürfel*	*Kräftig* *Tropicana*	*Hoher Tumbler, Hurrican-Glas*	*Alles im Shaker mit Würfel-eis kräftig shaken und mit dem Eis in das Glas gießen.*	*Früchte der Saison an das Glas stecken*	*Untersetzer* *Trinkhalm* *Serviette* *Stirrer*
Italien-Sinfonie	*5 cl Apfelsaft* *2 cl Sahne* *1 cl Wodka* *2 cl Amaretto* *1 cl Curaçao weiß* *6 Eiswürfel*	*Medium* *vollmundig* *Fancy Drink*	*Sekt-Schale*	*Im Shaker mit Würfeleis rund shaken und mit dem Eis in das Glas gießen.*	*Apfelspalte Cocktail-Kirsche am Stick an das Glas stecken*	*Untersetzer* *Serviette* *Trinkhalm* *Stirrer*
John Lemon Memorial	*1 Armagnacpflaume (gewürfelt)* *1–2 Kugeln Traubeneis* *2 cl Sahne* *1 cl Milch* *3 cl Portwein Ruby* *1 cl Amaretto* *1/2 cl Armagnac* *1 El Crushed Ice*	*Sweet* *Joker*	*Cognac-Schwenker*	*Alles mit Crushed Ice im Elektromixer oder Blender mixen und mit dem Eis in das Glas gießen.*	*Armagnac-pflaume, Cock-tail-Kirsche am Stick und an das Glas stecken*	*Untersetzer* *Serviette*

5.12/1 Blue Lagoon (S. 160)

5.12/2 Cool Cherry Kiss (S. 161)

Auswahl an Fancy Long Drinks

Name Abb.	Rezept	Geschmack Art	Glas	Zubereitung	Garnitur	Service
Kaffee-Colada	*1 cl Sahne 5 cl Espresso kalt 3 cl Batida de Coco 1 cl Rum weiß 6 Eiswürfel*	*Sweet Kaffee-Colada*	*Sekt-Kelch*	*Alles im Shaker mit Würfeleis shaken und in das Glas abseihen.*	*Glasrand erst in Grenadine dann in Kokosraspeln tauchen*	*Untersetzer Trinkhalm*
Long Age	*1 cl Erdbeersirup 1 cl Zitronensaft 8 cl Maracujanektar 1 Dash Mangosirup 4 cl Wodka 2 cl Apricot Brandy 1 EL Crushed Ice*	*Medium sweet, vollmundig Fancy Drink*	*Ballon-Glas*	*Alles im Elektromixer mixen und mit dem Eis in das Glas gießen*	*Mangoscheibe, Cocktail-Kirsche am Stick an das Glas stecken*	*Untersetzer Trinkhalm Serviette*
Long Island Ice Tea	*4 cl Orangensaft 1 cl Zitronensaft 1 cl Gin 1 cl Wodka 1 cl Rum weiß 1 cl Tequila mit Coca Cola auffüllen 8 Eiswürfel*	*Medium, erfrischend Joker*	*Hoher Tumbler*	*Das Glas mit Würfeleis füllen und die Getränke darauf abmessen, dann mit Coca Cola auffüllen*	*Zitronen-Scheibe in das Glas geben*	*Untersetzer Trinkhalm Stirrer*
Lover's Conflict	*4 cl Maracujanektar 4 cl Ananassaft 1 cl Zitronensaft 1,5 cl Mandelsirup 2 cl Aperol 4 cl Gin 1 EL Crushed Ice*	*Medium Fancy Drink Herren-Getränk*	*Ballon-Glas*	*Im Elektromixer mit Crushed Ice kurz mixen und mit dem Eis in das Glas gießen*	*Ananasecke, Cocktail-Kirsche, Physalis am Stick an das Glas stecken*	*Untersetzer Serviette Trinkhalm*
Maracoco	*2 cl Sahne 1 cl Zitronensaft 8 cl Maracujanektar 4 cl Batida de Coco 1 cl Blue Curaçao 2 cl Kokossirup 8 Eiswürfel*	*Medium, leicht, wohltuend Exotic Drink*	*Ballon-Glas*	*Mit Würfeleis im Shaker shaken und mit dem Eis in das Glas gießen*	*Orange, Minzeblatt, Physalis am Stick an das Glas stecken*	*Untersetzer Trinkhalm Serviette Stirrer*
Melon Macheton	*4 cl Melonenpüree 3 cl Whisky Southern Comfort 2 cl Wodka 1 cl Red Orange 1 cl Amaretto 1 cl Zitronensaft 1 TL Honig 1 EL Crushed Ice*	*Fruchtig, medium Sommer-Getränk Long Drink*	*Ballon-Glas*	*Alles im Elektromixer mit Crushed Ice mixen und mit dem Eis in das Glas gießen.*	*Melonenspalte, 2 Cocktail-Kirschen am Spieß und eine Zeste Orange an das Glas stecken*	*Untersetzer Trinkhalm Serviette*

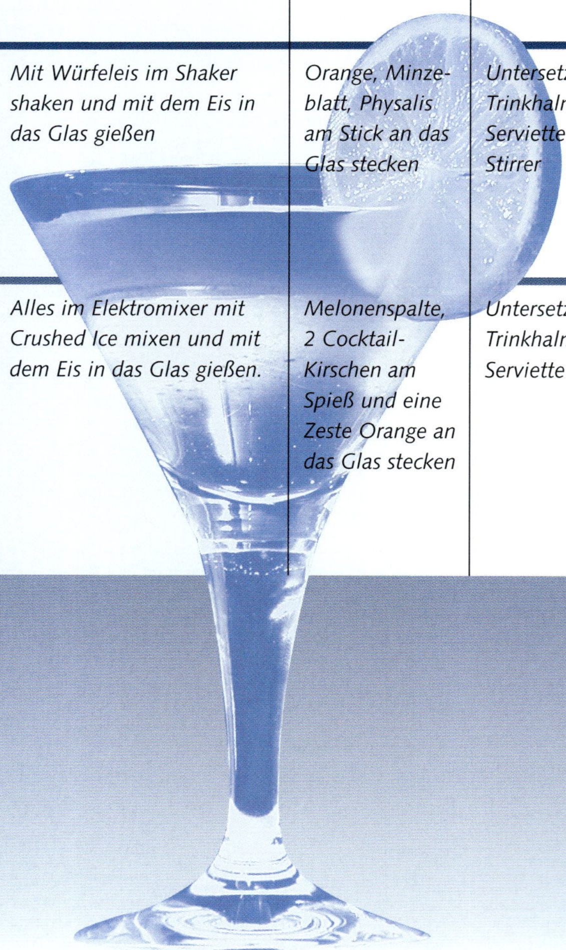

Name Abb.	Rezept	Geschmack Art	Glas	Zubereitung	Garnitur	Service
Mojito	4 cl Havana Rum weiß 1/2 Limette 1–2 BL sehr feiner, weißer Rohrzucker 4–6 cl Sodawasser 2 cl Lime Juice Minzezweige	Medium Party-Drink	Breiter Tumbler	Im Gästeglas Zucker mit etwas Wasser auflösen. Limette vierteln, in das Glas geben und mit einem Stößel zerdrücken. Minze zufügen und alles mit dem Stößel leicht zerdrücken. Das Glas mit Crushed Ice auffüllen und den Rum darüber abmessen, nochmals umrühren und etwas Sodawasser dazugeben.	Limette und Minze in das Glas legen	Untersetzer 2 kleine dicke Trinkhalme
Orange Dream	12 cl Orangensaft 3 cl Sahne 3 cl Caramel Sirup 3 cl Grand Marnier 1 cl Amaretto 1 Spritzer Zitronensaft 1 EL Crushed Ice	Sweet, fruchtig Fancy Drink	Ballon-Glas	Im Hamilton Beach (Blender) mit Crushed Ice kurz mixen und mit dem Eis in das Glas gießen.	Orangen-Scheibe, Physalis am Stick an das Glas stecken	Untersetzer Serviette Trinkhalm
Pepe	4 cl Grapefruitsaft 3 cl Tequila 2 cl Cachaça 1 cl Triple Sec 1 Tropfen Zitronensaft 8 Eiswürfel	Kräftig Joker	Hoher Tumbler	Alles im Shaker mit Würfeleis kräftig shaken und mit dem Eis in das Glas gießen.	Früchte der Saison an das Glas stecken	Untersetzer Trinkhalm Serviette Stirrer
Pisco Bello	4 cl Pisco 2 cl Cointreau 1 cl Zitronensaft 8 Eiswürfel 10 cl Tonic	Medium Party-Drink	Hoher Tumbler	Gästeglas zu 3/4 mit Würfeleis füllen. Getränke auf das Eis gießen, dann mit Tonic auffüllen.	Zitronen-Scheibe an das Glas stecken	Untersetzer Trinkhalm Stirrer
Powerful Paradise	8 cl Tomatensaft 2 cl Wodka 6 cl kalte Gemüsebrühe Salz Pfeffer Cayenne 1 EL Crushed Ice	Dry Vitamin-Drink, Stärkungs-Getränk	Hoher Tumbler	Alles im Elektromixer mit Crushed Ice mixen und mit dem Eis in das Glas gießen.	Schnittlauch-Röllchen auf das Getränk streuen	Untersetzer Trinkhalm
Red Currant Secret	2 cl pürierte rote Johannisbeere 1/2 cl Himbeersirup 2 cl Cointreau 1 cl Wodka 1 EL Crushed Ice	Medium Sommer-Party-Getränk	Sekt-Kelch	Alles im Elektromixer mixen und mit Eis in das Glas gießen.	Johannisbeer-Rispe in Zucker tauchen und über den Glasrand legen	Untersetzer Serviette Trinkhalm
Ruby Dreaming	1 cl Kokossirup 2 cl Ananassaft 2 cl Orangensaft 1 cl Zitronensaft 3 cl Ruby Port 2 cl Cointreau 6 Eiswürfel	Sweet Fancy Drink Long Drink	Sekt-Schale	Im Shaker mit Würfeleis shaken und mit dem Eis in das Glas gießen.	Ananasecke, Traube, Physalis am Stick an das Glas stecken	Untersetzer Serviette Stirrer

Auswahl an Fancy Long Drinks

Name Abb.	Rezept	Geschmack Art	Glas	Zubereitung	Garnitur	Service
Russian Breeze	6 cl Orangensaft 2 cl Zitronensaft 1 1/2 cl Grenadine 4 cl Ananassaft 2 cl Wodka 6 Eiswürfel	Fruchtig, frisch Party-Drink Long Drink	Hoher Tumbler	Alles mit Würfeleis im Shaker mixen und mit dem Eis in das Glas gießen.	Orangenscheibe, Cocktail-Kirsche, Minzeblatt am Stick an das Glas stecken	Untersetzer Serviette Trinkhalm Stirrer
Schoko-Irish-Coffee	2 Kugeln Schokoladeneis 2 cl Baileys 4 cl Irish Whiskey 14 cl Kaffee schwarz (kalt) 1 EL halbsteif geschlagene Sahne Kakaopulver	Sweet, kräftig Kaffee-Mischgetränk	Sekt-Schale	Eis und Spirituosen in das Glas geben und mit Kaffee aufgießen.	Die Sahne mit einem EL auf das Getränk legen, dann das Kakaopulver darüber streuen	Untersetzer Trinkhalm Serviette
Screw Driver	4 cl Wodka 10 cl Orangensaft zum Auffüllen 8 Eiswürfel	Medium	Hoher Tumbler	Gästeglas zu 3/4 mit Würfeleis füllen, den Wodka darübergießen und mit Orangensaft auffüllen, umrühren.	Orangen-Scheibe an das Glas stecken	Untersetzer Trinkhalm Serviette
Southern Sour	4 cl Southern Comfort 2 cl Zitronensaft 4 cl Orangensaft 8 Eiswürfel 4 cl Mineralwasser	Erfrischend Sour	Breiter Tumbler	Alles im Shaker mit Würfeleis shaken, mit dem Eis in das Glas gießen und mit etwas Mineralwasser auffüllen.	Zitronen-Scheibe, Cocktail-Kirschen ins Glas geben	Untersetzer 2 kleine Trinkhalme Serviette
Space Venus	1 cl Grenadine 2 cl Myers's Rum 1 cl Pêcher Mignon 4 cl Blutorange 2 Tropfen Zitronensaft 6 Eiswürfel	Medium, herzhaft Joker	Breiter Tumbler	Alles im Shaker mit Würfeleis shaken und mit dem Eis in das Glas gießen.	Limettenscheibe an das Glas stecken	Untersetzer Serviette 2 kleine Trinkhalme
Ted de Moire	2 cl Aperol 2 cl white Portwein 1 cl Bénédictine 8 cl Sekt dry oder Champagner 6 Eiswürfel	Dry, würzig Apéritif Long Drink	Sekt-Schale	Alles im Rührglas mit Würfeleis kurz rühren und in das Glas abseihen.	Zuckerrand	Untersetzer
Weizenbier Bellini	2 cl Pfirsichsirup 30 cl Hefeweizen (sehr kalt)	Erfrischend, herb Biermixgetränk	Ballon-Glas	Den Sirup in das Glas geben und mit Weizenbier auffüllen.	Entfällt	Untersetzer kein Trinkhalm
Zippy Green	2 cl Apricot Brandy 1cl Curaçao Bleu 2 cl Wodka 2 cl Orangensaft 3 cl Pfirsichnektar 8 cl Champagner oder Sekt dry 6 Eiswürfel	Fruchtig, spritzig Party-Drink Sekt-Cocktail Long Drink	Sekt-Schale	Alles außer Sekt im Shaker mit Würfeleis shaken, in das Glas abseihen und mit Sekt auffüllen.	Orangen-Scheibe und Physalis am Stick an das Glas stecken	Untersetzer Serviette Trinkhalm

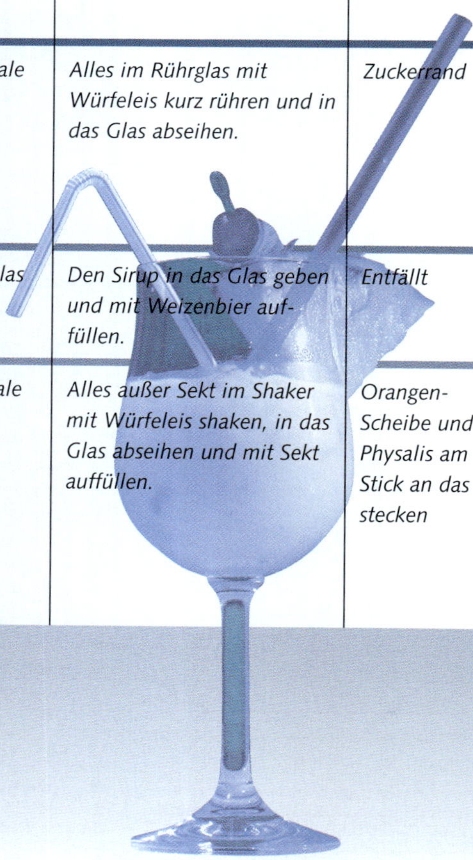

Auswahl an Fancy Short Drinks

Name Abb.	Rezept	Geschmack Art	Glas	Zubereitung	Garnitur	Service
African Flamingo	2 cl Sahne 2 cl Red Orange 2 cl Bols Maracuja Likör 6 Eiswürfel	Sweet Digestif	Cocktail-Kelch	Mit Würfeleis rund shaken und in das Glas abseihen.	Physalis ans Glas stecken	Untersetzer Serviette
B & B Kapitänsleutnant	2 cl Bénédictine D.O.M 2 cl Cognac 6 Eiswürfel	Medium Joker	Cognac-Schwenker	Alles im Rührglas mit Würfeleis kurz rühren und in das Glas abseihen.	Keine	Untersetzer
Bacardi Julep	2 BL Läuterzucker 4 cl Bacardi Rum weiß Pfefferminzeblätter Crushed Ice	Kräftig Digestif Julep	Cocktail-Schale	Pfefferminzblätter im Glas mit Läuterzucker zerstoßen. Glas mit crushed ice auffüllen und den Bacardi darüber gießen.	Ananasecke, Minzeblatt, Cocktail-Kirschen am Stick an das Glas stecken	Untersetzer 2 kleine Trinkhalme Serviette
Batay	2 cl Sahne 4 cl Ruby Port 1 cl Batida de Coco 6 Eiswürfel	Sweet Digestif	Cocktail-Schale	Im Shaker mit Würfeleis rund shaken und in das Glas abseihen.	Karambole, Cocktail-Kirsche am Stick an das Glas stecken	Untersetzer Serviette
Big Apple	2 cl Calvados 3 cl Noilly Prat 2 cl Pêcher Mignon 6 Eiswürfel	Medium Apéritif	Cocktail-Kelch	Im Rührglas mit Würfeleis rühren und in das Glas abseihen.	Apfel-Schnitz an das Glas stecken	Untersetzer Serviette
Bittermandel-Kiss	2 cl Sahne 4 cl Amaretto 2 cl Rum weiß 6 Eiswürfel	Medium Digestif	Cocktail-Schale	Alles im Shaker mit Würfeleis rund shaken und in das Glas abseihen.	Geröstete Mandelblätter auf das Getränk streuen	Untersetzer
C.C.C.	2 cl Crème de Cacao braun 2 cl Cognac 2 cl kalten Espresso 4 Eiswürfel	Sweet Kaffee-Cocktail	Cocktail-Schale	Alles im Shaker mit Würfeleis gut shaken und in das Glas abseihen.	Zitronenscheibe an das Glas stecken	Untersetzer Serviette
Campari-Erdbeer-Cocktail	1 cl Zitronensaft 2 cl Erdbeerpüree 1 cl Campari 1 cl Cointreau 1 EL Crushed Ice	Medium Frucht-Getränk	Cocktail-Kelch	Alles im Elektromixer mit Crushed Ice mixen und mit dem Eis in das Glas gießen.	Erdbeere, Minzeblatt am Stick an das Glas stecken	Untersetzer Serviette
Captain's Favorite	2 cl Gin 1 cl Kirschlikör 1 cl Cassis 4 cl Noilly Prat 8 Eiswürfel	Dry Apéritif	Kleiner Tumbler	Würfeleis in das Glas geben, alles darüber gießen und umrühren.	Keine	Untersetzer
Deep Hudson Bay	1 cl Zitronensaft 4 cl Canadian Club 2 cl Curaçao Blue 2 BL Rohrzucker (braun) 8 Eiswürfel	Medium Joker Sour	Breiter Tumbler	Alles (außer dem braunen Zucker) im Shaker mit Würfeleis shaken und mit dem Eis in das Glas gießen.	Zum Schluss den braunen Zucker in das Getränk geben. Man saugt den Zucker mit dem Trinkhalm auf	Untersetzer Trinkhalm breit Serviette

Auswahl an Fancy Short Drinks

Name Abb.	Rezept	Geschmack Art	Glas	Zubereitung	Garnitur	Service
Getali la Réunion	*1 cl Maracujasirup 1/2 Limette 2 cl Rum weiss 1 cl Galliano Crushed Ice*	*Medium Party-Drink Short Drink*	*Breiter Tumbler*	*Limette mit Maracujasirup im Gästeglas zerstoßen, das Glas mit Crushed Ice füllen, dann die Spirituosen darüber geben und umrühren.*	*Kokosnussrand*	*Untersetzer*
Green Mamba	*1/2 cl Zitronensaft 1/2 cl Orangensaft 2 cl grüne Banane 2 cl Tequila weiß 1 cl Gin 6–8 Eiswürfel*	*Medium Digestif Joker*	*Cocktail-Kelch*	*Im Shaker mit Würfeleis shaken und in das Glas abseihen.*	*Kleine Zitronen-Spirale über das Glas hängen*	*Untersetzer*
Haute Couture	*2 cl Brandy 2 cl Bénédictine 2 cl Crème de Cacao braun 6–8 Eiswürfel*	*Sweet, kräftig Digestif*	*Cocktail-Kelch*	*Mit Würfeleis im Rührglas rühren und in das Glas abseihen.*	*Keine*	*Untersetzer*
Joe's Little Drink	*3 cl Bierlikör 1 cl Crème de Cacao braun 2 cl Sahne 6 Eiswürfel*	*Sweet Digestif Bier-Cocktail*	*Cocktail-Kelche*	*Mit Würfeleis im Shaker rund shaken und in das Glas abseihen.*	*Schokoraspeln über das Getränk streuen*	*Untersetzer*
Just now	*1 cl Zitronensaft 1 cl Ananassaft 1 1/2 cl Wodka 2 cl Peachtree 1/2 cl Curaçao Blue 6 Eiswürfel*	*Medium, fruchtig Joker*	*Cocktail-Schale*	*Alles, außer Curaçao Blue, mit Würfeleis im Shaker mixen und in das Glas gießen. Zum Schluss den Curaçao Blue darüber gießen.*	*Kumquat, Minzeblatt am Stick an das Glas stecken*	*Untersetzer Serviette*
Keep smiling	*1 cl Grenadine 1 cl Zitronensaft 2 cl Bacardi Rum weiß 2 cl Grand Marnier 6 Eiswürfel*	*Medium Digestif*	*Cocktail-Kelch*	*Alles im Shaker mit Würfeleis shaken und in das Glas abseihen.*	*Physalis an das Glas stecken*	*Untersetzer Serviette*
Limette Green	*2 BL brauner Zucker 1/2 Limette in Würfel 4 cl Cachaça 2 cl Grand Marnier 1 cl Curaçao blue 6 Eiswürfel Crushed Ice*	*Medium Apéritif Joker Party-Drink*	*Breiter Tumbler*	*Im Gästeglas die Limette mit dem braunen Zucker zerstoßen. Den Alkohol shaken und auf das Glas mit Crushed Ice abseihen.*	*Limetten-Scheibe an das Glas stecken*	*Untersetzer Serviette 2 kleine Trinkhalme*
Octopus	*2 cl Orangensaft 2 cl Rum weiß 2 cl Maracujanektar 2 Tropfen Angostura-Bitter 6 Eiswürfel*	*Medium Digestif Highball*	*Cocktail-Kelch*	*Alles im Shaker mit Würfeleis shaken und in das Glas abseihen.*	*Orangen-Spirale in das Glas stecken*	*Untersetzer Serviette*

Name Abb.	Rezept	Geschmack Art	Glas	Zubereitung	Garnitur	Service
Rocker's Lemonade	*4 cl Jack Daniels Whiskey* *2 cl Triple sec* *2 cl Zitronensaft* *2 BL Puderzucker* *6 Eiswürfel*	*Medium* *Sour*	*Breiter Tumbler*	*Im Shaker mit dem Würfeleis kurz shaken und mit dem Eis in das Glas gießen.*	*Zitronenscheibe, Minzeblatt, Cocktail-Kirsche am Stick*	*Untersetzer* *2 kleine Trinkhalme* *Serviette*
Schneeball	*2 cl Sahne* *2 cl Amaretto* *2 cl Cointreau* *2 cl Wodka* *6 Eiswürfel*	*Medium* *Digestif*	*Cognac-Schwenker*	*Alles im Shaker rund shaken und in das Glas abseihen.*	*Breiter Zuckerrand, Schokoraspeln auf das Getränk streuen*	*Untersetzer*
South of the Border	*3 cl Tequila braun* *2 cl Kahlúa* *$\frac{1}{4}$–$\frac{1}{2}$ Limette gewürfelt* *Crushed Ice*	*Medium* *Mexiko-Drink*	*Breiter Tumbler*	*Limette im Gästeglas zerdrücken, Crushed Ice zugeben, mit den Spirituosen auffüllen und umrühren.*	*Limettenscheibe an das Glas stecken*	*Untersetzer* *2 kleine Trinkhalme*
Southern Sunset	*1–2 cl Grenadine Sirup* *1 cl Grapefruitsaft* *2 cl Southern Comfort* *2 cl Bacardi Rum (weiß)* *2 Spritzer Zitronensaft* *6 Eiswürfel*	*Medium*	*Cocktail-Kelch*	*Im Shaker mit Würfeleis shaken und in das Glas abseihen. Mit Grenadine Sirup floaten.*	*Orangenschale, Cocktail-Kirsche am Stick an das Glas stecken*	*Untersetzer* *Serviette* *Stirrer*
Strawberry Margarita	*2 cl Zitronensaft* *4 Erdbeeren* *1 cl Erdbeersirup* *4 cl Tequila* *2 cl Cointreau* *1 EL Crushed Ice*	*Medium* *Frühlings-Drink* *Long Drink*	*Cocktail-Kelch*	*Alles mit crushed ice im Elektromixer oder Blender mixen, dann mit dem Eis in das Glas gießen.*	*$\frac{1}{2}$ Erdbeere mit Grün an das Glas stecken*	*Untersetzer* *kleine Trinkhalme* *Serviette*
Williams Christ	*2 cl Pêcher Mignon* *2 cl Noilly Prat* *1 cl Williams Birne* *1 Baby Birne* *$\frac{1}{2}$ cl Birnensaft* *6–8 Eiswürfel*	*Dry bis medium* *Apéritif* *Joker*	*Cocktail-Kelch*	*Mit Würfeleis im Rührglas rühren und auf die Baby-Birne abseihen.*	*Baby-Birne am Stick in das Glas geben*	*Untersetzer* *Serviette*

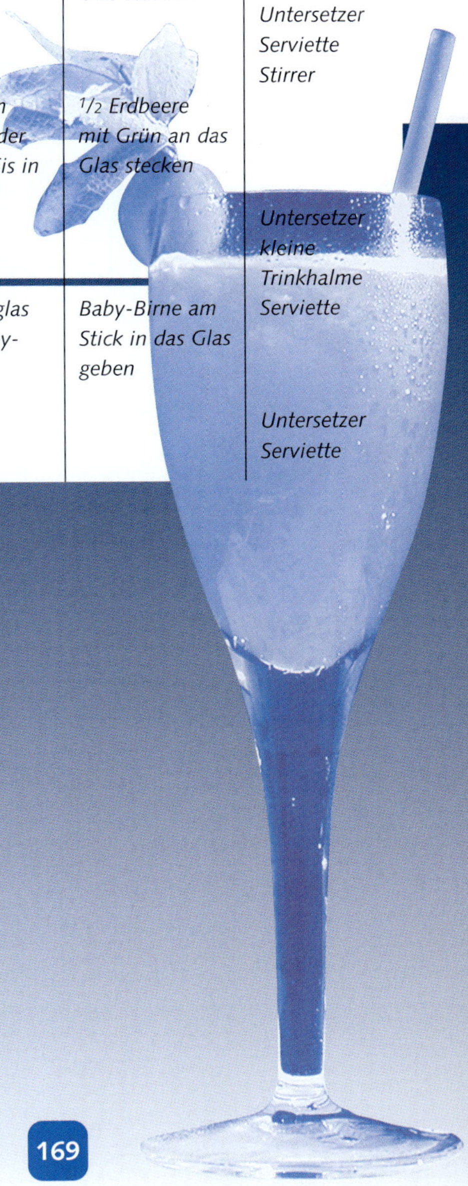

5.13 Fixes

Die Fixes ähneln den Cobblers. Die Cobblers werden im Shaker gemixt und auf Cobblereis ausgeschenkt, die Fixes hingegen werden direkt im Gästeglas zubereitet.

Herstellung eines SOUTHERN COMFORT FIX

Name	Rezept	Geschmack Art	Glas	Zubereitung	Garnitur	Service
Southern Comfort Fix	*4 cl Southern Comfort 2 cl Zitronensaft 2 BL Kristallzucker 2 cl Sodawasser Crushed Ice*	*Erfrischend Long Drink*	*Old-Fashioned-Glas*	*Im Gästeglas wird der Zucker mit dem Wasser aufgelöst. Dann füllt man das Glas mit Crushed Ice voll, gießt die Spirituose darauf und rührt um.*	*Pfirsich an das Glas stecken*	*Untersetzer Serviette Trinkhalm Stirrer*

Arbeitsschritte FIXES

1 *Im Glas den Zucker mit dem Wasser auflösen*

2 *Das Glas mit Crushed Ice auffüllen*

3 *Die Spirituosen darauf abmessen*

4 *Und alles zum Schluss umrühren*

5.14 Fizzes

Fizzes sind *Long Drinks*, die im Shaker geschüttelt und in den mittleren oder hohen Tumbler abgeseiht werden.
Sie stammen von den Rickeys und Sours ab. Sie werden im Shaker solange hart mit Würfeleis geschüttelt, bis sich am Shaker eine *dünne Eisschicht bildet*. Wenn sie gut zubereitet werden, sind sie begehrte, Durst stillende Getränke, die man zu jeder Gelegenheit, vorzugsweise im Sommer und bei jeder Party anbieten kann.
Fizzes müssen rasch serviert werden, da sie sonst abgestanden aussehen und nicht mehr genießbar sind.
Sie gehören nach den Cocktails zu den bekanntesten American Drinks.
Zu empfehlen sind: Gin Fizz, Golden Fizz, Silver Fizz, Mint Fizz, Silver Wodka Fizz, Royal Fizz, Pink Gin Fizz und American Fizz.

Herstellung eines Fizz am Beispiel des GIN FIZZ

Rezept

4 cl Gin
2 cl Zitronensaft
1 cl Läuterzucker
2 cl Mineralwasser oder Sodawasser
10 Eiswürfel

Geschmack

dry,
erfrischend bei jeder Party

Art

Fizz

Glas

Mittlerer hoher Tumbler

Zubereitung

Getränk ohne Mineralwasser im Shaker hart shaken und abseihen, dann mit Soda oder Mineralwasser auffüllen.

Garnitur

Zitronen-Scheibe an das Glas stecken oder einen Zuckerrand an das Glas drücken

Service

Untersetzer, Trinkhalm, bei Zuckerrand keinen Trinkhalm

Mise en place zur Herstellung eines Gin Fizz.

Teller mit Zucker und Zitronen-Spalte, Eiswürfel, Glas, Shaker, Jigger, Strainer, Gin, Läuterzucker, Soda- oder Mineralwasser

Zubereitung

1. *Ein Zuckerrand wird am Glasrand hergestellt.*
2. *In den Shaker gibt man ca. 1/3 Eiswürfel (10 Stück), frappiert den Shaker und gießt das Wasser ab.*
3. *Nun misst man Gin, Zitronensaft und Läuterzucker ab und gießt alles über die Eiswürfel.*
4. *Der Shaker wird gut verschlossen. Man schüttelt ca. 16 Sekunden, bis sich auf dem Shaker eine leichte Eisschicht gebildet hat.*
5. *Dann seiht man den Gin Fizz in einen mittleren oder größeren Tumbler ab, es kommt dabei auf das Rezept an.*
6. *Jetzt wird mit 2 cl Mineralwasser abgespritzt und sofort serviert. Füllt man mit mehr Mineralwasser auf, so wird das Getränk verwässert.*
7. *Garnitur: An das Glas kann man eine Scheibe Zitrone stecken oder man versieht das Glas mit einem Zuckerrand.*
8. *Service: Man serviert ihn auf einem Untersetzteller und mit einem Trinkhalm. Beim Zuckerrand lässt man den Trinkhalm und die Zitronen-Scheibe weg.*

Arbeitsschritte Gin FIZZES

1 *Ein Zuckerrand wird hergestellt*

2 *In den Shaker gibt man 10 Eiswürfel, frappiert den Shaker und gießt das Schmelzwasser ab*

3 *Nun misst man den Gin, Zitronensaft und Läuterzucker ab und gießt alles über die Eiswürfel*

4 *Der Shaker wird gut verschlossen und anschließend shaked man sehr hart ca. 16 Sekunden*

5 *Dann seiht man den Gin Fizz in einen mittleren Tumbler ab*

6 *Sofort wird mit ca. 2 cl Mineralwasser abgespritzt*

7 *Bei Fizzes ohne Zuckerrand setzt man eine Zitronen-Scheibe an den Rand*

8 *Serviert wird der Cocktail mit einem freundlichen Lächeln. Beim Fizz ohne Zuckerrand serviert man mit Trinkhalm*

Kleine Auswahl der beliebtesten Fizzes

Name	Rezept	Geschmack Art	Glas	Zubereitung	Garnitur	Service
Ginger Fizz	*4 cl Gin 2 cl Zitronensaft 1 cl Läuterzucker 4 cl Ginger Ale 8 Eiswürfel*	*Medium, erfrischend*	*Kleiner Tumbler*	*Im Shaker mit Würfeleis kräftig shaken und in das Glas abseihen. Mit Ginger Ale abspritzen.*	*Keine*	*Untersetzer Trinkhalm*
Golden Fizz	*4 cl Gin 2 cl Zitronensaft 1 cl Läuterzucker 1 Eigelb, 8–10 Eiswürfel 2 cl Sodawasser (Mineralwasser)*	*Dry, voll und kräftig Zum Frühstück*	*Mittlerer hoher Tumbler*	*Alles im Shaker mit Würfeleis und Eigelb hart shaken (Eigelb kann durch Eierlikör ersetzt werden), dann in das Glas abseihen und mit Sodawasser abspritzen.*	*Zitronen-Scheibe an das Glas stecken*	*Untersetzer Trinkhalm Serviette*
Mint Fizz	*5 cl Gin 1 cl Crème de Menthe grün 2 cl Läuterzucker 3 cl Zitronensaft 8 Eiswürfel 4 cl Sodawasser (Mineralwasser)*	*Medium dry, erfrischend Digestif*	*Hoher Tumbler*	*Alles im Shaker mit Würfeleis hart shaken und mit dem Eis in das Glas gießen, dann mit Sodawasser abspritzen.*	*Minzeblatt auf das Eis legen*	*Untersetzer Trinkhalm*
Orangen Fizz	*Wie Gin Fizz shaken. Zitrone durch Orange ersetzen*	*Dry, erfrischend Party-Getränk*	*Mittlerer hoher Tumbler*	*Im Shaker mit Würfeleis hart shaken und in das Glas abseihen.*	*Orangen-Scheibe an das Glas stecken*	*Untersetzer Trinkhalm Serviette*
Pink Lady	*4 cl Gin 2 cl Zitronensaft 1/2 cl Grenadine 1/2 Eiweiß 6 Eiswürfel*	*Medium, erfrischend*	*Cocktail-Kelch*	*Alles im Shaker mit Würfeleis kräftig shaken und in das Glas abseihen.*	*Keine*	*Untersetzer Trinkhalm*
Royal Fizz	*Wie Silver Fizz shaken. 1 Eiweiß durch ein ganzes Ei ersetzen*	*Dry, voll, kräftig*	*Mittlerer hoher Tumbler*	*Eiweiß und Eigelb kann durch 4 cl Eierlikör ersetzt werden.*	*Keine*	*Untersetzer Trinkhalm*
Silver Fizz	*5 cl Gin 3 cl Zitronensaft 2 cl Läuterzucker 1 Eiweiß 2 cl Sodawasser Eiswürfel*	*Medium, erfrischend*	*Kleiner Tumbler*	*Alles im Shaker oder Blender mit Würfeleis mixen, in das Glas abseihen und mit Sodawasser abspritzen.*	*Zitronen-Scheibe an das Glas stecken*	*Untersetzer Trinkhalm Serviette*
Singapur Fizz	*4 cl Gin 2 cl Cherry-Brandy 2 cl Zitronensaft 1 cl Läuterzucker 8 Eiswürfel 4 cl Sodawasser*	*Medium dry*	*Mittlerer hoher Tumbler*	*Im Shaker mit Würfeleis hart shaken und in das Glas abseihen, dann mit Sodawasser auffüllen.*	*Keine*	*Untersetzer Trinkhalm*

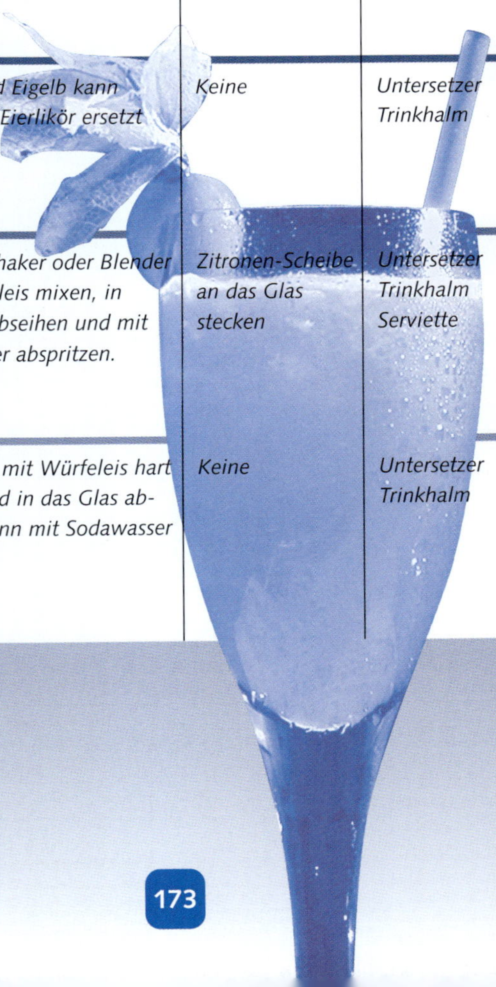

5.15 Flips und Egg-Nogs

Flips

Es sind beliebte *Half Long Drinks*, die vorwiegend in der kalten Jahreszeit morgens und nachmittags getrunken werden. Sie dienen oft als eine kleine Stärkung bis zum Hauptessen. Grundsätzlich werden sie mit den vorgegebenen Spirituosen, etwas Zucker (oder Läuterzucker) und *Eigelb* gemixt.
Wegen der erhöhten *Salmonellengefahr* insbesondere im Sommer und in warmen Ländern wird das Eigelb gerne durch *4 cl Eierlikör* ersetzt. Alle Flips bekommen als Garnitur geriebene frische *Muskatnuss* aus der Muskatnussmühle (nicht von Hand reiben). Sie werden in einem Sekt-Kelch serviert.
Bei Verwendung von Eigelb müssen alle Flips kurz und kräftig mit groben Eiswürfeln geshaked werden, oder man mixt sie im *Stabmixer* (Blender) mit Crushed Ice.
Um eine bessere Konsistenz zu erhalten, kann man sie mit etwas *flüssiger Sahne shaken*, dadurch erhalten sie auch vollmundigeren Geschmack.

Herstellung eines BUTTERFLY FLIP

Rezept

1 Eigelb
2 cl Rahm
2 cl Brandy (Cognac)
2 cl Crème de Cacao braun
1 cl Läuterzucker
6–8 Eiswürfel (crushed ice)

Geschmack

sweet

Art

Flip
Zur Stärkung

Glas

Sekt-Kelch

Zubereitung

Mit Würfeleis im Shaker oder Crushed Ice im Blender zubereiten und in das Glas abseihen

Garnitur

Muskatnuss über das Getränk reiben

Service

Untersetzer
Trinkhalm

Mise en place zur Herstellung eines Butterfly Flips.

Eiswürfel, Shaker, Glas, Jigger, Strainer, Brandy, Crème de Cacao braun, Läuterzucker, Rahm, Muskatnuss.

Zubereitung

1. *In den unteren Teil des Shakers gibt man 1/3 grobe Eiswürfel (6–8 Stück) und frappiert den Shaker.*
2. *Anschließend wird das Schmelzwasser durch den Strainer abgegossen.*
3. *Jetzt wird das Eigelb separat abgelassen und auf die Eiswürfel gegeben. Anstelle des Eigelbs kann Eierlikör verwendet werden.*
4. *Die anderen Zutaten, wie 2 cl Sahne, 2 cl Crème de Cacao und 2 cl Brandy misst man genau ab und gießt sie über das Würfeleis im Shaker.*
5. *Der Shaker wird gut verschlossen. Anschließend mixt man kräftig rund, damit eine bessere Emulsion entsteht und die Sahne nicht gerinnt, oder man mixt ihn im Stabmixer (Blender) schaumig auf.*
6. *Nach dem Shaken wird der Cocktail in einen Sekt-Kelch oder in eine Sekt-Schale durch den Strainer abgeseiht.*
7. *Garnitur: Als Garnitur reibt man etwas Muskatnuss frisch aus der Muskatnussmühle auf den Cocktail. Der Gast sollte allerdings vorher gefragt werden, ob er die Muskatnuss mag. In manchen Ländern wird der Cocktail auch mit Kaffee- oder Kakaopulver, Zimt oder geraspelter Couvertüre garniert.*
8. *Service: Serviert wird der Flip immer mit einem freundlichen Lächeln, auf einem Untersetzer und mit Trinkhalm.*

Arbeitsschritte BUTTERFLY FLIPS

__1__ Den unteren Teil des Shakers zu 1/3 mit groben Eiswürfeln (6–8 Stück) füllen und den Shaker frappieren

__2__ Das Schmelzwasser durch den Strainer abgießen

__3__ Jetzt erst das Eigelb separat ablassen und auf die Eiswürfel geben

__4__ Anschließend alle Zutaten abmessen und dazugeben

__5__ Jetzt wird der Shaker gut verschlossen, kurz und kräftig rund geshaked, ca. 8 Sekunden lang

__6__ Der Cocktail wird nun in einen Sekt-Kelch oder eine Sekt-Schale abgeseiht

__7__ Als Garnitur gibt man frischgeriebene Muskatnuss aus der Muskatnussmühle auf den Cocktail

__8__ Serviert wird der Flip auf einem Untersetzer und mit Trinkhalm

Kleine Auswahl an Flips

Name	Rezept	Geschmack Art	Glas	Zubereitung	Garnitur	Service
Boston Flip	*1 Eigelb, 2 cl Sahne 1 cl Läuterzucker 3 cl Madeira 3 cl Bourbon-Whiskey 6–8 Eiswürfel (crushed ice)*	*Medium Long Drink*	*Sekt-Kelch*	*Siehe Butterfly-Flip*	*Muskatnuss über das Getränk reiben*	*Untersetzer Trinkhalm*
Maracuja-Flip *5.15/1*	*1 Eigelb 1 cl Sahne 2 cl Maracuja-Sirup 5 cl weißer Rum 6–8 Eiswürfel*	*Very sweet Long Drink*	*Sekt-Kelch*	*Siehe Butterfly-Flip*	*Muskatnuss über das Getränk reiben*	*Untersetzer Trinkhalm*
Mocca-Flip	*1 Eigelb, 1 cl Sahne 5 cl Kahlua 6–8 Eiswürfel (crushed ice)*	*Sweet Long Drink*	*Sekt-Schale*	*Siehe Butterfly-Flip*	*Muskatnuss über das Getränk reiben*	*Untersetzer Trinkhalm*
Orangen-Flip *5.15/2*	*2 cl Gin 2 cl Curaçao Triple Sec 4 cl Orangensaft 1 cl Sahne, 1 Eigelb 6–8 Würfeleis*	*Medium Long Drink*	*Sekt-Kelch*	*Siehe Butterfly-Flip*	*Muskatnuss über das Getränk reiben*	*Untersetzer Trinkhalm*
Porto Flip	*1 Eigelb oder (4 cl Eierlikör) 2 cl Sahne 4 cl Portwein (Ruby) 1 cl Brandy (Cognac) 1 cl Läuterzucker 6–8 Eiswürfel (crushed ice)*	*Sweet Long Drink*	*Sekt-Kelch*	*Siehe Butterfly-Flip*	*Muskatnuss über das Getränk reiben*	*Untersetzer Trinkhalm*
Sherry Flip medium	*4 cl Sherry Olorosso medium oder Sherry Cream 2 cl Brandy 1 cl Läuterzucker 1 Eigelb, 6–8 Würfeleis*	*Medium Long Drink*	*Sekt-Kelch*	*Siehe Butterfly-Flip*	*Muskatnuss über das Getränk reiben*	*Untersetzer Trinkhalm*
Sportsman Flip	*4 cl Orangensaft 2 cl Bananensirup ½ Banane, 1 Eigelb 1 cl Zitronensaft 1 EL Crushed Ice*	*Sweet Long Drink*	*Sekt-Schale*	*Im Elektromixer mit Crushed Ice mixen und in das Glas abseihen*	*Muskatnuss über das Getränk reiben*	*Untersetzer Trinkhalm*

5.15/1
Maracuja Flip

5.15/2
Orangen Flip

Egg-Nogs

Egg-Nogs sind *Flipableitungen*, die zusätzlich mit *Milch aufgefüllt werden*. Sie zählen zu den ältesten amerikanischen Getränken und werden am Morgen zum Brunch oder zum Katerfrühstück getrunken. Man unterscheidet *kalte und warme Egg-Nogs, mit oder ohne Alkohol*.

Bei kalten Egg-Nogs werden die Zutaten ohne Milch wie beim Flip geshaked oder im Blender hergestellt, dann nimmt man einen großen, hohen Tumbler oder eine Sekt-Schale, gießt den Flip ab und füllt ihn mit kalter Milch auf. Selbstverständlich reibt man zum Schluss auch Muskatnuss auf das Getränk. Bei warmen Egg-Nogs erwärmt man zuerst die Milch, die übrige Zubereitung erfolgt wie gerade beschrieben.

Kleine Auswahl an Egg-Nogs

Name	Rezept	Geschmack Art	Glas	Zubereitung	Garnitur	Service
Baltimore	*1 Eigelb 1 cl Läuterzucker 2 cl Cognac (Weinbrand) 2 cl Rum braun 4 cl Madeira 12 cl Milch 1 EL Crushed Ice*	*Kräftig Zur Stärkung*	*Hoher Tumbler Ballon-Glas*	*Im Blender mit Crushed Ice mixen und mit dem Eis in das Glas gießen, dann mit Milch auffüllen.*	*Muskatnuss über das Getränk reiben*	*Untersetzer Trinkhalm*
Breakfast 5.15/3	*1 ganzes Ei 1 cl Läuterzucker 3 cl Curaçao Blue 3 cl Brandy 6–8 Eiswürfel 4 cl kalte Milch*	*Medium Frühstücks-Getränk*	*Hoher Tumbler oder Sekt-Schale*	*Ohne Milch mit Würfeleis im Shaker kräftig und kurz shaken (auch im Blender mit Crushed Ice), in das Glas abseihen, dann mit kalter Milch auffüllen.*	*Muskatnuss über das Getränk reiben*	*Untersetzer Trinkhalm*
Holiday 5.15/4	*1 ganzes Ei 1 cl Läuterzucker 2 cl brauner Rum 4 cl Bourbon Whiskey 6–8 Eiswürfel 2 cl kalte Milch*	*Kräftig*	*Sekt-Schale*	*Mit Würfeleis im Shaker kräftig und kurz shaken, (auch Blender), in das Glas abseihen, dann mit kalter Milch auffüllen.*	*Muskatnuss über das Getränk reiben*	*Untersetzer Trinkhalm*
Waldorf Astoria	*1 cl Sahne 1 Eigelb 4 cl Bourbon 2 cl Port Tawny 1 cl Läuterzucker 10 cl Milch 1 EL Crushed Ice*	*Kräftig*	*Hoher Tumbler Ballon-Glas*	*Im Blender mit Crushed Ice mixen und mit dem Eis in das Glas gießen, dann mit kalter Milch auffüllen.*	*Muskatnuss über das Getränk reiben*	*Untersetzer Trinkhalm*

5.15/3 *Breakfast*

5.15/4 *Holiday*

5.16 Floaters

Die Besonderheit bei der Zubereitung von Floaters besteht darin, ein Sirup oder eine Spirituose *am Glasrand* über Würfeleis langsam einlaufen zu lassen. Man kann auch ein Getränk (oder leicht geschlagene Sahne) zum Abschluss über die Rückseite des Barlöffels auf ein anderes Getränk laufen lassen. Die Getränke dürfen sich nicht miteinander mischen, sonst ist der Effekt wirkungslos. Floaters sind ein Genuss für das Auge, sie sind erfrischend und werden hauptsächlich in der Sommerzeit getrunken, bei kurzen Floaters auch zur kalten Jahreszeit.

Herstellung eines TEQUILA SUNRISE

Rezept

4 cl Tequila weiß
10 cl Orangensaft
2 cl Grenadine
10 Eiswürfel

Geschmack

medium

Art

Medium, erfrischend Sommer-Getränk

Glas

Hoher Tumbler

Zubereitung

In das Gästeglas Tequila und Orangensaft auf Eis abmessen und Grenadine darüber floaten.

Garnitur

Orangenscheibe an das Glas stecken

Service

Untersetzer, Trinkhalm, Stirrer

Zubereitung

1. *Ein hoher Tumbler wird zu 3/4 mit Eiswürfeln gefüllt.*
2. *Darauf misst man die Alkoholika ab und gießt sie über die Eiswürfel.*
3. *Mit dem Barlöffel rührt man kurz das Getränk um.*
4. *Am inneren Glasrand lässt man über einen umgedrehten Barlöffel den Sirup auf die Eiswürfel laufen.*

Mise en place zur Herstellung eines Tequila Sunrise.

Eiswürfel, Tequila, Glas, Jigger, Grenadine, Barlöffel, Orangensaft.

Kleine Auswahl der beliebtesten Floaters

Name Abb.	Rezept	Geschmack Art	Glas	Zubereitung	Garnitur	Service
Green Highland	4 cl Irish Whisky 1 cl Curaçao Blue 1 cl Lemon Juice 15 Eiswürfel Orangenspirale 8 cl Ginger Ale	Medium Fancy Drink	Hoher Tumbler	Orangenspirale in das Glas geben, dann mit Würfeleis auffüllen und die Getränke, (außer Curaçao Blue) darüber gießen und mit Ginger Ale auffüllen.	Zum Schluss den Curaçao Blue am Rand über das Eis laufen lassen	Untersetzer Trinkhalm
Jamaica Kiss	2 cl Jamaika Rum braun 2 cl Kahlúa 2 cl Sahne 6 Eiswürfel	Medium Digestif	Cocktail-Kelch	Rum und Kahlúa mit Würfeleis im Rührglas rühren und in das Glas abseihen.	Dann mit leicht angeschlagener Sahne über den Barlöffel auf den Cocktail laufen lassen	Untersetzer 2 kleine Trinkhalme wird durch die Sahne getrunken
Rumbana	2 cl Rum weiß 2 cl Apricot Brandy 2 cl Ananassaft 1 cl Zitronensaft 1 cl Maracuja-Sirup 1 cl Aperol 8 Eiswürfel	Medium Joker	Ballon-Glas Exotic-Glas	Alles im Shaker (außer Aperol) mit Würfeleis shaken und mit dem Eis in das Glas gießen.	Mit Aperol zum Schluss floaten. Ananaskeil, Physalis am Stick an das Glas stecken	Untersetzer Serviette Trinkhalm
Spezial	2 cl Ananassaft 2 cl Maracujanektar 2 cl Orangensaft 2 cl Malibu 2 cl Wodka 2 cl Kirschsaft 8 Eiswürfel	Medium, fruchtig Joker	Sekt-Kelch	Alles (außer Kirschsaft) im Shaker mit Würfeleis shaken und mit dem Eis in das Glas gießen.	Zum Schluss mit Kirschsaft floaten. Früchtespieß über das Glas legen	Untersetzer Serviette Trinkhalm
Sun in the Snow	2 cl Rum weiß 2 cl Batida de Coco 4 cl Ananassaft 6 Eiswürfel Mit 1 BL Grenadine floaten	Medium sweet, fruchtig Joker	Cocktail-Kelch	Getränke (außer Grenadine) im Shaker shaken und mit dem Eis in das Glas gießen.	Mit Grenadine floaten und dann Kokosraspel darüber streuen.	Untersetzer 2 kleine Trinkhalme Serviette

5.17 Frappés

Herstellung eines GRAND MARNIER FRAPPÉ

Rezept

4 cl Grand Marnier
Crushed Ice (Shaved Ice)

Geschmack

medium

Art

Sommer-Getränk

Glas

Cocktail-Kelch

Zubereitung

Die Spirituose wird auf crushed ice abgemessen

Garnitur

Entfällt

Service

Untersetzer
2 kleine Trinkhalme

Man unterscheidet drei Arten von Frappés

1. Frappés mit *Likör*, sie werden im Gästeglas über crushed ice abgemessen.
2. Frappés mit *Speiseeis*, sie werden im elektrischen Mixer zubereitet.
3. Frappés mit *Milch und Früchten*, ebenfalls im elektrischen Mixer zubereitet.

1. Frappés mit Likören:

In eine Sektkelch oder Cocktailkelch (Sektschale oder Cocktailschale) gibt man *Shaved Ice* oder *Crushed Ice* und gießt dann die gewünschte Spirituose darauf. Frappés neutralisieren den Mund, sobald man Speisen isst, die mit Zwiebeln, Knoblauch oder Fisch zubereitet wurden. Darüber hinaus sind sie sehr verdauungsfördernd. Alle Frappés sind durch das Eis sehr kalt und müssen mit zwei kleinen Trinkhalmen getrunken werden. Der Trinkhalm schützt die Zähne vor dem Eis.

2. Frappés mit Speiseeis:

Es sind Frappés, die mit Speiseeis im Elektromixer hergestellt werden, und man nennt sie „Ice-Cream-Frappés". Auf Wunsch kann man auch noch Liköre oder Spirituosen hinzufügen.

3. Milch-Frappés:

Sie werden aus Milch, Speiseeis, Fruchtsäften und Sirups hergestellt.

Zubereitung

1. Einen Cocktail-Kelch füllt man zu 3/4 mit Crushed oder Shaved Ice auf.
2. Darauf gießt man 2 cl Grand Marnier.
3. Als Garnitur steckt man 2 kleine Trinkhalme in das Eis.

Kleine Auswahl der beliebtesten Frappés

Name	Rezept	Geschmack Art	Glas	Zubereitung	Garnitur	Service
Ananas-Traum	*1 Scheibe Ananas (gewürfelt) 10 cl Milch 1 Kugel Vanilleeis 1 cl Aprikosensirup 1 cl Ananassirup 1 BL Honig 1 Spritzer Zitronensaft 1 EL Crushed Ice*	*Sweet Milcheis-Frappé Alkoholfrei*	*Ballon-Glas Exotic-Glas*	*Alles im Elektromixer mit Crushed Ice mixen und mit dem Eis ins Glas gießen.*	*Ananasecke Cocktail-Kirsche am Stick ans Glas stecken*	*Untersetzer-Serviette Trinkhalm*

Arbeitsschritte GRAND MARNIER FRAPPÉ

1 *Cocktail-Kelch mit Crushed Ice füllen.*

2 *Darauf 2 cl Grand Marnier verteilen*

3 *In den Frappé steckt man 2 kleine Trinkhalme*

Name	Rezept	Geschmack Art	Glas	Zubereitung	Garnitur	Service
Coco-peach	*4 cl Pêcher Mignon* *2 cl weißen Rum* *2 cl Cocos-Sirup* *2 cl Sahne* *6 cl Ananassaft* *1 Kugel Vanilleeis* *1 EL Crushed Ice*	*Sweet* *Eis-Frappé* *Sommer-Party*	*Ballon-Glas* *Exotic-Glas*	*Alles im Elektro-Mixer mit crushed ice mixen und mit dem Eis ins Glas gießen.*	*Ananas-Ecke, Pfirsich-Spalte, Cocktail-Kirsche am Stick ans Glas stecken*	*Untersetzer* *Serviette* *Trinkhalm*

5.18 Highballs

Highballs sind *Long Drinks*, die im *Gästeglas* zubereitet und in einem *sehr hohen Tumbler* (25 cl) serviert werden. Die typische Garnitur: bei *braunen* Spirituosen eine *Orangen-Spirale*, bei *hellen* Spirituosen eine *Zitronen-Spirale*. Braune Spirituosen füllt man mit *Ginger Ale* (oder Cola) und helle Spirituosen mit *Tonic, Bitter Lemon, Sprite oder Sodawasser* auf. Highballs kann man herstellen mit Gin, Whiskey, Brandy, Rum und Tequila.

Zubereitung Brandy Highball

1. *In einen hohen Tumbler (Highball-Glas) (25 cl) hängt man eine lange Orangenspirale, die am Glasrand festgehalten wird und bis auf den Glasboden reicht.*
2. *Jetzt füllt man das ganze Glas mit groben Eiswürfeln auf.*
3. *Man gibt 4 cl Brandy über die Eiswürfel.*
4. *Mit Ginger Ale wird aufgefüllt.*
5. *Anschließend rührt man das Getränk kurz um.*
6. *Garnitur: Bei dunklen Spirituosen nimmt man eine Orangenspirale, bei hellen Spirituosen verwendet man eine Zitronenspirale.*
7. *Service: Serviert wird der Highball auf einem Untersetzer und mit einem Trinkhalm und Stirrer.*

Arbeitsschritte BRANDY HIGHBALL

1 *Die fertig geschnittene Orangen-Spirale hängt man in das Glas.*

2 *Man füllt das Glas zu $\frac{3}{4}$ mit Eiswürfeln.*

3 *Danach werden 4 cl Brandy über das Eis gegeben.*

4 *Man füllt mit Ginger Ale auf.*

5 *Anschließend rührt man kurz um.*

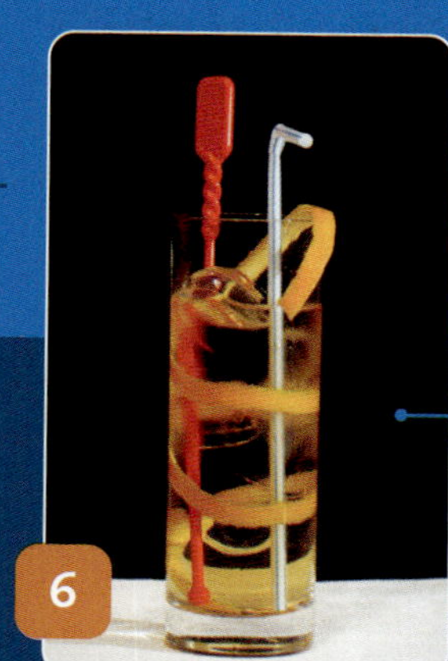

6 *Serviert wird der Highball mit einem Trinkhalm und Stirrer.*

Auswahl der beliebtesten Highballs

Name Abb.	Rezept	Geschmack Art	Glas	Zubereitung	Garnitur	Service
Caribbean Highball 5.18/1	*4 cl weißer Rum 2 cl Crème de Banane 1 Tropfen Orangenbitter 6–8 Eiswürfel 6 cl Ginger Ale*	*Medium erfrischend Long Drink Sommer-Party*	*Hoher Tumbler*	*In das Gästeglas die Zitronenspirale stecken und zu 3/4 mit Eiswürfeln füllen, Alkohol darauf gießen und mit Ginger Ale auffüllen.*	*1 Orangen-Spirale in oder um das Glas legen*	*Untersetzer Trinkhalm*
El Diabolo 5.18/2	*4 cl Tequila weiß 2 cl Cassis 1 cl Zitronensaft 6–8 Eiswürfel 10 cl Ginger Ale*	*Medium erfrischend Long Drink Sommer-Party*	*Hoher Tumbler*	*In das Gästeglas die Zitronenspirale stecken und zu 3/4 mit Eiswürfeln füllen, Alkohol darauf gießen und mit Ginger Ale auffüllen.*	*1 Zitronen-Spirale*	*Untersetzer Trinkhalm*
Gin-Bär	*2 cl Cassis 1 cl Gin 1 cl Zitronensaft 1 cl Orangensaft 10 cl Tonic 8 Eiswürfel*	*Medium erfrischend Long Drink Joker*	*Hoher Tumbler*	*In das Gästeglas die Zitronenspirale stecken und zu 3/4 mit Eiswürfeln füllen, Alkohol darauf gießen und mit Tonic auffüllen.*	*1 Zitronen-Spirale*	*Untersetzer Trinkhalm*
Horse's Neck 5.18/3	*4 cl Bourbon Whiskey 10 cl Ginger Ale 1 Tropfen Angostura 1 Zitronenspirale 6–8 Eiswürfel*	*Medium erfrischend Long Drink Sommer-Party*	*Hoher Tumbler*	*In das Gästeglas die Zitronenspirale stecken und zu 3/4 mit Eiswürfeln füllen, Alkohol darauf gießen und mit Ginger Ale auffüllen.*	*1 Zitronen-Spirale*	*Untersetzer Trinkhalm*
English Highball	*4 cl Gordon's Spezial London Dry Gin 2 cl Rose's Lime Juice 10 cl Sodawasser 6–8 Eiswürfel*	*Dry erfrischend Long Drink*	*Hoher Tumbler Highball-Glas*	*In das Gästeglas eine Zitronenspirale stecken und 3/4 mit Eiswürfel füllen, dann die Getränke auf das Eis abmessen, umrühren und mit Soda-Wasser auffüllen.*	*1 Zitronen-Spirale*	*Untersetzer Trinkhalm*

5.18/2 | El Diabolo

5.18/1 | Caribbean Highball

5.18/3 | Horse's Neck

5.19 Juleps

Juleps sind Half Long Drinks, die im Gästeglas zubereitet und im Old-Fashioned-Glas oder hohem Tumbler serviert werden. Sie werden wie die Cobbler mit Früchten und zusätzlich Pfefferminze ausgarniert, aber nicht aufgefüllt. Getrunken werden sie im Sommer auf viel Cobblereis (crushed ice).

Grundrezept Cherry Lady Julep

1. *Ein bis zwei Barlöffel Zucker mit etwas Wasser im Tumbler auflösen, dann 3 Zweige Pfefferminze zufügen.*
2. *Mit einem Stößel werden die Pfefferminzblätter sehr klein gestoßen und verbleiben im Glas.*
3. *Hierauf füllt man das Glas zu 3/4 mit Cobblereis (crushed ice) und gießt darauf die vorgeschriebenen Alkoholika, abschließend rührt man mit einem Barlöffel um.*
4. *Garnitur: Man garniert zum Schluss den fertigen Julep mit Früchten der Saison und einigen Pfefferminzblättern aus.*
5. *Service: Serviert wird der Julep auf einem Untersetzer mit einem kleinen Löffel oder einer Gabel und Trinkhalm.*

Kleine Auswahl der beliebtesten Juleps

Name	Rezept	Geschmack Art	Glas	Zubereitung	Garnitur	Service
Calvados Julep	*Cobblereis 2 BL Kristallzucker Pfefferminzblätter 4 cl Calvados Früchte der Saison*	*Sweet, voll Short Drink Party-Drink*	*Mittlerer Tumbler oder Sekt-Schale*	*Siehe unten*	*Pfefferminzblätter, Früchte der Saison auf das Eis legen*	*Untersetzer, Trinkhalm, Serviette, kleine Gabel oder kleiner Löffel*
Cherry Lady Julep	*Cobblereis 2 BL Kristallzucker Pfefferminzblätter 1 BL Läuterzucker 4 cl Cherry Brandy Früchte der Saison*	*Sweet, voll Short Drink Party-Drink*	*Mittlerer Tumbler oder Sekt-Schale*	*Zucker mit Pfefferminze zerstoßen, Cobblereis darauf geben, mit Spirituosen übergießen und Früchten ausgarnieren.*	*Pfefferminzblätter, Früchte der Saison aufs Eis legen*	*Untersetzer, Trinkhalm, Serviette, kleine Gabel oder kleiner Löffel*

Arbeitsschritte CHERRY LADY JULEP

1 *2 Barlöffel Zucker werden mit etwas Wasser aufgelöst*

2 *Darauf werden mit dem Stößel des Barlöffels einige Pfefferminzzweige klein gestoßen*

3 *Der Tumbler wird zu 3/4 mit Cobblereis gefüllt, 4 cl Cherry Brandy, 1 cl Läuterzucker darüber gegeben und umgerührt*

4 *Zum Schluss wird der Julep mit frischen Früchten der Saison und Pfefferminzblättern ausgarniert*

5.20 Pastis, Anisées und Absinth

Alle alkoholischen Getränke mit Anisgeschmack (Anisbranntweine und Anisliköre) bezeichnet man als Anisgetränke oder Pastis. In Deutschland sind sie weniger bekannt und werden hauptsächlich in Frankreich, der Türkei und Griechenland getrunken. Man serviert sie pur, auf oder ohne Eiswürfel, jedoch meistens mit einer Karaffe Eiswasser. In Frankreich trinkt man Pastis auf Eiswürfeln und mit Eiswasser.

Name	Rezept	Geschmack Art	Glas	Zubereitung	Garnitur	Service
Golden Tiger	*4 cl Pernod 6 Eiswürfel 10 cl Orangensaft (oder Karaffe mit 20 cl)*	*Medium Apéritif Long Drink*	*Spezialglas oder kleiner hoher Tumbler*	*Pernod in das Gästeglas auf Würfeleis abmessen, mit Orangensaft auffüllen und umrühren.*	*Keine*	*Untersetzer*
Morning Glory Fizz	*1 Eiweiß, 3 cl Pernod 1 cl Canadian Whisky 1 cl Läuterzucker 1 cl Zitronensaft 8 Eiswürfel*	*Medium Apéritif Joker*	*Hoher Tumbler*	*Im Shaker mit Würfeleis shaken und in das Glas abseihen oder im Blender aufschäumen.*	*Keine*	*Untersetzer Trinkhalm*
Pastis	*4 cl Pastis pur oder on the rocks oder mit 1 Karaffe Eiswasser*	*Medium Apéritif Long Drink*	*Kleiner hoher Tumbler oder Spezialglas*	*Pastis ohne Eiswürfel in das Gästeglas abmessen und eine Karaffe Eiswasser dazu servieren.*	*Keine*	*Untersetzer*
Tomate	*4 cl Pastis 1 cl Grenadine 1 Karaffe Eiswasser 4 Eiswürfel*	*Medium Apéritif Long Drink*	*Kleiner hoher Tumbler oder Spezialglas*	*Eiswürfel in das Gästeglas geben, Pastis und Grenadine darauf abmessen, umrühren und mit Eiswasser auffüllen.*	*Keine*	*Untersetzer Karaffe Eiswasser*

Arbeitsschritte TOMATE

1

1 *Pastis und Grenadine abmessen*

2 *Mit Eiswasser auffüllen*

2

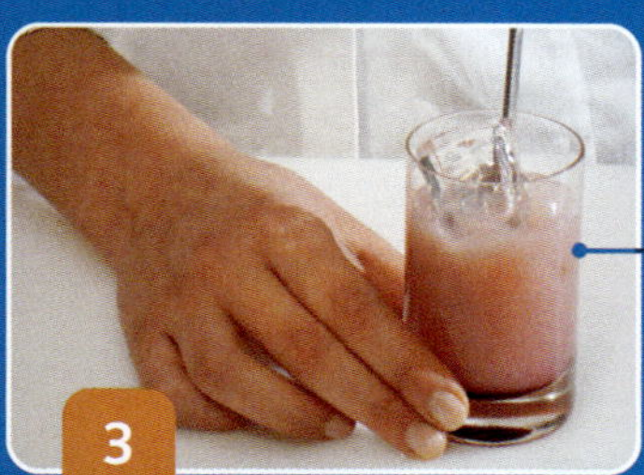
3

3 *Das Getränk umrühren*

Absinth
(Die Wiedergeburt der Grünen Fee)

Absinthgetränke haben, wie Pastis-Branntweine, Anisgeschmack, werden aber hauptsächlich aus der Wermutpflanze hergestellt. Seit 1998 sind sie wieder in Deutschland erlaubt und man sollte nicht scheuen sie zu probieren, da sie nur noch einen Anteil von *10 mg Thujon auf 1 Liter enthalten. Früher war der Anteil des Thujons 1000 mg auf einen Liter*. Die damalige Wirkung beschreibt Oscar Wilde wie folgt:

„Das erste Stadium ist wie normales Trinken, im zweiten fängt man an, ungeheuerliche grausame Dinge zu sehen, aber wenn man es schafft, nicht aufzugeben, kommt man in das dritte Stadium, in dem man Dinge sieht, die man sehen möchte, wundervoll sonderbare Dinge."

Heute ist der Absinth dagegen harmlos. Auf den Alkoholgehalt sollte man jedoch achten. Er wird mit 50 %, 55 % und 70 Vol.-% Alkohol angeboten. Mit dem 70%igen Absinth lassen sich Cocktails und Speisen gut flambieren.

Kleine Auswahl an Absinthgetränken

Name	Rezept	Geschmack Art	Glas	Zubereitung	Garnitur	Service
Absinth-Cola	*3 cl Absinth 6 cl Coca Cola 6 Eiswürfel*	*Erfrischend*	*Hoher Tumbler*	*Würfeleis in das Glas geben, den Absinth und dann die Cola darauf gießen.*	*Keine*	*Untersetzer*
Green Rose	*2 cl Absinth 10 cl Sekt dry kalt*	*Erfrischend Sekt-Cocktail*	*Sekt-Kelch*	*Absinth in das Glas geben und mit kaltem Sekt auffüllen.*	*Keine*	*Untersetzer*
Hell on Fire	*2 cl Cream Whisky 2 cl Rum weiß 1 cl Absinth (70 %)*	*Kräftig Pousse-Café*	*Pousse-Café-Glas*	*Getränke in der angegebenen Reihenfolge in das Glas geben und anzünden.*	*Feuer*	*Untersetzer*
Moran-guito	*2 cl Absinth 2 cl Tequila 1 cl Grenadine 6 Eiswürfel*	*Medium, kräftig*	*Cocktail-Schale*	*Mit Würfeleis im Shaker shaken und dann in das Glas abseihen.*	*Keine*	*Untersetzer*
Sazerac	*6 cl Whisky 2 cl Absinth 1 TL Zucker 2 Tropfen Angostura 6 Eiswürfel*	*Kräftig, berauschend*	*Breiter Hoher Tumbler, Absinthglas*	*Absinth in ein gekühltes Glas geben und im Glas so schwenken, dass der Absinth die gesamte Innenseite benetzt. Nun Whisky, Zucker und Angostura mit Würfeleis im Shaker schütteln und in das Glas abseihen.*	*Keine*	*Untersetzer*
Tiger Eye	*3 cl Pfefferminz-Likör 2 cl Absinth 2 cl Zitronensaft 6 cl Coca Cola 6 Eiswürfel*	*Sweet*	*Tumbler*	*Spirituosen und Saft im Shaker shaken, in das Glas abseihen und mit Cola auffüllen.*	*Zitronenscheibe an das Glas stecken*	*Untersetzer*

5.21 Rickeys

Rickeys sind *Long-Drinks* und werden im *großen Tumbler* (Old-Fashioned Glas) *im Gästeglas* zubereitet.
Sie werden *ohne Zucker* hergestellt.
Aus den Rickeys entstanden die *Sours* und *Fizzes*.
Rickeys werden gerne zur warmen Jahreszeit getrunken, da sie mit Soda oder Mineralwasser aufgefüllt werden. Herstellen kann man sie mit allen Spirituosen wie Gin, Whisky, Wodka, Tequila, Pisco, Brandy, Rum oder Likör.

Herstellung eines GIN RICKEY

Rezept

4 cl Gin (Wodka)
2 cl Zitronensaft
1 Limettenscheibe
2 bis 6 cl Sodawasser (Mineralwasser)
Auf Wunsch auch Eiswürfel

Geschmack

very dry

Art

Apéritif

Glas

Breiter oder hoher Tumbler

Zubereitung

Im Gästeglas die Limettenscheibe zerdrücken, Würfeleis zugeben und Gin darüber abmessen, dann mit Soda abspritzen.

Garnitur

Limettenscheibe in das Glas stecken

Service

Untersetzer, Stirrer

Zubereitung

1. *Man nimmt einen großen, breiten Tumbler, zerdrückt auf dem Boden des Glases mit dem Stößel eine Limetten-Scheibe (Zitronen-Scheibe).*
2. *Dann füllt man das Glas zu 3/4 mit Eiswürfeln.*
3. *Dann gießt man den abgemessenen Gin darauf und rührt alles mit dem Barlöffel um.*
4. *Zum Schluss spritzt man mit Sodawasser oder Mineralwasser ab.*
5. *Nochmals kurz mit dem Barlöffel umrühren.*
6. *Garnitur: Die Limetten-Scheibe bleibt als Garnitur im Glas.*
7. *Service: Serviert wird der Rickey immer auf einem Untersetzer mit Serviette und zwei kleinen Trinkhalmen.*

Mise en place zur Herstellung eines Brandy Rickey.

Eiswürfel, Eiszange, Stößel, Jigger, Limetten-Scheibe, breiter Tumbler, Zitronen-Scheibe, Gin, Sodawasser (Mineralwasser), Zitronensaft

Arbeitsschritte GIN RICKEY

1 *In einen breiten Tumbler legt man eine Limetten-Scheibe und zerdrückt sie mit dem Stößel*

2 *Darauf gibt man die Eiswürfel*

3 *Über die Eiswürfel misst man den Gin ab*

4 *Nun füllt man etwas Soda- oder Mineralwasser auf*

5 *Alles wird nochmals mit dem Barlöffel kurz umgerührt*

6 *Serviert wird der Drink mit Limonadenlöffel oder Stirrer*

Weitere Highlights

Name	Rezept	Geschmack Art	Glas	Zubereitung	Garnitur	Service
Brandy Rickey	*4 cl Brandy 2 cl Zitronensaft 1 Limetten-Scheibe 6 Würfeleis Mit Soda abspritzen*	*Very dry Joker*	*Breiter Tumbler, Old-Fashioned-Glas*	*Im Gästeglas die Scheibe Limette zerdrücken, Eis zugeben, Brandy abmessen und Soda abspritzen.*	*Limetten-Scheibe in das Glas stecken*	*Untersetzer Serviette 2 kleine Trinkhalme*
Galliano Rickey	*4 cl Galliano 2 cl Zitronensaft 1 Orangen-Scheibe 6 Würfeleis Mit Soda abspritzen*	*Medium Joker*	*Breiter Tumbler*	*Zubereitung wie bei Brandy-Rickey, aber mit Orangen-Scheibe.*	*Orangen-Scheibe in das Glas stecken*	*Untersetzer Serviette 2 kleine Trinkhalme*

5.22 Rittmeister

Rittmeister werden gerne in froher Runde gereicht. Es sind stark gekühlte klare Spirituosen. Die Garnituren liegen auf dem Glasrand.
Sie werden in einem gekühlten Glas serviert, das mit einem würzigen Belag garniert ist. Da sie sehr viel Alkohol enthalten, sollte man sich auf keinen Fall nach ihrem Genuss hinter das Steuer setzen. *Wichtig ist, dass zuerst die Garnituren gegessen oder ausgelutscht werden, anschließend dann das Glas in einem Zug ausgeleert wird.*

Rittmeister-Auswahl

Name Abb.	Rezept	Geschmack Art	Glas	Zubereitung	Garnitur	Service
Einen drin Einen draußen	*2 cl gekühlter klarer Korn 2 kleine Cocktail-würstchen*	*Dry Joker Short Drink*	*Schnaps-Glas*	*In das Gästeglas wird der gekühlte Korn ausgeschenkt.*	*Ein Cocktailwürstchen legt man in den Korn, das andere lässt man über den Glasrand baumeln*	*Untersetzer Serviette*
Jäger-bissen	*2 cl gekühlter klarer Korn 1 Scheibe Hartwurst 1–2 BL sehr scharfer Meerrettich*	*Herzhaft, sehr scharf Short Drink Joker*	*Schnaps-Glas*	*In das vorgekühlte Gästeglas wird der gekühlte Korn ausgeschenkt.*	*Auf den Glasrand legt man die Scheibe Hartwurst mit dem scharfen Meerrettich*	*Untersetzer Serviette*
Niko-laschka 5.22/1	*2 cl Weinbrand (Cognac) 1 Zitronenscheibe 1 BL Kaffee-Pulver 1 BL Kristallzucker*	*Dry Short Drink Studenten-Drink*	*Cognac-Schwenker*	*In das Gästeglas wird der Cognac abgemessen.*	*Auf den Glasrand legt man die Zitronen-Scheibe mit dem Kaffee und dem Zucker. Zuerst lutscht man die Zitronenschale aus, danach trinkt man sofort den Weinbrand*	*Untersetzer Serviette*

5.11/1 Nikolaschka

5.11/2 Nordsee Brise

5.11/3 Pilcaller

Arbeitsschritte JÄGERBISSEN

1 *Garnitur vorbereiten*

2 *Korn abmessen und in das vorgekühlte Glas gießen*

3 *Garnitur auf das Glas legen*

4 *Zuerst die Garnitur essen, sofort danach das Glas in einem Zug leeren*

Name Abb.	Rezept	Geschmack Art	Glas	Zubereitung	Garnitur	Service
Nordsee-Brise 5.22/2	*2 cl klarer Korn 1 gebratene Kartoffelscheibe 1 Röllchen Sild 2 Radieschenscheiben*	*Dry, herzhaft*	*Schnaps-Glas*	*In das Gästeglas wird der Korn abgemessen. Die Kartoffel wird auf das Glas gelegt.*	*1 Kartoffel wird zu 3/4 gargekocht und in Scheiben geschnitten, dann jede Scheibe extra gebraten. Auf die Scheibe legt man den Sild und die Radieschenscheiben.*	*Untersetzer Serviette*
Pilcaller 5.22/3	*2 cl gekühlter klarer Korn 1 Scheibe grobe Leberwurst 1–2 BL scharfer Senf*	*Herzhaft, sehr scharf Joker*	*Schnaps-Glas*	*In das Gästeglas wird der gekühlte Korn ausgeschenkt.*	*Auf den Glasrand legt man die Scheibe Leberwurst mit dem scharfen Senf.*	
Rheinische Musik	*2 cl klarer Korn 1 Scheibe fettarme Blutwurst (Flöns) Zwiebelringe*	*Herzhaft, nahrhaft*	*Schnaps-Glas*	*In das Gästeglas wird der Korn abgemessen.*	*Auf das Glas legt man eine Scheibe Blutwurst und darauf einige Ringe Zwiebeln.*	

5.23 Shrups (Aufsetzer)

Bei den *Shrups* werden die Früchte und Gewürze mit Alkohol übergossen und bleiben *eine Woche* zugedeckt im Kühlschrank stehen. Dadurch nimmt der Alkohol den Geschmack der Früchte an. Anschließend werden sie abgeseiht und als „Schnaps oder Aufgesetzter" serviert.
Es werden heute auch schon industriell gefertigte Shrups wie Wodka Feige, Armagnac-Pflaume usw. angeboten. Die Shrups ähneln dem Rumtopf, allerdings lässt man sie über einen kürzeren Zeitraum ziehen und der Alkohol wird von den Früchten getrennt.

Herstellung eines PLANTER'S SHRUP

Rezept

(für 28 Gläser)
70 cl Cuba Rum braun
30 cl Cassis
10 cl Zitronensaft
30 cl Orangensaft
4 Scheiben Ananas
1 Papaya
1 Wassermelone
100 g geraspelte Kokosnuss

Geschmack

Herzhaft

Art

Short Drink

Glas

Mini-Tumbler, Schnaps-Glas oder Wermutglas (5 cl)

Zubereitung

Zubereitung wie nachfolgend beschrieben

Garnitur

Keine

Service

Untersetzer

Zubereitung

1. *Früchte waschen, putzen und zuerst in Scheiben, dann in Würfel schneiden.*
2. *Auf die Früchte gießt man den Alkohol und die Säfte und lässt alles zugedeckt 1 Woche kalt ziehen.*
3. *Nun die Flüssigkeit durch ein Sieb gießen, von den Früchten trennen und in eine Flasche füllen.*
4. *Das fertige Getränk gießt man gekühlt in ein Wermut- oder Schnapsglas (5 cl).*

Arbeitsschritte PLANTER'S SHRUP

1

1 *Früchte in Würfel schneiden und in das Glas geben*

2

2 *Den Alkohol und die Säfte auf die Früchte gießen und abdecken*

3

3 *Nach einer Woche die Flüssigkeit von den Früchten trennen*

4

4 *Das fertige Getränk in ein Wermutglas gießen*

Ein weiteres Highlight

Name	Rezept	Geschmack Art	Glas	Zubereitung	Garnitur	Service
Pears Pie Shrup (für 30 Gläser)	*10 reife Birnen (gewürfelt) 10 kleine Stangen Zimt 10 Dörrpflaumen 5 Nelken 2 Ingwer 1,5 Liter Wodka Zucker nach Geschmack*	*Medium*	*Schnaps-Glas*	*Früchte mit Wodka zugedeckt 1 Woche ziehen lassen.*	*Birnen-Würfel in das Glas geben*	*Untersetzer*

5.24 Sirups (mit und ohne Alkohol)

Sirups entstehen aus Zuckersirup in Verbindung *mit Fruchtmousse, Fruchtsäften oder Pflanzenauszügen* und sind konzentriert bis dickflüssig. Die Auswahl ist sehr groß, früher gab es nur Grenadine und Lime Juice. Dank ihrer fruchtigen Süße werden Sirups für viele Cocktails und alkoholfreie Getränke verwendet.

Die bekanntesten Sirups sind:
Grenadine, Banane, Maracuja, Kirsch, Himbeere, Mango, Melone, Limette, Erdbeer, Ananas, Guave und Kokos.

Eine Auswahl an Sirup-Spezialrezepten

Name Abb.	Rezept	Geschmack Art	Glas	Zubereitung	Garnitur	Service
Ananas-Sirup						
Caribic Star 5.24/1	*2 cl Ananas-Sirup 2 cl Crème de Bananes 2 cl Zitronensaft 8 cl Orangensaft 2 cl Tequila braun 6–8 Eiswürfel*	*Sweet Exotic Drink*	*Ballon-Glas*	*Im Elektro-Mixer mit Würfeleis mixen und mit dem Eis in das Glas gießen.*	*Papaya in Scheiben mit Cocktail-Kirsche, Minzeblatt und Traube am Stick*	*Untersetzer Trinkhalm Serviette*
Nana Meant (köstliche Freude) 5.24/2	*2 cl Ananas-Sirup 1 cl Mango-Sirup 3 cl Sahne 3 cl Orangensaft 4 cl Zitronensaft 6–8 Eiswürfel*	*Sweet, cremig Ohne Alkohol*	*Cognac-Schwenker*	*Im Shaker mit Würfeleis shaken und in das Glas auf Würfeleis abseihen.*	*Ananaskeil und Blüte*	*Untersetzer Trinkhalm Serviette*

5.24/1
Caribic Star

5.24/2
Nana Meant

Durch den hohen Zuckergehalt sind die Sirups lange in gekühlten Schränken haltbar. Man sollte sie jedoch verschlossen halten. Zur sirupartigen Flüssigkeit zählt auch die *Cream of Coconut*. Um sie besser verarbeiten zu können, kochen Sie die Cream mit 1/3 Läuterzucker auf (300 g Cream und 100 g Läuterzucker) und lassen alles erkalten. Portionsweise kann dann die Cream auch eingefroren werden.

Läuterzucker kann man für viele Rezepte selbst herstellen.
1 Liter Wasser wird mit 1 kg Zucker aufgekocht, anschließend lässt man ihn erkalten und füllt ihn in eine Flasche ab.

Name Abb.	Rezept	Geschmack Art	Glas	Zubereitung	Garnitur	Service
Bananen-Sirup						
Bananen-Ananas-Milch	*2 cl Bananen-Sirup* *6 Bananen-Scheiben* *1 cl Kokos-Sirup* *8 cl Ananassaft* *4 cl Bananennektar* *6 cl Milch* *1 Tropfen Zitronensaft* *1 EL Crushed Ice*	*Medium* *Milch-Shake* *Ohne Alkohol*	*Ballon-Glas, Hoher Tumbler*	*Alles im Elektromixer mit Crushed Ice mixen und mit dem Eis in das Glas gießen.*	*Ananas-Ecke* *Minzeblatt* *Bananen-Scheibe am Spieß und an das Glas stecken*	*Untersetzer* *Trinkhalm* *Serviette*
Banana Blossom 5.24/3	*4 cl Bananen-Sirup* *2 cl Zitronensaft* *3 cl Ananassaft* *4 cl Tequila braun* *6–8 Eiswürfel*	*Medium* *Party-Drink*	*Breiter Tumbler*	*Im Shaker mit Würfeleis shaken und in das Glas auf Eiswürfel abseihen.*	*Bananen-Scheiben, Cocktail-Kirschen am Stick auf das Glas legen*	*Untersetzer* *Trinkhalm* *Serviette*

5.24/3
Banana Blossom

Eine Auswahl an Sirup-Spezialrezepten

Name Abb.	Rezept	Geschmack Art	Glas	Zubereitung	Garnitur	Service
Grenadine-Sirup						
Planter's Punch 5.24/4	2 cl Grenadine-Sirup 4 cl Orangensaft 4 cl Ananassaft 4 cl Grapefruitsaft 1 Tropfen Zitronensaft 6 cl brauner Rum 1 EL Crushed Ice	Medium Exotic Drink	Hoher Tumbler	Im Elektromixer mit Crushed Ice mixen und mit dem Eis in das Glas gießen.	Orangen-Scheibe, Cocktail-Kirschen am Stick auf das Glas legen	Untersetzer Trinkhalm Serviette
Guave-Sirup						
Mexican Punch	2 cl Guave-Sirup 1 cl Zitronensaft 8 cl Bananennektar 4 cl Tequila braun 6–8 Eiswürfel	Medium Mexiko-Drink	Breiter Tumbler	Im Shaker mit Würfeleis shaken und ins Glas abseihen.	Orangen-Scheibe, Kirsche, Minzeblatt, Ananaskeil am Stick auf das Glas legen	Untersetzer 2 kleine Trinkhalme Serviette
Kokos-Sirup						
Coco Loco 5.24/5	4 cl Kokos-Sirup 1 cl Ananas-Sirup 1 cl Pfefferminz-Sirup 1 Tropfen Zitronensaft 2 cl Cachaça 6–8 Eiswürfel	Medium Mexiko-Drink	Breiter Tumbler	Im Shaker mit Würfeleis shaken und ins Glas auf Würfeleis abseihen.	Orangen-Scheibe, Kirsche, Minzeblatt, Ananaskeil am Stick auf das Glas legen	Untersetzer 2 kleine Trinkhalme Serviette
Maracuja-Sirup						
Passion Cup	2 cl Maracuja-Sirup 6 cl Ananasnektar 6 cl Orangensaft 1 Tropfen Zitronensaft 4 cl brauner Rum 1 EL Crushed Ice 6–8 Eiswürfel	Medium Tropicana	Hoher Tumbler, Ballon-Glas	Im Elektromixer mit Crushed Ice mixen und mit dem Eis in das Glas gießen.	Früchte der Saison am Stick an das Glas stecken	Untersetzer Trinkhalm Serviette
Yellow Sun 5.24/6	2 cl Maracuja-Sirup 6 cl Grapefruitnektar 6 cl Orangensaft 6 cl Bananennektar 1 Tropfen Zitronensaft Crushed Ice 6–8 Eiswürfel	Medium Ohne Alkohol	Hoher Tumbler	Im Elektromixer mit Crushed Ice mixen und auf Würfeleis im Glas abseihen.	Mango-Spalte mit Schale, Cocktail-Kirsche und Physalis am Stick an das Glas stecken	Untersetzer Trinkhalm Serviette

5.24/4 Planter's Punch

5.24/5 Coco Loco

5.24/6 Yellow Sun

5.25 Slings (Übergießer)

Slings sind erfrischende Getränke. Sie können auch als Exotic Drinks angeboten werden. Man gibt in einen hohen Tumbler zu ¾ Eiswürfel, gießt die Zutaten mit Ausnahme der Liköre darauf und rührt alles um. Nun legt man eine Zitronen-Scheibe auf die Eiswürfel und gibt zum Schluss die gewünschten Liköre darüber.
Slings können auch geshaket, auf Würfeleis abgegossen und mit Soda oder Fruchtsaft aufgefüllt werden. Als Garnitur gibt man eine Frucht auf die Eiswürfel und beträufelt sie nochmals mit einem Likör.

Auswahl

Name Abb.	Rezept	Geschmack Art	Glas	Zubereitung	Garnitur	Service
Kingston Sling 5.25/1	*4 cl brauner Rum 2 cl Zitronensaft 2 cl Maracujalikör 1 Tropfen Angostura mit Mineralwasser auffüllen, zum Schluss 2 cl Curaçao Blue 10 Eiswürfel*	*Medium Long Drink*	*Hoher Tumbler oder Ballon-Glas*	*Das Gästeglas füllt man zu ¾ mit Würfeleis, gibt die Alkoholika darauf und rührt alles um.*	*Orangen-Scheibe und Cocktail-Kirsche in das Glas legen und den Curaçao darüber träufeln*	*Untersetzer Serviette Trinkhalm*
Pink Sling 5.25/2	*4 cl Gin 2 cl Crème de Cassis 1 cl Grenadine 2 cl Zitronensaft 10 cl Ananassaft 15 Eiswürfel*	*Medium Long Drink Sommer-Getränk*	*Hoher Tumbler oder Ballon-Glas*	*Gästeglas mit Eiswürfeln füllen, Getränke darüber gießen und mit Ananassaft auffüllen.*	*Ananasstücke, Kiwi-Scheibe und Kirsche in das Glas legen und den Cassis darüber träufeln*	*Untersetzer Serviette Trinkhalm*
Singapore Sling (IBA) 5.25/3	*3 cl Gin 2 cl Cherry Brandy 10 cl Ananassaft 1 cl Zitronensaft 1 cl Bénédictine D.O.M. 2 Tropfen Angostura-Bitter 10 Eiswürfel*	*Medium Long Drink Sommer-Getränk*	*Hoher Tumbler oder Ballon-Glas*	*Wie Kingston Sling*	*Zutaten ohne Ananassaft und Bénédictine im Shaker mit Würfeleis shaken und auf Eiswürfel in das Glas abseihen. Mit Ananassaft auffüllen, Ananas-Scheibe und Cocktail-Kirsche in das Glas legen und den Bénédictine darüber träufeln. Zitronen-Scheibe und Cocktail-Kirsche in das Glas geben*	*Untersetzer Serviette Trinkhalm*
Singapore Sling	*4 cl Gin 2 cl Zitronensaft 2 Cherry Brandy Sodawasser 6 Eiswürfel*			*Gin und Zitronensaft mit Eiswürfeln shaken, auf ein mit Eiswürfeln gefülltes Glas abseihen und Cherry Brandy darüber gießen, mit Soda auffüllen.*		

5.25/2
Pink Sling

5.25/1
Kingston Sling

5.25/3
Singapore Sling

5.26 Sodas

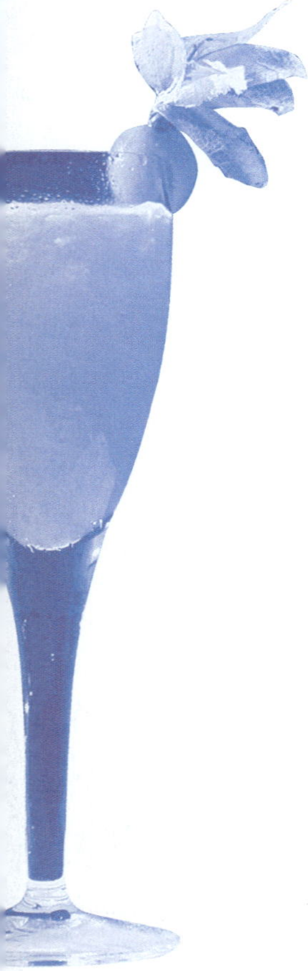

Sodas werden aus Tafelwasser unter Zusatz von *Kohlensäure* hergestellt. Sie werden als Apéritif oder zur Erfrischung getrunken. Bis vor einiger Zeit waren sie noch verpönt, da die Handhabung mit den *„Siphons"* sehr umständlich war und man eine große Auswahl von guten Mineralwassern hatte. Heute gibt es neue, einfacher zu handhabende Geräte, um die Sodas beliebter zu machen.
Durch das Sodawasser wird der Geschmack eines Getränkes nicht beeinträchtigt. Das Sodawasser sollte immer kalt sein. Wenn es nicht kalt genug ist, gibt man einige Eiswürfel in das Getränk. Erfahrene Whiskytrinker trinken Whisky nur mit Soda.
So kann man auch noch andere Getränke mit Soda herstellen. Weitere beliebte Drinks mit Soda sind Wermut Soda, Weinbrand Soda, Campari Soda, Cynar Soda, Byrrh Soda usw. Als Maß der Spirituose nimmt man 4 cl bis 5 cl.

Herstellung eines Campari Soda

1. *In einen mittleren hohen oder breiten Tumbler gibt man einige Eiswürfel.*
2. *Darauf misst man 4 cl Campari ab und gießt ihn über das Eis.*
3. *Jetzt wird mit dem Soda abgespritzt oder aufgefüllt, wie viel bestimmt der Gast selbst.*
4. *Danach rührt man kurz mit einem Barlöffel durch das Getränk.*
5. *Garnitur: Als Garnitur gibt man 1 ganze Zitronen-Scheibe (bei Campari eine Ausnahme) in das Glas. Bei hellen Mischgetränken nimmt man eine Zitronen-Scheibe und bei dunklen Getränken verwendet man eine Orangen-Scheibe.*

Weitere Soda Highlights

Name	Rezept	Geschmack Art	Glas	Zubereitung	Garnitur	Service
Amer Picon Soda	*4 cl Amer Picon 10 cl Sodawasser 6 Eiswürfel*	*Dry Apéritif*	*Kleiner Tumbler, Spezialglas*	*Würfeleis in das Glas geben und den Amer Picon darüber abmessen, dann mit Soda auffüllen.*	*1 Orangen-Scheibe in das Glas stecken*	*Untersetzer*
Mezz'e Mezz' Soda	*3 cl Campari 3 cl Vermouth rot 10 cl Soda 6 Eiswürfel*	*Dry Apéritif*	*Kleiner Tumbler, Spezialglas*	*Wie Amer Picon Soda zubereiten.*	*1 Orangen-Scheibe in das Glas stecken*	*Untersetzer*

Arbeitsschritte CAMPARI SODA

1 *In den Tumbler gibt man einige Eiswürfel*

2 *Die 4 cl abgemessenen Campari gießt man über das Eis*

3 *Jetzt wird der Campari mit Sodawasser aufgefüllt*

4 *Zum Schluss rührt man um und gibt 1 ganze Zitronen-Scheibe in das Getränk*

5.27 Sours

Sours sind *Short Drinks*, wenn sie ohne Würfeleis hergestellt werden, und *Half Long Drinks*, wenn sie mit Eiswürfeln und Sodawasser (Mineralwasser) aufgefüllt werden. Letzteres geschieht nur auf Wunsch des Gastes. Sie sind durch Zitronensaft sauer zubereitet. Sie haben sich aus dem Rickey entwickelt, der ohne Zucker zubereitet wird. Sours werden wie *Fizzmischungen* behandelt, d. h. sie werden kräftig geschüttelt, dann in ein leicht *bauchiges Glas* abgeseiht und *nicht* mit Sodawasser aufgefüllt. Serviert man sie „on the rocks" mit Eis oder werden sie mit Sodawasser aufgefüllt, so gibt man sie in einen *kleinen breiten Tumbler* (Old-Fashioned-Glas).

Sours kann man als Apéritif oder zum Auftakt einer gemütlichen Runde trinken. Der klassische Sour wird aus Bourbon Whiskey hergestellt. Je nach Geschmacksrichtung lassen sich Sours auch mit Gin, Wodka, Tequila, Pisco, Weinbrand, Rum oder Likör herstellen. Bei Sours mit Likör verzichtet man bei der Zubereitung auf den Läuterzucker.

Herstellung eines WHISKEY SOUR

Rezept

4 cl Bourbon Whiskey
2 cl Zitronensaft
1 cl Läuterzucker
6–8 Eiswürfel

Geschmack

dry

Art

Sour
Short Drink
Apéritif

Glas

Breiter Tumbler

Zubereitung

Mit Würfeleis im Shaker shaken und in das Glas abseihen

Garnitur

1/2 Scheibe Orange mit Cocktail-Kirsche am Stick an das Glas stecken

Service

Untersetzer, Serviette

Zubereitung

1. *Der untere Teil des Shakers wird zu 1/3 mit Eiswürfeln (7 Stück) gefüllt und der Shaker mit dem Eis frappiert.*
2. *Danach gießt man das Wasser durch den Strainer ab.*
3. *Nun misst man alle Zutaten (4 cl Bourbon Whiskey, 2 cl Zitronensaft und 1 cl Läuterzucker) in den Shaker ab.*
4. *Der Shaker wird gut verschlossen, damit keine Flüssigkeit herausspritzen kann.*
5. *Jetzt wird kräftig geshaket, ca. 8 Sekunden lang.*
6. *Danach wird der fertige Sour durch den Strainer in den vorbereiteten Tumbler abgeseiht. (nicht auf Eis und nicht mit Sodawasser aufgefüllt, nur auf Wunsch).*
7. *Garnitur: 1/2 Orangen-Scheibe mit der Cocktail-Kirsche am Stick, legt man auf den Glasrand.*
8. *Service: Den Whiskey Sour serviert man immer auf einem Untersetzer oder Teller mit Serviette und ohne Trinkhalm.*

Mise en place
zur Herstellung eines Whiskey Sour.

Eiswürfel, Eiszange, Orangen-Scheibe, Shaker, breiter Tumbler, Kirsche, Jigger, Strainer, Bourbon Whiskey, Läuterzucker, Zitronensaft

Arbeitsschritte WHISKEY SOUR

1 *Den Shaker zu gut 1/3 (7 Stück) mit Eiswürfeln füllen*

2 *Den Shaker frappieren und das Schmelzwasser abgießen*

3 *4 cl Bourbon Whiskey, 2 cl Zitronensaft, 1 cl Läuterzucker einzeln abmessen und auf das Eis in den Shaker gießen*

4 *Der Shaker wird gut verschlossen*

5 *Anschließend kräftig geshaket*

6 *Der Shaker wird geöffnet und die Flüssigkeit durch den Strainer in das vorbereitete Glas geseiht*

7 *Die Garnitur wird angesetzt*

8 *Zum Schluss wird der Cocktail mit einem freundlichen Lächeln dem Gast auf einem Untersetzer serviert*

Auswahl der beliebtesten Sours

Name Abb.	Rezept	Geschmack Art	Glas	Zubereitung	Garnitur	Service
Amaretto Sour (oder Drambuie Sour)	*5 cl Amaretto (Drambui) 3 cl Zitronensaft 2 cl Orangensaft 6–8 Eiswürfel*	*Medium dry Joker Party-Drink*	*Breiter Tumbler*	*Im Shaker mit Würfeleis shaken und in das Glas ab-seihen.*	*Orangen-Scheibe, Cock-tail-Kirsche am Stick und an das Glas stecken*	*Untersetzer Serviette 2 kleine Trink-halme*
Apricot Sour	*3 cl Apricot Brandy 3 cl Zitronensaft 2 cl Orangensaft 6–8 Eiswürfel*	*Medium dry Joker Party-Drink*	*Mittlerer breiter Tumbler*	*Im Shaker wie Amaretto Sour zubereiten.*	*Wie Amaretto Sour*	*Untersetzer Serviette 2 kleine Trink-halme*
Comfort Sour	*4 cl Southern Comfort 3 cl Zitronensaft 3 cl Orangensaft 6–8 Eiswürfel*	*Medium dry Joker Party-Drink*	*Breiter Tumbler*	*Im Shaker wie Amaretto Sour zubereiten.*	*Wie Amaretto Sour*	*Untersetzer Serviette 2 kleine Trink-halme*
Galliano Sour 5.27/1	*4 cl Galliano 3 cl Zitronensaft 1 cl Orangensaft 6–8 Eiswürfel*	*Medium dry Party-Drink*	*Mittlerer breiter Tumbler*	*Im Shaker mit Würfeleis shaken und auf Würfeleis in das Glas abseihen.*	*Orangen-, Zitro-nen-Scheibe in das Glas stecken*	*Untersetzer Serviette 2 kleine Trink-halme*
Grand Marnier Sour	*4 cl Grand Marnier 4 cl Orangensaft 2 cl Zitronensaft 6–8 Eiswürfel*	*Medium dry Party-Drink*	*Ballon-Glas, Sekt-Kelch oder Tumbler*	*Im Shaker mit Würfeleis shaken und auf Würfeleis in das Glas abseihen.*	*Orangen-Scheibe, Cock-tail-Kirsche in das Glas geben*	*Untersetzer Serviette 2 kleine Trink-halme*
Rum Sour	*5 cl Rum weiß oder braun 2 cl Läuterzucker 2 cl Zitronensaft 2 cl Sodawasser 6–8 Eiswürfel*	*Medium dry Joker*	*Breiter Tumbler*	*Im Shaker mit Würfeleis shaken, ins Glas abseihen und mit etwas Sodawasser abspritzen.*	*Orangen-Scheibe und Cocktail-Kirsche am Stick ans Glas stecken*	*Untersetzer Serviette 2 kleine Trink-halme*

5.27/1 | Galliano Sour

Name Abb.	Rezept	Geschmack Art	Glas	Zubereitung	Garnitur	Service
Pisco Sour	5 cl Pisco Control 3 cl Zitronensaft 1 1/2 cl Läuterzucker 1/2 Eiweiß 1 Tropfen Angostura 6–8 Eiswürfel	Dry Joker	Mittlerer breiter Tumbler oder Sekt-Schale	Im Shaker mit Würfeleis hart shaken und in das Glas abseihen.	Orangen-Scheibe, Cocktail-Kirsche am Stick an das Glas stecken, mit Angostura toppen	Untersetzer Serviette 2 kleine Trinkhalme
Pisco Sour Spezial 5.27/2	5 cl Pisco Control 4 cl Zitronensaft 2 cl Läuterzucker 1/2 Eiweiß 1 EL Crushed Ice 1–2 cl Orangensaft	Medium dry erfrischend Joker	Ballon-Glas oder hoher Tumbler	Im Blender mit Crushed Ice mixen und in das Glas abseihen.	Prise Zimt auf das Getränk streuen	Untersetzer 2 kleine Trinkhalme
Whiskey Sour „on the rocks“ 5.27/3	5 cl Bourbon Whiskey 3 cl Zitronensaft 2 cl Läuterzucker 6–8 Eiswürfel	Dry Joker	Mittlerer breiter Tumbler, Old-Fashioned-Glas	Im Shaker mit Würfeleis hart shaken und in das Glas auf Würfeleis abseihen.	Wie Amaretto Sour	Untersetzer Serviette 2 kleine Trinkhalme
Flip Sour	1 cl Cointreau 3 cl Brandy 2 cl Zitronensaft 1 cl Läuterzucker 1 Eigelb 6–8 Eiswürfel	Medium dry Pick me up	Breiter Tumbler	Im Shaker (oder Blender mit Crushed Ice) mit Würfeleis hart shaken und in das Glas abseihen.	Orangen-Scheibe und Cocktail-Kirsche am Stick ans Glas stecken	Untersetzer Serviette 2 kleine Trinkhalme
Pernod Sour	4 cl Pernod 2 cl Zitronensaft 1 cl Grenadine 6–8 Eiswürfel	Medium dry Joker	Breiter Tumbler	Im Shaker mit Würfeleis shaken und auf Würfeleis in das Glas abseihen.	Orangen-Scheibe ins Glas stecken	Untersetzer Serviette 2 kleine Trinkhalme
Bénédictine Sour	4 cl Bénédictine 2 cl Bourbon Whiskey 3 cl Zitronensaft 6–8 Eiswürfel	Medium dry Joker	Breiter Tumbler	Im Shaker mit Würfeleis shaken und auf Würfeleis in das Glas abseihen.	Orangen-Scheibe und Cocktail-Kirsche am Stick ans Glas stecken	Untersetzer Serviette 2 kleine Trinkhalme

5.27/2 | Pisco-Sour Spezial

5.27/3 | Whiskey Sour „on the rocks“

5.28 Tropicanas, Exotic Drinks

Auswahl beliebter Tropicanas

Name Abb.	Rezept	Geschmack Art	Glas	Zubereitung	Garnitur	Service
Banana Boat 5.28/1	2 cl Zitronensaft 1/2 cl Maracuja-Sirup 4 cl Maracujanektar 4 Scheiben Banane 2 cl Crème de Banane 4 cl weißer Rum 1 EL Crushed Ice	Medium Viel Alkohol Party-Drink	Ballon-Glas oder Exotic-Glas (Würfeleis im Glas)	Im Elektromixer mit Crushed Ice mixen und mit dem Eis in das Glas gießen oder in das Glas auf Würfeleis abseihen.	Minzeblatt, Orangenscheibe an das Glas stecken	Untersetzer Trinkhalm Serviette Stirrer
Bossa Nova 5.28/2	10 cl Ananassaft 1 cl Zitronensaft 2 cl weißer Rum 1 cl Apricot Brandy 2 cl Galliano 1 EL crushed ice	Medium bis sweet Viel Alkohol Party-Drink	Ballon-Glas oder Exotic-Glas (Würfeleis im Glas)	Im Elektromixer mit Crushed Ice mixen und mit dem Eis in das Glas gießen oder in das Glas auf Würfeleis abseihen.	Kumquat-Keil, Cocktail-Kirsche, Schirmchen am Stick an das Glas stecken	Untersetzer Trinkhalm Serviette Stirrer
Mai Tai	10 cl Ananassaft 1 cl Zitronensaft 1 cl Lime Juice 2 cl Havana Club weiß 2 cl Havana Club braun 2 cl Apricot Brandy 2 cl Curaçao triple sec (Cointreau) 1 cl Mandelsirup 8 Eiswürfel	Fruchtig Viel Alkohol	Ballon-Glas oder Exotic-Glas	Alles im Shaker mit Würfeleis kräftig shaken und mit dem Eis in das Glas gießen.	Ananas-Keil, Kiwi-Scheibe, Cocktail-Kirsche am Stick an das Glas stecken	Untersetzer Serviette Trinkhalm Stirrer

5.28/1
Banana Boat

Tropicanas sind wie *Coladas* Exotic Drinks. Sie bestehen hauptsächlich aus Rum, Cachaça, Tequila und Pitu. Verlängert werden die Cocktails mit Säften und Sirups aus tropischen Früchten. Es sind meistens Long Drinks, die mit vielen Säften aufgefüllt werden. Besonders dekorativ sollten die Garnituren sein. Man richtet sich dabei nach den Säften, die den Cocktail beinhalten. So steckt man auf jeden Fall eine Ananas an das Glas, wenn der Cocktail auch mit Ananassaft aufgefüllt wurde.
Generell werden sie im Shaker geshaket oder im Elektromixer gemixt. Aufpassen sollte man mit der Zugabe von Eis. Zuviel Eis verwässert den Cocktail, bei Verwendung von zu wenig Eis ist der Cocktail zu warm. Mixt man mit Crushed Ice im Elektromixer oder mit Würfeleis im Shaker, so gießt man mit dem Eis ab oder man mixt ohne Eis, füllt das Glas mit dem Würfeleis und gießt den Cocktail auf das Eis.

Name Abb.	Rezept	Geschmack Art	Glas	Zubereitung	Garnitur	Service
Rumbara 5.28/3	*2 cl brauner Cuba Rum 2 cl Apricot Brandy 2 cl Ananassaft 1 cl Zitronensaft 1 cl Maracuja-Sirup 1 cl Aperol 6–8 Eiswürfel*	*Medium Party-Drink Floater*	*Ballon-Glas oder Hurricane-Glas*	*Im Shaker mit Würfeleis shaken und auf Eis in das Glas abseihen. Zum Schluss mit Aperol floaten.*	*Ananas-Keil, Cocktail-Kirsche, Physalis am Stick an das Glas stecken*	*Untersetzer Serviette Trinkhalm Stirrer*
Yellow Bird	*4 cl Orangensaft 6 cl Ananassaft 1 cl Bananensirup 1 Spritzer Zitronensaft 4 cl Rum Havana braun 2 cl Crème de Banane 2 cl Galliano 7 Eiswürfel*	*Medium Viel Alkohol*	*Ballon-Glas oder Hurricane-Glas mit Würfeleis*	*Im Elektro-Mixer mit Crushed Ice mixen und mit dem Eis in das Glas gießen oder in das Glas auf Würfeleis abseihen.*	*Pfefferminzblatt, Cocktail-Kirsche*	*Untersetzer Trinkhalm Serviette Stirrer*
Zombie	*2 cl Zitronensaft 2 cl Myers Rum 3 cl Bacardi Rum weiß 2 cl Apricot Brandy 2 cl Curaçao Triple Sec 6 cl Ananassaft 1 cl Grenadine-Sirup 3 cl Sekt dry zum Auffüllen 8 Eiswürfel*	*Fruchtig, erfrischend, prickelnd Viel Alkohol*	*Ballon-Glas oder Hurricane-Glas Exotik-Glas*	*Alles im Shaker mit Würfeleis kräftig shaken und mit dem Eis in das Glas gießen.*	*Ananas-Keil, Bananen-Scheibe, Cocktail-Kirsche am Stick an das Glas stecken*	*Untersetzer Serviette Trinkhalm Stirrer*

5.28/2
Bossa Nova

5.28/3
Rumbara

5.29 Übungen

1 **Erklären Sie den Begriff Short Drinks und Long Drinks!**

1 **Short Drinks** *sind kurze Getränke mit einem Inhalt von 6 bis 8 cl.* **Long Drinks** *sind Getränke, die meistens aufgefüllt werden und einen Inhalt ab 8 cl haben.*

2 **Wann trinkt man vorzugsweise Dry-, Medium- und Sweet-Cocktails?**

2 **Dry-Cocktails** *werden vor dem Essen getrunken, sind trocken und regen somit den Appetit an.* **Medium-Cocktails** *trinkt man vor und nach dem Essen. Sie sind halbtrocken. Man kann sie auch zu jeder Gelegenheit trinken.* **Sweet-Cocktails** *sind süß bis sehr süß und man trinkt sie nach dem Essen, zu Süßspeisen, Kuchen und Gebäck.*

3 **Was verstehen Sie unter Apéritifs, Before-Dinner-Cocktails, Digestifs sowie After-Dinner-Cocktails?**

3 **Apéritifs** *(französisch) und* **Before-Dinner-Cocktails** *(englisch) sind Getränke, die vor dem Essen getrunken werden, meistens sind sie trocken.* **Digestifs** *(französisch) und* **After-Dinner-Cocktails** *(englisch) sind Getränke, die nach dem Essen getrunken werden.*

4 **Nennen Sie vier Dry-, Medium- und Sweet-Cocktails!**

4 **Dry-Cocktails:** *Martini dry, Manhattan, Gibson, Wodka Martini.* **Medium-Cocktails:** *White Lady, Stinger, Side car, Bronx, Pink Daiquiri.* **Sweet-Cocktails:** *Alexander, Golden Torpedo, Grasshopper, Swiss dream.*

5 **Wann trinkt man Sekt- und Champagner-Cocktails?**

5 *Wenn sie trocken sind vor dem Essen, halbtrockene zum Dessert. Weiter kann Sekt zu jedem besonderen Anlass getrunken werden: Hochzeiten, Verlobungen, Geburtstage usw. Ein Gläschen Sekt am Morgen kann den Kreislauf in Schwung bringen.*

6 **Erklären Sie den Unterschied von Colada zu Tropicana und zählen Sie je drei Getränke auf!**

6 **Coladas:** *Es sind Exotic Drinks, die aus Rum, Fruchtsäften, Sahne und Kokos-Sirup bestehen, z. B. Piña Colada, Swimming Pool, Cocopeach.* **Tropicanas:** *Sie sind ebenfalls Exotic Drinks, bei denen man die Sahne und den Kokossirup weglässt, z. B. Banana Boat, Yellow Bird, Bossa Nova.*

7 **Erklären Sie den Unterschied zwischen Cobbler, Coolers und Collinses!**

7 Cobblers: *Es sind Long Drinks. Das Glas wird mit Crushed Ice aufgefüllt, darauf garniert man Früchte, gießt darüber Alkoholika und füllt sie mit Sekt, Ginger Ale oder bei alkoholfreien Cobblers mit Mineralwasser auf.*
Coolers: *Es sind ebenfalls Long Drinks. Das Glas wird hoch mit Würfeleis gefüllt und die Zutaten werden im Shaker geshaket, über das Eis abgegossen und mit Ginger Ale aufgefüllt und mit Früchten ausgarniert.*
Collinses: *Sind ebenfalls Long Drinks. Sie werden aber im Gästeglas auf viel Würfeleis hergestellt und mit Mineralwasser aufgefüllt.*

8 **Worin besteht der Unterschied zwischen Cups und Früchtebowlen?**

8 Cups *sind Bowlen, in die man Würfeleis geben kann, im Unterschied zu den* **Früchtebowlen**, *die man auf Würfeleis serviert.*

9 **Was verstehen Sie unter einem Frozen Daiquiri?**

9 *Bei diesem Daiquiri wird im Elektromixer die doppelte Menge an Würfeleis verwendet, wodurch er geschmeidig wird und sich mit dem Löffel essen lässt.*

10 **Worin besteht der Unterschied zwischen Rickeys, Sours, Fizzes und Daisies?**

10 Rickeys
- *im Gästeglas*
- *auf Eiswürfeln*
- *Alkoholika*
- *Zitronensaft*
- *ohne Läuterzucker*
- *mit Soda abspritzen*

Sours
- *im Shaker*
- *mit Eiswürfeln*
- *Alkoholika*
- *Zitronensaft*
- *mit Läuterzucker*
- *nicht mit Soda auffüllen*

Fizzes
- *im Shaker*
- *mit Eiswürfeln*
- *Alkoholika*
- *Zitronensaft*
- *Läuterzucker*
- *mit Soda abspritzen*

Daisies
- *im Shaker*
- *mit Eiswürfeln*
- *Alkoholika*
- *Grenadine*
- *mit Soda oder Sekt abspritzen*

11 Erklären Sie den Unterschied von Flips und Egg-Nogs!

11 **Flips** *bestehen aus Alkohol, Eigelb, Läuterzucker und haben als Garnitur geriebene Muskatnuss. Sie werden mit Würfeleis geshaket oder im Blender aufgeschäumt.* **Egg-Nogs** *sind Flips, die nach dem Shaken noch mit Milch aufgefüllt werden. Sie haben als Garnitur ebenfalls geriebene Muskatnuss. Man kann sie auch mit dem Blender herstellen.*

12 Was sind Fancy Drinks und Joker?

12 **Fancy Drinks** *sind auffallende Getränke mit Phantasiebezeichnungen.* **Joker** *sind Mixgetränke, die man zu einem besonderen Zweck oder Anlass einsetzt.*

13 Wann spricht man von Floater?

13 *Beim Floater lässt man einen Sirup oder eine Spirituose am Glasrand über einen Barlöffel laufen.*

14 Nennen Sie die drei Arten von Frappés!

14 *1. Frappés mit Likör werden im Gästeglas über Crushed Ice abgemessen.*
2. Frappés mit Speiseeis werden im Elektromixer zubereitet.
3. Frappés mit Milch, Speiseeis und Früchten werden ebenfalls im Elektromixer hergestellt.

15 Was ist das Charakteristische eines Highballs?

15 *Der Highball wird immer im hohen Tumbler (Highball-Glas) serviert. In das Glas kommt eine Zitronen- oder Orangen-Spirale, Alkohol und Ginger Ale zum Auffüllen.*

16 Was sind Pastis?

16 *Pastis sind Getränke mit Anisgeschmack.*

17 Was sind Absinthgetränke?

17 *Absinthgetränke sind Anisgetränke, bei denen der Absinth als Grundpflanze aus Wermut hergestellt wird. Der Thujongehalt beträgt jetzt 10 mg auf einen Liter, früher waren es 1000 mg auf einen Liter.*

18 Nennen Sie drei Rittmeister und deren Herstellung!

18 **Rittmeister** *serviert man in einem gekühlten Glas. Als Garnitur legt man einen herzhaften Bissen auf das Glas.*
Jägerbissen *besteht aus Korn mit Hartwurst und 1 KL scharfem Meerrettich.*
Pilcaller *besteht aus Korn mit einer Scheibe Leberwurst und 1 KL scharfem Senf.*
Nikolaschka *besteht aus Weinbrand, Zitronenscheibe, Kaffeepulver und Sandzucker.*

Kapitel 6

Alkoholfreie Mischgetränke

6.1 Alkoholfreie Drinks (Soft Drinks)

Alkoholfreie Mischgetränke sind vitaminhaltige, erfrischende Getränke. Sie löschen den Durst ohne Alkohol, schmecken hervorragend und bieten so gesunden Spaß am Getränk. Alkoholfreie Mischgetränke bestehen hauptsächlich aus: *Fruchtsäften, Sirups, Milch, Sahne, Früchten, Mineralwasser, Limonaden und Speiseeis*. Auch *Kaffee* und *Tee* werden verwendet. Wie bei alkoholischen Drinks, ist auch bei alkoholfreien Getränken die Darreichungsreihenfolge wichtig.

Die korrekte Reihenfolge sollte wie folgt aussehen:
Generell trinkt man stets ein trockenes Getränk vor einem süßen Getränk.

1. Man beginnt mit einem trockenen, klaren Short Drink.
2. Darauf folgt ein kurzer cremiger Cocktail.
3. Den Abschluss kann ein fruchtiger Long Drink bilden.

Es gibt genügend alkoholfreie Cocktails, die man auch vor dem Essen und nach dem Essen zum Kaffee oder Espresso trinken kann. Insbesondere Geschäftsleute schätzen die Kombination aus Antialkoholika und Trinkgenuss. Unter dem Motto *„Hochgenuss ohne Hochprozentiges"* findet man hier eine bunte Palette von fruchtigen Köstlichkeiten.

Bei der Zubereitung der Getränke gilt es darauf zu achten, dass nur 100-prozentig alkoholfreie Zutaten verwendet werden.

Long Drinks

Man unterscheidet wie bei den alkoholischen Long Drinks auch 4 Zubereitungsmöglichkeiten:

1. Das Getränk wird im Shaker mit 6 Eiswürfeln geshaket und anschließend mit dem Strainer in das Glas abgeseiht.
2. In den Elektromixer gibt man 1 EL Crushed Ice, mixt alles auf und gießt den Cocktail mit dem Eis in das Glas ab.
3. Beim Mixen mehrerer Cocktails gleichzeitig verzichtet man auf das Würfeleis im Elektromixer, mixt nur kurz auf und gießt dann das Getränk in ein mit Würfeleis gefülltes Glas.
4. Man kann die Long Drinks auch mit oder ohne Würfeleis sofort im Gästeglas zubereiten.

Short Drinks

Sie werden vorzugsweise mit Würfeleis im Shaker geshaket und anschließend in das Glas abgeseiht, wahlweise erfolgt die Zubereitung ohne Eis direkt im Gästeglas.

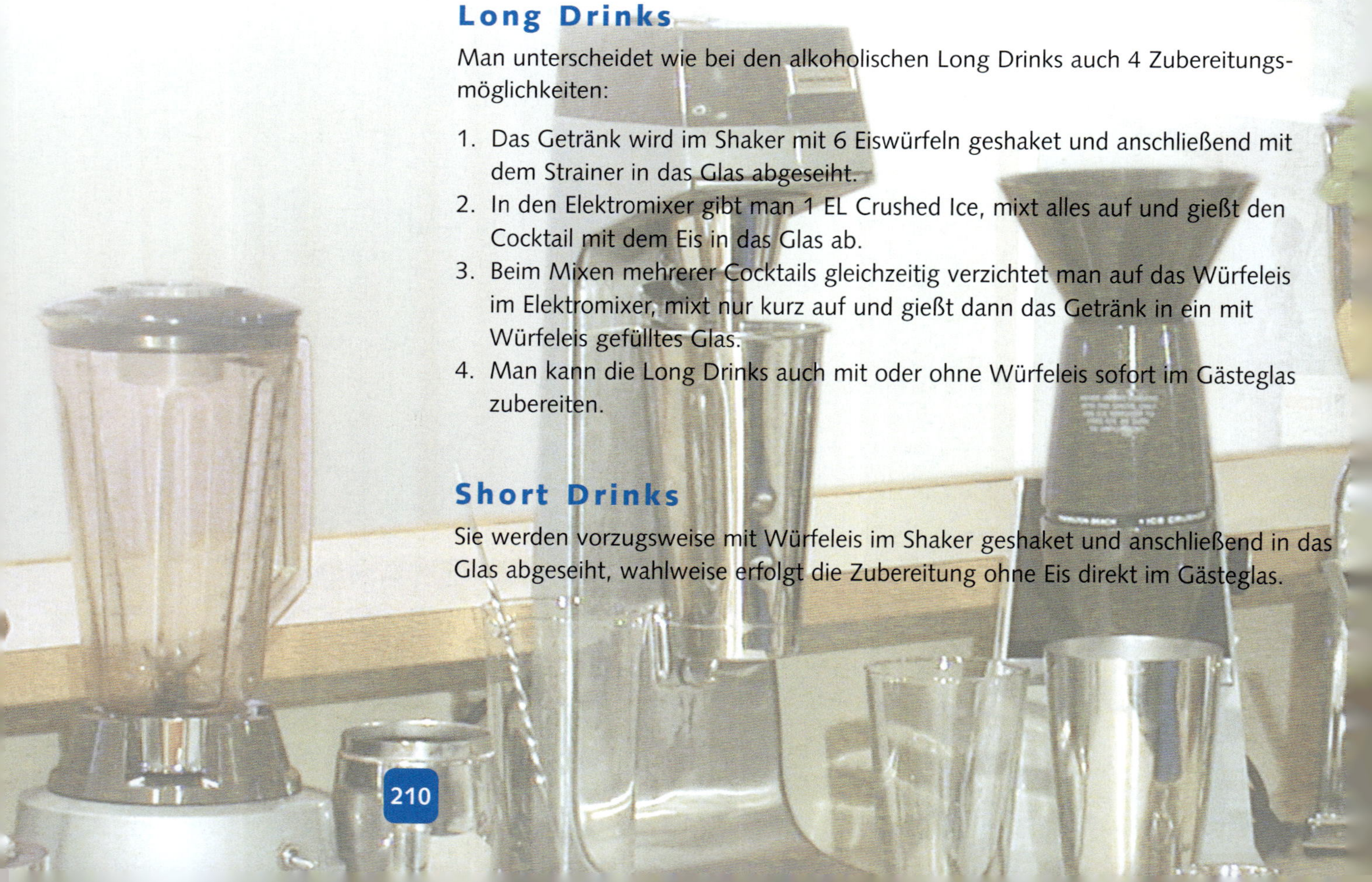

6.2 Buttermilch- und Kefirmischgetränke

Bei der Herstellung von *Buttermilch* wird dem entsäuerten Rahm Flüssigkeit entzogen. Daher ist sie fast frei von Fett und besitzt einen hohen gesundheitlichen Nutzwert. *Kefir* ist ein Milchprodukt, das durch einen Hefepilz sauer gegärt wird. Es ist leicht prickelnd, erfrischend und schmeckt leicht nach Hefe.

Auswahl

Name Abb.	Rezept	Geschmack Verwendung	Glas	Zubereitung	Garnitur	Service
Buttermilch-Beerenmix-Cocktail 6.2/1	*4 cl vollreife Beeren (Himbeeren, Erdbeeren, Blaubeeren usw.) 10 cl Buttermilch 2 cl Milch 2 TL Traubenzucker 1 Tropfen Zitronensaft 1 EL Crushed Ice*	*Erfrischend ermunternd zur Stärkung*	*Cocktail- oder Sekt-Kelch, Tumbler*	*Alles mit Crushed Ice im Elektromixer mixen und mit dem Eis in das Glas gießen.*	*Scheibe Karambole an das Glas stecken*	*Untersetzer Trinkhalm Serviette*
Buttermilch-Drink	*4 cl Buttermilch 2 cl Orangensaft 1 Sp. Zitronensaft 1 TL. Honig, 6 Eiswürfel*	*Vollmundig. Vitamindrink*	*Cocktail-Kelch*	*Im Shaker mit Würfeleis rund shaken und in das Glas abseihen.*	*Krokant, Zitronenmelisse-streifen über das Getränk streuen*	*Untersetzer Serviette*
Erdbeer-Traum	*6 cl Buttermilch 1 EL Honig 1 Kugel Erdbeereis 1 Tropfen Zitronensaft 3 Erdbeeren gewürfelt 1 EL Crushed Ice*	*Fruchtig. Frucht-mischgetränk*	*Sekt-Schale*	*Alles mit Crushed Ice im Elektromixer mixen und mit dem Eis in das Glas gießen.*	*1/2 Erdbeere an das Glas stecken*	*Untersetzer Serviette Trinkhalm*
Kefir-Pfirsich-Mix-Cocktail 6.2/2	*6 cl Kefir 4 cl Pfirsichnektar 1/4 Pfirsich (gewürfelt) Prise Zimt 2 BL Honig 1 Spritzer Zitronensaft 1 EL Crushed Ice*	*Erfrischend Muntermacher*	*Cocktail- oder Sekt-Kelch*	*Alles mit Crushed Ice im Elektromixer mixen und mit dem Eis in das Glas gießen.*	*Pfirsichspalte, Minzeblatt an das Glas stecken*	*Untersetzer Trinkhalm Serviette*

6.2/1
Buttermilch-Beerenmix-Cocktail

6.2/2
Kefir-Pfirsich-Mix-Cocktail

6.3 Eiscreme-Sodas

mit Fruchtsäften und Limonaden

Diese Eisgetränke lassen sich schnell und einfach mit Fruchtsäften und Limonaden zubereiten. Je nach Geschmack können sie zusätzlich noch mit einem Schuss Soda- oder Mineralwasser verfeinert werden.

Auswahl

Name Abb.	Rezept	Geschmack Verwendung	Glas	Zubereitung	Garnitur	Service
Blüten-saft-Zauber	*10 cl Apfelsaft trüb 4 cl Orangensaft 2 cl Maracujasirup 1 Kugel Zitroneneis (Sorbet) Mineralwasser*	*Spritzig Sommergetränk*	*Hoher Tumbler*	*Alles im Elektromixer mixen und in das Glas gießen. Mit Mineral-wasser abspritzen.*	*Eine ausgedrückte Orangenhälfte mit Weintrauben, Apfelwürfeln und Kirschen füllen und auf das Glas setzen.*	*Untersetzer Serviette Trinkhalm Teelöffel*
Frecher Bengel *6.3/1*	*14 cl Grapefruitsaft 2 große Kugeln Zitronen-eis (Zitronen-Sorbet) Geschlagene Sahne Pistazien*	*Erfrischend Sommergetränk*	*Hoher Tumbler, Eiscaféglas*	*In das Gästeglas zuerst den Grapefruitsaft und darauf das Eis geben.*	*Eine Rosette Schlag-sahne auf das Eis spritzen, dann ge-hackte Pistazien darüber streuen und 1/2 Orangen-Scheibe anstecken*	*Untersetzer Trinkhalm Limonaden-Löffel*
Polonaise	*2 cl Maracuja-Sirup 2 cl Orangensaft 1 cl Zitronensaft 1 Kugel Vanilleeis Mineralwasser 1 EL Crushed Ice*	*Fruchtig, sweet Sommergetränk*	*Cocktail-Kelch*	*Alles außer Vanilleeis und Wasser mit Crushed Ice im Elektro-mixer mixen und in das Glas gießen.*	*Eine Kugel Eis auf das Getränk geben. 2 Cocktail-Kirschen und 3 Orangenfilets am Spieß auf das Glas legen.*	*Untersetzer Serviette*
Sanfter Engel *6.3/2*	*14 cl Orangensaft 2 große Kugeln Vanilleeis Schlagsahne Schokostreusel*	*Erfrischend Sommergetränk*	*Hoher Tumbler, Eiscaféglas*	*In das Gästeglas zuerst den Orangensaft gie-ßen und darauf das Eis geben.*	*Eine Rosette Schlag-sahne auf das Eis spritzen, Erdbeere aufsetzen, dann mit Schokostreuseln abrunden.*	*Untersetzer Trinkhalm Limonaden-Löffel*
Zitronen-Eis-Soda	*14 cl Zitronenlimonade 2 große Kugeln Zitronenfruchteis, 1 Tropfen Zitronensaft*	*Erfrischend durstlöschend Sommergetränk*	*Hoher Tumbler, Eiscaféglas*	*In das Gästeglas zuerst die Limonade gießen und darauf das Eis geben.*	*Fein gehackte Pistazien über das Getränk streuen*	*Untersetzer Kaffeelöffel Trinkhalm*

6.3/1
Frecher Bengel

6.3/2
Sanfter Engel

6.4 Frucht-Misch-Cream

Hierbei handelt es sich um *Frucht-Getränke*, denen noch *Sahne* zugefügt wird.

Auswahl

Name Abb.	Rezept	Geschmack Verwendung	Glas	Zubereitung	Garnitur	Service
Europa-Cocktail 6.4/1	*2 cl Sahne 2 cl Orangensaft 2 cl Zitronensaft 2,5 cl Curaçao blue (alkoholfrei) 6–8 Eiswürfel*	*Ähnelt Sweet heart Short Drink*	*Cocktail-Kelch mit schwarzem Stiel und Fuß*	*Alles mit Würfeleis im Shaker rund shaken und in das Glas abseihen.*	*Karambole, Cocktail-Kirsche am Stick an das Glas*	*Untersetzer Serviette*
Hawaiian Dream	*2 cl Sahne 2 cl Kokos-Sirup 10 cl Maracujanektar 2 cl Curaçao Blue alkoholfrei Ananas und Pfefferminzblatt 6 Eiswürfel*	*Sweet, fruchtig Floater Long Drink*	*Sekt-Kelch*	*Alles, außer Curaçao, im Shaker mit Würfeleis rund shaken und auf Würfeleis in das Glas abseihen.*	*Abschließend seitlich mit dem Curaçao floaten*	*Untersetzer Serviette Trinkhalm*
Pinky	*1 ganze Feige 2 cl Sahne 2 cl Zitronensaft 1 cl Grenadine 1 EL Crushed Ice*	*Sweet zur Stärkung, Short Drink*	*Cocktail-Kelch*	*Alles im Elektromixer mit Crushed Ice mixen und mit dem Eis in das Glas gießen.*	*Kiwischeibe an das Glas stecken*	*Untersetzer Serviette*
Surfing away	*4 cl weißer Traubensaft 4 cl Bananennektar 6 cl Kiwisaft 1 Eigelb 4 cl Sahne 4 cl Mineralwasser 6 Eiswürfel*	*Fruchtig Long Drink*	*Ballon-Glas oder Hurricane-Glas*	*Zutaten ohne Mineralwasser mit Würfeleis im Shaker kräftig schütteln, mit dem Eis in das Glas gießen und mit Mineralwasser abspritzen.*	*Früchte der Saison mit Zitronenmelisse am Stick an das Glas stecken*	*Untersetzer Trinkhalm Serviette*
Sweet-heart 6.4/2	*2 cl Sahne 2 cl Orangensaft 2 cl Zitronensaft 2 cl Grenadine 6–8 Eiswürfel*	*Erfrischend, herzhaft, auch als Aperitif geeignet Short Drink*	*Cocktail-Kelch mit rosa Stiel und Fuß*	*Alles mit Würfeleis im Shaker rund shaken und in das Glas abseihen.*	*keine*	*Untersetzer*

6.4/2
Sweetheart

6.4/1
Europa-Cocktail

6.5 Früchtebowlen

Sie werden aus frischen Früchten der Saison hergestellt. Die Früchte werden stets kleingeschnitten, damit das Aroma besser zur Wirkung kommt. Man setzt sie mit Zucker, Fruchtsirup und Kräutern an und lässt sie eine Stunde im Kühlschrank ziehen. Dann werden sie mit Limonade oder Wasser aufgefüllt. Damit die Bowle kalt bleibt, setzt man das Bowlengefäß auf Eiswürfel.

Auswahl

Name Abb.	Rezept	Geschmack Verwendung	Glas	Zubereitung	Garnitur	Service
Ananas-Kiwi-Bowle (für 10–12 Personen) *6.5/1*	*4 Scheiben Ananas 6 Kiwis in Scheiben 8 cl Zitronensaft 6 cl Mango-Sirup 10 cl Ananassaft (kalt) 10 cl Maracujanektar (kalt) 1,4 l weißer Traubensaft 1,4 l Mineralwasser (kalt)*	*Erfrischend vollmundig Gartenparty*	*Breiter Tumbler, Bowlen-Gläser*	*Früchte schälen, erst in Scheiben, dann in Würfel schneiden. Die Säfte darauf geben und 2 Stunden lang ziehen lassen. Zum Schluss mit Traubensaft und Mineralwasser auffüllen.*	*Ananasecke, Kiwi-Scheibe am Stick an das Glas stecken. Würfeleis nach Bedarf*	*Untersetzer Serviette Teelöffel*
Blut-orangen-Bowle *6.5/2*	*1 Blutorange (Filets) 1/2 Teelöffel Puderzucker 1 cl Orangen-Sirup 10 cl Orangensaft 4 cl Orangenlimonade 4 cl Mineralwasser*	*Erfrischend Sommer und Winter*	*Hoher Tumbler*	*Man gibt alles in einen hohen Tumbler und füllt es mit Orangensaft, Orangenlimonade und Mineralwasser auf.*	*Orangen-Scheibe an das Glas stecken*	*Untersetzer Serviette Kaffeelöffel*
Sommer-Bowle (für 6–8 Personen)	*300 g frische Erdbeeren Zucker 0,7 l Traubensaft 2 kleine Flaschen Sprite 1 cl Zitronensaft Mineralwasser 1 kleiner Bund Pfefferminze (grob gehackt)*	*Erfrischend Gartenparty Kinder-Geburtstag*	*Breiter Tumbler, Bowlen-Gläser*	*Erdbeeren waschen und klein schneiden, mit etwas Zucker und Pfefferminze überstreuen und zugedeckt 1/2 Stunde lang ziehen lassen. Anschließend mit den restlichen Getränken auffüllen.*	*Erdbeeren, Pfefferminze im Glas verteilen*	*Untersetzer Serviette Teelöffel*

6.5/1 *Ananas-Kiwi-Bowle*

6.5/2 *Blutorangen-Bowle*

6.6 Fruchtmisch-getränke

Sie werden meistens im Tumbler oder einer Sektschale serviert und bestehen aus *frischen Früchten*, Fruchtsäften, einem Spritzer Zitronensaft, Sirups, Limonaden und Eiswürfeln. Bestehen die Getränke nur aus Säften, werden sie geshaket, als Variante mit ganzen Früchten jedoch im Elektromixer gemixt.

Auswahl

Name Abb.	Rezept	Geschmack Verwendung	Glas	Zubereitung	Garnitur	Service
Cherry-Star-Fruchtdrink 6.6/1	*6 Kirschen entsteint (4 cl Püree) 8 cl Kirschsaft 1 cl Zitronensaft 1 cl Zitronen-Sirup 1 EL Crushed Ice 2 cl Ginger Ale*	*Fruchtig, herb Long Drink bei warmem Wetter*	*Breiter Tumbler*	*Alles im Elektromixer mit Crushed Ice mixen und mit dem Eis in das Glas gießen. Mit Ginger Ale abspritzen.*	*Zwei Cocktail-Kirschen, Physalis am Stick über das Glas legen*	*Untersetzer 2 kleine Trinkhalme Serviette*
Erdbeer-Kiwi	*4 cl Milch, 4 cl Sahne 3 Erdbeeren, 1/2 Kiwi 1 Sp. Zitrone 1 BL Erdbeer-Sirup 2 Kugeln Erdbeereis 1 EL Crushed Ice*	*Erfrischend Milch-Frucht-Getränk*	*Hoher Tumbler*	*Alles im Elektromixer mit Crushed Ice mixen und mit dem Eis in das Glas gießen.*	*Erdbeere, Kiwi am Stick an das Glas stecken*	*Untersetzer Serviette Trinkhalm*
Himbeer-Dolly-Fruchtdrink	*15 Himbeeren (4 cl) 15 cl Himbeer-Sirup 2 cl Orangensaft 1 Spritzer Zitronensaft 1 EL Crushed Ice 2 cl Ginger Ale*	*Erfrischend Long Drink. Bevorzugt bei heißem Wetter zu genießen*	*Kleiner Tumbler*	*Alles im Elektromixer mit Crushed Ice mixen und mit dem Eis in das Glas gießen, dann mit Ginger Ale abspritzen.*	*Orangen-Scheibe mit Cocktail-Kirsche am Stick an das Glas stecken*	*Untersetzer 2 kleine Trinkhalme Serviette*
Johannisbeer-Exotica-Fruchtdrink	*4 cl Johannisbeermus 1/2 cl Mango-Sirup 1/2 cl Grenadine 2 cl Orangensaft 1 Tropfen Zitronensaft 1 El Crushed Ice 2 cl Ginger Ale*	*Erfrischend, herb Long Drink für heiße Tage Fruchtig*	*mittlerer, hoher, Tumbler*	*Alles im Elektromixer mit Crushed Ice mixen und mit dem Eis in das Glas gießen. Danach mit Ginger Ale abspritzen.*	*Johannisbeer-rispe in Grenadine-Sirup, dann in Zucker eintauchen*	*Untersetzer 2 kleine Trinkhalme Serviette*
Meloba-Fruchtdrink 6.6/2	*1/16 Melonen-Frucht 2 cl Bananen-Sirup einige Tr. Zitronensaft 2 cl Bitter Lemon 1 EL Crushed Ice 8 Eiswürfel*	*Long Drink bei heißem Wetter ein besonderer Genuss*	*Kleiner Tumbler*	*Alles im Elektromixer mit Crushed Ice mixen und mit dem Eis in das Glas gießen. Danach mit Bitter Lemon abspritzen.*	*Bananen-Scheiben mit Cocktail-Kirsche am Stick über das Glas legen*	*Untersetzer 2 kleine Trinkhalme Serviette*

6.6/1 *Cherry-Star-Fruchtdrink*

6.6/2 *Johannisbeer-Exotica-Fruchtdrink*

6.7 Fruchtsaft-Cocktails

Wie der Name schon sagt, bestehen diese Cocktails vorwiegend aus *Fruchtsäften*, Sirups, Nektaren, Limonaden und Mineralwasser. Die Fruchtsäfte sollten nach Möglichkeit aus *frischen Früchten* gepresst werden, da ein großer geschmacklicher Unterschied zwischen frisch gepressten Früchten im Vergleich zu Fruchtsäften aus Flaschen und Dosen besteht. Selbstverständlich sind frisch gepresste Säfte kosten-

Auswahl

Name Abb.	Rezept	Geschmack Verwendung	Glas	Zubereitung	Garnitur	Service
Apple Cocktail	*1 cl Grenadine-Sirup 2 cl Zitronensaft 4 cl Apfelsaft 2 cl Lime Juice Mineralwasser zum Auffüllen Eiswürfel*	*Erfrischend Long Drink Frühlingsparty*	*Hoher Tumbler*	*Grenadine in das Glas geben, mit Eiswürfeln füllen. Die übrigen Zutaten darüber gießen, zum Schluss mit Mineralwasser auffüllen und umrühren.*	*Apfelschnitzer mit Pfefferminze und Kirsche am Stick an das Glas stecken*	*Untersetzer Trinkhalm Serviette*
Happy Sunshine *6.7/1*	*1 cl Maracuja-Sirup 2 cl Grenadine-Sirup 1 cl Zitronensaft 8–10 Eiswürfel 20 cl Orangensaft*	*Erfrischend Long Drink Sommerdrink*	*Hoher Tumbler*	*Gästeglas mit Würfeleis füllen. Die Getränke darauf abmessen, mit Orangensaft aufgießen und umrühren.*	*Orangen-Scheibe, Cocktail-Kirsche am Stick an das Glas stecken*	*Untersetzer Trinkhalm Serviette*
Jungle Juice	*2 cl Zitronensaft, 8 cl Pfirsichnektar 4 cl Ananassaft 6 Eiswürfel*	*Vollmundig Sommerdrink*	*Cognac-Schwenker*	*Im Shaker mit Würfeleis shaken und mit dem Eis in das Glas gießen.*	*Weintraube und Cocktail-Kirsche am Stick an das Glas stecken*	*Untersetzer Serviette Trinkhalm*
Virgin Colada	*8 cl Ananasnektar 8 cl Orangensaft 2 cl Kokos-Sirup 6–8 Eiswürfel*	*Erfrischend Colada*	*Hurricane-Glas*	*Alles im Shaker mit Würfeleis shaken und mit dem Eis in das Glas gießen.*	*Ananaskeil mit Cocktail-Kirsche am Stick an das Glas stecken*	*Untersetzer Serviette Trinkhalm Stirrer*

6.7/1
Happy Sunshine

aufwändiger, dafür sind die Cocktails jedoch wesentlich hochwertiger im Geschmack. Unabhängig von den Basiszutaten werden sie stets mit Eiswürfeln geshaket und in ein Cocktail-Glas abgeseiht. Grundsätzlich können sie im Elektromixer ohne Eis, dann aber auf Würfeleis gegossen werden.

Name Abb.	Rezept	Geschmack Verwendung	Glas	Zubereitung	Garnitur	Service
Pussy-Foot	*5 cl Orangensaft 3 cl Zitronensaft 3 cl Ananassaft 1 cl Grenadine Eiswürfel*	*Erfrischend Long Drink Sommerdrink*	*Hoher Tumbler*	*Alles im Shaker mit Würfeleis shaken und inklusive Eis in das Glas gießen.*	*Orangen-Scheibe an das Glas stecken*	*Untersetzer Trinkhalm Serviette*
Raspberry Fizz	*4 cl Himbeerpüree 1 cl Himbeer-Sirup 2 cl Zitronensaft 10 cl Mineralwasser 8 Eiswürfel*	*Erfrischend Long Drink Fizz*	*Hoher Tumbler*	*Im Shaker mit Würfeleis hart shaken und in das Glas auf Würfeleis abseihen und mit Mineralwasser auffüllen.*	*Zitronen-Scheibe, Himbeere am Stick an das Glas stecken*	*Untersetzer Trinkhalm Serviette*
Sportsman Flip II. 6.7/2	*1 Ei 8 cl Orangensaft 8 cl Ananasnektar 2 cl Zitronensaft 2 cl Cassis-Sirup 8 Eiswürfel 1 EL crushed ice*	*Vollmundig Long Drink Flip, Floater an heißen Tagen ein Genuss*	*Hoher Tumbler*	*Alles im Elektromixer ohne Cassis-Sirup mit Crushed Ice mixen, in das Glas auf Würfeleis gießen und den Sirup darüber floaten.*	*Orangen-Scheibe, Ananaskeil, Cocktail-Kirsche am Stick an das Glas stecken*	*Untersetzer Trinkhalm Serviette*
Florida Sun	*2 cl Maracuja-Sirup 2 cl Zitronensaft 2 cl Maracujanektar 5 cl Ananassaft 5 cl Grapefruitsaft 6 cl Orangensaft 6–8 Eiswürfel*	*Erfrischend Sommer-Getränk*	*Hurricane-Glas*	*Alles im Shaker mit Würfeleis shaken und mit dem Eis ins Glas geben.*	*Orangen-Scheibe, Cocktail-Kirsche am Stick an das Glas stecken*	*Untersetzer Serviette Trinkhalm Stirrer*

6.7/2
Sportsman Flip II.

6.8 Gemüsemischgetränke – Die Verführung zur Gesundheit

Sie werden aus *frischen Gemüsen*, teilweise in Kombination mit Früchten hergestellt, die stets vorher gewaschen und geputzt sein müssen. Es bietet sich an, von einzelnen Gemüsesorten vorher einen Fond zu ziehen (z. B. Artischockenfond), der anschließend für den Cocktail verwendet wird. Ansonsten stellt man im *Entsafter* den Saft als Getränkebasis (z. B. Karottensaft) her. Zubereitet werden die Gemüsecocktails meist mit etwas Crushed Ice im Elektromixer. Als Geschmacksgeber werden verwendet: Salz, Pfeffer, Tabasco, Worcestershiresauce, Zitronensaft, Selleriesalz, Zucker, Kräutersalz, Paprika und diverse frische Kräuter (z. B. Petersilie, Schnittlauch oder Zitronenmelisse). Gemüsemixgetränke können vor und nach dem Frühstück, als kleine Zwischenmahlzeit, aber auch über den ganzen Tag verteilt getrunken werden. Als Cocktail serviert man ihn im Cocktail-Kelch, als normales Mixgetränk im Tumbler oder im kleinen Weinglas.

Auswahl

Name Abb.	Rezept	Geschmack Verwendung	Glas	Zubereitung	Garnitur	Service
Gurken-Cocktail	*5 cl Gurkensaft o. 100 g geschälte Salatgurke 1 cl Zitronensaft Salz, Pfeffer, Dill 1 EL Crushed Ice*	*Leicht, würzig Short Drink Zu jeder Tageszeit genießbar*	*Cocktail-Kelch*	*Alle Zutaten mit Crushed Ice im Elektromixer mixen und mit dem Eis in das Glas gießen.*	*Gurken-Scheibe an das Glas stecken und Dill über das Getränk streuen*	*Untersetzer Serviette*
Karotten-Cocktail	*5 cl Karottensaft 1 cl Zitronensaft 1 cl Ananassaft Selleriesalz 1 EL Crushed Ice*	*Vollmundig, erfrischend Short Drink Zu jeder Tageszeit ein Genuss*	*Cocktail-Kelch*	*Alle Zutaten mit Crushed Ice im Elektromixer mixen und mit dem Eis in das Glas gießen.*	*Karotten-Scheibe an das Glas stecken und Petersilie über das Getränk streuen*	*Untersetzer Serviette*
Kresse-Cocktail 6.8/1	*3 cl Apfelsaft, 1/4 Apfel etwas Kresse u. Petersilie Gewürzen n. Geschmack 1 Spritzer Zitronensaft Salz, Pfeffer, Selleriesalz Tabasco, 1 EL Crushed Ice*	*Herzhaft, appetitanregend vor jedem Essen zu empfehlen Herrengetränk Short Drink*	*Cocktail-Kelch*	*Alle Zutaten mit Crushed Ice im Elektromixer mixen und mit dem Eis in das Glas gießen.*	*Kresse über das Getränk streuen*	*Untersetzer Serviette*
Vitamin-Cocktail 6.8/2	*10 cl Möhrensaft 10 cl Joghurt 1 cl Zitronensaft einige Tropfen Sonnenblumenöl, Salz, Pfeffer 1 EL Crushed Ice*	*Mild Long Drink zum Frühstück*	*Hoher Tumbler*	*Alle Zutaten mit Crushed Ice im Elektromixer mixen und mit dem Eis in das Glas gießen.*	*Möhren-Scheibe an das Glas stecken und Schnittlauch über das Getränk streuen*	*Untersetzer Serviette*

6.8/1
Kresse-Cocktail

6.8/2
Vitamin-Cocktail

6.9 Joghurtmischgetränke

Joghurtmischgetränke wurden als Variante aus der Kategorie der Milch-Shakes abgeleitet. Die Milch wird dabei durch *Joghurt* ersetzt. Joghurt ist ein diätetisches Nahrungsmittel, es erleichtert und fördert die Verdauung und wird mit Milchsäurebakterien hergestellt. Die Zugabe von Sahne bei Joghurtmischgetränken ist nicht obligatorisch, es kann auch problemlos darauf verzichtet werden.

Auswahl

Name Abb.	Rezept	Geschmack Verwendung	Glas	Zubereitung	Garnitur	Service
Banana-Joghurt 6.9/1	*6 cl Joghurt 1/2 Banane in Scheiben 2 cl Milch (mager) 1 Tropfen Zitronensaft 1 cl Bananen-Sirup 1 EL Crushed Ice*	*Fruchtig, nahrhaft, leicht Long Drink*	*Kleiner Tumbler, Cocktail-Schale*	*Alle Zutaten mit Crushed Ice im Elektromixer mixen und in das Glas gießen.*	*Bananen-Scheiben am Stick über das Glas legen*	*Untersetzer Serviette*
Mango-Shake	*4 cl Joghurt 2 cl Mangopüree 1/2 cl Mango-Sirup 1 cl Sahne 1 Tropfen Zitronensaft 6 Eiswürfel*	*Fruchtig Cremig*	*Cocktail-Kelch*	*Alles im Shaker (oder im Blender mit Crushed Ice) mit Würfeleis rund shaken und mit dem Eis in das Glas gießen.*	*Mango achteln, Minzeblatt, 1/2 Cocktail-Kirsche am Stick an das Glas stecken*	*Untersetzer Serviette*
Power-Drink	*6 cl Joghurt 6 cl Orangensaft 2 EL Haferflocken 1 Teelöffel Honig 1 Tropfen Zitronensaft 1 EL Crushed Ice*	*Kräftig, nahrhaft Long Drink Crusta*	*Kleiner Tumbler*	*Alles mit Crushed Ice im Elektromixer mixen und in das Glas gießen.*	*Glasrand zuerst in Zitrone, dann in Haferflocken tauchen*	*Untersetzer 2 kleine Trinkhalme Serviette*
Pussy-Cat 6.9/2	*6 cl Joghurt 3 Barlöffel Preiselbeeren (aus dem Glas) 1 Tropfen Zitronensaft 1 Ingwerscheibe (frisch) 1 EL Crushed Ice*	*Fruchtig, nahrhaft Short Drink*	*Kleiner Tumbler, Cocktail-Schale*	*Alles mit Crushed Ice im Elektromixer mixen und in das Glas gießen.*	*Zimt über das Getränk streuen*	*Untersetzer 2 kleine Trinkhalme Serviette*

6.9/2
Pussy-Cat

6.9/1
Banana-Joghurt

6.10 Limonaden mischgetränke

Man unterscheidet Limonaden aus *Fruchtsäften* (z. B. Orangenlimonade), aus *Essenzen* (z. B. Zitronenessenz), aus *Koffein* (25 mg Anteil Koffein) Coca Cola, aus *Chinin* (Tonic Water, Bitter Lemon) und aus *Kräutern* (Ginger Ale). Sie werden im Shaker, Elektromixer oder Gästeglas mit Würfeleis hergestellt. Serviert werden sie in großen Tumblern oder Sektschalen und können dann wahlweise mit Mineralwasser, Cola, Ginger Ale, Tonic oder Bitter Lemon aufgefüllt werden.

Auswahl

Name Abb.	Rezept	Geschmack Verwendung	Glas	Zubereitung	Garnitur	Service
American Fizz 6.10/1	*2 cl Zitronensaft 1 cl Grenadine 6 cl Orangensaft 6 Eiswürfel 8 cl Tonic*	*Erfrischend, durstlöschend Passend zu jeder Party*	*Mittlerer, hoher Tumbler*	*Im Shaker mit Würfeleis hart shaken, in das Glas abseihen und mit Tonic auffüllen.*	*Zitronenschnitz, Pfefferminzblatt, Cocktail-Kirsche am Stick an das Glas stecken*	*Untersetzer Trinkhalm Serviette*
Grape-fruit Wonder 6.10/2	*4 cl Grapefruitsaft 1 BL brauner Zucker 4 Grapefruitfilets 6 cl Zitronenlimonade 1 cl Zitronensaft 4 cl Mineralwasser Crushed Ice*	*Erfrischend Long Drink Sommergetränk*	*Hoher Tumbler*	*Grapefruitfilets mit braunem Zucker im Glas zerstoßen, mit Crushed Ice und den anderen Säften auffüllen und umrühren.*	*Zuckerrand Orangen-Scheibe*	*Untersetzer Serviette Trinkhalm Stirrer*
Pimm's Arera 6.10/3	*2 Cocktail-Kirschen 1 Zitronen-Scheibe 1 Orangen-Scheibe 4 Perlzwiebeln 2 Cornichons 8 Eiswürfel, Ginger Ale*	*Erfrischend Long Drink Sommergetränk*	*Hoher Tumbler*	*Glas mit Würfeleis füllen und alle Früchte hineingeben, dann mit Ginger Ale auffüllen und umrühren.*	*Jeweils abwechselnd eine Frucht essen und einen Schluck Ginger Ale trinken*	*Untersetzer Serviette Trinkhalm Limonadenlöffel*
Waikiki 6.10/4	*2 cl Curaçao blue (alkoholfrei) 2 cl Grapefruitsaft 1 cl Ananassaft 1 cl Zitronensaft 4 cl Tonic, Würfeleis*	*Erfrischend Ein Genuss, auch fürs Auge Von weiblichen Gästen bevorzugt*	*Hoher Tumbler*	*Mit Eiswürfeln im Shaker hart shaken, in das Glas auf Würfeleis abseihen und mit Tonic auffüllen.*	*Kapuzinerkresse, Minzeblatt am Stick*	*Untersetzer Trinkhalm Serviette Stirrer*

6.10/1 American Fizz

6.10/2 Grapefruit Wonder

6.10/3 Pimm's Arera

6.10/4 Waikiki

6.11 Milch- und Ice-Cream-Frappés

Sie unterscheiden sich von den *Milch-Shakes* durch die Zugabe von *Speiseeis*. Die *Milch-Frappés* bereitet man mit Früchten im Elektromixer oder nur mit Fruchtpüree im Stabmixer (Blender) zu. Die Ice-Cream-Frappés sind gerade in der Sommerzeit ein beliebtes Getränk. Die Auswahl der Eissorten richtet sich nach der Frucht bei Zugabe. Vanilleeis gilt als eine neutrale Eissorte und kann zu jeder Art von Milch-Frappés verwendet werden. Serviert werden Frappés stets im hohen Tumbler mit Trinkhalm und Serviette, meistens sind sie mit Früchten ausgarniert.

Auswahl

Name Abb.	Rezept	Geschmack Verwendung	Glas	Zubereitung	Garnitur	Service
Ananas-Traum 6.11/1	*10 cl Milch, 1 cl Sahne 1 Scheibe Ananas in Würfeln, 1 Kugel Vanilleeis 1 Barlöffel Honig 1 Barlöffel Vanillezucker 1 cl Ananas- oder Aprikosen-Sirup 1 Spritzer Zitronensaft 1 EL Crushed Ice*	*Ananas-Ice-Cream-Frappé Sommergetränk Long Drink Beliebtes Erfrischungsgetränk*	*Hoher Tumbler, Hurricane-Glas*	*Alle Zutaten mit Crushed Ice und Vanilleeis im Elektromixer mixen und in das Glas gießen*	*Ananasecke, Cocktail-Kirsche am Stick an das Glas stecken*	*Untersetzer Trinkhalm Serviette*
Blauer Engel	*100 g Heidelbeeren (4 cl Heidelbeer-Püree) 10 cl Milch, 1 cl Sahne 1 Kugel Heidelbeereis 1 Barlöffel Honig 3 cl Läuterzucker (3 TL Puderzucker) 1 Spritzer Zitronensaft 1 EL Crushed Ice*	*Heidelbeer-Ice-Cream-Frappé Vollmundig Long Drink*	*Hoher Tumbler, Hurricane-Glas*	*Alles mit Crushed Ice und Heidelbeereis im Elektromixer mixen und ins Glas gießen*	*Pfefferminzblatt aufs Getränk legen*	*Untersetzer Trinkhalm Serviette*
Hofa-Blitzguss	*0,5 cl Curaçao Blue (alkoholfrei) 1 cl Zitronensaft 3 cl Bitter Lemon 6 Eiswürfel 1 Kugel Zitronensorbet*	*Medium, erfrischend Sommerzeit Apéritif Short Drink*	*Cocktail-Kelch*	*Curaçao Blue, Zitronensaft und 3 cl Bitter Lemon mit Würfeleis im Shaker shaken und in das Glas abseihen*	*Zuckerrand, 1 Kugel Zitronensorbet in das Glas legen*	*Untersetzer Kaffeelöffel*
Strawberry Dream 6.11/2	*4 frische Erdbeeren 1/2 BL Erdbeer-Sirup 1 cl Kokos-Sirup 2 cl Sahne, 2 cl Ananassaft 1 Spritzer Zitronensaft 1 Kugel Vanilleeis 1 EL Crushed Ice*	*Erdbeer-Ice-Cream-Frappé Erfrischend zur Sommerzeit Long Drink*	*Hoher Tumbler, Hurricane-Glas*	*Alles mit Crushed Ice und Vanilleeis im Elektromixer mixen und in das Glas gießen*	*1/2 Erdbeere, Minzeblatt am Stick an das Glas stecken*	*Untersetzer Trinkhalm Serviette*

6.11/1 Ananas-Traum

6.11/2 Strawberry Dream

6.12 Milch- und Sahne-Shakes

Milch ist eine nahrhafte Flüssigkeit, die bei vielen alkoholfreien, aber auch alkoholischen Cocktails verwendet wird. Shakes auf Milchbasis sind empfehlenswert, allein aufgrund des hohen Gehalts an lebenswichtigen Stoffen, wie z. B. Eiweiß, Mineralstoffen, Calcium, Vitaminen usw. Anstelle von Milch werden auch gerne *Buttermilch*, *Kefir* und *Sahne* verwendet. Da die Zubereitung der Getränke in der Regel mit frischen Früchten und Frucht-Sirups erfolgt, stellt man sie vorzugsweise im Elektromixer her. Serviert werden Milch-Shakes in großen hohen Tumblern oder Sekt-Schalen. Eine Übersicht der beliebtesten Shakes enthält die nachfolgende Rezeptauswahl.

Auswahl

Name Abb.	Rezept	Geschmack Verwendung	Glas	Zubereitung	Garnitur	Service
After Eight	*6 cl Milch, 2 cl Sahne 2 cl Minze-Sirup 1 Spritzer Zitronensaft 6 Eiswürfel*	*Vollmundig Long Drink*	*Cognac-Schwenker*	*Alles im Shaker mit Würfeleis rund shaken und in das Glas abseihen.*	*After-Eight-Plätzchen auf das Glas legen*	*Untersetzer Serviette*
Fit-macher	*1/4 Apfel (geschält in Würfeln), 6 cl Karottensaft 1 cl Zitronensaft 10 cl Kefir, 1 TL saure Sahne Salz, Pfeffer, Honig 1 EL Crushed Ice*	*Erfrischend anregend Long Drink Ein Getränk für Zwischendurch*	*Hoher Tumbler*	*Alles mit Crushed Ice im Elektromixer mixen und mit dem Eis in das Glas gießen.*	*Apfel-Schnitz an das Glas stecken*	*Untersetzer Serviette Trinkhalm*
Orangen-milch 6.12/1	*12 cl Milch 8 cl Orangensaft 1 Spritzer Zitronensaft 1 TL. Honig 1 EL Crushed Ice*	*Kräftigend erfrischend Long Drink Auch für Kinder geeignet*	*Hoher Tumbler*	*Alles mit Crushed Ice im Elektromixer mixen und mit dem Eis in das Glas gießen.*	*Orangen-Scheibe, Minzeblatt am Stick an das Glas stecken*	*Untersetzer Trinkhalm Serviette*
Power-Shake 6.12/2	*2 reife Aprikosen (gewürfelt) 2 cl Karottensaft 1 EL Sanddornsaft 1/8 l Milch, 1 cl Sahne etwas Vanillezucker etwas Ingwerpulver 1 Spritzer Zitronensaft 1 EL Crushed Ice*	*Vollmundig Long Drink Zur Aufmunterung und Stärkung*	*Hoher Tumbler*	*Alles mit Crushed Ice im Elektromixer mixen und mit dem Eis in das Glas gießen.*	*1/2 Aprikose, Zitronenmelisse, Cocktail-Kirsche am Stick an das Glas stecken*	*Untersetzer Trinkhalm Serviette*
Pink Mouse	*10 cl Milch 2,5 cl Zitronensaft 2,5 cl Grenadine 1 EL Crushed Ice*	*Vollmundig Long Drink*	*Hoher Tumbler*	*Alles mit Crushed Ice im Elektromixer mixen und mit dem Eis in das Glas gießen.*	*Keine*	*Untersetzer Trinkhalm*

6.12/1
Orangenmilch

6.12/2
Power-Shake

6.13 Power- und Wellness-Cocktails

Mit einem Glas Gemüsesaft lässt sich der tägliche Bedarf an Mineralstoffen und Vitaminen problemlos abdecken. Es wird empfohlen, 5 Portionen *Obst und Gemüse* zur gesunden Ernährung am Tage zu sich zu nehmen, diese durchaus auch in Saftform. Entsaften Sie die Gemüse und das Obst, da die Zellwände dadurch besser aufgebrochen werden. Der Gemüse- oder Obsttrunk ist somit gesünder, als wenn man das Gemüse *roh* isst. Wer ein Glas Möhren-Aprikosen-Drink konsumiert, nimmt mehr Beta-Karotin auf, als wenn er die Möhren roh isst. Gekauft werden sollte nur einwandfreie, frische Ware. Erfragen sollte man als guter Barmann stets, welche Gemüse- und Obstsorten vom Gast bevorzugt werden. Mit einem Tropfen Zitronensaft verfeinert, schmecken die meisten Säfte noch erfrischender. Ein Tropfen Pflanzenöl sorgt für eine bessere Verarbeitung der Vitamine und Mineralstoffe im Körper.

Kleine Saftkunde, Fitmacher-Getränke

Saftsorte	Verwendung/Wellness-Effekt
Rote-Bete-Saft	*Trinkt man zum körperlichen und geistigen Wohlbefinden. Er soll Tumore verhindern und deren Wachstum abschwächen, sowie den Stoffwechsel regulieren und anregen.*
Sauerkrautsaft	*Er reguliert die Verdauung und trägt zum körperlichen Wohlbefinden bei. Die enthaltenen Milchsäurebakterien reichern den Saft mit dem Vitamin B/12 an, das sonst nur in tierischen Lebensmitteln vorkommt. Sauerkrautsaft entgiftet zusätzlich den Körper.*
Sanddornsaft	*Reich an Vitamin C und E. Vitamin E spielt eine wichtige Rolle bei der Prävention und Rheuma und Herzinfarkt.*
Möhrensaft	*Er ist leicht verdaulich und magenfreundlich. Mit seinem Vitamin A beeinflusst er die Sehkraft und die Hautbeschaffenheit.*
Holundersaft	*Ist reich an Vitaminen, wirkt gefäßstärkend und blutreinigend. Man verwendet ihn zudem gegen Erkältung, Grippe und Verdauungsstörungen.*
Tomatensaft	*Als gesunder Trinkgenuss unterstützt er die Funktionen der Leber und Bauchspeicheldrüse. Er soll sogar vor Krebs schützen. Hoher Gehalt an Vitaminen V, C, K sowie Beta-Karotin.*

Tipps für gesundes Trinkverhalten

Richtige Trinktemperatur?
Alle Getränke sollten *weder zu kalt noch zu heiß* getrunken werden, da sie sonst viel zu lange im Magen verweilen.

Welche Flüssigkeitsmenge deckt den Tagesbedarf?
2 bis 3 Liter Flüssigkeit sollten verteilt am Tag getrunken werden. Diese Flüssigkeitsmenge sollte nicht aus Alkohol bestehen. Alle Ballaststoffe brauchen Wasser zum Quellen. Besonders bei viel Kleienverzehr muss viel Flüssigkeit getrunken werden.

Wie sollte man zum Essen trinken?
Große Trinkmengen eine halbe Stunde vor dem Essen, nach dem Essen oder während des Essens sind ungeeignet, da sie die Verdauungssäfte verdünnen und somit die optimale Nahrungsauswertung verhindern.

Was trinkt man zwischen den Mahlzeiten?
Auf jeden Fall leichte *Kräutertees, Mineralwasser, Gemüsesäfte oder Fruchtsäfte mit Wasser verdünnt*. Nach Möglichkeit sollte schluckweise getrunken werden. 1 Glas Rot- oder Weißwein oder 1 Glas Bier schadet der Gesundheit nicht. Gerne wird vor oder nach dem Essen an der Bar ein Aperitif bzw. Digestif, wahlweise mit oder ohne Alkohol eingenommen.

Welchen besonderen Nutzen haben Wasser, Mineralwasser und Gemüsesäfte?
Sie garantieren eine natürliche *Durchsaftung des Körpers*, beschleunigen die Entschlackung, sorgen für Gesundheit und Leistungsfähigkeit, aber auch für eine schöne, gesunde Haut. Sie enthalten Vitamine, Mineralstoffe, Enzyme, bioaktive Substanzen und Chlorophyll, die die zuvor genannten Aspekte begünstigen.

Nach dem Aufstehen ein Glas Wasser?
Ein Glas *lauwarmes Wasser*, gleich nach dem Aufstehen auf nüchternen Magen getrunken, fördert die Entgiftung des Körpers und sorgt für eine gute Darmentleerung.

Was ist bei erhöhtem Durstgefühl?
Bei *absehbarer körperlicher Belastung oder hohen Außentemperaturen* sollte schon im Voraus ausreichend Flüssigkeit aufgenommen werden.

Kalorienarme Flüssigkeit?
Man braucht sich nicht vor einer Gewichtszunahme fürchten, im Gegenteil, *Trinken macht schlank*.

Welche Flüssigkeiten sollten getrunken werden?
Vorzugsweise kalorienfreie Getränke wie: Wasser, Kräuter- und Früchtetees, Kaffee und schwarzen Tee. Achten Sie beim Einkauf von Mineralwasser auf den Zusatz: „Für natriumarme Ernährung geeignet“. Vorsicht bei Kaffee, da das Koffein den Appetit anregt.

Darf man Getränke mit Alkohol trinken?
Alkohol, in Maßen genossen d. h. 0,25 Liter Wein *oder* 0,5 Liter Bier *oder* 1 Glas Schnaps von 2 cl am Tag schadet der Gesundheit nicht. Alkohol, in Maßen genossen, regt den Kreislauf an.

Wie trinkt man frisch gepresstes Obst oder Gemüse?
Beides sollte *sofort nach dem Pressen* getrunken werden, damit die Vitamine und Wirkstoffe nicht verloren gehen. Längeres Stehenlassen ist schädlich für diese Getränke. Bestellt also ein Gast einen Orangensaft, so sollte dieser auch frisch gepresst werden. Man serviert keinen Saft, der am Vortag gepresst wurde.

Bei der Herstellung der Wellness-Cocktails ist zu beachten, dass das Gemüse und die Früchte vorher geputzt sein sollten, um eine evtl. Geschmacksbeeinflussung durch Schädlingsbekämpfungsmittel o. Ä. zu vermeiden.

Name Abb.	Rezept	Geschmack Art	Glas	Zubereitung	Garnitur	Service
Multi-Gemüsesaft-Cocktail 6.13/1	*Von jeder Zutat (Saisongemüse verwenden!) ca. 10–20 g: Sellerieblätter Selleriewürfel Kohlrabi, rote Bete Paprika, Äpfel Möhren, Petersilie Broccoli, Brennnessel 1 Tropfen Zitronensaft 1 Tropfen Pflanzenöl*	*Herzhaft Long Drink Bevorzugt zum Frühstück*	*Tumbler von 20 cl Volumen*	*Im Entsafter wird das Gemüse/Obst vorsichtig hineingelegt und anschließend entsaftet.*	*Kresse oder Petersilie über das Getränk streuen*	*Untersetzer Serviette*
Möhrensaft mit Ananas 6.13/2	*100 g Möhren (geputzt) 50 g Ananaswürfel 1 Tropfen Zitronensaft 1 Tropfen Pflanzenöl*	*Fruchtig Zum 2. Frühstück serviert Short Drink*	*Tumbler von 10 cl Volumen*	*Gemüse und Ananas vorsichtig im Entsafter entsaften.*	*Etwas flüssige Sahne in das Getränk gießen und Ananasecke ansetzen*	*Untersetzer Serviette*
Fitness-Drink	*8 cl Tomatensaft 3 cl Brunnenkressesaft 1 cl Zitronensaft 1 TL. gehackte Brunnenkresse 1 TL. Schnittlauch-Röllchen 2 cl Mineralwasser*	*Herzhaft Zu jeder Tageszeit ein Genuss Long Drink*	*Hoher Tumbler*	*Alles im Gäste-Glas verrühren und anschließend mit Mineralwasser abspritzen.*	*Zitronen-Scheibe und Melissen-Blatt am Spieß an das Glas stecken*	*Untersetzer Serviette*
Vitamin-Cocktail B6/C	*4 cl Orangensaft 4 cl Grapefruitsaft 2 EL Weizenkeime 8 cl Mineralwasser*	*Vollmundig Ideal zum Frühstück Long Drink*	*Tumbler*	*Säfte auspressen, Weizenkeime mit Saft verquirlen, durchziehen lassen und in das Glas gießen, anschließend mit Mineralwasser auffüllen.*	*Grapefruitecke an das Glas stecken*	*Untersetzer, Serviette*

6.13/1 *Multi-Gemüsesaft-Cocktail*

6.13/2 *Möhrensaft mit Ananas*

Power- und Wellness-Cocktails

Name Abb.	Rezept	Geschmack Art	Glas	Zubereitung	Garnitur	Service
Dill-Gemüse-Drink 6.13/3	4 Dillzweige 4 Scheiben Gurke 8 cl Tomatensaft 8 cl Karottensaft 2 Körner Cayennepfeffer 1 EL Crushed Ice	Herzhaft Long Drink	Tumbler von 20 cl Volumen	Dillzweige vom Stiel entfernen. Alles im Elektromixer mit etwas Crushed Ice mixen und mit dem Eis in das Glas gießen.	Dillzweig	Untersetzer Serviette
Energy-Cocktail (8 Gläser) 6.13/4	32 cl weißer Traubensaft 16 cl Mangonektar 16 cl Orangensaft 8 cl Kirschsaft 1 EL Crushed Ice	Fruchtig, herzhaft Long Drink	Tumbler von 10 cl Volumen	Kirschsaft in das Glas geben. Trauben-, Mango- und Orangensaft mit Crushed Ice im Elektromixer mixen. Die helle Saftmischung vorsichtig auf den Kirschsaft gießen.	Traube Cocktail-Kirsche Mango-Scheibe am Stick an das Glas stecken	Untersetzer Serviette
Sport's Flip 6.13/5	5 cl Orangensaft 3 cl Zitronensaft 3 cl Maracujanektar 1 cl Bananennektar 1 cl Grenadine 1 Eigelb, 1 EL Crushed Ice	Fruchtig Flip Long Drink	Sekt-Schale	Alles im Elektromixer oder Blender mixen und mit dem Eis in das Glas gießen.	Bananen-Scheibe, Cocktail-Kirsche am Stick an das Glas stecken	Untersetzer Serviette
Tomaten-Kräuter-Drink	1 Tomate (gewürfelt) 1/2 TL Zwiebeln Frische Kräuter: Dill, Petersilie, Basilikum 2 cl Joghurt ein wenig Chilischote Salz, 1 TL Honig 10 cl Mineralwasser 1 EL Crushed Ice	Würzig Long Drink	Tumbler von 20 cl Volumen	Kräuter zupfen und waschen. Alles bis auf das Mineralwasser und den Joghurt mit etwas Crushed Ice im Elektromixer mixen und mit dem Eis in das Glas gießen.	Einen Tupfer Joghurt auf das Getränk geben, Kräuterzweige als Garnitur	Untersetzer Serviette
Vitamin-Bombe	10 cl Möhrensaft 100 g Joghurt 1 EL Vollkorn Weizenkleie (aus dem Reformhaus) 2 Tropfen Weizenkeimöl 2 Tropfen Zitronensaft Salz, Tabasco Schnittlauchröllchen 1 El Crushed Ice	Herzhaft, aufbauend Long Drink	Hoher Tumbler	Alles außer den Schnittlauchröllchen im Blender mit Crushed Ice aufschäumen und mit dem Eis in das Glas gießen.	Schnittlauchröllchen auf das Getränk streuen	Untersetzer Serviette

6.13/4
Energy-Cocktail

6.13/5
Sport's Flip

6.13/3
Dill-Gemüse-Drink

Name Abb.	Rezept	Geschmack Art	Glas	Zubereitung	Garnitur	Service
Bananen-Mandel-Mix 6.13/6	12 g Rosinen 1 cl Zitronensaft 15 cl Apfelsaft 100 g Mango (gewürfelt) 1 Banane in Scheiben 1 TL gehobelte und geröstete Mandeln 1 EL Crushed Ice	Leicht, fruchtig Fruchtsaft-Mischgetränk Ein Turbo-Start in den Tag Long Drink	Breiter Tumbler	Alles außer Mandeln im Elektromixer mit Crushed Ice mixen und mit dem Eis in das Glas gießen.	Geröstete Mandeln über das Getränk streuen	Untersetzer, Kaffeelöffel Serviette
Fitness-Saft 6.13/7	100 g Sellerie (gewürfelt) 6 Radieschen (gewürfelt) 1 grüner Apfel (gewürfelt) 1 Tropfen Zitronensaft 1/2 TL Honig	Pikant Gemüse-mischgetränk Zur Stärkung geeignet	Sekt-Schale	Alles im Entsafter entsaften und in das Glas gießen (Zubereitung mit Crushed Ice im Elektromixer).	Frisch gehackte Kräuter über das Getränk streuen	Untersetzer Serviette
Gras-hüpfer 6.13/8	25 g Spinat o. Petersilie 0,125 l Pfefferminztee 80 g Joghurt 1 Tropfen Zitronensaft 1/2 Löffel Honig 1 Spritzer Olivenöl 1 EL Crushed Ice	Erfrischend Gemüse-mischgetränk Steigert das Wohlbefinden	Kleiner Tumbler oder Cocktail-Schale	Alles mit Crushed Ice im Elektromixer mixen und mit dem Eis in das Glas gießen.	Pfefferminzblatt auf das Getränk legen	Untersetzer Serviette
Tomaten-Möhren-Cocktail	15 cl Tomatensaft 5 cl Möhrensaft 7 g Ingwerwurz 1 Spritzer Sojasauce 2 cl Agavendicksaft 3 Tr. Sonnenblumenöl (alle Säfte vorher kalt stellen)	Kräftig Gemüse-mischgetränk Guter Vitamin-lieferant Long Drink	Hoher Tumbler	Ingwer dünn schälen und fein reiben, mit Möhren und Sojasauce mischen. Erst den Tomatensaft, dann den Möhrensaft vorsichtig darauf gießen.	Sonnenblumenöl über das Getränk träufeln	Untersetzer Serviette
Gemüse-Cocktail (für 2 Gläser)	200 g Schmorgurke (entkernt) 1 rote Paprikaschote 1 gelbe Paprikaschote 2 Stangen Sellerie 8 Blätter Basilikum 2 cl Tomatensaft Salz, Pfeffer, Tabasco 1 El Crushed Ice	Herzhaft, fruchtig	Breiter Tumbler	Alle geputzten Kräuter und Gemüse im Elektromixer mit Crushed Ice mixen und mit dem Eis in das Glas gießen.	Eine Selleriestange halbieren und in das Getränk stecken	Untersetzer, Serviette
Kräuter-Cocktail (für 2 Gläser)	1/2 Bund Rauke 1 Strauß Gartenkresse 4 Blätter Sauerampfer 1 Stiel Dill 2 Stiele Petersilie 4 Blätter Spinat 25 cl Buttermilch 4 cl Sahne, Zitronensaft, Salz, Pfeffer 1 EL Crushed Ice	Eine richtige Kräuterbombe	Breiter Tumbler	Alle geputzten Kräuter, Salate und Gewürze im Elektromixer mit Crushed Ice mixen und in die Gläser verteilen.	Kresse auf den Cocktail streuen	Untersetzer, Serviette

6.13/6 Bananen-Mandel-Mix

6.13/7 Fitness-Saft

6.13/8 Grashüpfer

6.14 Punsche

Kalte und warme alkoholfreie Punsche eignen sich als Drinks sowohl für Erwachsene als auch für Kinder (z. B. auf Geburtstagsfeiern usw.). Ihr hoher Vitamingehalt stärkt die körpereigene Abwehr und macht fit. Werden sie warm zubereitet, kann man sie als Variante einfach auf Eis erkalten lassen.

Auswahl

Name Abb.	Rezept	Geschmack Verwendung	Glas	Zubereitung	Garnitur	Service
Himbeer-Punsch (für 5 Personen)	*300 g frische oder gefrorene Himbeeren 8 cl Himbeer-Sirup 1 cl Zitronensaft 1 Liter Malventee 3 Nelken, 1 Zimtstange 1 Vanilleschote 80 g weißer Kandis*	*Fruchtig Am Kamin zu genießen Warmer Punsch*	*Bowlen-Glas, Steingut*	*Gewürze mit Tee und Vanilleschote aufkochen, danach die Himbeeren und den Sirup zugeben und 10 Minuten ziehenlassen (nicht mehr aufkochen).*	*Himbeeren im Glas verteilen*	*Untersetzer Serviette Teelöffel*
Jamaica-Punsch-Drink	*4 cl Orangensaft 4 cl Maracujanektar 2 cl Cassis (alkoholfrei) 1 cl Zitronensaft 2 cl Mineralwasser 8 Eiswürfel*	*Kräftig Kalter Punsch*	*Breiter Tumbler*	*Im Shaker mit Würfeleis, jedoch ohne Mineralwasser shaken und mit dem Eis in das Glas gießen. Zum Schluss mit Mineralwasser abspritzen.*	*Johannisbeeren in Zucker tauchen und über den Glas-rand legen*	*Untersetzer Serviette*
Pfeffer-minz-Punsch 6.14/1	*4 cl Pfefferminze (alkoholfrei) 1 cl Zitronensaft 1 cl Lime-Juice 6 cl Bitter Lemon 8 Eiswürfel*	*Erfrischend Kalter Punsch*	*Breiter Tumbler*	*Alles außer Bitter Lemon im Shaker mit Würfeleis shaken und mit dem Eis in das Glas gießen. Zum Schluß mit Bitter Lemon auffüllen.*	*Minzeblatt auf das Getränk legen*	*Untersetzer*
Trinidad-Punsch 6.14/2	*4 cl Bananennektar 4 cl Ananassaft 2 cl Orangensaft 1 cl Zitronensaft 2 cl Grenadine 8 Eiswürfel*	*Erfrischend Kalter Punsch*	*Breiter Tumbler*	*Alle Zutaten im Shaker mit Würfeleis kräftig shaken und mit dem Eis ins Glas gießen.*	*Bananen- und Ananaswürfel mit Orangen-Scheibe ins Glas geben*	*Untersetzer Serviette Kaffeelöffel*
Zitronen-Punsch (für 5 Personen)	*1/4 Liter Wasser 0,8 Liter weißer Traubensaft 2 Zitronen, 2 Limetten 1 Limette (in Scheiben) Zucker nach Geschmack*	*Säuerlich, erfrischend Bevorzugt für Gartenparty Warmer Punsch*	*Bowlen-Glas oder breiter Tumbler*	*2 Zitronen und 2 Limetten auspressen mit Traubensaft und Wasser leicht erhitzen und mit den Limetten-scheiben 10 Minuten ziehen lassen.*	*Limetten-Scheiben im Glas verteilen*	*Untersetzer Serviette Teelöffel*

6.14/1 *Pfefferminz-Punsch*

6.14/2 *Trinidad-Punsch*

6.15 Slushs & Snow-Cones

Slushs

Ein Slush besteht primär aus Säften und Eis. Das geraspelte Eis (*shaved ice*) wird in einen Cocktail-Kelch oder eine Sekt-Schale gegeben. Drücken Sie das Eis an und füllen Sie das Glas mit dem Saft oder Sirup auf, bis das Eis durchdrungen ist. Je nach Geschmack können noch Fruchtscheiben oder in Würfel geschnittene Früchte hinzugefügt werden. Wahlweise lässt sich auch das Shaved Ice mit Früchten und Säften in einem Elektromixer mixen. Soll der Slush cremiger sein, verwendet man lediglich eine größere Menge Shaved Ice.

Snow-Cones

Bei den Snow-Cones (Schneepyramiden) ist das *geraspelte Eis* (*shaved ice*) so schneefein, dass es den Sirup vollständig aufnimmt. Jede Geschmacksrichtung ist ein Erlebnis. Verwendet werden können einzelne Geschmacksvarianten der Sirups oder Kombinationen aus mehreren Geschmacksrichtungen. Wichtig ist die Verwendung eines Kelchglases, um einen *Kegel (Pyramide)* zu formen.

Auswahl

Name Abb.	Rezept	Geschmack Verwendung	Glas	Zubereitung	Garnitur	Service
Fruit-Juice-Slush	*Fruchtsäfte wie: Apfel-, Trauben-, Orangen- oder Grapefruitsaft, Shaved Ice*	*Erfrischend, fruchtig*	*Sekt-Kelch*	*Zuerst das Shaved Ice in das Glas geben und darauf dann den gewünschten Saft nacheinander auf das Eis gießen.*	*Orange, Traube, Apfelecke an das Glas stecken*	*Untersetzer Serviette Trinkhalm Kaffeelöffel*
Rainbow-Slush 6.15/1	*Schichtweise: 3 Kaffeelöffel Shaved Ice 1,5 cl Kirsch- oder Himbeer-Sirup 3 Kaffeelöffel Shaved Ice 1,5 cl Kokos-Sirup (1 cl Piña Colada) 3 Kaffeelöffel Shaved Ice 1,5 cl Pfefferminz-Sirup*	*Fruchtig*	*Sekt-Kelch*	*Zuerst das Shaved Ice in das Glas geben und darauf dann den gewünschten Sirup nacheinander auf das Eis gießen.*	*Kirsche oder Himbeere, evtl. Melisseblatt an das Eis stecken*	*Untersetzer Trinkhalm Serviette Kaffeelöffel*
Pfefferminz-Cone 6.15/2	*8 Kaffeelöffel Shaved Ice 2 cl Pfefferminz-Sirup*	*Pfefferminze Erfrischendes Sommergetränk*	*Cocktail-Kelch*	*Das Eis im Eis-Shaver zubereiten, in das Glas füllen, mit einem Löffel andrücken und den Sirup darauf gießen.*	*Pfefferminze an das Eis stecken*	*Untersetzer Trinkhalm Kaffeelöffel*

6.15/1
Rainbow-Slush

6.15/2
Pfefferminz-Cone

6.16 Smoothies

Smoothies sind erfrischende Mixgetränke aus *Milch, Früchten, Säften und Eis*. Smoothies haben ihren Ursprung in Amerika, es sind Eisdrinks, die besonders im Sommer getrunken werden. Die Herstellung ist relativ einfach und schnell durchführbar. Zuerst zerkleinert man die geputzten und gewaschenen Früchte, friert sie ein und gibt sie dann zum Pürieren in den Mixer. Die gefrosteten Früchte geben dem Getränk die gewünschte kalte Temperatur. Danach gießt man den stark gekühlten Saft oder die Milch dazu, mixt alle Zutaten mit dem Eis bis zu einer cremigen Konsistenz und gibt sie in ein Glas.

Auswahl

Name Abb.	Rezept	Geschmack Verwendung	Glas	Zubereitung	Garnitur	Service
Kiwi-Kiss 6.16/1	*1 bis 2 geschälte Kiwis (leicht gefroren) 1 Tasse gekühlte Milch 2 cl Kiwilikör 2 Kugeln Kiwieis oder Vanilleeis Cremissimo*	*Erfrischend Softeis Familieneis*	*Eis-Kaffee-Glas*	*Milch, angefrorene Kiwis, Kiwilikör im Mixer pürieren, dann Kiwieis untermixen.*	*Kiwi-Scheibe an das Glas legen*	*Untersetzer Serviette Kaffeelöffel*
Pink Berry 6.16/2	*80 g angefrorene Erdbeeren oder Himbeeren 80 g gekühlte Milch oder Joghurt 80 g Joghurt-Himbeereis-Cremissimo oder Vanilleeis-Cremissimo nach Geschmack noch ½ Banane 1 Tropfen Zitronensaft 1 bis 2 cl Himbeer-Sirup*	*Erfrischendes Sommergetränk Softeis Familieneis*	*Eis-Kaffee-Glas*	*Milch, angefrorene Himbeeren, Sirup und Zitronensaft im Mixer pürieren, dann Vanille- oder Joghurt-Himbeer-Eis untermixen.*	*Pfefferminze an das Eis legen*	*Untersetzer Serviette Kaffeelöffel*
Red Angel	*80 g gefrorene rote Beeren (Himbeeren, Kirschen, Johannisbeeren) 80 g gekühlten Johannisbeersaft 80 g gemischt von Cassis-Sorbet, Vanilleeis-Cremissimo*	*Erfrischend Softeis Familieneis*	*Eis-Kaffee-Glas*	*Zubereitung wie bei den anderen Smoothies*	*Johannisbeeren an das Eis legen*	*Untersetzer Serviette Kaffeelöffel*

6.16/1
Kiwi-Kiss

6.16/2
Pink Berry

6.17 Tropicanas, Coladas

Tropicanas werden hauptsächlich aus tropischen Fruchtsäften, Früchten und Sirups hergestellt, während bei den *Coladas* noch Sahne und Coconut-Cream, Kokossirup oder Kokosmilch hinzugefügt werden.

Auswahl

Name Abb.	Rezept	Geschmack Verwendung	Glas	Zubereitung	Garnitur	Service
Cocos-Banana-Colada 6.17/1	*4 cl Bananennektar 4 cl Ananassaft 4 cl Sahne 1/2 cl Bar-Sirup Mango 1 cl Cream of Coconut 4 Bananen-Scheiben (gewürfelt) 1 EL Crushed Ice*	*Fruchtiger Abend-Cocktail Colada*	*Kokosnuss*	*Alles im Elektromixer mit Crushed Ice mixen und mit dem Eis in die Kokosnuss gießen*	*Bananen-Scheiben und Cocktail-Kirschen am Stick an die Kokosnuss stecken*	*Untersetzer Trinkhalm Serviette*
Colada Fizz	*6 cl Maracujanektar 2 cl Kokoscreme 1 cl Sahne 1 Tr. Zitronensaft 6 Eiswürfel 1 EL Crushed Ice 4 cl Mineralwasser*	*Erfrischend, fruchtig Colada*	*Ballon-Glas*	*Alles ohne Wasser im Elektromixer mit Crushed Ice mixen und mit dem Eis in das Glas geben, dann mit Mineralwasser abspritzen.*	*Glas zu 1/3 mit Würfeleis füllen und das Getränk darauf gießen, Ananasecke, Cocktail-Kirsche am Stick an das Glas stecken*	*Untersetzer Trinkhalm Serviette*
Kokos-Exe	*3 cl Cocos-Cream 3 cl Sahne 4 cl Orangensaft 2 cl Ananassaft 6 Eiswürfel*	*Erfrischendes Partygetränk Colada*	*Sekt-Schale*	*Alles im Shaker mit Würfeleis rund shaken und ins Glas abseihen.*	*Rand des Glases mit geraspelter Kokosnuss verzieren*	*Untersetzer Serviette*
Red Snow	*6 cl Maracujanektar 2 cl Erdbeer-Sirup 1 cl Bar-Sirup Havana 8 cl Ananassaft 1/8 Scheibe Ananas 1 EL Crushed Ice*	*Erfrischendes Sommergetränk Tropicana*	*Hoher Tumbler*	*Alles im Elektromixer mit Crushed Ice mixen und mit dem Eis ins Glas gießen.*	*Ananasecke, Erdbeeren am Stick an das Glas stecken*	*Untersetzer Trinkhalm Serviette*
Tropical Dream 6.17/2	*5 cl Ananassaft 5 cl Mangonektar 5 cl Orangensaft 1 cl Grenadine 1 cl Bar-Sirup Havana 1 EL Crushed Ice*	*Erfrischendes Sommergetränk Tropicana*	*Ausgehöhlte Ananas*	*Alles im Elektromixer mit Crushed Ice mixen und mit dem Eis in die Ananas gießen.*	*Ananasdeckel und Blüte auf die Ananas stecken*	*Untersetzer Trinkhalm Serviette*

6.17/1
Cocos-Banana-Colada

6.17/2
Tropical-Dream

6.18 Cocktails zu den einzelnen Kostformen

Bei einer normalen ausgewogenen Ernährung sind alle Getränke in geringem Maße erlaubt und können sich oftmals positiv auf die Gesundheit des Menschen auswirken. Problematisch wird der Genuss von alkoholischen Getränken bei einzelnen Kostformen. Auf sie sollte in der Regel komplett verzichtet werden. Selbst Ärzte haben bzgl. dieser Problematik verschiedene Ansichten. Konzentrierte alkoholische Getränke, vor allem Rotwein, können z. B. bei Menschen mit Herz-Kreislaufleiden die Gefäße erweitern. Ebenso gilt dies für das Koffein in Kaffee oder Tee. Die Verträglichkeit hängt selbstverständlich jeweils von der Einzelperson ab. Als Leitlinien für den Barmann bei seiner täglichen Arbeit sollten die nachfolgenden Informationen zu wichtigen Kostformen dienen.

Ernährungstherapie bei Diabetes mellitus

Kohlenhydrat-definierte Kostformen

Die angegebenen Daten sind nur Richtlinien und können je nach Schwere der Erkrankung anders ausfallen. Alle erlaubten Getränke sollten daher genau berechnet werden. Insulinbehandelte Diabetiker beachten die Broteinheit (BE). 1 BE hat 10 g Kohlenhydrate. Vom Gast darf fast alles getrunken oder gegessen werden, beachtet man dabei die Anzahl der Kohlenhydrate (KH). Eine genaue Auskunft erhalten Sie bei Ihrem Arzt.

Erlaubtes

Sacharin zum Süßen, Kaffee, Tee, trockene Weine, Magermilch, Magerjoghurt, Buttermilch, Diabetikerbier, Leitungswasser, Mineralwasser.

Nicht zu süßes Obst:
Bananen, Zwetschgen, Kirschen, Heidelbeeren.

In kleinen Mengen:
Orangen-, Kirsch-, Grapefruit- und Apfelsaft

Verbotenes

Sehr süße Cocktails, süße Weine, Schnäpse und Liköre, überreifes Obst:
Birnen, Trauben, Datteln, Ananas, Feigen und Schokolade

Cocktailempfehlung

Erdbeer-Drink (10 KH)

10 cl Magermilch (1,5 % Fett),
4 cl Erdbeermousse,
2 cl Orangensaft,
1 cl Zitronensaft,
1 EL Crushed Ice

Kräuter-Joghurt-Cocktail (7,5 KH)

10 cl magerer Joghurt (1,5 %)
2 cl Orangensaft,
1 cl Zitronensaft,
je 1 TL Petersilie, Kerbel, Schnittlauch,
1 Tropfen Süßstoff,
1 EL Crushed Ice

Mimosa-Cocktail (5 KH)

4 cl Orangensaft,
8 cl Sekt dry

Ernährungstherapie bei hohem Blutdruck, Herzkrankheiten und Kreislaufstörungen

Natriumarme Kostformen

Grundsätzlich sollen nur natriumarme Getränke und Speisen empfohlen werden. Zum Würzen der Getränke eignet sich insbesondere die Verwendung von Kräutern. Die Ernährung sollte natriumarm und flüssigkeitsarm sein, empfohlene Flüssigkeitsmenge bis zu 1 Liter pro Tag.
Man unterscheidet folgende Kostformstufen:

1. streng bis max. 400 mg,
2. natriumarm bis 1200 mg und
3. mäßig bis 2000 mg Natrium

Der Arzt entscheidet jeweils darüber, wie viel Natrium ein Gast am Tag zu sich nehmen kann.

Erlaubtes

Säfte von Früchten z. B. Orangen, Grapefruit, Aprikosen, Birnen, Himbeeren, Johannisbeeren, Kirschen usw.

Alle Kräuter.

Natriumarmes Mineralwasser, Kaffee, Tee in geringem Maße.

Alle Speisen und Getränke mit geringem Natriumgehalt.

Verbotenes

Kochsalz, mit Kochsalz hergestellte Nahrungsmittel, natriumhaltige Gewürze und Saucen, natriumhaltiges Mineralwasser.

Zu hohe Flüssigkeitsmenge.

Cocktailempfehlung

Alle trockenen kurzen, alkoholischen (nur 1/2 Rezept) und nicht alkoholischen Cocktails.

Alkoholische Cocktails: (1/2 Rezept):

Claridge, Martini-Dry, Manhattan Chirivari, Rob Roy, Bijou.

Nicht alkoholische Cocktails:

Polonaise, Sweetheart, Europa, Pinky, Kresse, Birne, Ananas

Ernährungstherapie Verdauungsorgane (Magen, Darm, Galle und Leber)

Gastroenterologische Kostformen

Hierbei muss darauf geachtet werden, dass die Speisen und Getränke in kleinen Mengen, gut püriert und nicht zu fett sind. Auch sollten keine gebratenen Häppchen angeboten werden.

Erlaubtes

Milch, Joghurt, Kräutertees, leichter Kaffee Tee, Eier, Obst und Gemüse (immer püriert!).

Gehäutete Tomaten.

Bei Cocktails 2/3 Milch und 1/3 Rahm verwenden.

Geraffeltes Obst von Äpfeln, Birnen, Pfirsichen, Aprikosen, Bananen.

Mineralwasser ohne Kohlensäure, Fruchtsäfte, leichte Rot- und Weißweine und passiertes Kompott

Verbotenes

Brauner Zucker, gebräunte Mandeln, Nüsse.

Grobe Stücke von Obst und Gemüse.

Blätterteig, gepökelte Gerichte.

Gebratene Speisen.

Scharfe Gewürze.

Starker Kaffee, Tee und Schokolade.

Rohe Früchte z. B. Weintrauben, Beeren.

Kompotte, dicke Obstschalen und Spirituosen

Cocktailempfehlung

Sweetheart II.

2 cl Milch,
2 cl Orangensaft,
2 cl Zitronensaft,
2 cl Grenadine-Sirup

Kir

1 cl Cassis,
9 cl trockenen Weißwein

African-Passion-Eistee

Traubensafttee

Melonenspaß mit Fixbutte

Ernährungstherapie Gicht und Nieren

Purinarme Kostformen

Häufig liegt eine Stoffwechselerkrankung, bei der sich harnsaure Salze in den Gelenken und Geweben absetzen, zugrunde. Purinarme Kost und Rohkost ist zu empfehlen. Informieren Sie sich genau, in welchen Lebensmitteln viel Purin enthalten ist.

Erlaubtes

Fruchtsäfte mit viel Zitronensaft, Bier, alle Obstsorten und Obstsäfte. Milchprodukte, Eier, Joghurt (je nach Puringehalt), Nüsse, Mandeln, Kaffee, Tee, Kakao, Milchkaffee

Verbotenes

Alles Geräucherte, Innereien, Alkohol in größeren Mengen, Getränke mit Spinat, Spargel, Erbsen

Cocktailempfehlung

Cocktails mit alkoholfreiem Bier z.B.

Banana Wonder

Alle alkoholfreien Milch-Cocktails:

Orangenmilch

Pink Mousse

American Fizz

Amaretto Sour mit 2 cl Amaretto

Ernährungstherapie bei Osteoporose

Vollwerternährung

Bei Osteoporose ist eine vollwertige Ernährung mit 1200 bis 1500 mg Kalzium am Tag zu empfehlen. Milch und Milchprodukte sind dabei die besten Kalziumspender.

Erlaubtes	Verbotenes	Cocktailempfehlung
Alle Milchprodukte	*Spinat, Rhabarber, schwarzer Tee und Salzprodukte*	**Strawberry Dream**

Ernährungstherapie bei Übergewicht

Energiereduzierte Kostformen

Kohlenhydrate sind zu meiden, Kochsalz sollte vermieden und fettarme, ballaststoffreiche Kost bevorzugt werden.

Erlaubtes	Verbotenes	Cocktailempfehlung
Alkoholfreie Getränke ohne Zucker, Wasser, Tee, Kaffee (ohne Zucker, sondern mit Sacharin süßen) und Kräutertee	*Süße Getränke, Zucker, Schokolade, fetthaltige Speisen und Getränke, Alkohol in jeder Form, natriumreiches Mineralwasser und Milchprodukte mit einem Fettgehalt über 1,5 %.*	**Orangenmilch mit 1,5 % Fett**
		Vitamin-Cocktail
		Dill-Gemüse-Drink
		Melonenspaß mit Fixbutte
		(ohne Läuterzucker und Grenadine, dafür mit Sacharin süßen!)

6.19 Mixgetränke mit Mineralwasser

Sämtliche Mixgetränke mit Mineralwasser eignen sich insbesondere als Erfrischungsgetränke. Es sind meistens Mixgetränke, die im Sommer getrunken werden, die den Alkoholspiegel senken sollen, gut schmecken, erfrischen und den Durst löschen. Mineralwasser ist heute ein Begleitgetränk zu jedem Essen. Man trinkt Mineralwasser vor, während und nach den Mahlzeiten. Selbst vor dem Zubettgehen, als nächtlicher Begleiter, ist Mineralwasser zu empfehlen. Man trinkt es vorzugsweise bei 7 bis 10 Grad Celsius, Heilwasser wird bei 18 bis 20 Grad Celsius getrunken. Wird Mineralwasser pur serviert, so sind Eiswürfel und eine Zitronenscheibe als Beigabe oft nicht gewünscht, da der Zitronengeschmack sofort auf das Mineralwasser übergeht und den Eigengeschmack überdeckt. Eiswürfel verwendet man nur bei Mixgetränken in Verbindung mit Sirups oder Säften.

Auswahl

Name Abb.	Rezept	Geschmack Verwendung	Glas	Zubereitung	Garnitur	Service
Mandolino	*2 cl Mandel-Sirup 2 cl Zitronensaft 4 cl Ananassaft 1 cl Zitronen-Sirup 8 Eiswürfel 4–6 cl Mineralwasser*	*Sweet Fruchtsaft-Soda*	*Hoher Tumbler*	*Alles außer Mineralwasser im Shaker mixen, mit dem Eis in das Glas gießen und mit Mineralwasser auffüllen.*	*Ananasecke, Kirsche am Stick ans Glas stecken*	*Untersetzer Serviette Trinkhalm*
Riviera *6.19/1*	*6 cl Orangensaft 2 cl Mandel-Sirup 1 cl Zitronensaft 1 cl Curaçao Blue (alkoholfrei) 6 Eiswürfel 4–6 cl Mineralwasser*	*Fruchtig Fruchtsaft-Soda Floater*	*Sekt-Kelch*	*In das Gästeglas auf die Eiswürfel, den Orangensaft, Mandelsirup und Zitronensaft gießen, dann mit Mineralwasser auffüllen und den Curaçao Blue über das Eis laufen lassen.*	*Orangen-Scheibe, Cocktail-Kirsche, Physalis am Stick an das Glas stecken*	*Untersetzer Trinkhalm Serviette*
Sparkling Banana *6.19/2*	*1 cl Zitronensaft 2 cl Bananen-Sirup 5 cl Orangensaft 5 cl Ananassaft 6 Bananen-Scheiben 1 EL Crushed Ice 6 Eiswürfel 4–6 cl Mineralwasser*	*Fruchtig Fruchtsaft-Soda*	*Ballon-Glas*	*Alles außer Mineralwasser im Elektromixer mit Crushed Ice mixen und in das Glas auf Würfeleis abgießen, dann mit Mineralwasser auffüllen.*	*Bananen-Scheiben, Cocktail-Kirschen am Stick an das Glas stecken*	*Untersetzer Serviette Trinkhalm*
Winzer-Kir	*2 cl Crème de Cassis (alkoholfrei) 1/2 cl Zitronensaft 8 cl Mineralwasser (gut gekühlt)*	*Erfrischend Fruchtcrème-Soda*	*Sekt-Kelch*	*In das Gästeglas gießt man den Sirup und den Zitronensaft und füllt mit Mineralwasser auf.*	*Rispe mit Johannisbeeren über das Glas legen*	*Untersetzer, Serviette*

6.19/1
Riviera

6.19/2
Sparkling Banana

6.20 Alkoholfreie Cocktails Spezial

Name	Rezept	Geschmack Verwendung	Glas	Zubereitung	Garnitur	Service
Blaues Wunder	2 cl Curaçao Blue (alkoholfrei) 4 cl Ananassaft 1/2 Limette (gewürfelt) Crushed Ice 6 cl Tonicwater	Erfrischendes Limonaden-Mischgetränk	Breiter Tumbler	Limette mit dem Stößel im Glas zerstoßen. Das Glas mit Crushed Ice auffüllen und die Getränke darüber geben. Zum Schluss mit Tonicwater auffüllen.	Keine	Untersetzer 2 kleine Trinkhalme
Caipi-rotto	1/2 Limette (gewürfelt) 2 BL brauner Zucker 2 Scheiben Ingwer 6–8 cl Tonicwater Crushed Ice	Würzig erfrischend Limonaden-Mischgetränk	Breiter Tumbler	Limette im Glas mit dem braunen Zucker und Ingwer zerstoßen, Glas mit Crushed Ice auffüllen und Tonic-water darüber gießen und umrühren.	Keine	Untersetzer 2 kleine Trinkhalme
Fidji Sunset	6 cl Mangosaft 4 cl Sauerkirschsaft 2 cl Zitronensaft 3 cl Mineralwasser 1 Eiweiß, 6 Eiswürfel	Erfrischend Crusta Fizz	Hoher Tumbler	Getränke ohne Mineral-wasser im Shaker mit Würfeleis kräftig schütteln und in das Glas seihen. Mit Mineralwasser auffüllen.	Zuckerrand Zitronen-Scheibe, Minzeblatt am Stick an das Glas stecken	Untersetzer Trinkhalm Serviette
Golden Ginger	3 cl Orangensaft 3 cl Grapefruitsaft 3 cl Ananassaft 6 Eiswürfel 8 cl Ginger-Ale	Erfrischend Limonaden-Mischgetränk	Hoher Tumbler	Würfeleis in das Glas geben, die Getränke darauf verrühren und mit Ginger-Ale auffüllen.	Ananasecke, Orangen-Scheibe am Stick an das Glas stecken	Untersetzer Trinkhalm Serviette
Pilot's Honey	2 cl Sahne 8 cl Karottensaft 3 cl Apfelsaft 1 cl Zitronensaft 3 Tropfen Tabasco 1 BL Honig 1 EL Crushed Ice	Würzig erfrischend Gemüse-Cocktail	Champagner-Kelch	Im Hamilton Beach mit Crushed Ice aufmixen und mit dem Eis in das Glas ab-seihen.	Mandarinen, 1/2 Cocktail-Kirsche am Stick an das Glas stecken	Untersetzer Trinkhalm Serviette
Sunset	2 cl Cocos-Cream 2 cl Cocos-Sirup 3 cl Ananassaft 6 cl Kirschsaft 2 cl Zitronensaft 6 cl Tonicwater 1 EL Crushed Ice 4 Eiswürfel	Sweet Limonaden-Mischgetränk Colada	Ballon-Glas	Alles außer Tonic im Elektromixer mixen und mit dem Eis auf das Würfeleis im Glas gießen, dann mit Tonicwater auf-füllen.	Ananas, Kiwi, Cocktail-Kirsche am Stick an das Glas stecken	Untersetzer Serviette Trinkhalm
Olympia	1 cl Zitronensaft 1 cl Läuterzucker 6 cl Ananassaft 4 cl Kiwimus 1 cl Curaçao Blue (alkoholfrei), 4 Eiswürfel 6 cl Mineralwasser 1 EL Crushed Ice	Fruchtig Mineralwasser-Mischgetränk	Sekt-Schale	Alles im Elektromixer mit Crushed Ice mixen und mit dem Eis auf das Wür-feleis in das Glas gießen, dann mit Mineralwasser auffüllen.	Kiwi-Scheibe an das Glas stecken	Untersetzer Trinkhalm Serviette

Alkoholfreie Cocktails Spezial

Name	Rezept	Geschmack Verwendung	Glas	Zubereitung	Garnitur	Service
Blue Moon	8 cl Ananassaft 2 cl Zitronensaft 2 cl Curaçao Blue (alkoholfrei) 10 cl schwarzen Tee (kalt) 6 Eiswürfel	Frisch Ice-Tea	Großer Cognac-Schwenker	Alles im Shaker mit Würfeleis shaken und ins Glas abseihen.	Zitronen-Scheibe, Cocktail-Kirsche am Stick an das Glas stecken	Untersetzer Serviette Trinkhalm
Früchte-Minze-Eistee	2 Limetten-Scheiben 6 Minzeblätter 10 cl Früchtetee (kalt) 1 Tropfen Zitronensaft 4 cl Apfelsaft	Erfrischend Ice-Tea	Breiter Tumbler	Limetten-Scheiben mit Minze im Glas zerstoßen, mit Crushed Ice das Glas auffüllen und den Tee und den Apfelsaft zugießen.	Minzeblätter auf das Getränk legen	Untersetzer 2 kleine Trinkhalme
Traubensaft-Sorbet	10 cl Traubensaft 4 cl Grapefruitsaft 1 Tropfen Zitronensaft 6 Eiswürfel 1 Kugel Zitronensorbet	Erfrischend Sorbet	Sekt-Schale	Alles außer Zitronensorbet im Shaker mit Würfeleis shaken und in das Glas abseihen.	1 Kugel Zitronensorbet in das Getränk geben und eine Rispe Trauben auf das Glas legen	Untersetzer Serviette Trinkhalm
Grape-Cream	6 cl roter Traubensaft 2 cl Sahne 1/2 Kugel Brombeereis 1 Tropfen Zitronensaft	Cremig Eiscreme-Mix	Cocktail-Kelch	Alles im Elektromixer mit Brombeereis mixen und in das Glas gießen.	Zitronenmelisse auf das Getränk legen	Untersetzer
Frühlings-Traum	10 cl Milch, 6 Erdbeeren 2 cl Sahne, 2 cl Amaretto 1 Spritzer Zitronensaft 1 Kugel Erdbeereis 10 g Marzipan (gewürfelt) 1 EL Crushed Ice	Fruchtig Vitamin-Drink Milchfrappé	Ballon-Glas	Alles im Elektromixer mit Crushed Ice und Erdbeereis mixen und mit dem Eis in das Glas gießen.	Schokoraspel auf das Getränk streuen	Untersetzer Trinkhalm
Happy Holiday	4 cl Pfirsichsaft 2 cl Grenadine 1 cl Cassis (alkoholfrei) 1 cl Zitronensaft 15 cl Orangensaft 8 Eiswürfel	Erfrischend Fruchtsaft-Cocktail	Hoher Tumbler	Alles im Shaker mit Würfeleis shaken und mit dem Eis in das Glas gießen. Zum Schluss mit Orangensaft auffüllen.	Johannisbeerrispe in Zucker eintauchen und über den Glasrand legen	Untersetzer Trinkhalm Serviette
Neuseeland-Drink	6 cl Apfelsaft 2 cl Birnensaft 1/2 Kiwi, 1 Msp. Zimt 1 Tropfen Zitronensaft 2 Minzeblätter (gehackt) 1 El Crushed Ice	Erfrischend Vitamin-Drink	Cocktail-Kelch	Alles im Elektromixer mit Crushed Ice mixen und mit dem Eis in das Glas gießen.	Minzesträußchen auf das Getränk legen	Untersetzer Serviette Trinkhalm
Starclub	6 Eiswürfel 2 cl Maracuja-Sirup 2 cl Zitronensaft 4 cl Orangensaft 2 cl Grenadine, 4 cl Tonic	Fruchtig Limonaden-Mischgetränk	Hoher Tumbler	Alles nacheinander in das Glas auf Würfeleis gießen, mit Tonic auffüllen und umrühren.	Karambolen-Scheibe an das Glas stecken	Untersetzer Trinkhalm Serviette
Summer-Cooler	6 Eiswürfel 6 cl Orangensaft 1 Tropfen Zitronensaft Zitronenlimonade	Erfrischend Limonaden-Mischgetränk Cooler	Hoher Tumbler	Alles nacheinander in das Glas auf Würfeleis gießen und mit Zitronenlimonade auffüllen.	Orangen-Scheibe in das Glas stecken	Untersetzer Trinkhalm Serviette

6.21 Übungen

1 In welcher Reihenfolge sollten alkoholfreie Getränke getrunken werden?

1 Man beginnt mit einem trockenen klaren Short Drink. Darauf folgt ein kurzer cremiger Cocktail. Zum Abschluss trinkt man einen fruchtigen Long Drink.

2 Woraus werden alkoholfreie Getränke hauptsächlich hergestellt?

2 Sie werden aus Fruchtsäften, Sirups, Milch, Sahne, Früchten, Mineralwasser, Limonaden, Joghurt und Speiseeis hergestellt.

3 Zählen Sie die wichtigsten alkoholfreien Getränkegruppen auf!

3
- *Fruchtmischgetränke*
- *Fruchtsaft-Cocktails*
- *Limonadenmischgetränke*
- *Gemüsemischgetränke*
- *Milch-Shakes*
- *Milch-Frappés*
- *Joghurtmischgetränke*
- *Buttermilch- und Kefirmischgetränke*
- *Eiscreme-Soda*
- *Cocktails zu den einzelnen Diätformen*
- *Mixgetränke mit Mineralwasser*

4 Wie werden Fruchtmischgetränke hergestellt?

4 Fruchtmischgetränke werden im Elektromixer hergestellt, da die ganzen Früchte zerkleinert werden müssen.

5 Worauf müssen Sie bei der Herstellung von Fruchtsaft-Cocktails achten?

5 Fruchtsaft-Cocktails werden aus frisch gepressten Früchten hergestellt. Verwendet man Fruchtsäfte aus der Flasche, wird der Geschmack beeinträchtigt.

6 Welche Arten von Limonaden werden unterschieden?

6 Man unterscheidet Limonaden aus Fruchtsäften, Essenzen, Koffein, Chinin und aus Kräutern.

7 Warum sind Gemüsemischgetränke so wichtig für die Gesundheit?

7 Sie enthalten Vitamin B, C und K, sowie Beta-Karotin, Calcium, Magnesium, Mangan, Kupfer und Kobalt.

8 Welche Gewürze und Kräuter können bei der Zubereitung von Gemüsemischgetränken verwendet werden?

8 Gewürze: Salz, Pfeffer, Tabasco, Worcestersauce, Zitronensaft, Selleriesalz, Kräutersalz, Paprika
Kräuter: Petersilie, Schnittlauch, Pfefferminze, Zitronenmelisse, Kresse

9 Zu welcher Tageszeit ist der Genuss von Gemüsemischgetränken zu empfehlen?

9 *– Zum Frühstück*
– Als kleine Mahlzeit zwischendurch und überhaupt den ganzen Tag hindurch ein Genuss.

10 Welche lebenswichtigen Stoffe enthält Milch?

10 *Eiweiß, Mineralstoffe, Calcium und Vitamine.*

11 Wodurch unterscheiden sich Milch-Shakes von Milch-Frappés?

11 *Den Milch-Frappés wird Speiseeis hinzugefügt.*

12 Warum sind Joghurt-, Buttermilch- und Kefir-Mischgetränke so gesund?

12 *– Sie haben einen hohen gesundheitlichen Stellenwert aufgrund ihrer Zutaten.*
– Sie sind im Geschmack erfrischend und prickelnd.
– Sie erleichtern und fördern die Verdauung.

13 Wodurch unterscheiden sich Tropicanas von Coladas?

13 *Tropicanas bestehen hauptsächlich aus exotischen Säften, Früchten und Sirups.*
Coladas sind eine Ableitung der Tropicanas. Zusätzlich enthalten sie noch Kokosmilch und Cocos-Cream.

14 Was sind Smoothies?

14 *Smoothies sind erfrischende Mixgetränke aus Milch, Früchten, Säften und Speiseeis.*

15 Welchen Vorteil bringt der Genuss von Power-Getränken mit sich?

15 *Mit einem Glas Gemüse- oder Obstsaft kann der Bedarf an Mineralstoffen und Vitaminen problemlos abgedeckt werden.*

16 Welche positive Eigenschaft hat Tomatensaft?

16 *Tomatensaft unterstützt die Funktion der Leber und Bauchspeicheldrüse. Er soll sogar vor Krebs schützen und enthält die Vitamine C, A und K sowie Beta-Karotin.*

17 Nennen Sie einen Drink im Rahmen der diätetischen Ernährung bei
a) Diabetes,
b) Hohem Blutdruck,
c) Erkrankungen der Verdauungsorgane,
d) Gicht,
e) Übergewicht!

17 *a) Erdbeer-Drink mit 10 KH*
b) Kresse-Cocktail
c) Melonenspaß mit Fixbutte
d) American Fizz
e) Orangenmilch

18 Bei welcher Temperatur serviert man optimalerweise
a) Mineralwasser,
b) Heilwasser?

18 *a) 7 bis 10 Grad Celsius*
b) 18 bis 20 Grad Celsius

Kapitel 7

Spezial- getränke

7.1 Crustas

Sie eignen sich als Getränk sowohl vor oder nach den Mahlzeiten. Wichtig beim Servieren der Crustas ist, dass das Glas einen in Zucker *eingetauchten Rand* erhält. Vielfach werden die Crustas auch mit einer *Spirale aus Zitrusfrüchten* (Zitronen, Orangen, Limetten, Mandarinen) *im Glasinneren* ausgelegt. Der Zucker auf dem Glasrand glitzert oft wie Raureif und soll den Gast dazu verführen, das Getränk *über den Zuckerrand* zu trinken. Einen Trinkhalm serviert man *nicht* dazu.

Grundrezept

1. *Als Servierglas wird ein kleiner Tumbler oder ein Cocktail-Glas gewählt.*
2. *Auf einen Mittelteller gibt man etwas Grenadine-Sirup. Nicht zu viel, da sonst der Rand zu breit und der Sirup heruntertropfen könnte, was wiederum die attraktive Optik zerstören würde.*
3. *Auf einen anderen Mittelteller streut man geraspelte Kokosnuss.*
4. *Nun nimmt man den kleinen Tumbler und taucht ihn zuerst in den Grenadine-Sirup ein.*
5. *Anschließend wird der Sirup-Rand in die geraspelte Kokosnuss eingetaucht. Mit leichtem Klopfen an das Glas lässt man die überschüssigen geraspelten Kokosnüsse abfallen und erhält einen sauberen Rand.*
6. *Sobald der Rand getrocknet ist, beginnt man mit der Herstellung des Cocktails.*
7. *Es werden 4 gewaschene Erdbeeren in kleine Würfel geschnitten.*
8. *Die Erdbeeren gibt man mit einem Esslöffel Crushed Ice in den Elektromixer.*
9. *In den Elektromixer misst man 1/2 BL Erdbeersirup, 1 cl Kokossirup, 2 cl Sahne, 2 cl Ananassaft, 1 große Kugel Vanilleeis und 1 Tropfen Zitronensaft ab.*
10. *Auf höchster Stufe wird das Getränk gemixt und dann in das vorbereitete Glas gegossen.*

Arbeitsschritte STRAWBERRY DREAM

1 *Auf einen Mittelteller gibt man etwas Grenadine-Sirup, auf einen weiteren geraspelte Kokosnuss*

2 *Nun nimmt man einen kleinen Tumbler und taucht zuerst den Rand in den Grenadine-Sirup*

3 *Anschließend wird der Glasrand in die Kokosnussraspeln getaucht*

4 *Durch leichtes Klopfen an das Glas fallen die überschüssigen geraspelten Kokosnüsse ab und erhält einen sauberen Rand*

Es gibt Crustas als *Long und Short Drinks*. An Stelle von Zucker kann man für die Randverzierung auch *Salz, Pistazien, Kräuter, Kokosnuss, gehackte Mandeln* oder *gehackte Haselnüsse* verwenden. Einen breiten Zuckerrand haben alle *Frozen-Getränke*. Um das Glas zu befeuchten nimmt man *Zitronen, Orangen, Grapefruit und verschiedene Sirups*, auf Wasser sollte man hingegen verzichten.

Auswahl verschiedener Crustas

Name Abb.	Rezept	Geschmack Art	Glas	Zubereitung	Garnitur	Service
Apricot-Crusta	2 cl Orangensaft 1/2 cl Grenadine 3 cl Rum weiß 2 cl Apricot Brandy 6 Eiswürfel	Medium	Cognac-Schwenker	Im Shaker mit Würfeleis shaken und in das Glas abseihen.	Zuckerrand	Untersetzer Serviette
Batida-de-Coco-Crusta 7.1/1	6 cl Ananassaft 1 Spritzer Zitronensaft 2 cl Batida de Coco 1 cl Kokosnusscrème 2 cl weißer Rum 6 Eiswürfel	Sweet	Sekt-Schale	Im Shaker mit Würfeleis rund shaken und in das Glas abseihen.	Glas in Kokosnuss-Sirup tauchen und dann in geraspelte Kokosnüsse	Untersetzer Serviette
Galliano-Crusta 7.1/2	6 cl Orangensaft 1 cl Zitronensaft 4 cl Galliano 6 Eiswürfel	Medium	Breiter Tumbler	Alles im Shaker mit Würfeleis shaken und mit dem Eis in das Glas gießen.	Fingerbreiter Zuckerrand, Orangenspirale in das Glas stecken	Untersetzer Serviette
Margarita (IBA-Standard) 7.1/3	4 cl Tequila (weiß) 2 cl Cointreau 1 cl Zitronensaft 6–8 Eiswürfel 3 Eiswürfel zum Shaken	Dry	Cocktail-Kelch	Im Shaker mit Würfeleis shaken. Glas vorher mit Würfeleis frappieren.	Salzrand	Untersetzer Serviette
Strawberry Dream	2 cl Sahne 2 cl Ananassaft 1 Tropfen Zitronensaft 4 Erdbeeren 1/2 BL Erdbeer-Sirup 1 cl Kokos-Sirup 1 EL Crushed Ice 1 Kugel Vanilleeis	Sweet Ohne Alkohol	Kleiner Tumbler	Alles im Elektromixer mit Crushed Ice mixen und mit dem Eis in das Glas gießen.	Glas zuerst in Grenadine, dann in Kokosnussraspeln tauchen	Untersetzer Serviette

7.1/3
Margarita

7.1/2
Galliano-Crusta

7.1/1
Batida-de-Coco-Crusta

7.2 Old-Fashioned

Der Old-Fashioned ist ein alter Klassiker unter den Cocktails, der insbesondere von Whiskeytrinkern bevorzugt wird. Genießen sollte man ihn vor dem Essen oder zwischendurch. Diesen auf klassischem amerikanischem Whiskey basierenden Cocktail kann man auch mit Canadian-, American-Blended- oder mit Scotch Whisky herstellen. Auch Varianten wie z. B. *Pierre Fashioned* mit Cognac und *Comfort Fashioned* mit Southern Comfort erfreuen sich oftmals großer Beliebtheit. Der Gast kann diesen Cocktail, je nach Geschmack, zusätzlich mit Wasser oder Sodawasser trinken.

Zubereitung am Beispiel eines OLD-FASHIONED

Rezept

1 Stück Würfelzucker
2 Tropfen Angostura
4 cl Bourbon Whiskey
8 Eiswürfel

Geschmack

Dry

Art

Joker, Fancy Drink, Short Drink

Glas

Old-Fashioned-Glas

Zubereitung

Im Gästeglas auf Eiswürfeln zubereiten

Garnitur

1/2 Zitronen-, 1/2 Orangen-Scheibe und die Cocktail-Kirschen in das Glas stecken

Service

Untersetzer, Serviette, Trinkhalm

Grundrezept

1. *In einem Old-Fashioned-Glas tränkt man den Würfelzucker mit Angostura. Zusätzlich werden noch einige Tropfen Wasser daraufgegeben.*
2. *Der Würfelzucker und die Angosturatropfen werden mit einem Stößel (Muddler) zerdrückt.*
3. *Das Glas wird mit den Eiswürfeln aufgefüllt.*
4. *Der Whiskey wird darauf abgemessen und über die Eiswürfel gegossen.*
5. *Mit dem Barlöffel wird alles gut umgerührt.*
6. *Garnitur: Zwischen Glas-Innenrand und die Eiswürfel steckt man die Orangen- und Zitronen-Scheibe. Zum Schluss legt man die Cocktail-Kirschen auf das Würfeleis.*
7. *Service: Mit einem freundlichen Lächeln wird der Old-Fashioned auf einen Untersetzer mit Serviette und Teelöffel gestellt.*

Mise en place zur Herstellung eines Old-Fashioned.

Orangen- und Zitronen-Scheibe, Eisbehälter mit Eiswürfeln, Stößel, Cocktail-Kirsche, Jigger, Whiskey-Tumbler, Whiskey-Angosturaflasche, Zuckerwürfel, Zange, Karaffe Wasser

Arbeitsschritte OLD-FASHIONED

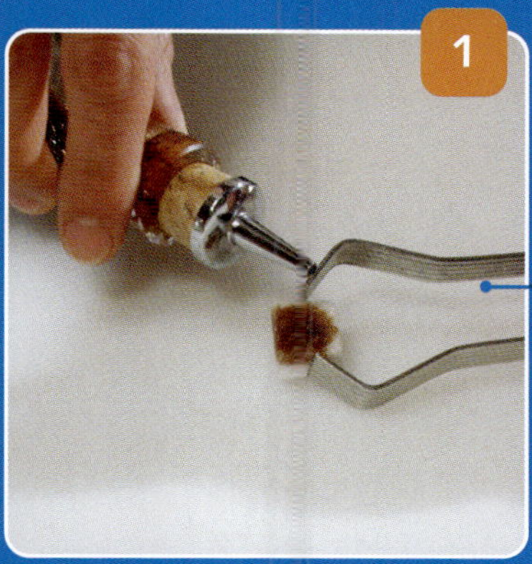

1 *Der Würfelzucker wird mit Angostura getränkt*

2 *Nachdem einige Tropfen Wasser auf den Zuckerwürfel gegeben wurden, zerstößt man ihn mit dem Stößel*

3 *Das Glas wird mit Eiswürfeln gefüllt*

4 *Der Whiskey wird abgemessen und über die Eiswürfel gegossen*

5 *Mit dem Barlöffel rührt man alles gut um*

6 *Die Orangen- und Zitronen-Scheibe steckt man neben das Eis in das Glas*

7 *Zum Schluss legt man die Kirschen auf die Eiswürfel*

8 *Der Old-Fashioned wird dem Gast mit einem freundlichen Lächeln serviert*

7.3 Pastis au sucre

Der Pastis au sucre ist eine Spezialität von Frau Galmarini aus der Schweiz. Ist ein Anisgetränk nicht süß genug, wird es nach der von alters her überlieferten Methode hergestellt. Der Gast kann dabei selbst bestimmen, wie süß er sein Getränk genießen möchte.

Grundrezept

1. 4 cl Pastis (Ricard) werden in einem Jigger abgemessen.

2. Den abgemessenen Pastis gießt man nun in ein Pastis-Glas.

3. Der Pastisbügel wird auf das Pastis-Glas gelegt und darauf anschließend der Würfelzucker.

4. Das Eiswasser gießt man über die Zuckerwürfel.

5. Die Karaffe Eiswasser wird neben das Glas gestellt.

6. Garnitur: Nunmehr bestimmt der Gast selbst, wie viel Wasser er langsam über den Zucker gießt, denn beim Übergießen des Zuckers löst sich dieser auf und tropft in das Glas.

7. Service: Das Glas wird auf einen Untersetzer platziert, den Krug mit Würfeleis und Wasser reicht man auf einem weiteren Untersetzer dazu.

Mise en place zur Herstellung eines Pastis au sucre:
Würfelzucker, Messbecher, Glas mit Untersetzer, Bügel für Würfelzucker, Karaffe mit Eiswasser, Ricard

Arbeitsschritte PASTIS AU SUCRE

1 *4 cl Pastis wird im Jigger abgemessen*

2 *Den abgemessenen Pastis gießt man in ein Pastis-Glas*

3 *Der Pastisbügel wird mit dem Zucker auf das Glas gelegt*

4 *Das Eiswasser gießt man langsam über die Zuckerwürfel*

5 *Jetzt stellt man die Karaffe Eiswasser neben das Glas und der Gast bestimmt selbst, wie süß er den Pastis trinken möchte*

6 *Mit einem freundlichen Lächeln wird dem Gast der Pastis serviert*

7.4 Pousse-Cafés

Diese buntfarbigen Getränke gehören zu der Kategorie der *After-Dinner-Drinks*. Sie werden von den weiblichen Gästen zum „Café noir" getrunken, während die männlichen Barbesucher ihn mit Kirschwasser oder Cognac trinken.

Für die Herstellung des Pousse-Cafés ist die genaue Beachtung der *spezifischen Gewichte der Ingredienzen* (Inhaltsstoffe einer Mischung) von größter Bedeutung für das Gelingen. Die Zutat mit dem *höchsten* spezifischen Gewicht (oder *niedrigsten* Alkoholgehalt) kommt zuerst in das Glas. Dabei ist auch auf *die Marke* des Getränkes zu achten, da die Produkte verschiedener Hersteller unterschiedliche spezifische Gewichte haben.

Highlight: RAINBOW-POUSSE-CAFÉ

Rezept

2 cl Grenadine-Sirup
2 cl Crème de Cacao braun
2 cl Maraschino
2 cl Crème de Menthe (grün)
2 cl Weinbrand

Geschmack

Sweet

Art

After-Dinner-Cocktail

Glas

Pousse-Café-Glas, Cocktail-Kelch

Zubereitung

Getränke in der angegebenen Reihenfolge über einen Löffel in das Glas laufen lassen

Garnitur

Keine

Service

Untersetzer
Trinkhalm

Mise en place:
Als Zutaten benötigen Sie ein spezielles Pousse-Café-Glas (in Ausnahmen auch ein anderes Kelchglas) und einen Barlöffel.

Grundrezept

1. *Zuerst gibt man den Grenadine-Sirup (2 cl) in das Pousse-Café-Glas.*
2. *2 cl Crème de Cacao gießt man langsam über einen verkehrt gehaltenen Barlöffel auf den Grenadine-Sirup, dabei sollte darauf geachtet werden, dass der Löffel leicht in dem Sirup steckt. Die Kunst besteht darin, die einzelnen Getränke nicht ineinander laufen zu lassen. Geschieht dies, kann das Getränk nicht serviert werden.*
3. *Das gleiche geschieht mit 2 cl Maraschino, 2 cl Crème de Menthe grün und 2 cl Brandy.*
4. *Garnitur: Der Pousse-Café wirkt allein durch seine unterschiedliche Farbenpracht, die bei den meisten Gästen Bewunderung hervorruft. Eine zusätzliche Garnitur ist überflüssig.*
5. *Service: Serviert wird der Pousse-Café mit einem separat gereichten Trinkhalm, d. h., er wird nicht in das Getränk gesteckt.*

Arbeitsschritte RAINBOW-POUSSE-CAFÉ

1 *Zuerst gibt man 2 cl Grenadine-Sirup in das Glas*

2 *2 cl Crème de Cacao lässt man langsam über einen verkehrt gehaltenen Barlöffel auf den Grenadine-Sirup laufen*

3 *Nach der gleichen Methode lässt man 2 cl Maraschino, 2 cl Crème de Menthe und 2 cl Brandy über den Barlöffel laufen*

4 *Serviert wird der Pousse-Café mit einem freundlichem Lächeln und einem separat gereichten Trinkhalm*

Auswahl

Name Abb.	Rezept	Geschmack Verwendung	Glas	Zubereitung	Garnitur	Service
B 52 7.4/1	2 cl Bailey's Irish Cream 2 cl Kahlúa 2 cl Grand Marnier	Sweet After-Dinner-Cocktail	Pousse-Café-Glas, Cocktail-Kelch	Bailey's und Kahlúa über einen Löffel in das Glas laufen lassen.	Grand Marnier kurz erwärmen, anzünden und auf das Getränk gießen, nicht zu lange brennen lassen	Untersetzer Trinkhalm
Fifth Avenue	2 cl Crème de Cacao weiß 2 cl Apricot Brandy 2 cl flüssige Sahne	Sweet	Pousse-Café-Glas	Getränke in der angegebene Reihenfolge über einen Löffel in das Glas laufen lassen.	Keine	Untersetzer Trinkhalm
Spezial-Arera 7.4/2	2 cl Grenadine-Sirup 2 cl Crème de Banane 2 cl Curaçao blue 2 cl Captain Morgan 73 %	Sweet After-Dinner-Cocktail	Pousse-Café-Glas, Cocktail-Kelch	Getränke in der angegebenen Reihenfolge über einen Löffel in das Glas laufen lassen.	Captain Morgan entzünden	Untersetzer Trinkhalm
White Russian 7.4/3	3 cl Wodka 2 cl Kahlúa o. Tia Maria 1 cl dickflüssig geschlagene Sahne 6 Eiswürfel	Medium dry After-Dinner-Cocktail	Cocktail-Kelch	Wodka und Kahlúa im Rührglas mit Würfeleis rühren und in das Glas abseihen.	Die geschlagene Sahne zum Schluss über einen Löffel auf das Getränk laufen lassen	Untersetzer

7.4/1 B 52

7.4/2 Spezial-Arera

7.4/3 White Russian

7.5 Hot Drinks

Pousse-Hot-Shot-Coffees (Cafés)

Das wohl berühmteste Beispiel in dieser Getränkekategorie bietet der *Rüdesheimer Kaffee*. Über *flambierten Asbach* gießt man den *heißen Kaffee*, dann lässt man langsam über einen verkehrt herum gehaltenen Barlöffel die geschlagene *Vanillesahne* laufen und streut etwas *Schokostreusel* darauf. Weitere berühmte Vertreter der Hot Drinks sind der *Amaretto-Hot-Shot* und der *Pharisäer*.

Am Beispiel des Rüdesheimer Kaffees soll die Herstellung der Hot Drinks nochmals detailliert beschrieben werden, da es für den Gast immer wieder ein Erlebnis ist, bei der Zubereitung zuzusehen. Getrunken wird er vorzugsweise nach dem Essen oder als „Leckerle" zwischendurch.

Vorbereitung:
3 bis 4 cl flüssige Sahne süßt man mit etwas Vanillezucker und schlägt sie leicht auf (nicht zu fest und steif schlagen), bis sie zwar angezogen hat, aber dennoch gießbar geblieben ist.

Mise en place für einen Rüdesheimer Kaffee.

Leicht geschlagene Sahne, Vanillezucker, Ständer mit Rüdesheimer-Kaffee-Glas, Streichhölzer, Jigger, Würfelzucker, Asbach, heißer Kaffee, Schokostreusel

Zubereitung am Beispiel eines RÜDESHEIMER KAFFEE

Rezept

4 Stücke Würfelzucker
4 cl Asbach
8 cl heißer Kaffee
4 cl leicht aufgeschlagene Vanillesahne
1 KL Schokostreusel

Geschmack

Medium, kräftig

Art

Hot-Shot-Coffee

Glas

Spezialtasse aus Porzellan

Zubereitung

In der Gästetasse zubereiten und flambieren

Garnitur

Leicht aufgeschlagene Vanillesahne auf den Kaffee laufen lassen. Schokostreusel drüberstreuen.

Service

Auf Spezial-Untertasse, kein Trinkhalm, kein Kaffeelöffel

Grundrezept

1. *4 cl Asbach erwärmt man in einem kleinen Stieltopf oder einer Kelle auf der Flamme des Servierwagens. Wahlweise kann der Alkohol auch im Glas auf einem Ständer erwärmt werden.*
2. *In eine Spezial-Porzellan-Tasse gibt man 3–4 Stücke Würfelzucker.*
3. *Auf diesen Würfelzucker gießt man den erwärmten Alkohol.*
4. *Anschließend wird der Alkohol angezündet und solange mit dem Barlöffel umgerührt, bis sich der Würfelzucker aufgelöst hat.*
5. *Jetzt wird der brennende Alkohol mit heißem Kaffee abgelöscht und die Tasse soweit aufgefüllt, dass noch ein Sahnehäubchen darauf gegeben werden kann (Bitte nicht überfüllen).*
6. *Über den Rücken eines Barlöffels lässt man sodann die leicht aufgeschlagene Vanillesahne auf den Kaffee laufen.*
7. *Garnitur: Einige Schokostreusel auf die Sahne geben.*
8. *Service: Serviert wird der Rüdesheimer Kaffee auf einer Spezialuntertasse, ohne Trinkhalm und Kaffeelöffel.*

Arbeitsschritte RÜDESHEIMER KAFFEE

1 *Über einem Brenner erwärmt man in einem Stieltopf den Alkohol*

2 *3 bis 4 Zuckerwürfel gibt man in die Spezialtasse*

3 *Auf den Würfelzucker wird der erwärmte Alkohol gegossen*

4 *Der Alkohol wird angezündet und mit dem Barlöffel solange gerührt, bis der Würfelzucker geschmolzen ist*

5 *Jetzt gießt man mit Kaffee auf*

6 *Die leicht geschlagene Sahne lässt man über den Barlöffel in den Kaffee laufen*

7 *Zum Schluss streut man die Schokostreusel über die Sahne*

8 *Mit einem freundlichen Lächeln serviert man dem Gast den Rüdesheimer Kaffee auf einem Unterteller oder einer Untertasse*

Irish Coffee

Neben dem Rüdesheimer Kaffee erfreut sich der Irish Coffee einer großen Beliebtheit. Daher soll auch seine Zubereitung an dieser Stelle eingehender erläutert werden. Auch er wird vor den Augen des Gastes bereitet und ist ein After-Dinner-Drink. Beim Irish Coffee sollte der Barmann stets beachten, den verwendeten Whiskey niemals zu flambieren, da dies den Geschmack beeinträchtigen könnte. Flambierter Whiskey enthält wenig Alkohol, da dieser verbrennt und nur die Extraktstoffe zurückbleiben, hingegen ist unflambierter Whiskey viel intensiver im Geschmack und darum vorzuziehen.

Mise en place für einen Irish Coffee.

Leicht geschlagene Sahne, Vanille-Zucker, Irish Whiskey, Ständer mit Whiskyglas, Streichhölzer, Jigger, brauner Zucker, Barlöffel, heißer Kaffee

Grundrezept

1. *3–4 cl flüssige Sahne schlägt man leicht auf (nicht zu fest und steif schlagen). Sie sollte sich über den Rücken eines Barlöffels gießen lassen.*
2. *In ein spezielles Irish-Coffee-Glas werden 3–4 cl Irish Whiskey abgemessen.*
3. *Zu dem Whiskey gibt man 2–3 Barlöffel braunen Zucker und verrührt alles gut miteinander.*
4. *Den Brenner des Spezialständers zündet man an und stellt das Irish-Coffee-Glas darauf.*
5. *Mit Hilfe des Barlöffels wird unter ständigem Rühren und Drehen des Glases der braune Zucker aufgelöst.*
6. *Sobald sich der braune Zucker vollständig gelöst hat, nimmt man das Glas aus der Halterung, löscht den Whiskey mit heißem Kaffee ab und füllt das Glas 1–2 cm bis unter den Glasrand auf.*
7. *Garnitur: Die leicht aufgeschlagene Sahne wird über den Rücken des Barlöffels gegossen, damit sie auf der Oberfläche des Kaffees schwimmt und sich nicht mit dem Kaffee vermischt.*
8. *Service: Mit einem freundlichen Lächeln wird der Irish Coffee dem Gast serviert.*

Zubereitung eines IRISH COFFEE

Rezept

2 BL brauner Zucker
4 cl Tullamore Dew
3–4 cl leicht geschlagene Sahne
8 cl heißer Kaffee

Geschmack

Medium, kräftig

Art

Hot-Shot-Coffee,
After-Dinner-Drink

Glas

Spezielles Irish-Coffee-Glas

Zubereitung

Im Gästeglas auf einem Spezial-Gestell, mit Brenner zubereiten

Garnitur

Leicht aufgeschlagene Sahne

Service

Untersetzer,
ohne Löffel und Trinkhalm

Arbeitsschritte IRISH COFFEE

1 *3–4 cl flüssige Sahne werden leicht aufgeschlagen*

2 *In ein spezielles Irish-Coffee-Glas werden 4 cl Irish Whiskey abgemessen*

3 *In das Whiskey-Glas gibt man anschließend 2 BL braunen Zucker*

4 *Der Spezialbrenner wird angezündet und das Glas mit dem Whiskey darauf gestellt*

5 *Mit dem Barlöffel wird unter ständigem Rühren und Drehen des Glases der Zucker aufgelöst*

6 *Das Glas wird bis 1–2 cm unter den Glasrand mit heißem Kaffee aufgefüllt*

7 *Die leicht aufgeschlagene Sahne lässt man langsam über den Rücken des Barlöffels auf den Kaffee laufen*

8 *Mit einem freundlichen Lächeln wird der fertige Irish Coffee dem Gast auf einem Untersetzer serviert*

Hot Drinks

Hot Chocolates

Zu den Hot Drinks gehören neben den Hot Cafés auch die Hot Chocolates. Sie werden sowohl mit als auch ohne Alkohol besonders gerne von großen und kleinen Gästen getrunken. Getoppt werden die Schokoladen zumeist mit einem Sahne-Häubchen, als Garnitur sind Schokoladenraspeln beliebt.

Hier eine Übersicht der beliebtesten und wohl bekanntesten Hot Chocolates:

Name	Rezept	Geschmack Art	Glas	Zubereitung	Garnitur	Service
Eis-Schokolade	*15 cl angerührte Milchschokolade (Kakao) 3 Kugeln Vanilleeis geschlagene Sahne*	*Süß, ohne Alkohol*	*Hoher Tumbler, Schoko-Glas*	*Kakao in das Glas gießen und die Kugeln Eis in die Flüssigkeit geben.*	*Rosette aus geschlagener Sahne aufsetzen und mit Zimtpulver bestreuen*	*Untersetzer Trinkhalm Serviette*
Holländischer Kakao	*4 cl Eierlikör 1 Tasse Schokolade (heiß) leicht aufgeschlagene Sahne*	*Kräftig*	*Schoko-Tasse*	*Eierlikör in die Tasse gießen, den heißen Kakao darüber gießen und umrühren.*	*Leicht aufgeschlagene Sahne über einen Löffel auf den Kakao laufen lassen, dann Kakaopulver darüber streuen*	*Untersetzer Serviette*
Kokos-Schokolade	*2 bis 4 cl Kokos-Sirup 1 Tasse heiße Schokolade 1 cl halbsteif geschlagene Sahne Schokoplättchen*	*Süß, für Kinder geeignet, da ohne Alkohol*	*Hohe, breite Tasse oder Eistee-Glas*	*Heiße Schokolade in das Glas geben, den Kokos-Sirup hinzufügen und die Sahne darüber geben.*	*Mit Scholadenblättchen bestreuen*	*Untersetzer Serviette*
Lumumba	*4 cl Rum braun 1 Tasse heiße Schokolade Schlagsahne*	*Kräftig*	*Schoko-Tasse*	*Heiße Schokolade erhitzen, in die Tasse gießen und den Rum unterrühren.*	*Rosette aus geschlagener Sahne aufsetzen und mit Kakaopulver bestreuen*	*Untersetzer Serviette*
Schoko-Dream	*10 cl kalte Milch 1 EL Schokopulver 1 Kugel Vanilleeis 1 Prise Zimt 1/2 Scheibe Ingwerwurz 1 EL Crushed Ice*	*Süß*	*Hoher Tumbler, Schoko-Tasse*	*Alles mit Crushed Ice im Elektromixer mixen und in die Tasse gießen.*	*Zimtpulver auf das Getränk streuen*	*Untersetzer Trinkhalm Serviette*

7.6 Feuerzangenbowle

Die Feuerzangenbowle wurde ursprünglich von Studenten in der kalten Jahreszeit als Budenzauber und in der Winterzeit zu Advent und Weihnachten getrunken. Sie ist eigentlich eine Art Punsch, allerdings wird bei ihrer Zubereitung Wasser durch Rotwein ersetzt. Wichtig ist, dass die Bowle in feuerfeste Gläser gegeben wird, die nicht zerspringen können.

Rezept

2 Flaschen (1,5 l) Rotwein
1 Zuckerhut 250 g
1/2 (0,5 l) Rum
(54 % Alkohol)
1 Orangen-Schale
4 Nelken
1 Stück Zimt (oder Gewürzbeutel) und den Saft einer Zitrone.

Grundrezept Große Feuerzangenbowle

1. *Neben den im Rezept genannten Zutaten benötigt man für die Herstellung folgende Gerätschaften: einen von außen kupfernen Topf (Kessel), das Rechaud, Brennpaste, Schöpfkelle, Feuerzange, Zuckerhut und Punsch- oder Grog-Gläser.*
2. *Den Rotwein und die mit Nelken gespickte Orangenschale, Zitronensaft und Zimt in den Topf (Kessel) geben und mit den Gewürzen langsam auf dem Rechaud heiß werden lassen (nicht kochen).*
3. *Sobald der Rotwein heiß ist, legt man die Feuerzange mit dem Zuckerhut auf den Kessel und durchtränkt den Hut mit etwas Rum.*
4. *Nun kann der „Bowlen-Zauber" beginnen. Der Rum auf dem Zuckerhut wird angezündet, in die Kelle wird weiterer Rum gegossen, der nach und nach über den Zuckerhut verteilt wird.* **Tipp:** *Gedämmtes Licht optimiert den optischen Effekt einer Feuerzangenbowle.*
5. *Der Hut beginnt langsam zu schmelzen. Ist er komplett geschmolzen, gießt man den Rest des Rums auf den Rotweinsud. Zu beachten ist dabei, dass die Flamme nicht zu hoch wird, daher niemals zu viel Rum auf den brennenden Zuckerhut geben.*
6. *Service: Die Bowle wird mit der Schöpfkelle in die feuerfesten Gläser gegossen. Dazu wird Gebäck gereicht. Sobald der Kessel leer ist, sollte die Flamme unter dem Topf gelöscht werden.*

Mise en place einer kleinen Feuerzangenbowle.

Topf mit Zitronenspirale, Nelken und Zimtstange, kleine Feuerzangenbowlen-Tassen, Bügel mit 3 Zuckerwürfeln, kleine Flambiertöpfe mit Löffel, 4 cl 54%iger Rum, 1 cl Orangensaft, 20 cl Rotwein

Arbeitsschritte KLEINE FEUERZANGENBOWLE

1

1 *Der Rotwein wird kurz mit etwas Zimt, einer Nelke und einer Zeste Zitrone erwärmt und in eine feuerfeste Tasse gesiebt*

2

2 *Ins kleine Töpfchen gießt man den erwärmten Rum hinein und zündet ihn an. Sofort wird der brennende Rum mit dem kleinen Löffel über den Würfelzucker gegossen*

3

3 *Diesen Vorgang wiederholt man mehrmals, bis der Zucker komplett geschmolzen ist*

7.7 Rumtopf

Zubereitung eines RUMTOPF

Rezept

500 g Früchte
250 g Zucker
70 cl Rum braun (54 %)

Geschmack

Kräftig

Art

Aufgesetzter

Verwendung

Beilagen als Desserts

Glas

Als Cocktail in einer Sekt-Schale

Zubereitung

Wie nachfolgend beschrieben

Garnitur

Zu Eis oder Crèmes, Sahne mit Schokostreusel oder Kräuter

Service

Auf einem Teller oder im Glas, Teelöffel

Rumtöpfe sind vielseitig verwendbar und werden meistens zu Desserts gereicht, wahlweise kann man die angesetzten Früchte mit dem Rum *warm* oder *kalt* dazugeben. Oftmals wird auch pur genossen, oder zu russischem Tee. Durch den hohen Anteil an Alkohol bleiben die Früchte *lange haltbar* und der Rum nimmt den *Geschmack der Früchte* an.

Einen Rumtopf setzt man von *Mai bis Oktober* an, seine Herstellung nimmt also viel Zeit und Geduld in Anspruch. Empfohlen wird die Verwendung von min. *54%igem Rum*, da sonst die benötigte Haltbarkeit nicht gegeben ist. Die Früchte dürfen nicht zu reif, müssen aber sauber, unbeschädigt und trocken sein. Bevorzugte Früchte von *Mai bis Juni* sind *Erdbeeren*, von *Juni bis Juli Sauerkirschen mit Stein*, von *Juli bis August Aprikosen, Pfirsiche*, von *August bis September Mirabellen, Reineclauden*, von *September bis Oktober Birnen, Ananasstücke, Weintrauben*. *Kräuterliebhaber* können z. B. auch *gehackte Pfefferminze* zugeben. Als Varianten können auch Himbeeren, Johannisbeeren, Stachelbeeren und Heidelbeeren zum Rumtopf hinzugefügt werden. Es besteht hierbei jedoch leider die Gefahr, dass diese Früchte *zerdrückt* werden, der Rumtopf würde dann an optischer Attraktivität verlieren. Sollten keine frischen Früchte vorrätig sein, lässt sich der Rumtopf auch mit gefrorenem Obst herstellen.

Den Rumtopf immer an einem dunklen, kühlen Ort aufbewahren.

Grundrezept

1. *Zur Mise en place benötigen Sie neben den im Rezept genannten Zutaten einen geradwandigen Steinguttopf.*
2. *500 g Früchte (je nach Jahreszeit) werden in Würfel geschnitten und mit 250 g Zucker in den Topf gegeben.*
3. *Man lässt die Früchte mit dem Zucker etwas ziehen und füllt dann mit 70 cl Rum (54 %) auf. Bei höherer Früchtemenge kommt auf jede weiteren 500 g Früchte und 250 g Zucker nur noch 1/2 Liter Rum.*
4. *Ist der Rumtopf im Oktober fertig ist, gießt man nochmals 1/2 Liter Rum auf die Früchte, damit die Früchte bedeckt sind.*
5. *Nun servieren Sie den Rumtopf warm oder kalt, z. B. zu Vanilleeis.*
6. *Ausgarniert werden kann noch mit geschlagener Sahne, Schokostreuseln oder Kräutern.*

Arbeitsschritte RUMTOPF

1 *Diverse Früchte zu den einzelnen Jahreszeiten werden gesammelt*

2 *Früchte klein schneiden und mit dem Zucker in den Topf geben*

3 *Über die gesammelten Früchte gibt man den Rum und den Zucker*

4 *Nach Bedarf nochmals mit Rum auffüllen*

5 *Rumtopf als Beilage zum Dessert geben*

6 *Zum Schluss mit geschlagener Sahne ausgarnieren*

7.8 Kaffee – Mischgetränke

Kaffee ist, wenn er in Maßen getrunken wird, ein gesundheitlich unbedenkliches Genussmittel. Er kann sich durchaus positiv auf das menschliche Wohlbefinden auswirken. Bei der Zubereitung der nachstehenden Getränke lässt sich sowohl koffeinhaltiger als auch koffeinarmer bzw. -freier Kaffee verwenden. Heiße Variationen finden sich unter *Hot Drinks Kapitel 7.5*.

Kalte Kaffee-Cocktails

Name Abb.	Rezept	Geschmack Art	Glas	Zubereitung	Garnitur	Service
Café Brasil 7.8/1	1 cl Sahne, 1 Eigelb 3 cl Kaffeelikör 1 cl Rum braun 2 cl Läuterzucker 1 EL Crushed Ice 2 Bananenscheiben	Vollmundig kräftig Mocca-Flip	Sekt-Schale	Mit Crushed Ice alles im Elektromixer oder Blender mixen und in das Glas gießen.	Rosette aus Schlagsahne spritzen, Kakaopulver und Bananen-Scheiben obenauf legen	Untersetzer Trinkhalm Serviette
Eiskaffee	14 cl Kaffee schwarz (kalt) 3 Kugeln Vanilleeis Schlagsahne Schokostreusel	Vollmundig belebend Genuss in der Sommerzeit ohne Alkohol	Eiscafé-Glas	Den kalten Kaffee gibt man in das Glas, dazu die Eiskugeln.	Auf das Eis eine Rosette aus Schlagsahne spritzen, dann Schokostreusel obenauf streuen	Untersetzer Trinkhalm Limonaden-Löffel Serviette
Eiskaffee Delicious	14 cl Kaffee schwarz (kalt) 3 Kugeln Vanilleeis 4 cl Calvados Sahnehäubchen	Erfrischend belebend Sommerzeit-Genuss	Eiscafé-Glas Ballon-Glas	Den Kaffee und Calvados in das Glas geben und dazu die Eiskugeln.	Auf das Eis eine Rosette aus Schlagsahne spritzen	Untersetzer Trinkhalm Limonaden-Löffel
Espresso-Colada-Cocktail	1 cl Sahne 4 cl Havana Rum braun 1 Espresso (kalt) 2 cl Batida de Coco 6–8 Eiswürfel	Kräftig Colada	Cocktail-Kelch	Mit Würfeleis im Shaker shaken und in das Glas abseihen.	Glasrand zuerst in Coconut-Cream, dann in geraspelte Kokosnuss eintauchen	Untersetzer Serviette
Mocca-Frappé 7.8/2	4 cl Crème de Mocca (Kaffeelikör) Crushed Ice	Erfrischend nach dem Essen	Cocktail-Schale	In die Cocktail-Schale das Crushed Ice geben und darauf den Crème de Mocca verteilen.	Keine	Untersetzer 2 kleine Trinkhalme
Südsee-Eiskaffee	14 cl Kaffee schwarz (kalt) 6 cl Ananassaft 1/2 Ananas in Stücke 2 Kugeln Vanilleeis Zucker nach Geschmack	Erfrischend belebend Genuss zur Sommerzeit ohne Alkohol	Eiscafé-Glas, Hoher Tumbler	Alle Getränke, die Ananasstücke und den Zucker in das Glas geben und dazu die Eiskugeln.	Ananas-Scheibe an das Glas stecken	Untersetzer Trinkhalm Serviette Limonaden-Löffel

7.8/1
Café Brasil

7.8/2
Mocca-Frappé

Kleines Kaffee-ABC

Getränkename	Herstellung
Amaretto Mafioso	*Schwarzen Kaffee (Espresso) mit braunem Zucker und 4 cl Amaretto umrühren und leicht geschlagene Sahne darauf setzen. Mit Schokoladenpulver bestreuen.*
Arabischer Kaffee	*Andere Bezeichnung für Café Orient. Beschreibung siehe dort.*
Aunt Mary Flip	*2 cl Tia-Maria-Kaffee-Likör, 2 cl weißen Rum, 1 Eigelb, 1 BL Nescafé gemeinsam im Shaker mit 1 EL Crushed Ice kräftig mixen (oder im Blender aufschäumen).*
Café à la Pompadour	*Je Tasse 15 g Edelbitter-Schokolade im Wasserbad schmelzen und in die Tasse geben, dann mit etwas flüssiger Schlagsahne verrühren und mit starkem heißen Kaffee auffüllen. Den Kaffee garnieren Sie mit Zimt und geriebener Muskatnuss.*
Café Amaretto	*Der Cafe Amaretto ist ein kleiner, starker, kurz gehaltener Espresso mit 2 cl Amaretto di Saronno.*
Café Amsterdam	*In die vorgewärmte Tasse gibt man 4 cl Eierlikör und je nach Geschmack noch etwas Zucker. Dann wird mit heißem Kaffee aufgefüllt und als Garnitur gibt man einen Tupfer Schlagsahne, eine Prise Instantkaffee und Schokoladenpulver hinzu.*
Café au Chocolat	*Je Tasse 2 EL Schokoladenpulver mit wenig Milch verrühren, eventuell Zucker, je nach Geschmack, hinzufügen, dann mit heißem Kaffee auffüllen. Als Garnitur gibt man steifgeschlagene Sahne, Schokoraspeln und eine Kaffeebohne dazu.*
Café Cicio	*3 cl Tia Maria mit 1 cl Frangelico-Likör in die vorgewärmte Kaffeetasse geben und mit heißem Kaffee auffüllen. Sahnehäubchen, Cocktail-Kirsche und Schokostreusel als Garnitur hinzugeben.*
Café Coretto	*Der Klassiker besteht aus einem Espresso, der mit einem Schuss Grappa korrigiert wird.*
Café crème	*Französische Bezeichnung für einen Espresso, der mit einem Kännchen kalter Sahne serviert wird.*
Café Moscato	*In einen Shaker gibt man 6 Eiswürfel, 1 BL Läuterzucker, 4 cl Kahlúa-Likör, und ein Eigelb. Alles wird kräftig geschüttelt und in eine Cocktail-Schale abgeseiht. Auf den Cocktail gibt man leicht geschlagene Sahne und geriebene Muskatnuss.*
Café nature	*Eine Tasse mit schwarzem Kaffee wird auf einer Untertasse mit Kaffeelöffel und Zucker serviert. Der Kaffee bleibt ohne Sahne.*
Café Orient	*Ein Türkischer Kaffee, dem bei der Zubereitung noch einige Kardamonkapseln beigegeben werden. Man lässt sie mitkochen und serviert den fertigen Café in der Kaffee-Schale.*
Café Royal	*Über einen großen Espresso legt man einen Löffel mit 2 Stücken Zucker, gießt darauf 2 cl angewärmten Cognac, entzündet ihn und lässt den brennenden Cognac langsam in den Kaffee laufen.*
Cafezinho do Brasil	*Kaffeetasse zur Hälfte mit braunem Zucker füllen, eine Orangenschale und etwas Orangenlikör darüber geben und mit kochend heißem Kaffee auffüllen, nicht umrühren.*
Cappuccino	*Ist ein kleiner oder großer Espresso, der mit heißer, aufgeschäumter Milch serviert wird. Wichtig ist die Zubereitung des Schaums. Ein Edelstahlgefäß sollte zu maximal zwei Drittel mit kalter Milch (3.5 % Fettgehalt) gefüllt werden. Dann wird das Kännchen unter die Dampfdrüse der Espresso-Maschine gehalten und diese bis knapp unter die Oberfläche der Milch eingetaucht. Das Ventil wird geöffnet und mit leichtem Auf- und Abbewegen erzeugt man feine Schaumbläschen, bis die Milch eine Temperatur von 65 bis 75 °C erreicht hat. Die Milch darf nicht kochen, da sonst der Schaum zusammenfällt. In die Tasse zuerst den Espresso eingießen, dann die Milch und den Schaum. Zucker je nach Geschmack sowie eine Prise Kakaopulver hinzufügen.*
Coffee-Drink	*2 cl Kaffee-Likör, 10 cl kalten Espresso, 1 EL Schokoladenpulver, 1 TL Zucker, 5 cl Milch im hohen Tumbler rühren, 1 EL steife Sahne , die Sahne aufsetzen. Garnitur: Schokoladenpulver*
Cona Coffee	*Amerikanische Bezeichnung für einen Filterkaffee, der in der Cona-Kaffeemaschine am Tisch des Gastes zubereitet wird.*
Einspänner	*Ein kleiner Espresso, der mit einer Schlagrahmhaube garniert wird.*

Getränkename	Herstellung
Espresso-Kaffee	*Kommt aus Italien und ist ein stark konzentrierter Kaffee, der unter Druck von etwa 9 bar bei einer Temperatur von 90 bis 95 °C zubereitet wird. Bei vielen Maschinen wird für jede Tasse (7 g) der Kaffee auch frisch gemahlen. Bei der Zubereitung werden die Bitterstoffe ausgepresst, die dem Kaffee einen besonderen Geschmack geben. Ein guter Espresso hat eine dichte, cremige Schaumkrone, auch Crema genannt, die dick nussbraun aussehen soll und feine Bläschen hat. Sie hält das Aroma in der Tasse. Das Getränk muss sehr heiß getrunken werden (Tassen vorwärmen).*
Geschichteter Kaffee	*10 cl Milch leicht erhitzen und mit dem Schneebesen schaumig schlagen. 2 EL süße Kondensmilch in ein bauchiges Glas geben, darauf mit einem Löffel 2 cl Kahlúa (Kaffeelikör) und 1 cl Cointreau langsam laufen lassen. Die Spirituosen dürfen sich nicht mit der Milch mischen. Zum Schluss mit reichlich Milchschaum vollenden und Muskatnuss darüber streuen.*
Kaffee-Grog (4 Gläser)	*2 1/2 Tassen frisch zubereiteten Kaffee, 20 cl roten Portwein, 3 EL Rum, 1 Päckchen Vanillezucker, 1/2 TL Zimt, 40 g braunen Kandis zusammen im Topf erhitzen, nicht kochen. Umrühren bis sich der Zucker aufgelöst hat. Dann in Groggläser füllen und mit einer Scheibe Karambole garnieren.*
Kaisermelange	*Ein großer Espresso wird mit 2 Barlöffeln Kristallzucker und einem Eigelb gut verrührt und mit aufgeschäumter Milch in einer Melangeschale serviert.*
Kapuziner	*Ein kleiner Espresso mit wenig Rahm. Die Farbe entspricht der Farbe einer Kapuzinerkutte, daher sein Name.*
Konsul	*Ein kleiner Espresso mit Zugabe einiger Tropfen kalter Sahne. Er ist etwas heller als der Kapuziner.*
Kosakenblut	*1/8 l sehr starken, heißen Kaffee, 1/8 l Rotwein, 8 cl Wodka und 5 TL Zucker. Alle Zutaten heiß werden lassen, nicht kochen und in Grog-Gläser umfüllen.*
Mandel-Kaffee	*7 cl kalter Kaffee, 1 Kugel Vanilleeis, 5 cl Aprikosensaft, 3 cl Milch, 2 cl Mandellikör zusammen mit dem Blender aufschäumen und in das Glas gießen.*
Melange	*Im Mengenverhältnis 1:1 werden Kaffee und aufgeschäumte Milch zusammen in einer Melangeschale serviert.*
Mocca	*Ein sehr starker Kaffee, da die doppelte Menge an Kaffeemehl im Vergleich zur normalen Tasse Kaffee verwendet wird.*
Pharisäer	*In eine vorgewärmte Tasse 2 bis 4 cl Rum, 1 bis 2 TL Zucker einrühren, mit heißem Kaffee und mit leicht geschlagener Sahne auffüllen. Man trinkt den Kaffee durch den Schaum, also nicht umrühren.*
Roumunsko-Kofa	*In einen großen Espresso rührt man 2 BL Puderzucker, 1/2 BL Kakaopulver und etwas Vanillezucker. Darauf setzt man eine Sahnehaube.*
Russischer Kaffee	*In eine angewärmte feuerfeste Tasse gibt man 1 bis 2 TL Zucker, darauf 4 cl angewärmten Wodka und entzündet den Wodka. Man rührt solange um, bis der Zucker sich gelöst hat. Dann gießt man mit heißem Kaffee auf. Als Garnitur leicht aufgeschlagene (dickflüssige) Sahne oben auf das Getränk geben.*
Sambuca con la Mosca	*Einen kleinen Espresso in einem feuerfesten Glas servieren. Darüber hält man einen Löffel mit 2 cl Sambuca und drei Kaffeebohnen, entzündet den Sambuca und gießt ihn brennend in den Kaffee.*
Sweet Kiss	*1 cl Mokka-Likör, 1 cl Amaretto in das vorgewärmte Sherry-Glas gießen, darauf 3 cl heißen Espresso geben, ein Sahnehäubchen darauf setzen und mit Zimt bestreuen.*
Sweet Lady	*4 cl Drambuie in der Tasse mit heißem Kaffee auffüllen, mit leicht geschlagener Sahne abdecken und mit Ingwerpulver bestreuen.*
Türkischer Kaffee	*In ein Kupferkännchen (Cesve) gibt man einen Barlöffel (2 TL) feinst gemahlenen Türkischen Kaffee und Zucker nach Belieben. Anschließend gießt man 12 cl kaltes Wasser darauf und lässt alles aufkochen. Nach einmaligem Aufwallen sofort vom Herd nehmen, damit die Schaumkrone nicht zerkocht. Er wird im Kupferkännchen serviert und man reicht eine kleine Tasse (Moccatasse) und Untertasse dazu. Als Beilage gibt es oft 1–2 Stücke Lokum (türkische Nougat-Art).*
Wiener Fiaker	*In eine Tasse heißen Kaffee gibt man 1 bis 2 cl Kirschwasser, 1 TL Zucker, 1 Kaffeelöffel Kaffeesahne und geschlagene Sahne.*

7.9 Tee-Mischgetränke

Durch die verschiedenen Zubereitungsarten und Geschmacksrichtungen von Tee mit Kräutern und Gewürzen erhält man ein vielseitiges Getränk, das sowohl kalt als auch warm, mit und ohne Zugabe von Alkohol ein Genuss ist. Beim Tee ist *Tannin* und *Koffein* in den Blättern enthalten, daher ist beim Aufguss insbesondere die Zeitkomponente zu berücksichtigen. 3 Minuten ziehen, so wirkt er *anregend*, zieht er 5 Minuten, so tritt eine *beruhigende* Wirkung ein. Bei der Herstellung von Mischgetränken sollte der Tee auf jeden Fall ausgekühlt sein.

Gesunde Tees, zum Frühstück oder im Laufe des Tages getrunken (ohne Alkohol)

Auf einfachste Weise lassen sich schmackhafte Tees mit Hilfe von frischen Gartenkräutern zubereiten (siehe Rezeptübersicht unten). Die gewählte Teekanne sollte durchsichtig (aus Glas) sein, damit sich alle Sinne, auch das Auge, an der Zubereitung erfreuen können.

Brennessel-Pfefferminz-Tee	**Frische Kräuter** *kurz abspülen, mit kochendem Wasser aufgießen und 5 Minuten ziehen lassen*
Holunderblütentee	**1 gehäuften KL Holunderblüten** *mit kochendem Wasser aufgießen, 10 Minuten ziehen lassen, abseihen und mit Honig süßen*
Rosmarin-Thymian-Tee	**Frische Kräuter** *kurz abspülen, mit kochendem Wasser aufgießen und 5 Minuten ziehen lassen*
Thymian-Melisse-Tee	**Frische Kräuter** *kurz abspülen, mit kochendem Wasser aufgießen und 5 Minuten ziehen lassen*

Coole Tees für heiße Tage (ohne Alkohol)

Apfelmix *7.9/1*	*1 Beutel Fencheltee mit 1/2 Liter kochendem Wasser übergießen, mit Honig süßen, ziehen und erkalten lassen. Auf die Eiswürfel im Tumbler den Tee gießen und anschließend 1/2 Liter Apfelsaft dazu geben. Als Garnitur steckt man einen Apfel-Schnitz an das Glas.*
Eistee *7.9/2*	*Eistee ist nicht zu vergleichen mit erkaltetem Tee. Man gießt 1/4 Liter kochendes Wasser über* **1 Teebeutel**. *Verwenden Sie gute und kräftige Tees und lassen Sie alles 2 bis 5 Minuten ziehen. Der heiße Tee wird dann* **über Eiswürfel** *gegossen, die Sie vorher in das Teeglas oder den Tumbler gegeben haben. Durch diese Schock-Kühlung bleiben* **die Wirkstoffe, das Aroma und der Geschmack** *voll erhalten. Je nach Geschmack verfeinern Sie den Tee mit Zitronensaft, Zucker oder Süßstoff. Ausgarniert wird mit Zitronenschale und Pfefferminzblatt.*
Sommer-Traum (für 4 Personen) *7.9/3*	**Rezept:** *4 Beutel Fixfrutta, 2 Beutel Fixmalve, 1 Liter kochendes Wasser, Tropfen Zitronensaft, 8 Erdbeeren, 4 Kugeln Zitroneneis, 4 Pfefferminzblätter, 2 Teelöffel Honig.* **Zubereitung:** *Teebeutel mit 1 Liter kochendem Wasser übergießen, mit Honig süßen, ziehen lassen, abgießen und erkalten lassen. In 4 Cocktail-Kelche gewürfelte Erdbeeren geben, erkalteten Tee darauf gießen, Einen Spritzer Zitronensaft hinzufügen und die Eiskugeln darauf setzen. Mit 1/2 Erdbeere und Pfefferminze ausgarnieren.*

7.9/1 Apfelmix

7.9/2 Eistee

Auswahl weiterer Tee-Mischgetränke

Name Abb.	Rezept	Geschmack Art	Glas	Zubereitung	Garnitur	Service
African-Passion-Eistee (10 Personen)	*1 l Kneipp-Wellness-Tee African Passion 60 cl Bananennektar 40 cl Maracujanektar 20 cl Blue Curaçao alkoholfrei 8 Eiswürfel*	*Voll, fruchtig Floater alkoholfrei Fancy Drink*	*Hoher Tumbler*	*Tee kochen und erkalten lassen. Würfeleis in das Glas geben und den Tee darauf verteilen. Dann mit Bananen- und Maracujanektar auffüllen. Vorsichtig an der Seite, den Curaçao einlaufen lassen.*	*Orangen-Scheibe Bananen-Scheibe Cocktail-Kirsche am Stick an das Glas stecken*	*Untersetzer Serviette Trinkhalm*
Hagebutten-Cocktail	*1 Beutel Hagebutten-Tee 4 cl Cognac 2 cl Grand Marnier 1 TL Zitronensaft 10 cl Ginger-Ale 1 Vanilleschote Crushed Ice*	*Erfrischend säuerlich Sommergetränk Long Drink*	*Hoher Tumbler*	*Tee mit 10 cl kochendem Wasser übergießen und 7 Minuten ziehen, dann erkalten lassen. Alles miteinander verrühren und in das 3/4 mit Crushed Ice gefüllte Glas gießen.*	*Vanillestange in das Glas geben*	*Untersetzer Serviette Trinkhalm*
Minz-Orangen-Cocktail	*1 Beutel Pfefferminz-Tee 4 cl braunen Rum 2 cl Cointreau 10 cl Orangensaft 1 EL Läuterzucker 1 Minzezweig 6 Eiswürfel*	*Erfrischendes Sommergetränk*	*Hoher Tumbler*	*Tee mit 10 cl kochendem Wasser übergießen und 7 Minuten ziehen, dann erkalten lassen. Alles verrühren. Eiswürfel in das Glas geben und den Tee darübergießen.*	*Minzezweig*	*Untersetzer Serviette Trinkhalm*
Traubensaft-Tee (10 Gläser)	*5 Beutel. Früchtetee Exotik-Mischung 2 unbehandelte Zitronen 1 EL Honig 1 l roter Traubensaft*	*Kräftig bis herb Exotic Drink*	*Teeglas*	*Die Zitronenschale rund schälen und in den Krug legen. Die Teebeutel in den Krug hängen und mit 2 l kochendem Wasser aufgießen, 10 Minuten ziehen lassen. Zitrone und Beutel aus dem Krug nehmen und erkalten lassen.*	*Zitrone auspressen und mit in den Tee geben. Tee auf 10 Gläser verteilen. Spieß mit Zitronen-Scheibe und Weintraube dazu reichen*	*Untersetzer Serviette*
Traubensaft-Eistee mit Schuss	*6 cl kalten Assam-Tee 14 cl Traubensaft weiß 1 Spritzer Zitronensaft 4 cl Curaçao blue Eiswürfel*	*Erfrischend Genuss zur Sommerzeit*	*Ballon-Glas, Hoher Tumbler*	*Eiswürfel in das Glas geben, die Getränke darauf gießen und zum Schluss den Curaçao darüber floaten.*	*Karambole an das Glas stecken*	*Untersetzer Serviette*
Tropen-Tee (4 Gläser)	*3 TL Rotbuschtee 16 cl Tequila 8 cl Curaçao weiß 16 cl Ananassaft 16 cl Maracujanektar 8 cl Orangensaft 2 TL Limettensaft 2 EL Läuterzucker Crushed Ice*	*Rauchig würzig Long Drink*	*Breiter Tumbler*	*Tee mit 50 cl kochendem Wasser übergießen und 6 Minuten ziehen, dann erkalten lassen. Im Elektromixer alles mixen und auf die mit Crushed Ice gefüllten Gläser abgießen.*	*Ananasspalte an das Glas stecken*	*Untersetzer Serviette kleine Trinkhalme*

7.9/3
Sommer-Traum

7.10 Flambierte Getränke, Cognac und Sektcocktails

Um einen Cognac zu flambieren, bedarf es keines großen Aufwandes. Die Wirkung auf und die Inszenierung vor den Gästen ist aber immer wieder aufs Neue erstaunlich. Erst wenn man den flambierten Cognac genießt, offenbart sich der Unterschied zum normal getrunkenen Cognac, die Blume und das Bouquet des flambierten Cognacs sind schon nach einmaligem Genuss unübertrefflich.

Grundrezept

1. *Man gießt 1 cl Rémy Martin V.S.O.P. in einen Cognac-Schwenker.*
2. *Die Paste im Flambiergerät wird entzündet.*
3. *Auf der Flamme dreht man den Cognac-Schwenker. Der Cognac im Glas wird erhitzt.*
4. *Mit dem Barlöffel entnimmt man etwas vom erhitzten Cognac und entzündet ihn über der Flamme.*
5. *Sobald der Cognac warm ist, entweichen die Alkoholdämpfe, diese werden nun mit dem Barlöffel entzündet und die Flamme schlägt aus dem Glas.*
6. *Der flambierte Cognac wird nun abgegossen (nicht getrunken).*
7. *2 cl Cognac gießt man in das flambierte Glas.*
8. *Jetzt kann man die Blume und das Bouquet des Cognacs genießen.*

Auswahl flambierter Sekt-Cocktails

Name	Rezept	Geschmack Art	Glas	Zubereitung	Garnitur	Service
Blue Flaming Sky	3 cl Curaçao blue 3 cl Rum weiß 1 cl Zitronensaft 6 cl Sekt dry 1 Scheibe Orange (mit der Hand den Saft ausdrücken) 3 Zuckerwürfel 2 cl Captain Morgan 73 % Crushed Ice, 6–8 Eiswürfel	Show-Cocktail Digestif	Sekt-Schale oder großer Cognac-Schwenker	Gästeglas 3/4 mit Crushed Ice füllen. Spirituosen mit Würfeleis im Shaker shaken, dann auf Crushed Ice ins Glas abseihen	1 Scheibe Orange mit den Zuckerwürfeln auf das Eis legen, mit Captain Morgan beträufeln und den Rum anzünden	Untersetzer 2 kleine Trinkhalme Serviette
Vulkano	1/2 Teelöffel brauner Zucker 3 cl Himbeergeist 2 cl Blue Curaçao mit Sekt auffüllen	Show-Cocktail Digestif, Genuss beim Kaminabend	Sekt-Schale oder Cognac-Schwenker	Spirituosen erwärmen, bis sich der Zucker gelöst hat, dann flambieren und mit Sekt auffüllen	Keine	Untersetzer

Mise en place zur Herstellung eines flambierten Cognacs.

Flambierständer, Cognac-Schwenker, Streichhölzer, Jigger, Barlöffel, Cognacflasche

Arbeitsschritte FLAMBIERTER COGNAC

1 *1 cl Cognac in den Jigger und dann zum Flambieren in den Schwenker gießen*

2 *Die Paste wird im Flambiergerät angezündet*

3 *Auf der Flamme wird der Schwenker gedreht, man erhitzt somit den Cognac*

4 *Mit dem Barlöffel entnimmt man etwas von dem erhitzten Cognac und entzündet ihn über der Flamme*

5 *Mit dem brennenden Cognac auf dem Barlöffel, entzündet man die Alkoholdämpfe*

6 *Der flambierte Cognac wird abgegossen, aber nicht getrunken*

7 *Nun gießt man 2 cl Cognac aus der Flasche in das flambierte Glas*

8 *Anschließend genießt man zuerst die Blume und das Bouquet des Cognacs, erst dann trinkt man ihn Schluck für Schluck*

7.11 Besondere Getränke zu verschiedenen Anlässen

Im Folgenden werden hauptsächlich Getränke beschrieben, die man zu den entsprechenden Jahreszeiten selbst ansetzt. In der Bar werden sie allerdings so gut wie gar nicht angeboten, weil sie mit viel Arbeit verbunden sind, dennoch sind die Rezepte nennenswert und zur Nachahmung empfohlen.

Holunderblütensirup

Sommergetränk von Holunderblüten selbst angesetzt und mit Sekt aufgefüllt ein erfrischender Genuss.

Rezept (4 Personen)

1,5 Liter Wasser
1 bis 1,5 kg Zucker
1 unbehandelte Zitrone in Scheiben
1 Limette in Scheiben
6 große Holunderblüten
20 g Zitronensäure (aus der Apotheke)
Glas:
Bowlentopf, Sekt-Kelche oder Sekt-Schalen

Zubereitung

1. *Zucker mit Wasser aufkochen und erkalten lassen. (Es entsteht der Sirup.)*
2. *Scheiben von Zitrone und Limette mit den Holunderblüten in einen großen Bowlentopf oder in eine Karaffe geben und mit dem erkalteten Sirup auffüllen.*
3. *Den Ansatz 4 Tage abgedeckt an einem dunklen Platz ziehen lassen.*
4. *Dann durch ein Sieb gießen und in Flaschen abfüllen.*
5. *Kalt gestellt und gut verschlossen ist dieser Holunderblütensirup 1 bis 2 Monate haltbar.*
6. *Nach Bedarf gießt man 1–2 cl Sirup in eine Sektschale und füllt dann mit trockenem Champagner oder Sekt auf.*
7. *Den Sirup können Sie auch für Süßspeisen verwenden.*

Aufmunterer

Nach einem üppigen Essen vertreibt er die Trägheit. Eine Spezialität aus Venedig, dort „Sgroppino" genannt.

Rezept (4 Personen)

4 Kugeln Zitronensorbet
1 cl Zitronensaft
8 cl Wodka
1 Flasche Prosecco (0,75 Liter)
Glas:
hoher Tumbler

Zubereitung

1. *Zitronensorbet, Wodka, Zitronensaft mit dem Blender oder Pürierstab kurz und kräftig aufmixen.*
2. *Dann sofort in 4 hohe Tumbler füllen und mit Prosecco aufgießen.*
3. *Mit Zitronenmelisse oder Pfefferminzblatt ausgarnieren und 2 breite Trinkhalme in das Glas stecken.*

Kir-Royal-Glacé

Besonders im Sommer ein Genuss, da sehr erfrischend. Der Kir kann vor oder nach dem Essen getrunken werden.

Rezept (1 Person)

1 bis 2 cl Crème de Cassis
8 cl Champagner dry
1 Kugeln Cassis-Sorbet
Glas:
Sekt-Kelch oder Sekt-Schale

Zubereitung

1. *Cassis in das Sektglas abmessen und mit Champagner aufgießen.*
2. *Dann 1 Kugel Cassis-Sorbet in den Champagner geben.*

Champagner-Limetten-Granité

Dieses Getränk ist besonders nach einem üppigen Essen zu empfehlen. Es erfrischt und passt zu sämtlichen Gelegenheiten, Festtagen zu Parties in der warmen Jahreszeit u. a.

Rezept (6 Personen)

100 g Zucker, 10 cl Wasser
1 Flasche Sekt (75 cl)
6 cl Limettensaft
6 dünne Limetten-Scheiben
6 Minzezweige (fein gehackt)
Glas:
Sekt-Kelche

Zubereitung

1. *Zucker mit 10 cl Wasser 2 Minuten kochen und dann abkühlen lassen. (Zuckersirup)*
2. *40 cl Champagner mit Limettensaft verrühren, den Zuckersirup und die Minze hinzufügen.*
3. *Die Flüssigkeit auf ein Blech gießen und im Gefrierschrank bei –18 bis –24 Grad ca. 5 Stunden gefrieren. Anfangs 2 bis 3 mal glatt streichen.*
4. *Das feste Granité mit einem Schaber vom Blech schaben und auf die Gläser verteilen.*
5. *Zum Schluss mit dem restlichen Champagner auffüllen und eine Scheibe Limette hineinstecken.*

Ingwerbier (ohne Alkohol)

Selbst angesetzt jedoch durchaus gewöhnungsbedürftig.

Rezept (4 Personen)

200 g frische Ingwerwurzeln
150 bis 200 g braunen Zucker
4 Nelken
1 Zimtstange
1 Spritzer Zitronensaft
1 Liter Wasser
2 Limetten
Zitronenmelisse, Eiswürfel
Glas:
Sekt-Kelche, Sekt-Schalen oder Tumbler

Zubereitung

1. *Ingwerwurz schälen und ganz fein hacken.*
2. *Ingwermus, braunen Zucker, Zimt und Nelken mit 1 Liter Wasser aufkochen und 30 Minuten langsam ziehen lassen.*
3. *Das Grundgetränk 2 Tage kühl, abgedeckt und dunkel stellen.*
4. *Den Sud zum Schluss durch ein Sieb gießen und eine in Würfel geschnittene Limette dazugeben.*
5. *In einen Tumbler gibt man Eiswürfel und gießt den Sud darauf.*
6. *Zum Schluss wird mit Limetten-Scheibe und Zitronenmelisse ausgarniert.*

Heißer Bierlikör

Serviert mit einem mit Sahnehäubchen. Er eignet sich besonders als Digestif nach dem Essen.

Rezept

4 cl Bierlikör
2 cl geschlagene Sahne
Hitzebeständiges Schnapsglas
Schokostreusel

Zubereitung

1. *Bierlikör erhitzen, nicht zum Kochen bringen.*
2. *In ein hitzebeständiges Schnapsglas gießen.*
3. *Das Sahnehäubchen darauf spritzen.*
4. *Mit Schokostreuseln bestreuen.*

Caipirinha

Rezept

4 cl Cachaça
1/2 Limette
2 BL braunen Zucker
Crushed Ice
Glas:
Breiter Tumbler

Zubereitung

1. *Limette würfeln und in das Glas geben.*
2. *Den braunen Zucker darüber geben und alles mit einem Stößel zerkleinern.*
3. *Das Glas mit Crushed Ice auffüllen, den Cachaça über das Eis abmessen.*
4. *Alles nochmals gut umrühren.*
5. *Das Getränk auf einem Untersetzer mit zwei kleinen Trinkhalmen servieren.*

7.12 Übungen

1 Was verstehen Sie unter dem Begriff Crustas? Nennen Sie 2 Beispiele!

1 Vor dem Servieren werden die Gläser in verschiedene Sirups oder Zitronensaft eingetaucht, anschließend nochmals in Zucker, Salz, Pistazien oder geraspelte Kokosnüsse usw. Verwendet z. B. für: Strawberry Dream, Margarita.

2 Worauf achten Sie beim Pousse-Café?

2 Beim Pousse-Cafés achtet man auf das spezifische Gewicht und den Alkoholgehalt der einzelnen zugeführten Getränke, damit sie beim Einschenken nicht ineinander laufen.

3 Auf welche besondere Weise trinkt man einen Rüdesheimer Kaffee und Irish Coffee?

3 Auf den Rüdesheimer Kaffee und Irish Coffee kommt zum Schluss leicht geschlagene Sahne. Man trinkt den Kaffee durch die Sahne. Dabei benutzt man keinen Trinkhalm oder Löffel.

4 Wann und aus welchen Früchten bereiten Sie vorzugsweise einen Rumtopf?

4 Von Mai bis Oktober sammelt man frische Früchte und setzt damit einen Rumtopf an. Folgende Früchte eignen sich dazu: Erdbeeren, Sauerkirschen, Aprikosen, Pfirsiche, Mirabellen, Birnen, Weintrauben, Johannisbeeren.

5 Welche Wirkung haben Kaffee und Tee auf das menschliche Wohlbefinden?

5 Kaffee und Tee können beruhigend, krampflösend und anregend auf den Menschen wirken.

6 Was ist das Besondere an einem flambierten Cognac?

6
- *Zunächst erwärmt und flambiert man etwas Cognac.*
- *Anschließend schüttet man den Cognac aus dem flambierten Glas weg.*
- *In das flambierte und erwärmte Glas misst man 2 cl neuen Cognac ab.*

7 Worin besteht der Unterschied von Kaffee und Tee?

7 Beim Kaffee ist das Koffein in den Samen und bei Tee sind Tannin und Koffein in den Blättern. Dementsprechend müssen Aufbrüh- und Aufgusszeiten bei der Zubereitung berücksichtigt werden, um eine optimale Aromaentfaltung gewährleisten zu können.

8 Wie lange lässt man einen Tee ziehen, um eine anregende bzw. beruhigende Wirkung zu haben?

8 Für eine anregende Wirkung muss der Tee 3 Minuten ziehen, soll er eine beruhigende Wirkung haben, 5 Minuten.

Kapitel 8

Cocktails fremder Länder

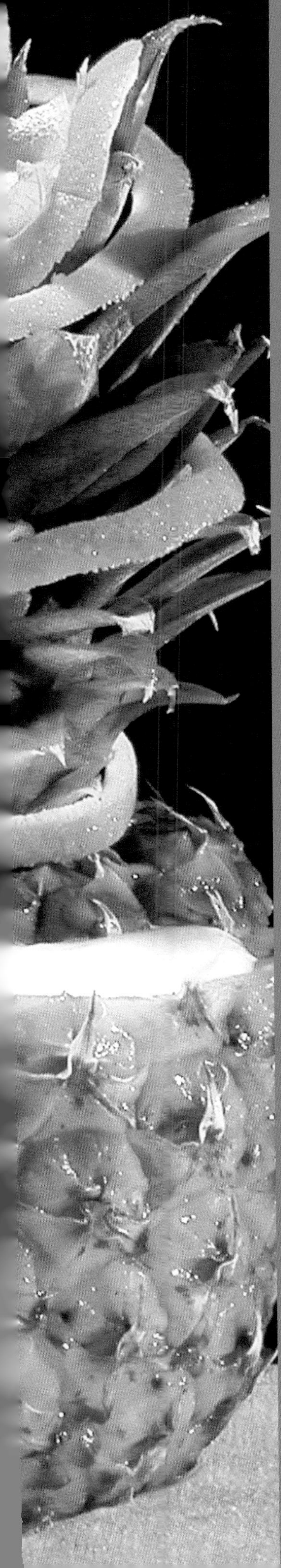

Cocktails fremder Länder

Reisen Sie oft ins Ausland, sollten Sie, insbesondere als Barfachmann, stets unterrichtet sein, was das jeweilige Angebot an Getränken betrifft. Interessieren Sie sich für die Zusammensetzung der Cocktails, das Personal in den Hotels, Bars und Restaurants gibt Ihnen als Berufskollege sicher gerne Auskunft. Nachfolgend präsentiert sich Ihnen eine Aufstellung der vom Autor auf seinen Reisen gesammelten Rezepte in alphabetischer Reihenfolge.

Ceylon, Sri Lanka

Name Abb.	Rezept	Geschmack Art	Glas	Zubereitung	Garnitur	Service
Beehive	*2 cl Mangosaft 4 cl Beehive (Weinbrand aus Ceylon) 10 cl Ginger-Ale Würfeleis*	*Medium Long Drink Highball*	*Hoher Tumbler*	*Hohen Tumbler mit Würfeleis füllen, mit den Flüssigkeiten auffüllen und umrühren.*	*Mangospalte an das Glas stecken*	*Untersetzer Serviette Trinkhalm*

Dominikanische Republik

Name Abb.	Rezept	Geschmack Art	Glas	Zubereitung	Garnitur	Service
Fiesta Bávaro	*8 cl Ananassaft 2 cl Sahne 2 cl Malibu 1 cl Cocos-Sirup 2 cl Curaçao Blue Zitronensaft 4 cl Rum weiß 2 EL Crushed Ice*	*Sweet Exotica Long Drink*	*Ballon-Glas*	*Im Elektromixer mit Crushed Ice mixen und mit dem Eis in das Glas gießen.*	*Ananasecke, Zitronen-Scheibe, Cocktail-Kirschen am Stick an das Glas stecken*	*Untersetzer Serviette Trinkhalm*
Piña Dominica *8/1*	*8 cl Ananassaft 2 cl Sahne 2 cl Malibu 1 cl Cocos-Sirup 2 cl Crème de Banane 4 cl Rum weiß 6–8 Bananen-Scheiben 2 EL Crushed Ice*	*Sweet Exotica Long Drink*	*Ananas (ausgehöhlt)*	*Im Elektromixer mit Crushed Ice mixen und in die Ananas gießen.*	*Mixgetränk in ausgehöhlte Ananas füllen Orangen-Scheibe, Physalis, Cocktail-Kirsche am Stick an die Ananas stecken*	*Untersetzer Serviette Trinkhalm*

8/1
Piña Dominica

8/2
Caribic Dream

Florida

Name Abb.	Rezept	Geschmack Art	Glas	Zubereitung	Garnitur	Service
Caribic Dream 8/2	8 cl Ananassaft 2 cl Gin 2 cl Crème de Banane 2 cl Wermut dry 2 cl Curaçao Blue 1/2 Scheibe Ananas 6 Scheiben Banane 1 EL Crushed Ice	Medium Exotic Drink Long Drink	In eine ausgehöhlte Ananas oder Ballon-Glas füllen	Im Elektromixer mit Crushed Ice mixen und mit dem Eis in die Ananas gießen.	Ausgehöhlte Ananas, Ananasecke, exotische Blumen und Früchte an die Schale stecken	Untersetzer Serviette Trinkhalm
Coral Strand Spezial 8/3	6 cl Orangensaft 5 cl Kokosmilch oder 2,5 cl Batida de Coco 2 cl Gin 2 cl Cointreau 1 EL Crushed Ice	Medium, kräftig Long Drink	Ausgehöhlte Kokosnuss	Mit Crushed Ice im Elektromixer mixen und mit dem Eis in die Kokosnuss gießen.	Auf die Kokosnuss eine Scheibe Orange legen, eine Blüte und einen Trinkhalm in die Orange stecken	Untersetzer Serviette Trinkhalm Auf eine mit Alufolie umhüllte Tasse stellen
Planter's Punch	5 cl Orangensaft 5 cl Ananassaft 1 cl Grenadine 4 cl weißen Rum 2 cl braunen Rum 2 cl Brandy 2 cl Grand Marnier 1 EL Crushed Ice	Medium Kräftig Long Drink	Hoher Tumbler	Mit Crushed Ice im Elektromixer und mit Eis in das Glas gießen.	Ananasecke, Orangen-Scheibe, Cocktail-Kirsche am Stick an das Glas stecken	Untersetzer Serviette Trinkhalm

Hongkong

Name Abb.	Rezept	Geschmack Art	Glas	Zubereitung	Garnitur	Service
Reiswein-Bowle 8/4	Frische Früchte würfeln: Ananas, Banane, Melone, Papaya 1 cl Gin 1 cl Whisky 8 cl Reiswein, 2 cl Sekt 1 cl Maracuja-Sirup	Medium Bowle	Vorzugsweise in Teakholz-Schale servieren	Früchte mit den Spirituosen ansetzen und einige Stunden ziehen lassen. Anschließend mit kaltem Reiswein und etwas Sekt auffüllen, dann mit den Früchten servieren.	Melonenspalte, Ananasblatt und Cocktail-Kirsche am Stick auf die Schale legen	Untersetzer Serviette Kaffeelöffel

8/3
Coral Strand Spezial

8/4
Reiswein-Bowle

Cocktails fremder Länder

Jamaika

Name Abb.	Rezept	Geschmack Art	Glas	Zubereitung	Garnitur	Service
Jamaica Punch 8/5	2 cl Zitronensaft 6 cl Orangensaft 2-4 cl Rum, braun 2 cl Cassis 6 Eiswürfel	Medium Exotic Drink Punsch	Breiter Tumbler	Im Shaker mit Würfeleis shaken und in das Glas auf die Eiswürfel abseihen.	Orangen-Scheibe und Cocktail-Kirschen in das Glas geben	Untersetzer Serviette Kaffeelöffel 2 kleine Trinkhalme
Planter's Punch Ocho Rios	3 cl Orangensaft 2 cl Zitronensaft 1 cl Grenadine 2 cl Rum, braun 2 cl Rum, weiß 6 Eiswürfel Fruchtwürfel	Medium Exotic Drink Punsch	Breiter Tumbler oder Ballon-Glas	Im Shaker mit Würfeleis shaken und in das Glas auf die Früchte abseihen.	Fruchtwürfel in das Glas: Ananas, Melone, Papaya, Banane	Untersetzer Serviette Kaffeelöffel 2 kleine Trinkhalme

Karibik

Name Abb.	Rezept	Geschmack Art	Glas	Zubereitung	Garnitur	Service
Banana Daiquiri	6 cl Bananenmus (1 Banane) 4 cl Rum weiß 2 cl Cointreau 1/2 cl Zitronensaft 1 cl Läuterzucker 1 EL Crushed Ice	Medium Long Drink Daiquiri	Sekt-Schale	Im Elektromixer mit Crushed Ice mixen und mit dem Eis in das Glas gießen.	Bananen-Scheiben und Cocktail-Kirschen am Stick an das Glas stecken	Untersetzer Serviette Trinkhalm
Blue Bajou 8/6	4 cl Batida de Coco 2 cl Curaçao blue 1 cl Rum weiß 6–8 Eiswürfel	Sweet Digestif Short Drink	Cocktail-Kelch	Mit Würfeleis im Shaker rund shaken und in das Glas abseihen.	Cocktail-Kirsche am Stick in das Glas stecken	Untersetzer Serviette
Piña Colada Caribic 8/7	1 cl Sahne 3 cl Ananassaft 3 cl Orangensaft 3 cl Rum weiß 3 cl Kokosmilch oder 1 cl Kokos-Sirup 6 Eiswürfel	Medium Colada Long Drink	Ananas (ausgehöhlt)	Mit Würfeleis im Shaker shaken und mit dem Eis in die Ananas gießen.	Ananasdeckel, Spirale von einer Orange um den Deckel legen, darauf eine Physalis drapieren	Untersetzer Trinkhalm Serviette
Pussy-Foot Caribic 8/8	5 cl Orangensaft 5 cl Ananassaft 1 cl Maracuja-Sirup 1 cl Zitronensaft 5 cl Mangonektar 4 cl Rum weiß 1 EL Crushed Ice	Medium Long Drink	Hoher Tumbler	Mit Crushed Ice im Elektromixer mixen und mit dem Eis in das Glas gießen.	Orangen-Scheibe in das Glas geben	Untersetzer Serviette Trinkhalm
Tropical Dream	2 cl Sahne 2 cl Batida de Coco 2 cl Crème de Banane 2 cl Tia Maria 6–8 Eiswürfel	Sweet Long Drink	Cocktail-Schale oder Sekt-Schale	Mit Würfeleis im Shaker rund shaken und in das Glas abseihen.	Ananasecke, Pfefferminzblatt, Cocktail-Kirsche am Stick an das Glas stecken	Untersetzer Serviette

Kenia

Name Abb.	Rezept	Geschmack Art	Glas	Zubereitung	Garnitur	Service
Kenia Pimm's 8/9	*Frische Fruchtstücke nach Wahl in das Glas 2 cl Gin 2 cl Orangensaft 16 cl Ginger-Ale Eiswürfel*	*Sweet Highball Long Drink*	*Großer, hoher Tumbler*	*In das Gästeglas alle Früchte, Gin und Würfeleis geben und mit Ginger-Ale auffüllen.*	*Ananasecke Orangen-Scheibe Gurkenschale in das Glas hängen Pfefferminze aufstecken*	*Untersetzer Serviette Trinkhalm*
Nyali-Beach-Cocktail	*3 cl Kokosmilch oder 1 cl Kokos-Sirup 3 cl Orangensaft 2 cl Gin 1 Blüte 6–8 cl Tonicwater Eiswürfel*	*Medium Exotic Drink Long Drink*	*Kokosnuss oder Sekt-Kelch*	*Getränke im Shaker mit Würfeleis shaken und in die Kokosnuss abseihen.*	*Mit Tonic auffüllen, Orangen-Scheibe auf die Nuss legen und die Blüte hineinstecken*	*Untersetzer Serviette Trinkhalm*

8/5

Jamaika-Punch

8/6

Blue Bajou

8/7

Piña Colada Caribic

8/8

Pussy-Foot Caribic

8/9

Kenia Pimm's

Cocktails fremder Länder

Mexiko

Name Abb.	Rezept	Geschmack Art	Glas	Zubereitung	Garnitur	Service
Coco Loco Acapulco 8/10	2 cl Sahne 2 cl Batida de Coco 4 cl Orangensaft 2 Scheiben Banane 2 cl Tia Maria 2 cl Crème de Banane 1 EL Crushed Ice	Medium Exotic Drink Long Drink	Kokosnuss	Alles im elektrischen Mixer mit Crushed Ice mixen und mit dem Eis in die Kokosnuss oder Ananas gießen.	Auf die Kokosnuss legt man eine Orangen-Scheibe, steckt eine Blüte und einen Trinkhalm hinein	Untersetzer Serviette Trinkhalm
El Bandito	40 cl Tequila weiß 20 cl Kahlúa 10 cl Mineralwasser	Medium Joker Fancy Drink Short Drink	Glaskrug	Getränke werden in das Gästeglas eingeschenkt, mit der Handfläche zugehalten und 3 mal kräftig auf den Tisch geschlagen.	Im Tumbler ausschenken	Untersetzer
La Cucaracha	4 cl Tequila braun 2 cl Kahlúa 1 cl Mineralwasser	Medium Joker, Fancy Drink Short Drink	Tequila-Glas	Getränke werden in das Gästeglas eingeschenkt, mit der Handfläche zugehalten und 3 mal kräftig auf den Tisch geschlagen.	Dabei ruft man 3 mal kräftig: „La Cucaracha" und schüttelt 3x den Kopf	In einem Zug austrinken
Tequila-Cocktail	1 cl Grenadine 2 cl Zitronensaft 4 cl Tequila 6 Eiswürfel	Medium Daisy Short Drink	Cocktail-Kelch	Im Shaker mit Eiswürfeln shaken und in das Glas seihen.	Orangen-Scheibe, Cocktail-Kirsche	Untersetzer Serviette
Tequila Margarita 8/11	2 cl Limettensaft 3 cl Tequila hell 2 cl Cointreau 6 Eiswürfel	Medium Short Drink	Cocktail-Kelch	Im Shaker mit Würfeleis mixen und in das Glas abseihen.	Salzrand	Untersetzer Serviette
Tequila Sour	4 cl Tequila 1 Prise Salz auf den Handrücken 1 Stück Lemon	Very dry Joker Fancy Drink Short Drink	Schnapsglas	Gekühlten Tequila in das Glas geben. Zuerst leckt man das Salz vom Handrücken, dann trinkt man den Tequila und lutscht zum Schluss das Fruchtfleisch der Limette im Mund aus.	keine	Untersetzer Serviette

8/10

Coco Loco Acapulco

8/11

Tequila Margarita

Russland

Name Abb.	Rezept	Geschmack Art	Glas	Zubereitung	Garnitur	Service
Taras-Cocktail 8/12	2 cl Cassis 2 cl Zitronensaft 2 cl Wodka 1 cl Cointreau 1 cl Kirschlikör 6 Eiswürfel 6 cl Sekt dry	Medium dry Sekt-Cocktail Long Drink	Sekt-Kelch	Im Shaker mit Würfeleis shaken in das Glas abseihen und mit kaltem Sekt auffüllen.	Zitronen-Scheibe, Cocktail-Kirsche am Stick an das Glas stecken	Untersetzer Serviette Trinkhalm

Singapur

Name Abb.	Rezept	Geschmack Art	Glas	Zubereitung	Garnitur	Service
Singapore Sling 8/13	3 cl Zitronensaft 1 cl Grenadine 1 Tropfen Angostura 4 cl Ananassaft 4 cl Gin Eiswürfel 1 Zitronen-Scheibe 2 cl Cherry Brandy auf die Zitronen-Scheibe gießen	Medium Sling Joker	Hoher Tumbler	Im Gästeglas Würfeleis in das Glas geben, die Alkoholika und Säfte darauf geben und alles umrühren	Zitronen-Scheibe auf das fertige Getränk legen und den Cherry Brandy darüber gießen, Dekor-Schirm, Cocktail-Kirsche	Untersetzer Serviette Trinkhalm

8/13
Singapore Sling

8/12
Taras Cocktail

Cocktails fremder Länder

Thailand

Name Abb.	Rezept	Geschmack Art	Glas	Zubereitung	Garnitur	Service
Klong Cooler 8/14	2 cl Orangensaft 1 cl Zitronensaft 2 cl Gin 2 cl Pflaumenwein 6 Eiswürfel mit Ginger-Ale auffüllen (6 cl)	Medium Cooler Long Drink	Holzglas oder Holzschale	Im Shaker mit Eiswürfeln shaken und mit dem Eis in die Teakholz-Tulpe gießen, dann mit Ginger-Ale auffüllen.	Zitronen-Scheibe und Physalis am Stick über die Tulpe legen	Untersetzer Serviette Trinkhalm

Tunesien

Name Abb.	Rezept	Geschmack Art	Glas	Zubereitung	Garnitur	Service
Sindbad-Cocktail 8/15	3 cl Boukha (Weinbrand) 1 cl Crème de Menthe grün 8 cl Sekt dry 6 Eiswürfel	Medium Sekt-Cocktail	Sekt-Kelch	Im Shaker mit Eiswürfeln shaken, in das Glas absehen, mit Sekt auffüllen.	Orangen-Scheibe, Blüte und Cocktail-Kirsche am Stick an das Glas stecken	Untersetzer Serviette Trinkhalm Kaffeelöffel

8/15

Sindbad Cocktail

8/14

Klong Cooler

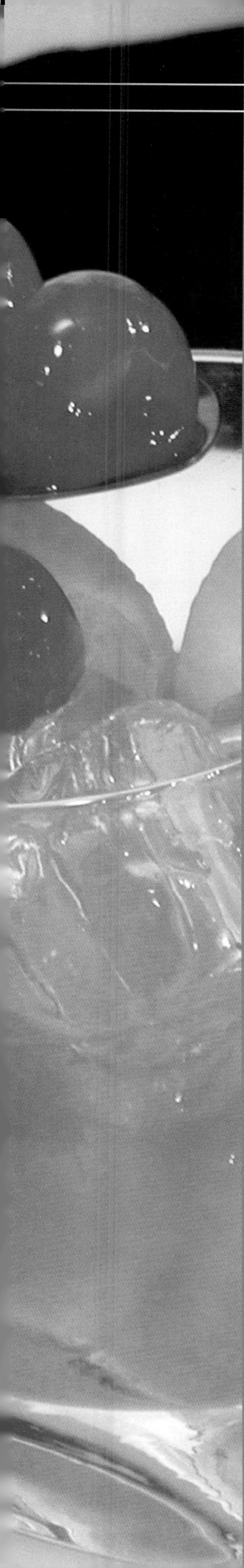

Kapitel 9

Cocktail-Party

9.1 Die private Cocktail-Party

Welche Getränke empfiehlt man zu einem Cocktail-Abend und in welcher Reihenfolge sollen sie getrunken werden? Die Beantwortung dieser Frage bedarf einer genauen Planung, damit die Cocktail-Party ein voller Erfolg wird. Alkoholfreie Getränke sollte der Gast jeweils nach Herzenslust trinken können, bei den Alkoholika sollte man eine Vorauswahl treffen.

Planung einer Cocktail-Party

Bevor Ihre Gäste eine Party genießen können. sollten Sie sich Gedanken über den Ablauf machen und bei der Planung eine Checkliste erstellen. Selbstverständlich lässt sich ein Cocktail-Abend auch mit ausschließlich alkoholfreien Getränken planen. Wichtig ist es, sich beim Mixen und Shaken genau an die Rezeptur zu halten. Nach Möglichkeit sollte im Party-Raum nicht geraucht werden, allein schon aus Rücksicht auf die nicht rauchenden Gäste. Wer rauchen möchte, geht in einen anderen Raum oder an die frische Luft.

9.2 Erstellen einer Checkliste

Einladung

1. An welchem Tag soll die Party stattfinden?
2. Zu welcher Uhrzeit?
3. Festlegen eines Zeitraums, evtl. Ablaufplanes.
4. Welche Gäste sollen eingeladen werden und wie viele?
5. Einladung per Telefon oder schriftlich?
6. Wenn schriftlich, dann mit Rückantwort, um richtig planen und einkaufen zu können.
7. Welche Garderobe ist vorgeschrieben?
8. Anlass der Cocktail-Party!

Vorbereitung (Mise en place) im Haushalt

1. Steht ein Raum zur Verfügung?
2. Wenn nicht, wo sollten die Cocktails gemixt werden?
3. Gibt es genügend Platz, wo sich die Gäste aufhalten können?
4. Sollten die Gäste nur stehen oder gibt es auch Sitzmöglichkeiten?
5. Sind die nötigen Barutensilien vorhanden?
6. Welche Barutensilien werden zwingend gebraucht (Shaker, Strainer, Jigger, Würfeleis, Abfalleimer, Abstelltabletts, Flaschenöffner, Korkenzieher, Cocktail-, Wein- und Sekt-Gläser, Untersetzer)?
7. Der Barstock (Getränke) für die Cocktails muss vorhanden sein. Auch alkoholfreie Getränke wie Wasser, Orangensaft, Tonic, Ginger Ale, Eier, Sahne usw. dürfen nicht fehlen.
8. Gibt es ein Spülbecken mit fließendem kalten und warmen Wasser?
9. Ist kein Spülbecken vorhanden, wo können die Gläser dann ersatzweise gereinigt werden?
10. Handtücher, Geschirrhandtücher und Abwaschtücher sind nicht zu vergessen!
11. Toilettenanlage muss unbedingt vorhanden sein.
12. Sind Musik (CD) und eine Tanzfläche vorhanden, soll dies überhaupt geboten werden?

Vorarbeit (Mise en place) zum Einkauf

1. Überprüfen des Getränkebestandes.
2. Überlegung, welche Cocktails gemixt werden sollen.
3. Welche Speisen sollen zu den Cocktails serviert werden?
4. Zurechtlegen der genauen Rezeptur.
5. Richten Sie sich beim Einkauf nach der Personenzahl.
6. Spirituosen können in Flaschen eingekauft werden. Sie halten sich lange, wenn sie nach Gebrauch wieder verschlossen werden. Ein erneuter Gebrauch ist wieder möglich.
7. Beim Einkauf von Speisen muss unbedingt auf die Frische geachtet werden.
8. Sundries (Salznüsse, Pistazien, Salz-/Käsestangen) sollten immer vorrätig sein.

Checkliste

Kleiner Leitfaden für das Mixen von Cocktails

1. Sekt und alkoholfreie Getränke sollten kühl stehen.
2. Messen Sie jedes Getränk für den Cocktail genau ab.
3. Gießen Sie in den Jigger (Messbecher) nie zu viel oder zu wenig ein.
4. Bevor Sie shaken, geben Sie zuerst ca. 6–8 Eiswürfel in den Shaker, frappieren den Shaker und gießen das Schmelzwasser ab.
5. Auf die Eiswürfel messen Sie dann die vorgesehenen Alkoholikas ab.
6. Verschließen Sie den Shaker gut.
7. Jetzt können Sie mit dem Shaken beginnen.
8. Man shaket hart oder rund, immer in Schulterhöhe und ca. 6 bis 8 Sekunden kräftig.
9. Cocktails aus purem Alkohol werden gerührt und nicht geshaket, da sie sonst verwässern.
10. Öffnen Sie den Shaker vorsichtig.
11. Durch den Strainer gießen Sie vorsichtig den Cocktail in das vorbereitete Glas.
12. Die Eisstücke sollten dabei im Shaker zurückbleiben.
13. Gießen Sie den Cocktail in 3 Phasen ab, nicht die gesamte Flüssigkeit auf einmal.
14. Mit einem freundlichen Lächeln wird der Cocktail auf einen Untersetzer abgestellt und serviert.
15. Der Cocktail sollte frisch getrunken werden und nicht über längere Zeit stehen. Er wird sonst warm und verliert an Geschmack.
16. Zum Cocktail reichen Sie bitte immer etwas zum Knabbern (Nüsse, Pistazien oder Salzgebäck).

Was geschieht nach der Cocktail-Party?

1. Die Gäste werden verabschiedet.
2. Eventuell werden ein/mehrere Taxen bestellt.
3. Müssen bestimmte Gäste nach Hause gebracht werden?
4. Entlüftung des Barraumes/Partyraumes.
5. Besteht sofortiger Aufräumbedarf oder erst am nächsten Tag?
6. Die Gläser sollten nach Möglichkeit aus hygienischen Gründen sofort gereinigt werden. Nur in Ausnahmefällen können Sie sie einweichen und am nächsten Tag spülen.
7. Verbrauchten Bestand an Spirituosen wieder auffüllen.
8. Die übrig gebliebenen Speisen kalt stellen oder entsorgen.

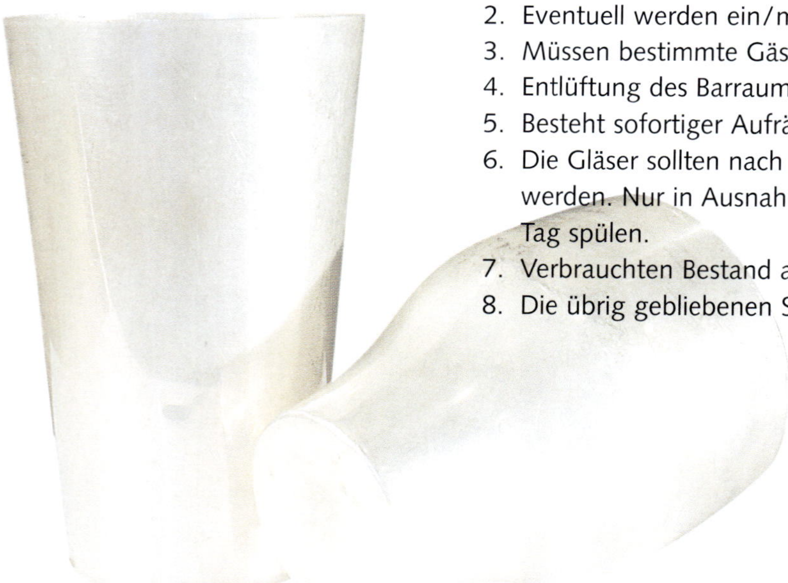

9.3 Die Physiologie des Trinkens

Spricht man von der Physiologie des Trinkens, so geht es um die korrekte Reihenfolge, in der insbesondere alkoholische und nicht alkoholische Getränke konsumiert werden sollen, um ein weiteres Wohlbefinden des Gastes im Laufe eines Abends in der Bar zu ermöglichen.

Grundkenntnisse des Trinkens

Zunächst unterscheidet man alkoholische und nicht alkoholische Getränke. Bei beiden Getränkekategorien ist es wichtig, dass sie in der richtigen Reihenfolge getrunken werden. Lassen Sie nie die gleiche Cocktailsorte folgen.

Die Reihenfolge des Trinkens ergibt sich aus der unten stehenden Tabelle. Bemerken Sie als Barmann, dass der Gast ab einem bestimmten Zeitpunkt keinen alkoholischen Cocktail mehr verträgt, so sollte er zu einem alkoholfreien Cocktail überredet werden. Das Maß und die Bekömmlichkeit bestimmt natürlich in erster Linie der Gast selbst. Als Gastgeber sollte man jedoch stets auf die richtige Reihenfolge des Trinkens achten.

Reihenfolge *1× kurz* *1× lang* *1× zur Ernüchterung*	*1. Einen kurzen, trockenen Cocktail (klein von 2 bis 8 cl), z. B. Manhattan oder Aquavit, oder einen langen, trockenen Cocktail (größeren von 8 bis 12 cl), z. B. Sekt-Cocktail.* *2. Einen längeren, aufgefüllten, halb trockenen Cocktail (bis 10 und 25 cl), z. B. Tequila Sunrise.* *3. Einen Cocktail zur Ernüchterung und ohne Alkohol, z. B. Coco mit Kuss, Virgin Mary.*
Vor dem Essen	*Immer trockene (z. B. Martini Cocktail) oder halbtrockene (z. B. White Lady) Cocktails anbieten, es können auch trockene Sekt-Cocktails sein (z. B. Hot as Hell). Auch ein Glas trockenen Sherry, trockenen Portwein, trockenen Sekt, Champagner oder Wein können Sie anbieten. Alkoholfreie Cocktails wie Sweetheart oder Kresse-Cocktail eignen sich ebenfalls gut zum Genuss vor dem Essen.*
Während des Essens	*Sie können einen halbtrockenen Sherry (z. B. Olorosso) oder einen leichten Portwein (Ruby) während des Essens anbieten. Direkt zur Mahlzeit trinkt man hauptsächlich Wein und selbstverständlich Wasser.*
Nach dem Essen	*Nur halbtrockene oder süße Cocktails (z. B. Monalisa, First Love), Liköre (Grand Marnier, Cointreau), Spirituosen (Cognac, Grappa, Williams) usw. anbieten. Darüber hinaus gibt es eine Vielzahl alkoholfreier Cocktails (z. B. Sportsman, Summer time, Abendsonne), die sich zum Genuss nach dem Essen eignen.*

Vorschläge für die Getränkeauswahl

1. Es sollte immer zuerst ein *trockener oder halbtrockener* Cocktail angeboten werden.
2. Danach sollte man einen *halbtrockenen oder süßen* Cocktail reichen.
3. Den Abschluss bildet ein *Ernüchterungscocktail*.
4. Danach kann die genannte Reihenfolge beliebig oft wiederholt werden.
5. Zudem ist zu beachten, dass *nach einem süßen Cocktail* immer ein *trockener oder halbtrockener Cocktail* folgen muss, nach Möglichkeit sollte er auch einen erfrischenden Charakter haben.

Die unten genannten Abfolgebeispiele können untereinander ausgetauscht werden. Von allen hochprozentigen Cocktails sollte bei Genuss einer höheren Stückzahl *nur 1/2 Rezept geshaket* werden. Jeder Barmann sollte diese Trinkart bedenken und sein Angebot danach richten.

1. Beispiel	
Apéritif (kurz)	**1. Cocktail** *Martini-Cocktail dry (1/2 Rezept)*
Lang	**2. Cocktail** *Gin Fizz*
Kurz, sweet	**3. Cocktail-** *Golden Torpedo (1/2 Rezept)*
alkoholfrei **Ende**	**4. Cocktail** *Cherry Star*

2. Beispiel	
Apéritif (kurz)	**1. Cocktail** *Claridge (1/2 Rezept)*
Lang medium	**2. Cocktail** *Southern Trip*
Kurz sweet	**3. Cocktail** *Grashopper (1/2 Rezept)*
Long Drink (erfrischend)	**4. Cocktail** *Tequila Sunrise*
Kurz medium dry	**5. Cocktail** *Caruso (1/2 Rezept)*
Lang alkoholfrei **Ende**	**6. Cocktail** *Ananas-Traum*

3. Beispiel	
Apéritif dry (lang)	**1. Cocktail** *Hot as Hell*
Kurz, dry	**2. Cocktail** *Manhattan (1/2 Rezept)*
Kurz, sweet	**3. Cocktail** *Lady Rose (1/2 Rezept)*
Lang alkoholfrei	**4. Cocktail** *Sanfter Engel*
Kurz medium	**5. Cocktail** *Jamaica-Punsch (1/2 Rezept)*
Lang medium	**6. Cocktail** *Butterfly Flip*
Kurz alkoholfrei **Ende**	**7. Cocktail** *Sweetheart*

4. Beispiel	
Aperitif (kurz) medium dry	**1. Cocktail** *Williams Christ (1/2 Rezept)*
Lang, dry	**2. Cocktail** *Champagner-Cocktail*
Kurz sweet	**3. Cocktail** *Miriam (1/2 Rezept)*
Medium erfrischend	**4. Cocktail** *Cachaca (1/2 Rezept)*
Lang, erfrischend	**5. Cocktail** *Strawberry Dream*
Kurz, dry	**6. Cocktail** *Whiskey Sour (1/2 Rezept)*
Long Drink (sweet)	**7. Cocktail** *Piña Colada (1/2 Rezept)*
Kurz kräftig	**8. Cocktail** *Kapitän-Leutnant (1/2 Rezept)*
Zur Ernüchterung	**9. Cocktail** *Prairie-Oyster*
Lang medium	**10. Cocktail** *Blue Lagoon*
Lang alkoholfrei **Ende**	**11. Cocktail** *Bananen-Joghurt*

9.4 Empfänge anlässlich von Hochzeiten, Verlobungen und Geburtstagen

Grundsätzlich bietet man anlässlich der genannten Empfänge immer einen alkoholischen und einen alkoholfreien Cocktail zur Auswahl an. Nachfolgend einige Beispiele, die Cocktails können je nach Belieben gegeneinander ausgetauscht werden.

Apéritifs vor dem Essen

Alkoholischer Cocktail	Alkoholfreier Cocktail
Hot as Hell, Kir Royal, Bellini, Southern Trip, Alhambra	*Sweetheart, Frecher Bengel*
Perfect Manhattan, Dry Martini, Claridge, Schwarzwälder, Schweizer	*Happy Sunshine, Hofo-Blitzguss*
Champagner, Sekt (dry), Prosecco (dry), Cava (dry), Schlumberger (dry)	*Blue Star, Waikiki*
Sherry (dry), White Port, Wermut dry, Madeira dry, Manzanilla	*Coco mit Kuss, Caipirotto*
Williams Christ, White Lady, Caruso, Side Car, Gin Tonic, Margarita	*Himbeer-Dolly, American Fizz*
Claridge, Americano, Portonic, Perfect Calvados, Campari Orange	*Cherry Star, Jamaica-Punsch*
Churchill, Golden Tiger, Pastis, Gin Fizz, Caipirinha	*Europa-Cocktail, Fidji Sunset*
Himbeer-Daiquiri, Planter's Punch, Gin Rickey, Salto Mortale	*Cocopeach, Kresse*

Digestifs nach dem Essen

1. Beispiel		2. Beispiel		3. Beispiel		4. Beispiel	
Spirituosen	*Cognac Williams Calvados Grappa Kirschwasser*	*Liköre*	*Grand-Marnier Cointreau Draumbuie Southern Comfort Galliano*	*Kaffee*	*Kaffee, Espresso Irish Coffee Rüdesheimer Kaffee, Cappucino*	*Alkoholfreie Getränke und Cocktails*	*Eis-Kaffee Eis-Schokolade Blonder Engel Alexander First Love*

9.5 Sommernachts-Party

Das Highlight einer Party ist nach wie vor die *Bowle*. Auf einer Party sollten 5 bis 6 verschiedene Cocktails maximal angeboten werden. Wichtig ist, dass alle Getränke kalt stehen. Nach Möglichkeit *bedienen* sich die Gäste *selbst*.

1. Beispiel		**2. Beispiel**		**3. Beispiel**		**4. Beispiel**	
Getränke stehen kalt	*Mineralwasser, Orangensaft, Bier, Wein, Sekt, Champagner, Limonaden Fruchtsaftgetränke*	*Bowle wird angeboten*	*Je nach Saison Erdbeer-, Pfirsich-, Orangen-, Früchte-, Zitrus-, Aprikosen-Bowle, Beeren-Gazpacho, Waldmeisterbowle, Beeren-Drink, Pfefferminzbowle*	*Sonstige*	*Kalte Ente, Kullerpfirsich, Sangria, Fruchtsaft-Schorle, Wein-Schorle, Fruchteis Sorbet Cremeeis*	*Cocktails*	*Erdbeer-Schaum, Soft Caipirinha, Himbeer-Daiquiri, Blitzguss, Fruit Punch, Blue Lagoon, Pink Berry, Rainbow Slush*

9.6 Jugend-/ Kinderparty

Es ist selbstverständlich, dass auf diesen Parties nur alkoholfreie Getränke angeboten werden. Verziert mit phantasievollen Dekorationen kommen selbst die unten vorgestellten einfachen Getränke bei Kindern und Jugendlichen gut an.

1. Beispiel		**2. Beispiel**		**3. Beispiel**		**4. Beispiel**	
Allgemein	*Mineralwasser, Limonade, Apfelsaft, Orangensaft, Fruchtsaft*	*Alkoholfreie Bowlen*	*Beerendrink, Erdbeere-, Ananas-Kiwi-, Blutorangen-Sommer-Bowle*	*Andere (kalt und warm)*	*Kakao, Milch Fruchteis Sorbet Cremeeis*	*Cocktails*	*Big Apple Sweet Green Babalo Fruit Punch Energy-Cocktail*

9.7 Highlights an Meer, Swimmingpool und Baggersee

Viele fahren gerne ins Ausland oder genießen die heißen Sonnentage am Meer, am Swimmingpool, im Schwimmbad oder am Baggersee. Sport ist angesagt, man schwimmt, spielt Volleyball, betreibt Poolgymnastik usw. Die Hotels im In- und Ausland haben ausgefeilte Programme erdacht, wie man sich im Wasser und danach fit hält. Wer viel schwitzt, sollte besonders *viel alkoholfreie Flüssigkeit* zu sich nehmen. 1,5 Liter bis 2,5 Liter Flüssigkeit am Tag sind Pflicht.

1. Leistungssportler

Vitamin-Cocktails und Kraftdrinks sind angesagt: Power Mix, Vitamin-Cocktail, Fitmacher, Power-Shake, Pilot's Honey.

2. Allgemeine Regeln:

Vor dem Schwimmen sollte man:
1. **keinen Alkohol trinken**
2. *nicht viel essen*

3. Erfrischungen an heißen Tagen:

a) **Man sollte viel Flüssigkeit zu sich nehmen**, *insbesondere Leitungswasser, Mineralwasser.*
b) **Die Speisen sollten leicht und herzhaft sein:** *Salatplatte mit Schinken, Shrimps, Huhn*
c) **Als Cocktails trinkt man ausschließlich Long Drinks:**
Mit Alkohol: *Swimming Pool, Sportsman, Peach Love, Blue Lagoon, Cuba Libre, Gin Fizz, Brandy Highball, Bier, leichte Sektcocktails, kalte Kaffees und Tee-Cocktails,*
Ohne Alkohol: *Sanfter Engel, Frecher Bengel, Grapefruit Wonder, Zitronen-Punsch, Tropical Dream, Strawberry Dream.*

4. Picknicks und kalt/warme Büffets:

a) **Kalte Speisen:** *herzhafte Häppchen, kalte Suppen, fettarme Fleisch-, Fisch- und Geflügelsalate, Käseauswahl, Auswahl an frischen Salaten, Eisspezialitäten, Gemüseauswahl, magere Fleischsorten, keine fetten Gerichte, Obstauswahl, Salat von Früchten.*
b) **Kalte Getränke**: *Fruchtbowlen, Kalte Ente, Kuller-Pfirsich, Eistee, Bier.*
c) **Warme Speisen:** *Braten von Roastbeef, Schweinekeule, Barberie Entenbrust, Pute, Hähnchen, Spezialitäten vom Grill.*

9.8 Katerstimmung

am Morgen danach

Jeder hat schon mal eine Nacht durchgefeiert oder er hat vielleicht etwas zu viel getrunken. Das Ergebnis am selben Tag oder am anderen Morgen ist meist verheerend. Man hat einen schweren Kopf und man fühlt sich nicht wohl.
Es gibt viele Rezepte für Fitmacher-Drinks, die man nach stärkerem Alkoholkonsum ausprobieren kann. Bei der Auswahl des passenden Rezeptes ist jeweils die körperliche Verfassung ausschlaggebend. Hier einige Beispiele, wie man den Alkoholspiegel wieder senken kann:

1. Man greift zu den *alkoholfreien Getränken und Cocktails*.
2. Cocktails, die hauptsächlich aus *Säften und Sahne* bestehen, senken den Alkoholspiegel.
3. Trinken Sie nicht *zu schnell und zu viele* alkoholische Getränke hintereinander. Der Genuss alkoholfreier Getränke zwischendurch ernüchtert wieder etwas.
4. So mancher Gast meint, wenn er Kaffee nach den verschiedenen Cocktails trinkt, wird er wieder nüchtern. Dies ist jedoch ein Irrtum. Kaffee ermuntert zwar wieder, ernüchtert jedoch nicht!

Wie wird man wieder fit?

Auch hier gibt es diverse Rezepte, die nicht auf jeden Menschen gleichermaßen angewendet werden können. Jeder muss die spezielle Wirkung für sich selbst erfahren und ausprobieren. In jedem Fall sollte ein Gast sobald er getrunken hat, **kein Auto mehr fahren**.

1. Man trinkt das Getränk morgens weiter, mit dem man abends aufgehört hat, aber nur *1 Getränk*. Das kann nicht jeder vertragen, aber es soll helfen.
2. *Einige Getränke machen morgens wieder munter, z. B.*
   Tomatensaft (gut gewürzt), Katerdrink, Aufmunterer, Kaffee, Tee, Milch, Joghurt, Kefir, Buttermilch.
   Alle sauren alkoholfreien Getränke:
   Sweetheart, Himbeer-Dolly, Raspberry Fizz, American Fizz.
   Alle Wellness-Cocktails, z. B.
   Power-Mix, Vitamin-Cocktail, Orangenmilch, Gemüse-Cocktail, Kresse-Cocktail, Prairie Oyster.
   Stärkungsgetränke, z. B.
   Rinderkraftbrühe mit Eigelb
   Suppen z. B.
   Kartoffelsuppe, Zwiebelsuppe, Gulaschsuppe.
3. *Ernüchterungs- und Aufputsch-Getränke (Pick-me-ups) für zwischendurch, z. B.*
   Virgin Oyster, Rittmeister wie Jägerbissen, Pilcaller, Nordseebrise.
   Long Drinks:
   Egg-Nogs, Flips, Pimm's, Network-Cruise, Tropical Dream, Gin Fizz, Piscot Sour, Bloody Mary.
4. *Katerfrühstück mit frischen Fruchtsäften:*
   Orangen, Grapefruit, Essiggurken, Senffrüchten, Rollmöpsen, Brathering, Perlzwiebeln, Spiegeleier mit Speck, gekochten oder rohen Schinken.
   Geräucherte Fischspezialitäten: Lachs, Forelle, Käse, Aufschnitt

9.9 Übungen

1 Welche Arten von Parties kennen Sie?

2 Welche Schritte sollten Sie bei einer Cocktailparty beachten?

3 Woran müssen Sie bei der Einladung denken?

4 Welche Vorbereitungen treffen Sie beim Einkauf?

5 Wie messen Sie einen Cocktail ab?

6 Warum wird der Cocktail abgeseiht?

7 Was reichen Sie zum Knabbern zu den Cocktails?

8 Wie sieht die korrekte Reihenfolge des Trinkens aus?

9 Welche Cocktails können vor dem Essen serviert werden?

1 *Sommernachts-, Kinder-, Karibik-, Karneval-, Silvester-, Schnee-Party usw.*

2 *Einladung, Vorbereitung im Haushalt, Vorarbeit zum Einkauf, Auswahl der Cocktailrezepte, Abschlussarbeiten.*

3 *Tag, Uhrzeit, Dauer, Personenzahl, schriftliche oder telefonische Einladung, Garderobe, Anlass, Personal.*

4 *Checkliste, Cocktailrezepte, Speisen zur Party, Einkauf nach Cocktailauswahl und Personenzahl, Frische der Waren, Sundries.*

5 *Genau nach Rezeptur, in den Jigger wird nicht zu viel gefüllt aber auch nicht zu wenig.*

6 *Damit die Eisstücke zurückbleiben und der Cocktail nicht verwässert.*

7 *Nüsse, Mandeln, Pistazien, Mini-Pizzen, feurige Suppen, Chips, Salzstangen.*

8
1. *Man trinkt einen trockenen kurzen Cocktail zu Beginn.*
2. *Anschließend folgt ein längeres Getränk.*
3. *Zum Schluss ein alkoholfreies Getränk.*

9 *Grundsätzlich kurze und trockene Cocktails. Man sollte immer zur Auswahl einen alkoholischen sowie einen alkoholfreien Cocktail anbieten. Es dürfen auch längere, mit Sekt aufgefüllte trockene Cocktails angeboten werden. Zum Beispiel Martini-dry-Cocktail, Manhattan, Hot as Hell, Champagner-Cocktail, Bellini.*

10 Welche Cocktails werden nach dem Essen angeboten?

10 Grundsätzlich halbtrockene, süße und kurze Cocktails. Nicht zu vergessen sind die Spirituosen wie Calvados, Cognac, Trester und Liköre. Zum Beispiel First Love, Alexander, Frou Trou, Miriam.

11 Was kann man während des Essens anbieten?

11 Rot- und Weißweine. Sie richten sich nach dem jeweils servierten Gericht. Auch halbtrockene Sherrys und Portweine können angeboten werden.

12 Welche Cocktails würden Sie bei Ihrer Cocktailparty anbieten? Nennen Sie 4 Stück!

12
1. *Martini dry*
2. *Gin Fizz*
3. *Golden Torpedo*
4. *Cherry Star*

13 Welche Bowlen würden Sie bei einer Sommerparty anbieten?

13 Erdbeer-, Pfirsich-, Orangen-, Zitrus-, Aprikosen-, Früchte-Bowle

14 Nennen Sie noch einige spezielle Sommergetränke!

14 Kalte Ente, Kuller-Pfirsich, Sangria, Weinschorle, alkoholfreie Bowlen.

15 Welche Getränke bieten Sie bei einer Kinderparty an?

15 Apfelsaft, Orangensaft, Wasser, Limo, Sommerbowle, alkoholfreie Cocktails, wie z. B. Big Apple, Babalo und Fruit Punch.

16 Welche Erfrischungsgetränke würden Sie an heißen Tagen anbieten?

16 Getränke mit wenig Alkohol, keine kurzen alkoholischen Getränke. Hauptsächlich Long Drinks (alkoholischer und nicht alkoholischer Natur), z. B. Swimming Pool, Blue Lagoon, Tropical Dream, Sanfter Engel, Strawberry Dream.

17 Mit welchen Getränken wird man wieder fit?

17 Prairie Oyster, Kresse-Cocktail, Gemüse-Cocktail, American Fizz, Virgin Mary

18 Wie sieht ein Katerfrühstück aus?

18 Man isst: Perlzwiebeln, Essiggurken, Senffrüchte, Rollmöpse, Bratheringe u. a.

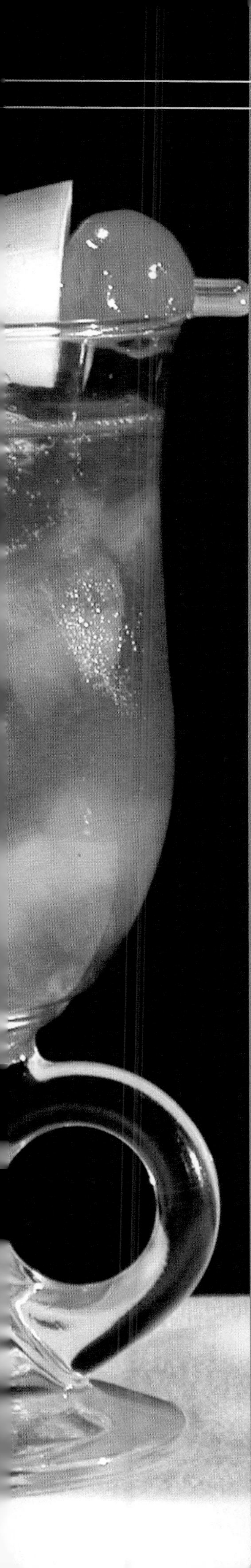

Kapitel 10

Getränke und Cocktails zu verschiedenen Anlässen und Jahreszeiten

10.1 Getränke im Frühling

(20. März bis 20. Juni)

BOWLEN MIT ALKOHOL

Utensilien

Bowlengefäß, Bowlengläser, Untersetzer oder Weinkrug und Weingläser, Kaffeelöffel, Serviette und Schöpfkelle, Würfeleis.

Zubereitung

1. *Jeweils die Früchte in kleine Stücke schneiden (eventuell auch einige Früchte pürieren) und alles in ein Bowlen-Gefäß geben.*
2. *Etwas Kristall- oder Puderzucker, je nach Geschmack, über die Früchte geben.*
3. *Mit Weinbrand, Likör (der Frucht angepasst) und etwas Wein aromatisieren und zugedeckt 2 Stunden im Kühlschrank ziehen lassen.*
4. *Vor dem Servieren noch mit Wein, Sekt dry oder Mineralwasser auffüllen, leicht umrühren.*
5. *Gefäß auf Eis stellen, damit die Bowle gut kühl bleibt.*
6. *Bei hochwertigen Bowlen nimmt man eine Flasche leichten Wein und eine Flasche Sekt zum Auffüllen.*

AUSWAHL BELIEBTER BOWLEN

Erdbeerbowle mit Alkohol (12 Personen)

Wareneinsatz

500 bis 1000 g Erdbeeren, 12 cl Grand Marnier (oder 6 cl Weinbrand und 6 cl Wermut, rot), Zucker nach Geschmack, 2 Flaschen leichten Weißwein und 1 Flasche Sekt dry (zur Verlängerung 1 Fl. Mineralwasser auf Wunsch).

Erdbeerbowle ohne Alkohol (6 Personen)

Wareneinsatz

500g Erdbeeren, Zucker nach Geschmack, 1/2 Liter Zitronensaft, 1 Liter Apfelsaft, 1/2 Liter Mineralwasser.

Frühlingsbowle ohne Alkohol (10 Personen)

Zubereitung

300 g Erdbeeren (wahlweise auch andere Beeren) Zucker nach Geschmack, 1 Liter Traubensaft, 0,4 Liter Sprite, 0,7 Liter Mineralwasser (nach Geschmack und Frische), 2–4 cl Zitronensaft, zusätzlich 1 Bund frische Pfefferminze klein schneiden, in die Bowle geben und damit 1 Stunde ziehen lassen.

Waldmeisterbowle (Maibowle)

Zutaten

1 Bund Waldmeister (darf noch nicht blühen), Zucker nach Geschmack, 1 Flasche leichten Weißwein und Sekt dry.

Zubereitung

1. *Den Bund Waldmeister (gebunden) wäscht man kurz ab und gibt ihn in eine Karaffe.*
2. *Darauf gibt man etwas Zucker (1 EL nach Geschmack) und gießt eine Flasche Weißwein darauf.*
3. *Zugedeckt läßt man nun diesen Ansatz 12 Stunden ziehen.*
4. *Durch diesen Ansatz entsteht ein Waldmeisterkonzentrat.*
5. *Der angesetzte Waldmeister wird durch ein Sieb in eine Flasche gefüllt, die verschlossen wird.*
6. *Dieses Konzentrat hält mehrere Wochen.*
7. *Für die Zubereitung werden 1–2 cl Waldmeisterkonzentrat abgemessen und in den Weinpokal (20 cl) gegeben.*
8. *Der Weinpokal wird mit Weißwein aufgefüllt (nicht zu voll) und mit etwas Sekt abgespritzt.*

10.1/1 | Waldmeisterbowle

Garnitur

Einige Waldmeister-Blätter steckt man in eine Orangenscheibe (unbehandelt) und legt diese dann auf die Bowle.

Beeren-Gazpacho mit Sekt und Melonen (für 6 Personen)

Zutaten

1 kg Himbeeren, 150 g Zucker, 500 g Wassermelone, 350 g Erdbeeren, 1 Flasche Sekt dry.

Zubereitung

1. *800 g Himbeeren mit dem Zucker und 70 cl Wasser zugedeckt langsam zum Kochen bringen, pürieren und eine Stunde zugedeckt ziehen lassen.*
2. *Die pürierte Masse durch ein Sieb in einen Topf ablaufen lassen, die Früchte dabei durch das Sieb pressen und den Saft wieder aufkochen und vollständig erkalten lassen.*
3. *Kurz vor dem Servieren aus der Melone Kugeln ausstechen, die Kerne dabei entfernen, die Erdbeeren putzen, waschen, halbieren, auf die Gläser verteilen und Melone, Erdbeeren und Himbeeren unter die Gazpacho rühren und beim Servieren nach Geschmack kalten Sekt oder Wein zugeben. Als Garnitur dienen Pfefferminzblätter.*

10.1/2 | Beeren-Gazpacho

Getränke im Frühling

Cocktails im Frühling

Name	Rezept	Geschmack Art	Glas	Zubereitung	Garnitur	Service
Acapulco	2 cl Maracuja-Sirup 3 cl Limettensaft 5 cl Ananassaft 4 cl Tequila 6–8 Eiswürfel	Medium Joker Long Drink	Kleiner, hoher Tumbler	Mit Würfeleis im Shaker shaken und mit dem Eis in das Glas gießen.	Ananasecke, Cocktail-Kirsche am Stick an das Glas stecken	Untersetzer Trinkhalm Serviette Stirrer
Brenn-nessel-Cocktail 10.1/3	4 cl Brennnesselsaft 3 cl Orangensaft 2 cl Zitronensaft 2 cl Bitter Lemon Salz Pfeffer 5 Eiswürfel	Medium belebend Long Drink Alkoholfrei	Kleiner Tumbler	Würfeleis in das Glas geben, Säfte und Gewürze dazugeben und umrühren.	Petersilien-Sträußchen auf das Getränk stecken	Untersetzer
Cham-pagner-Tee-Cocktail	3 cl Earl-Grey-Tee 12 cl Orangensaft Vanillezucker 1 Tropfen Zitronensaft 6 cl Champagner (Sekt dry) 6 Eiswürfel	Erfrischend Long Drink Champagner beliebter Cocktail zu allen festlichen Anlässen	Ballon-Glas	1 l Wasser mit 7 bis 8 Teelöffel Earl-Grey-Tee ca. 15 bis 20 Minuten ziehen und erkalten lassen. Zutaten mit Würfeleis im Shaker kurz shaken, abseihen und dann mit Sekt auffüllen.	Karambole mit Erdbeere am Stick an das Glas stecken	Untersetzer Trinkhalm Serviette
Erdbeer-Shake	100 g Erdbeeren 10 cl Buttermilch Zitronensaft 1 TL Honig 1 EL Crushed Ice	Vollmundig stärkend Long Drink Alkoholfrei	Hoher Tumbler	Erdbeeren waschen, putzen und alles im Elektromixer mit etwas Crushed Ice mixen und mit dem Eis in das Glas gießen.	Erdbeere am Stick an das Glas stecken	Untersetzer Serviette
Erdbeer-Wonder 10.1/4	1 cl Zitronensaft 1 cl Campari oder Aperol 1 cl Cointreau 2 frische Erdbeeren pürieren 2 cl Tonic auffüllen 1 EL Crushed Ice	Medium dry Short Drink	Cocktail-Kelch	Zutaten mit Crushed Ice im Elektromixer mixen und mit dem Eis in das Glas gießen, mit etwas Tonic auffüllen.	Erdbeere, Minzeblatt am Stick an das Glas stecken	Untersetzer 2 kleine Trinkhalme Serviette
Erdbeer-Schaum	4 ganze Erdbeeren gewaschen und gewürfelt 4 cl Ananassaft 1/2 cl Läuterzucker 1 EL Crushed Ice 2–4 cl Sekt dry	Erfrischend Long Drink Sekt-Cocktail Apéritif Party-Drink	Sekt-Schale	Erdbeeren und Säfte mit Crushed Ice im Elektromixer mixen und mit dem Eis in das Glas gießen, dann mit Sekt auffüllen.	1 Erdbeere halbieren und an das Glas stecken	Untersetzer Serviette

10.1/3
Brennnessel-Cocktail

10.1/4
Erdbeer-Wonder

10.2 Getränke im Sommer

(21. Juni bis 21. September)

ERFRISCHENDE und DURSTLÖSCHENDE DRINKS

Highlight Nr. 1: „KALTE ENTE“

Die „Kalte Ente" wird besonders gerne im Rheinland getrunken. Folgende Kriterien zeichnen sie als hervorragendes Sommergetränk aus:

1. Das Getränk wird in einem *Glaskrug auf Würfeleis* serviert und ist dadurch immer kühl und erfrischend.
2. Durch die *Zitronen-Schale* erhält das Getränk einen interessanten fruchtig-herben Geschmack.
3. Die Auswahl der Weine ist bestimmend, und zwar *sollten sie trocken und spritzig sein*, sind sie süß, ist das Getränk nicht mehr so erfrischend.
4. Will man eine besonders leichte „Kalte Ente" zubereiten, so beachtet man beim Aufgießen das Verhältnis *2 Flaschen Wein, 1 Flasche Mineralwasser und 1 Flasche Sekt*.
5. Jeder kann die Ente auch individuell nach *seinem Geschmack* zubereiten, dann ist sie jedoch nicht mehr als „Original" zu bezeichnen.
6. Zu folgenden Anlässen kann die „Kalte Ente" vorzugsweise getrunken werden: *Karneval, Hochzeiten, Verlobungen, Silvester und an heißen Sommertagen*. Das Wort „Kalte Ente" leitet sich ursprünglich davon ab, dass man ein üppiges Mahl, wie es zu den genannten Feiern üblich ist, mit einem „kalten Ende" beschließen möchte.

Zutaten (für 8 bis 12 Personen)

1 Glaskrug von 2,5 Litern bis 3 Litern Volumen, 1 ungespritzte Zitronenspirale, 1 Flasche trockenen, spritzigen Moselwein (man kann auch einen anderen leichten, spritzigen Wein nehmen), 1 Flasche Sekt dry, 1 Essgabel, 1 Sektkühler mit Würfeleis gefüllt, 1 Teller mit Serviette. Als Gläser werden Sekt-Kelche verwendet.

Zubereitung

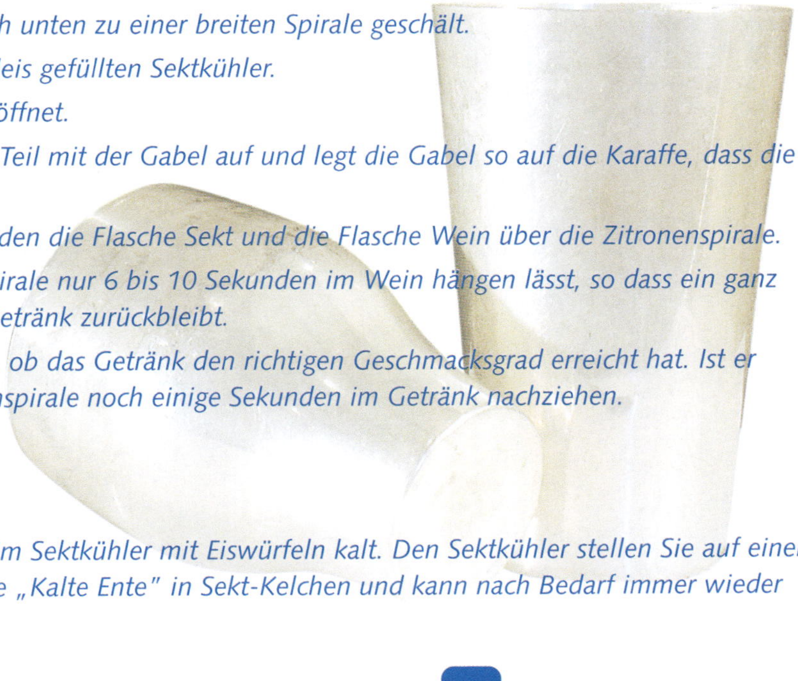

1. *Die ungespritzte Zitrone wird von oben nach unten zu einer breiten Spirale geschält.*
2. *Man stellt den Glaskrug auf den mit Würfeleis gefüllten Sektkühler.*
3. *Die Flaschen mit Sekt und Wein werden geöffnet.*
4. *Die Zitronen-Schale spießt man am oberen Teil mit der Gabel auf und legt die Gabel so auf die Karaffe, dass die Spirale in den Krug hängt.*
5. *Jetzt gießt man gleichzeitig mit beiden Händen die Flasche Sekt und die Flasche Wein über die Zitronenspirale.*
6. *Das Wichtigste ist, dass man die Zitronenspirale nur 6 bis 10 Sekunden im Wein hängen lässt, so dass ein ganz kleiner Hauch von Zitronengeschmack im Getränk zurückbleibt.*
7. *Man entnimmt eine kleine Probe und prüft, ob das Getränk den richtigen Geschmacksgrad erreicht hat. Ist er nicht intensiv genug, dann darf die Zitronenspirale noch einige Sekunden im Getränk nachziehen.*

Service

Sobald die Kalte Ente fertig ist, stellt man sie im Sektkühler mit Eiswürfeln kalt. Den Sektkühler stellen Sie auf einen Teller mit Serviette. Dem Gast serviert man die „Kalte Ente" in Sekt-Kelchen und kann nach Bedarf immer wieder nachschenken.

Arbeitsschritte KALTE ENTE

1 *Mise en place zur Herstellung einer Kalten Ente*

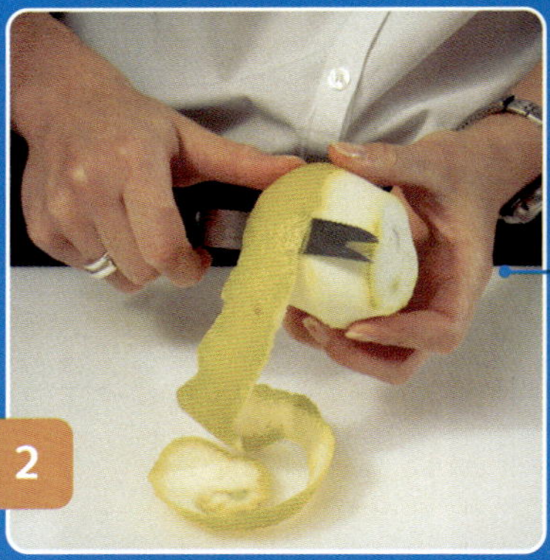

2 *Die ungespritzte Zitrone wird von oben nach unten zu einer breiten Spirale geschält*

3 *Den Glaskrug stellt man nun auf den mit Eis gefüllten Sektkühler*

4 *Die Zitronenspirale spießt man auf die Gabel und hängt die Schale in den Krug*

5 *Jetzt werden die geöffneten Flaschen Sekt und Wein gleichmäßig über die Zitronen-Schale ausgegossen*

6 *Die Zitronenspirale lässt man ca. 6–10 Sekunden im Wein ziehen und nimmt sie dann heraus*

Highlight Nr. 2:
KULLER-PFIRSICH

Im Sommer kommen die ersten Pfirsiche in den Handel, die Basisfrucht für den Kuller-Pfirsich. An einem lauen Sommerabend genießt man dieses Getränk im Freundeskreis.

Zutaten (für eine Person)

1 weicher, nicht zu großer Pfirsich (weißer Pfirsich), 1 Kuller-Pfirsich-Glas, 1 Piccolo-Sekt (gekühlt), 1 Essgabel, 1 Untersetzer mit Serviette.

Zubereitung

1. *Der Pfirsich wird mit der Essgabel von oben nach unten gleichmäßig bis zum Kern eingestochen.*
2. *Dann legt man den Pfirsich in das Kuller-Pfirsichglas und gießt eine kalte Flasche Piccolo darauf. Der Pfirsich beginnt sich zu drehen.*
3. *Dieses Getränk sollte nicht sofort getrunken werden, sondern noch einige Minuten ziehen lassen.*
4. *Danach kann man den Sekt mit dem Pfirsicharoma genießen.*
5. *Erst zum Schluss steckt man den Pfirsich an die Gabel, und isst ihn.*

Anmerkung

Wenn Sie möchten, lassen Sie den Pfirsich im Glas liegen und gießen Sie ihn nochmals mit einer Flasche Piccolo auf. Der Pfirsich saugt sich dann immer mehr mit dem Sekt voll und wird so noch herzhafter und zarter.

Arbeitsschritte KULLER-PFIRSICH

1

1 *Der reife Pfirsich wird mit einer Essgabel gleichmäßig von oben nach unten ca. 12 bis 16 mal eingestochen und in das Kuller-Pfirsich-Glas gelegt*

2

2 *Dann füllt man das Glas mit einer kalten Piccoloflasche auf und lässt den Pfirsich kullern und ziehen, zuerst trinkt man den Sekt und isst den Pfirsich zum Schluss*

Getränke im Sommer

Auswahl weiterer beliebter Sommergetränke

Name Abb.	Rezept	Geschmack Art	Glas	Zubereitung	Garnitur	Service
Bora-Bora Punch	4 cl Orangensaft 4 cl Ananassaft 1 cl Cointreau 1 cl Galliano 2 cl weißer Rum 4 cl brauner Rum Crushed Ice	Erfrischend leicht Long Drink für Sommerabende	Ballon-Glas, Hurricane-Glas, Ananas (ausgehöhlt)	Im Elektromixer mit Crushed Ice mixen und mit dem Eis in das Glas gießen.	Tropical-Früchte Blumen an das Glas stecken	Untersetzer Trinkhalm Serviette
Butter-milch-Beeren-mix	2 BL Beerenmix 5 cl Buttermilch 1 BL Traubenzucker 1 cl Milch 1 BL Crushed Ice	Vollmundig, als Stärkung (vitaminhaltig) Kindergetränk da ohne Alkohol	Breiter Tumbler	Im Elektromixer alles mit Crushed Ice mixen und mit dem Eis in das Glas gießen.	Beeren in das Getränk legen	Untersetzer Serviette Teelöffel
Frucht-saft-Schorle	10 cl Apfel-, Johannis-beer-, oder Traubensaft 10 cl Mineralwasser (sehr kalt)	Erfrischend Long Drink Gartenfeste Kindergetränk	Pokal (20 cl)	In das Gästeglas zuerst den Saft gießen, dann mit Mineralwasser auffüllen.	Johannisbeeren über das Glas hängen	Untersetzer Trinkhalm Serviette
Kefir-Pfirsich-Mix 10.2/1	6 cl Kefir 4 cl Pfirsichsaft 1/8 Pfirsichscheibe (abgezogen) 1/8 Pfirsichwürfel 2 BL Honig 1/2 cl Zitronensaft 1 Prise Zimt 1 BL Crushed Ice	Wohltuend vollmundig ohne Alkohol	Breiter Tumbler	Im Elektromixer alles außer der Pfirsichwürfel mit Crushed Ice mixen und mit dem Eis in das Glas gießen.	Pfirsichwürfel in das Getränk geben	Untersetzer Serviette Teelöffel
Melonen-spaß mit Fixbutte 10.2/2	6 cl kalten Hagebuttentee 6 cl Orangensaft 1 Scheibe Melone in Würfel 1,5 cl Läuterzucker 1 cl Grenadine 1/2 cl Zitronensaft 1 EL Crushed Ice	Erfrischend wohltuend Sommerzeit-Drink	Breiter Tumbler, Sekt-Schale	Alles im Elektromixer mit Crushed Ice mixen und mit dem Eis in das Glas gießen.	Melonenwürfel in das Glas geben, Zitronen-keil an das Glas stecken	Untersetzer Kaffeelöffel Serviette

10.2/2 Melonenspaß mit Fixbutte

10.2/1 Kefir-Pfirsich-Mix

10.2/3 Soft Caipirinha

Name Abb.	Rezept	Geschmack Art	Glas	Zubereitung	Garnitur	Service
Soft Caipirinha 10.2/3	2 Limetten-Scheiben 1 BL brauner Zucker 1 cl Lime Juice 1 cl Cachaça 1 cl Wodka 8 cl Tonicwater 6 Eiswürfel	Erfrischend leicht Long Drink	Breiter Tumbler	Im Gästeglas Zucker mit Limette zerstoßen, Würfeleis einlegen, die Getränke über das Eis gießen und kurz umrühren.	Limetten-Scheibe in das Glas geben	Untersetzer 2 kleine Trinkhalme
Virgin Mojito 10.2/4	1/2 Limette in Würfel 6 Pfefferminzblätter 1 BL brauner Zucker 6 cl Bitter Lemon Crushed Ice 8 cl Sodawasser (Mineralwasser)	Erfrischender Long Drink Highlight für die Sommernachts-Party	Hoher Tumbler	Im Gästeglas Pfefferminze mit braunem Zucker und Limette zerstoßen, Crushed Ice in das Glas geben, Bitter Lemon zugeben, umrühren und mit Soda auffüllen.	Crushed Ice in das Glas geben. Minzeblätter auf das Eis legen	Untersetzer 2 kleine Trinkhalme Serviette
Wein-Schorle 10.2/5	12 cl Wein (weiß oder rot) 8 cl Mineralwasser (sehr kalt)	Erfrischend, wenig Alkohol bei jeder Gelegenheit	Wein-Pokal (0,2 l)	Ins Gästeglas zuerst den Wein gießen, dann mit Mineralwasser auffüllen.	Eine Zitronen-Scheibe an das Glas stecken	Untersetzer Serviette
Weiße Sangria (für 4 Gläser) 10.2/6	1/2 Zitrone ungespritzt in Scheiben 1/2 Orange ungespritzt in Scheiben 0,75 l trockener Weißwein 1 reifer Pfirsich 2–3 Zweige Pfefferminze 1/2 Zimtstange	Medium, erfrischend Long Drink für leichte Sommerabende	Breiter Tumbler oder Bowle-Glas	Zitrusfrüchte waschen. Dem Pfirsich die Haut abziehen, entsteinen und dann in Scheiben schneiden. Wein kühlen. Alles mischen und 2 Stunden ziehen lassen, dann auf die Gläser verteilen.	Mit den Früchten im Tumbler servieren	Untersetzer Serviette Kaffeelöffel

10.2/4 Virgin Mojito

10.2/5 Weinschorle

10.2/6 Weiße Sangria

10.3 Getränke im Herbst (22. September bis 20. Dezember)

Aufmunternde Getränke

Es wird kühler, die letzten Früchte werden geerntet und man nimmt bereits warme Getränke zum Erwärmen oder kurze alkoholische Getränke zum Aufwärmen zu sich. Im Folgenden werden einige klassische Herbst-Getränke vorgestellt:

Beaujolais Primeur

Dies ist ein sehr junger Wein, der wenige Wochen nach der Ernte getrunken wird. Er wird um 0.00 Uhr des dritten Donnerstages im November auf den Markt gebracht und verkauft und entsteht durch ein besonderes Gärverfahren. Er wird nicht gepresst, so dass sich eine Gärung innerhalb der Traube entwickelt, was den Wein besonders bouquetreich macht. Sie können diesen neuen, frischen Wein zu allen Gelegenheiten trinken. Bis zum Ende des Jahres sollte er getrunken werden, spätestens bis zu Ostern des darauffolgenden Jahres. Ein Beaujolais Nouveau darf bis zur neuen Ernte (September des folgenden Jahres) getrunken werden. Eine Besonderheit ist der Beaujolais Village, ein Weiß-, Rosé- oder Rotwein, der aus 39 zugelassenen Gemeinden kommt. Er muss einen Mindestalkoholgehalt von 10 % haben. Der Ertrag pro Hektar darf 40 Hektoliter nicht übersteigen.

Federweißer (Sauser)

Er ist ein Wein, der sich noch in der Gärung befindet, dessen Zucker aber schon weitgehend in Alkohol und Kohlensäure aufgespaltet wurde. Er ist noch flockig und milchig trüb und enthält viel Kohlensäure. Am Anfang ist er noch sehr süß, aber je länger man ihn stehen lässt, desto trockener wird er, da der Zucker abgebaut wird. Die Flasche darf nicht hingelegt werden. Sie ist mit einem Stanniolverschluss abgedichtet, damit der angehende Wein noch atmen kann, er hat also keinen Korkverschluss. Zum Federweißen isst man gerne Zwiebelkuchen.

Herbstbowle mit Pflaumen (Zwetschgen)

Rezept für 15 Gläser: 600 g reife Pflaumen waschen, halbieren, entsteinen und in das Bowlengefäß geben. Mit 10 cl Marsala, 5 cl Zwetschgenwasser und 1 Teelöffel Honig verrühren. 1 bis 2 Stunden marinieren. Dann mit 1 Flasche sehr kaltem trockenen Roséwein und 2 Flaschen sehr kaltem trockenen Rosésekt auffüllen und das Gefäß in einer Schüssel auf Eis oder im Kühlschrank kaltstellen. Eine Zitronenspirale in die Bowle hängen und dort ziehen lassen, um das Aroma zu verstärken.

Herbstlicher Gewürztrunk (alkoholfrei)
10.3/1

Rezept für 10 Personen: 1/2 Liter Wasser, 1 unbehandelte Orange, 5 cm lange Scheibe eines frischen Ingwers, 1 Zimtstange, 120 g brauner Zucker, 1 Esslöffel schwarzer Tee, 1 Liter Milch, 1/2 Liter Sahne, 1 Esslöffel Lebkuchengewürz, 2 Esslöffel Puderzucker.

Herstellung:

1. *1/2 Liter Wasser aufkochen.*
2. *Dann die Schale einer abgeschälten Orange (ohne Weiß), die Scheibe Ingwer, Zimtstange und Zucker in das kochende Wasser geben und 5 Minuten ziehen lassen.*
3. *Den Tee hinzugeben und 4 Minuten ziehen lassen.*
4. *Alles durch ein Sieb gießen und nochmals mit der Milch aufkochen.*
5. *Die Sahne mit Puderzucker und dem Lebkuchengewürz halbsteif schlagen.*
6. *Gewürzmilch in die Gläser füllen und die Sahne darauf setzen.*

10.3/1
Gewürztrunk

Eine Auswahl beliebter Herbstgetränke:

Name Abb.	Rezept	Geschmack Art	Glas	Zubereitung	Garnitur	Service
Blut-orangen-Bowle	1 Blutorange (Filets) 1/2 Teelöffel Puderzucker 1 cl Orangensirup 4 cl Orangenlimonade 4 cl Mineralwasser (kalt) 8 Eiswürfel	Erfrischendes Sommer- und Herbstgetränk ohne Alkohol	Bowle-Glas breiter Tumbler	Alle Zutaten in das Glas auf Würfeleis geben und mit Mineralwasser auffüllen, dann leicht umrühren.	Orangen-Scheibe in das Glas legen	Untersetzer Serviette Teelöffel
Herbst-Drink 10.3/2	2,5 cl Holundersaft 7,5 cl Birnensaft 2 cl Williamsbirne 4 cl Crème de Cassis 10 bis 12 Eiswürfel	Fruchtiger Fruchtsaft-Zauber zur Aufmunterung an kühlen Tagen	Hoher Tumbler großer, breiter Tumbler	Das Gästeglas mit Eiswürfeln füllen, die Getränke darauf abmessen, umrühren und zum Schluss den Cassis darüber floaten.	Birnen-Spalte an das Glas stecken	Untersetzer Serviette
Orangen-Frucht-Punsch (für 5 Personen) 10.3/3	1 Liter schwarzer Tee mit Orangengeschmack 2 Blutorangen 1 Zitrone 1 cl Orangen-Sirup 80 g brauner Kandis 1/2 Zimtstange 1 Prise Kardamon	Würziges Genuss-Getränk. Tee-Mischgetränk, ohne Alkohol, geeignet für die Kinderparty	Bowlen-Glas	Alles im Tee mit Kandis, Sirup, Blutorange und Gewürzen auf kleiner Flamme 15 Minuten köcheln lassen.	1/2 Orangen-Scheibe, 1 Karambole-Scheibe an das Glas stecken	Untersetzer Serviette Teelöffel
Rumtopf-Sekt-Cocktail 10.3/4	2 bis 4 cl Rumtopffrüchte mit Saft 8–10 cl Sekt dry zum Auffüllen 2 Eiswürfel	Fruchtig Sektcocktail für den Herbstabend am Kamin	Sekt-Schale	Alle Zutaten in das Glas auf 2 Eiswürfel geben und mit Sekt auffüllen.	Früchte am Stick an das Glas stecken	Untersetzer Serviette Teelöffel
Späte Ernte	10 cl Apfelsaft 1/2 Zimtstange 1 Nelke, Anis 1 Pimentkorn 15 g Honig 6 cl Calvados 1 cl Apricot Brandy 10 bis 12 Eiswürfel	Kräftiges Gewürz-Getränk Muntermacher	Hoher Tumbler, Großer breiter Tumbler	Apfelsaft und Gewürze erwärmen und ziehen lassen, dann kalt stellen und Gewürze absieben. Gläser mit Eis füllen, zuerst die Spirituosen und dann den Saft darauf gießen.	Apfel-Spalte an das Glas stecken	Untersetzer Serviette

10.3/4 Rumtopf-Sekt-Cocktail

10.3/2 Herbst-Drink

10.3/3 Orangen-Frucht-Punsch

10.4 Getränke im Winter

(21. Dezember bis 19. März)

Köstliche und wärmende Getränke

Man unterscheidet grundsätzlich 2 Kategorien, kalte und warme Winter-Drinks, die im Folgenden vorgestellt werden sollen. Bei dem Begriff *„Winterzeit"* denkt man an die Berge mit viel Schnee und an heiße Getränke mit oder ohne Alkohol. Aber auch außerhalb der Berge trinkt man zur kalten Jahreszeit gerne ein heißes Getränk. Im hohen Norden sind beispielsweise die kurzen klaren Drinks sehr beliebt. Die Auswahl an Wintergetränken ist sehr groß.

Kalte Wintergetränke

Zu den kalten, klaren Getränken gehören alle kurzen Spirituosen wie z. B. Obstler. Auch ein Glas Sekt (Champagner) oder gekühltes Bier werden gerne konsumiert. Das Angebot reicht von kalten Wintercocktails bis zu kalten alkoholfreien Getränken. Im Winter sollte es keine Schwierigkeit bereiten, die Getränke kalt zu stellen, im Notfall stellt man sie einfach in den Schnee.

Name	Rezept	Geschmack Art	Glas	Zubereitung	Garnitur	Service
Calvados Wonder	*10 cl Apfelsaft 1/2 Apfel in Würfel 1 BL Honig 1 Spritzer Zitronensaft Zimt, Ingwer 4 cl Calvados 1 TL Chutney, 6–8 Eiswürfel*	*Kältekiller in der Schneebar, Gewürz-Cocktail zum Aufheizen*	*Breiter Tumbler*	*Alles im Elektromixer mixen und dann in ein mit Würfeleis gefülltes Glas gießen.*	*Apfel-Schnitz an das Glas stecken*	*Untersetzer 2 kleine Trinkhalme Serviette*
Weihnachts-Cocktail	*6 cl Joghurt 1/2 Apfel 2 cl Apfelsaft 3 cl Sahne 1 TL Zucker, 1 Prise Zimt 1 EL Crushed Ice*	*Long Drink Joghurt-Mischgetränk für die Adventfeier Alkoholfreier Long Drink*	*Hoher Tumbler*	*Alles mit Crushed Ice im Elektromixer mixen und mit dem Eis in das Glas gießen.*	*Apfel-Schnitz an das Glas stecken und Zimt über das Getränk streuen*	*Untersetzer Serviette*
Weihnachts-Traum	*4 cl Glühwein (kalt) 2 cl Orangensaft 4–6 cl Prosecco (Sekt dry/Champagner) Zuckerrand*	*Sekt-Cocktail Crusta Long Drink*	*Sekt-Kelch*	*In das Gästeglas Glühwein und Orangensaft abmessen und dann mit Sekt auffüllen.*	*Am Sekt-Kelch einen breiten Zuckerrand herstellen*	*Untersetzer Serviette*
Williams Wonder	*8 cl Holundernektar 2 cl Williams, 2 cl Cassis 1/2 Birne in Würfel 1 Spritzer Zitronensaft 6 Eiswürfel*	*An der Schneebar serviert zum Aufheizen*	*Breiter Tumbler*	*Wie bei Calvados Wonder zubereiten.*	*Birnen-Schnitz an das Glas stecken*	*Untersetzer 2 kleine Trinkhalme Serviette*
Winter-Zauber	*Wie Weihnachts-Cocktail, zusätzlich: 2 cl Calvados 1 EL Crushed Ice*	*Joghurt-Mischgetränk, Floater*	*Kleiner Tumbler, oder Cocktail-Schale*	*Wie Weihnachts-Cocktail, zum Schluss Calvados floaten.*	*Physalis an das Glas stecken*	*Untersetzer Serviette*

Heiße Wintergetränke

Heiße Wintergetränke sollen den Körper von innen aufheizen und gegen jede Form der Erkältung vorbeugen.

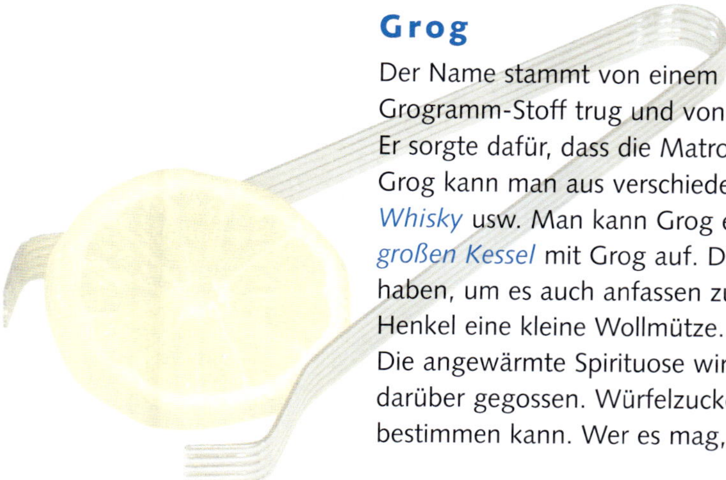

Grog

Der Name stammt von einem englischen Admiral Vernon, der gerne Hosen aus Grogramm-Stoff trug und von seinen Offizieren den Spitznamen „Grog" erhielt. Er sorgte dafür, dass die Matrosen die tägliche Rumportion mit Wasser verdünnten. Grog kann man aus verschiedenen Spirituosen herstellen, z. B. *Rum, Gin, Cognac, Whisky* usw. Man kann Grog einzeln *im Glas* zubereiten oder man setzt einen *großen Kessel* mit Grog auf. Das Glas sollte hitzebeständig sein und einen Henkel haben, um es auch anfassen zu können. In guten Restaurants gibt man über den Henkel eine kleine Wollmütze.
Die angewärmte Spirituose wird in das Glas gegeben und *kochend heißes Wasser* darüber gegossen. Würfelzucker reicht man extra, damit der Gast die Süße selbst bestimmen kann. Wer es mag, kann den Grog auch mit Tee aufgießen.

Spezielle Grogs

Name	Rezept	Geschmack Art	Glas	Zubereitung	Garnitur	Service
Apfel-Grog 10.4/4 (S. 305)	*1 weich gebackener Apfel 1 TL Zucker 6 cl brauner Rum heißes Wasser zum Auffüllen*	*Winterzeit an der Eisbar*	*Hitzebeständiges Glas, Becher aus Steingut*	*Gebackenen Apfel in das Glas legen, darüber den Zucker und den Rum abmessen und mit kochendem Wasser auffüllen.*	*Gebackener Apfel im Glas*	*Untersetzer Kuchengabel Serviette*
Rum-Grog	*4 cl brauner Rum 2–3 Würfelzucker mit heißem Wasser auffüllen*	*Winterparty am Kamin, an der Schneebar*	*Grog-Glas*	*Rum erwärmen, in das Glas geben, mit Zucker süßen und mit heißem Wasser auffüllen.*	*Keine*	*Untersetzer Kaffeelöffel*
Tee-Grog	*4 cl Rum braun 2 cl Zitronensaft 2–3 Würfelzucker 1 Nelke/Zitronen-Scheibe 10 cl schwarzer Tee (heiß)*	*Winterparty am Kamin, Eisbar*	*Grog-Glas*	*In das Grog-Glas Spirituosen, Saft und Zucker geben und mit heißem Tee auffüllen.*	*Zitronen-Scheibe mit Nelke in das Glas legen*	*Untersetzer Serviette Kaffeelöffel*

Glühwein

Glühwein kann man aus *weißem und rotem Wein* machen, ja sogar aus *Portwein*. Wichtig ist, dass Sie einen einwandfreien guten Wein nehmen. Glühwein aus Rotwein hergestellt kann sogar sehr kräftig sein. Die Auswahl ist natürlich Geschmackssache, jedoch sollten Weine keinen *Beigeschmack* haben.

Glühwein sollte *nie* unter Wasserdampf erhitzt werden, da er dann mit Wasser verdünnt wird und an Geschmack verliert. Das Trinkglas oder die Tasse sollten stets hitzebeständig sein. Eine Zitronen-Scheibe wird mit zwei Nelken und einem kleinen Stück Zimtstange gespickt und in das Trinkgefäß gelegt. Darüber gießt man den erhitzten (nicht gekochten) Wein, lässt ihn etwas ziehen und entfernt dann die Zitrone. Zucker wird extra serviert, damit der Gast die Süße selbst bestimmen kann.

Spezielle Glühweinrezepte

Name	Rezept	Geschmack Art	Glas	Zubereitung	Garnitur	Service
Hot-Lokomotive-Glühwein 10.4/1	*2 cl Curaçao Triple-Sec 1 Eigelb 2 BL Zucker 2 BL Honig*	*Winterzeit Flip*	*Hitzebeständiges Glas*	*Curaçao mit Eigelb, Zucker und Honig leicht erhitzen, in das Glas geben, dann mit heißem Rotwein auffüllen.*	*Keine*	*Untersetzer Teelöffel Serviette*
Happy Bear's Party	*14 cl Traubensaft, rot 6 cl Orangensaft 1 cl Zitronensaft 1 TL Honig 1 Orangen-Scheibe 2 Prisen Zimt 2 rote Gummibärchen*	*würzig Winterzeit alkoholfrei*	*Hitzebeständiges Glas Tasse Becher*	*Getränke, Gewürze und Orangen-Scheibe kurz erhitzen (nicht kochen). Anschließend 5 Minuten ziehen lassen und in einen Becher umfüllen.*	*Die Orangen-Scheibe und Gummibärchen auf das Getränk legen*	*Untersetzer Serviette Löffel*

10.4/1
Hot Lokomotive-Glühwein

10.4/2 „Pharisäer"

„Pharisäer"

Dies ist ein in Norddeutschland sehr bekanntes und beliebtes Getränk. Ursprünglich wurde ein Pfarrer beim Kaffeetrinken auf einer Feier übergangen, indem man ihm stets einen Kaffee ohne Alkohol servierte, den übrigen Gästen jedoch Kaffee mit Rum. Dieser Schwindel fiel auf, als er versehentlich eine Tasse Kaffee mit Rum bekam. Jetzt wurde dem Mann klar, warum alle so lustig waren und er noch so nüchtern. Mit den Worten *„Ihr Pharisäer"* betitelte er seine Gastgeber, und das Getränk hatte somit seinen Namen erhalten.

Ein Pharisäer ist Kaffee mit Rum. Darüber wird eine Sahnehaube gegeben, damit man den Rum nicht riecht. Die Tasse wird mit dem *heißen Kaffee* gefüllt. Zum Süßen gibt man *2–3 Stück Zucker* hinein, eventuell noch einige *Körner Salz*. Dann *2 cl Rum* in den Kaffee geben und darauf *1 Esslöffel geschlagene Sahne* setzen. Der Kaffee wird sofort ohne Trinkhalm getrunken.

Weitere Kaffee-Getränke

Name	Rezept	Geschmack Art	Glas	Zubereitung	Garnitur	Service
Hot Nadeschda	*6 cl aufgeschlagene heiße Milch 3 cl Kahlúa 1 cl Wodka 10 cl heißen Kaffee 1 Prise Zimt*	*Heißes Kaffeegetränk bei jeder Gelegenheit im Winter*	*Hitzebeständiges hohes Glas*	*Spirituosen in das Glas geben, 3/4 mit Kaffee auffüllen und die aufgeschlagene heiße Milch zugeben.*	*Mit Zimt bestreuen*	*Untersetzer Kaffeelöffel*
Pharisäer (für 4 Personen) 10.4/2	*10,5 cl Sahne 8 TL gemahlener Kaffee für den Aufguss 1 Prise Salz 50 cl Wasser 12 Stücke Würfelzucker 8 cl Rum*	*Heißes Kaffeegetränk bei jeder Gelegenheit im Winter*	*Steingut Henkeltasse*	*In die Tasse gibt man den fertigen Kaffee, den Zucker und den Rum, darauf kommt dann die geschlagene Sahne.*	*Haube geschlagene Sahne auf den Kaffee geben*	*Untersetzer Kaffeelöffel*

Teegetränke

Das beliebteste Teegetränk in der Schneehütte und auf dem Berg ist wohl im Winter der allseits bekannte Jagertee. Man sollte ihn einfach einmal probiert oder getrunken haben.

Name	Rezept	Geschmack Art	Glas	Zubereitung	Garnitur	Service
Jagertee (für 4 Personen)	*1/2 l heißer und starker Ostfriesentee 1/4 l trockener Weißwein 3 cl Obstler 10 cl brauner Rum 3–4 EL brauner Kandis*	*Auf der Hütte, an der Schneebar*	*Steintopf Steingut Henkeltasse*	*Alle Zutaten erwärmen, nicht kochen lassen und heiß servieren*	*Scheibe Zitrone in das Getränk geben*	*Untersetzer Kaffeelöffel*

Getränke im Winter

Heiße Punsche

Heiße Punsche sind an kalten Tagen ein Hochgenuss. Die Bezeichnung Punsch stammt von dem Sanskrit-Wort „pantscha" und bedeutet *fünf*. Dementsprechend bestehen Punsche aus fünf Zutaten: *Spirituosen, Wasser, Gewürzen, Zitrone und Zucker*.

Punsche können mit verschiedenen Alkoholika hergestellt werden: Brandy, Calvados, Whisky, Rum und Arrak. *Die heißen Punsche sind den Grogs sehr ähnlich.*

Nachfolgend eine Auswahl der beliebtesten Rezepte

Name	Rezept	Geschmack Art	Glas	Zubereitung	Garnitur	Service
Apfel-Flieder-Punsch (5 Gläser)	*0,8 cl Apfelsaft 16 cl Fliederbeersaft 2 Zimtstangen 1 Vanilleschote (halbiert) 60 g Honig 10/2 Apfel-Scheiben*	*Für Kinder im Winter ein Genuss, da alkoholfrei*	*Punsch-Glas*	*Apfelsaft mit Fliederbeersaft, Gewürzen und Honig aufkochen, vom Herd nehmen und 10 Minuten ziehen lassen. Getränk auf die Gläser verteilen.*	*In jedes Glas 2 Apfelscheiben geben*	*Untersetzer Serviette Teelöffel*
Banana-Punsch	*4 cl Arrak (Rum) 2 cl Crème de Banane 2 cl Zitronensaft Heißes Wasser zum Aufgießen 4 Scheiben Banane*	*Heißer Punsch am Kamin*	*Hitzebeständiges Glas, Teeglas*	*In das Gästeglas, Alkoholika, Säfte und Zucker geben und mit heißem Wasser auffüllen.*	*Bananen-Scheiben in das Glas geben*	*Untersetzer Kaffeelöffel Serviette*
Budenzauber-Punsch (für 4 Personen)	*50 cl Apfelsaft 1 Prise Salz 5 Zitronen-Scheiben 3 Nelken 1 Zimtstange*	*Heißer Punsch im Advent oder zur Kinderparty alkoholfrei*	*Punsch-Glas, Teeglas*	*Apfelsaft mit Salz erhitzen (nicht kochen) 1 Zitronen-Scheibe, Nelken, Zimtstange zugeben und 10 Minuten ziehen lassen, dann in ein Glas abseihen.*	*In jedes Glas eine Zitronen-Scheibe legen und den Punsch darauf gießen*	*Untersetzer Löffel Serviette*
Eier-Punsch	*1 Eigelb 25 g Vanillezucker 4 cl Sahne 4 cl Milch 8 cl Kirschlikör 1 geriebene Zitrone 1 Prise Zimt*	*Warmer Punsch zum Frühstück*	*Hitzebeständiges Glas, Tasse aus Steingut*	*Eigelb mit Zucker und Zimt warm aufschlagen. Sahne, Milch und Likör einlaufen lassen und alles schlagen bis der Punsch cremig erscheint.*	*Zitronen-Schale auf den Punsch reiben*	*Untersetzer Kaffeelöffel Serviette*
Rotwein-Punsch (5 Gläser)	*0,7 l Rotwein 75 g Zucker 4 Gewürznelken 1 Zimtstange 7 cl Cognac 5 Scheiben Orange 5 Scheiben Zitrone*	*Am Kamin*	*Punsch-Glas*	*Rotwein und Gewürze kurz aufkochen und 10 Minuten ziehen lassen, dann den Cognac zugießen, alles in das Glas abseihen und heiß servieren.*	*In jedes Glas 1 Scheibe Orange und 1 Scheibe Zitrone geben*	*Untersetzer Serviette Teelöffel*
Rotwein-Stern-Punsch (für 8 Personen)	*100 cl milder Rotwein 5 cl Grenadine 5 cl Blutorangensaft 5 cl Rum (40 %) 3 Karambolen Zucker 8 Spieße*	*Weihnachtszeit, Advent*	*Teeglas*	*Rotwein, Grenadine und Orangensaft erhitzen, den Rum zugeben. Sternfruchtscheiben auf einen Spieß stecken und mit Zucker bestreuen und auf das Glas legen.*	*Sternfrucht-Scheibe mit Zucker auf das Glas legen*	*Untersetzer Serviette*

Name	Rezept	Geschmack Art	Glas	Zubereitung	Garnitur	Service
Schlummer-Punsch	*4 cl Rum* *6 cl Rotwein* *1/2 EL Honig* *Heißen Tee zum Auffüllen*	*Heißer Punsch am Kamin, vor dem Schlafengehen*	*Hitzebeständiges Glas, Teeglas*	*Rum und Rotwein erhitzen (nicht kochen) mit Honig süßen und mit heißem Tee auffüllen.*	*Keine*	*Untersetzer* *Kaffeelöffel*
Whisky-Punsch (5 Gläser)	*0,6 l Wasser* *75 g brauner Kandis* *1,5 TL Schwarzer Tee* *10 cl Whisky* *5 EL Amaretto* *5 TL gehackte Mandeln* *10 Zitronenachtel*	*Am Kamin oder in der Schneebar*	*Punsch-Glas*	*Wasser mit Zucker aufkochen, Tee zugeben und 5 Minuten ziehen lassen. Alles auf 5 Gläser verteilen und die Mandeln, den Whisky und Amaretto hineingeben und umrühren.*	*In jedes Glas 2 Zitronenachtel legen*	*Untersetzer* *Serviette* *Teelöffel*

Toddies

Die Toddies gleichen ebenfalls den Grogs. Der Unterschied besteht lediglich darin, dass anstelle von Läuterzucker *Honig* verwendet wird. Der beliebteste Toddy ist wohl der folgende:

Name	Rezept	Geschmack Art	Glas	Zubereitung	Garnitur	Service
Galliano-Toddy	*4 cl Galliano* *2 cl Zitronensaft* *2 BL Honig* *Kochendes Wasser*	*Sweet beruhigend*	*Teeglas*	*Erwärmten Galliano und Honig in das Glas geben, mit kochendem Wasser auffüllen und umrühren.*	*Aufgeschnittene Vanille-Schote in das Glas hängen*	*Unterteller* *Serviette*

10.4/3 Rotwein-Punsch

10.4/4 Apfelgrog (S. 301)

10.5 Übungen

1 Welche Getränke würden Sie im Frühling empfehlen?

1 Erdbeer-Bowle, Frühlings-Bowle, Waldmeister-Bowle, Beeren-Gazpacho, Brennnessel-Cocktail oder Erdbeerschaum.

2 Woraus besteht eine „Kalte Ente"?

2 Aus 1 Flasche trockenem Moselwein, 1 Flasche trockenem Sekt und einer Zitronenspirale.

3 Warum dreht sich der Kuller-Pfirsich im Glas um?

3 Der reife Pfirsich wird von allen Seiten gleichmäßig mit einer Gabel angestochen. Dann gibt man ihn in ein spezielles Kuller-Pfirsich-Glas. Wichtig ist, dass der Pfirsich im Sekt schwimmt, nur dann dreht er sich beim Aufsaugen der Flüssigkeit.

4 Nennen Sie beliebte Sommergetränke!

4 Weinschorle, Fruchtsaftschorle, weiße Sangria und Punsche.

5 Was ist ein Federweißer?

5 Es ist ein Wein, der sich noch in der Gärung befindet, dessen Zucker aber schon weitgehend in Alkohol und Kohlensäure aufgespalten wurde.

6 Wann kommt ein Beaujolais Primeur auf den Markt?

6 Er wird um 0.00 Uhr des dritten Donnerstags im November auf den Markt gebracht.

7 Nennen Sie einige Getränke im Herbst!

7 Herbst-Bowle mit Zwetschgen, herbstlicher Gewürztrunk, Blut-Orangen-Bowle, Rumtopf-Sekt-Cocktail.

8 Nennen Sie einige kalte Wintergetränke!

8 Weihnachts-Cocktail, Winterzauber, Calvados Wonder.

9 Worin besteht der Unterschied von Grog zu Glühwein?

9 Grog: Der Alkohol (Rum, Cognac) wird erwärmt, in ein Glas gegeben und anschließend mit kochendheißem Wasser aufgefüllt.
Glühwein: Er wird aus weißem oder rotem Wein hergestellt. Der Wein wird erhitzt, nicht gekocht, und dann in das Glas gegeben. Er wird nicht mit Wasser aufgefüllt.

10 Was ist ein Pharisäer?

10 Er besteht aus heißem Kaffee, Würfelzucker und Rum. Auf den Kaffee gibt man eine Sahnehaube.

11 Welche Punscharten kennen Sie?

11 Es gibt heiße und kalte Punsche. Sie bestehen aus Spirituosen, Wasser, Gewürzen, Zitrone und Zucker.

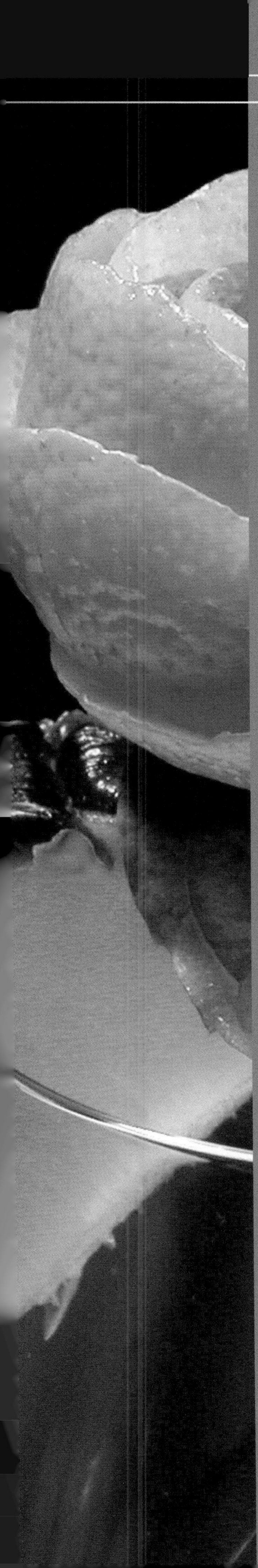

Kapitel 11

Garnituren

11.1 Garnituren – die 20 goldenen Regeln

„Wie man kommt gegangen, so wird man empfangen", sagt ein altes Sprichwort. Das gilt auch für die Garnitur eines Getränkes. Die Garnitur sollte den Gast optisch ansprechen, verzaubern und ihn auf den Hochgenuss des Cocktails einstimmen.

1. Jede Garnitur sollte essbar sein.
2. Garnituren sind in Farbe, Volumen und Inhalt auf den Cocktail abgestimmt.
3. Bei den Zitrusfrüchten achtet man darauf, dass sie ungespritzt sind, sonst müssen sie heiß abgewaschen werden. Garnituren, die aus Zitrusfrüchten bestehen, kann man vorarbeiten, da sie nicht braun werden.
4. Man verwendet nur reife, aber nicht zu weiche Früchte, da sie sich sonst nicht schneiden lassen.
5. Selbstverständlich werden alle Garnituren vorher gewaschen und geputzt.
6. Man unterscheidet Garnituren, die man in das Glas gibt, an den Glasrand steckt oder auf den Glasrand legt.
7. Garnituren, die für den Glasrand bestimmt sind, bereitet man vor und steckt sie erst nach dem Einschenken des Cocktails an.
8. Bei Garnituren, die in das Glas kommen, verwendet man einen Stick, um sie dann gut aus dem Cocktail essen zu können. Sie werden zuerst in das Glas gegeben. Erst danach seiht man den Cocktail darauf ab, damit er nicht überschwappt.
9. Werden Garnituren zum Cocktail verwendet, legt man immer eine Serviette bei, damit der Gast sich später damit die Hände reinigen kann.
10. Es sollten nie zu viele Garnituren an das Glas gesteckt werden, höchstens 4–5 Stück.
11. Klassische Cocktails haben kaum Garnituren. Man sollte sich genau an die Rezeptur halten.
12. Beim Joker oder selbst kreierten Cocktails bleibt es jedem Barmann selbst überlassen, welche und wie viele Garnituren er an das Glas steckt.
13. Vor den Augen des Gastes sollte man keine Garnitur mit der Hand anfassen.
14. Zum Anfassen verwendet man die Spitze des Barmessers, eine Früchtezange oder eine Gabel.
15. Man sollte sich angewöhnen, die Blume oder das Bouquet des Cocktails zu erkunden, bevor dieser getrunken wird. Der Gast erhält dabei einen Vorgeschmack auf den Genuss und kann schon erahnen, woraus der Cocktail besteht. Auch die Garnitur wird dadurch besser wahrgenommen.
16. Zum Aufspießen der Garnituren verwendet man verschiedene Größen und Farben von Sticks. Wenn sie abwaschbar sind, kann man sie wieder verwenden.
17. Bei der Kalkulation des Verhältnisses Garnitur zu Cocktail achtet man genau auf die Zusammenstellung. Die Garnitur kann sonst schnell teurer sein, als der Cocktail selbst. Dies gilt es zu vermeiden.
18. Zu kleinen Cocktails passen kleine Garnituren, zu den größeren Drinks entsprechend größere Garnituren. Sie sollten leicht zu stecken sein.
19. Man unterscheidet folgende Garnituren: Solche mit Exoten, Früchten, Gemüse, Gewürzen, Zucker, Sirups und Kräutern. Garnituren mit Lametta wie Schirmchen und Wedel lässt man weg.
20. Je ansprechender eine Garnitur ist, um so mehr wird der Gast zum Verzehr eines Cocktails angeregt.

Verwendung von Exoten in Garnituren

Ananas

Ausgehöhlte Ananas wird gefüllt. Scheiben werden halbiert oder in Keile geschnitten. Gewürfelte Ananas zum Mixen im elektrischen Mixer oder als Einlage für Bowlen und Punsche. Ananaspürée kann mit Getränken im Blender aufgeschäumt werden.

Banane

Selten werden sie ganz in der Bar verwendet. Als Garnitur verwendet man nicht zu reife Bananen, da sie sich dann besser stecken lassen und nicht auseinander fallen. Reife Bananen schneidet man in Scheiben und mixt sie mit Getränken im elektrischen Mixer. Als Pürée werden sie im Blender mit Getränken aufgeschäumt.

Feige

Ganze reife Früchte werden halbiert, geviertelt oder in Scheiben geschnitten. Sie können mit der Haut gegessen werden (vorher waschen). Kleine Früchte werden auch getrocknet und konserviert und dann als Garnitur in den Cocktailkelch gesetzt.

Guave

Reife Guaven werden geschält, von den Kernen befreit und dann in Keile oder Viertel geschnitten. Eine Guave wird wie ein Apfel behandelt und kann wie ein roher Apfel verzehrt werden. Somit verwendet man die Guave hauptsächlich als Ganitur.

Kapstachelbeere Physalis

Zur Garnitur reißt man die Blätter auseinander und zieht sie nach oben, damit kommt die Beere zur vollen Geltung. Man kann die Beeren auch einzeln mit Cocktail-Kirschen oder anderen Exoten auf einen Stick stecken. In Scheiben geschnitten, verwendet man sie für Bowlen.

Karambole

Fast jede exotische Garnitur wird mit einer Karambole-Scheibe vervollständigt. Die Karambole wird gewaschen und dann in Scheiben geschnitten. Sobald die Scheibe kurz angeschnitten ist, steckt man sie auf den Cocktailglasrand oder einen Sektkelch. Bitte die Kerne immer vorher entfernen.

Kiwi

Sie wird gewaschen und zunächst in Scheiben geschnitten und z. B. an das Glas gesteckt. Zum Mixen im elektrischen Mixer schält man die Frucht, schneidet sie in Scheiben und in Würfel. Für den Blender muss man erst ein Pürée von weichen geschälten Kiwis herstellen.

Kumquat

Früchte müssen vorher gewaschen werden und können dann mit der Schale gegessen werden. Man halbiert sie, dann können sie in Scheiben geschnitten werden oder man schneidet eine Rose oder Margerite daraus. Man verwendet sie auch zum Aromatisieren von Cocktails und Bowlen.

Limette

Besondere Bedeutung hat die Frucht bei der Herstellung eines Caipirinha und Mojito erhalten. Sie wird gewaschen und in Scheiben geschnitten. Weiter kerbt man die Schale kurz ein und steckt sie auf den Glasrand oder legt sie in das Glas.

Mango

Die Mangos werden gewaschen und der Länge nach an der Seite des Kerns vorbei halbiert. Von der halben Frucht können jetzt gleichmäßige Keile geschnitten werden. Zum Mixen im elektrischen Mixer werden die Hälften von der Schale entfernt und das Fruchtfleisch in Würfel geschnitten. Die Würfel eignen sich auch zur Einlage für Bowlen und Jamaica Punch.

11.2 Herstellung von Garnituren mit Exoten

Fast alle Exoten werden gerne als Garnitur verwendet. Sie haben ein kräftiges Aussehen und passen sich dem Cocktail gut an. Achten Sie bei der Verarbeitung darauf, dass Zitronen- oder Orangen-Scheiben nie dicker als 5 mm und gerade geschnitten werden. Etwas dicker kann man Ananas-Scheiben

Herstellung einer Garnitur mit Zitronen-Scheibe

Mise en place

1 Glas mit Cocktail-Kirschen, Schneidemesser, Obstzange, Stick, Zitronen-Scheibe, kleiner Tumbler

Verarbeitung

2 Der Stick wird durch die Zitronen-Scheibe gestochen und darauf mit der Obstzange die Cocktail-Kirsche gesetzt

Zubereitung

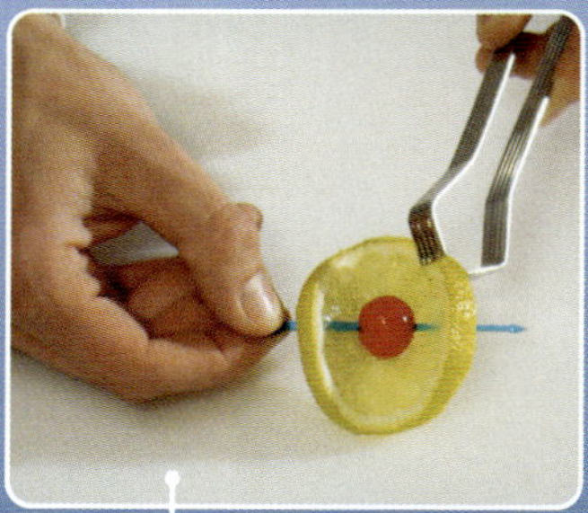

3 Der Stick wird nochmals durch die Zitronen-Scheibe gestochen

Ergebnis

4 Zitronen-Scheibe mit Cocktail-Kirsche auf kleinem Tumbler

Herstellung einer kleinen Orangenspirale

Mise en place

1 Fruchtzange, Orange, Zestenreißer, Cocktail-Kelch, Cocktail-Kirsche mit Pfefferminzblatt am Stick

Verarbeitung

2 Die Orange wird von oben rund mit dem Zestenreißer nach unten gezogen

Zubereitung

3 Mit der Obstzange legt man die Spirale in das Cocktail-Glas und steckt dann die Garnitur an

Ergebnis

4 Orangenspirale mit Cocktail-Kirsche und Pfefferminzblatt

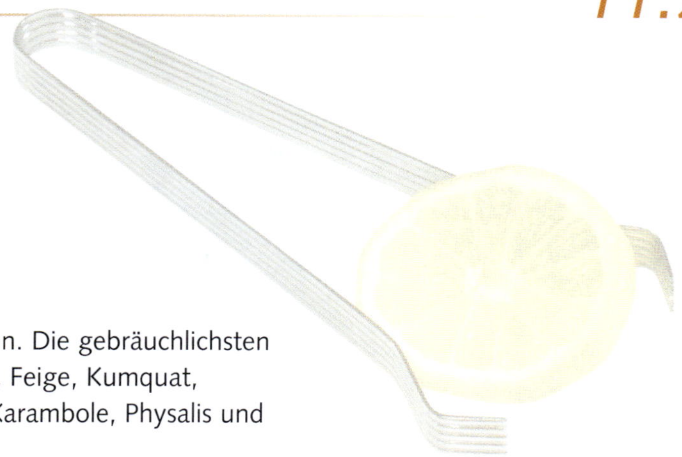

schneiden, da man auf sie noch einen Stick stechen kann. Die gebräuchlichsten Exoten sind: Zitrone, Limette, Orange, Banane, Ananas, Feige, Kumquat, Mango, Papaya, Grapefruit, Mandarine, Kiwi, Lychee, Karambole, Physalis und die Passionsfrucht.

Herstellung einer Zitronenspirale

Mise en place

1 Messer mit glattem Schnitt, Cocktail-Kirsche, Cocktail-Kelch, Zitrone, kleine Obstzange, Zestenreißer

Verarbeitung

2 Die Zitrone wird von oben rund mit dem Zestenreißer nach unten gezogen

Zubereitung

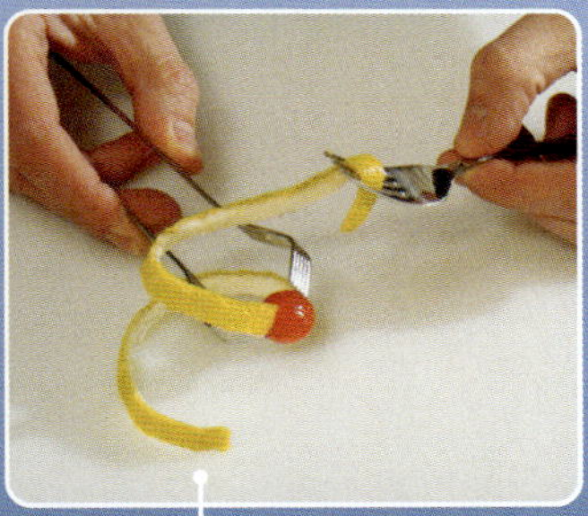

3 Durch die Öffnung der Cocktail-Kirsche zieht man den Zitronenzest

Ergebnis

4 Zitronenspirale mit Cocktail-Kirsche

Herstellung einer Ananasgarnitur

Mise en place

1 Sägemesser, Ananas, Ananasblüte

Verarbeitung

2 Ananasscheibe wird geachtelt

Zubereitung

3 Für den Ananasspieß alles bereitlegen: 1/8 Ananasscheibe, Stick, Kiwischeibe und Physalis

Ergebnis

4 Die Ananas-Garnitur wird an das Colada-Glas gesteckt

Garnituren mit Exoten

Herstellung eines Bananen-Cocktail-Kirschen-Spieß

1 Mise en place für eine Garnitur: Großer Stick, Kirschen, vorbereitete Banane, Pfefferminze, Colada-Glas, Obstzange

2 Messer mit glattem Schnitt, Banane, Vorlegebesteck (Löffel Gabel)

3 Die Banane wird oben und unten abgekappt

4 Die Banane wird seitlich von beiden Seiten zur Mitte etwas angeschnitten

5 Mit dem Vorlegebesteck zieht man die Schale oben ab und hält die Banane an der Seite fest

6 Dann löst man mit dem Löffel die Bananenschale rechts und links vom Fruchtfleisch

7 Mit dem Messer schneidet man in der Schale die Banane in Scheiben

8 Die in Scheiben geschnittene Banane und die anderen Garnituren steckt man abwechselnd mit der Obstzange an den Spieß

9 Bananen-Cocktail-Kirschen-Spieß

Herstellung einer Apfelspalte

Mise en place

1 Messer mit glattem Schliff, Apfel, Stick, Früchtezange, Kirsche, Glas

Verarbeitung

2 Apfelhälfte von oben aus rechts und links einscheiden, dann zur Seite weiterschneiden und die Spalte nach vorne schieben

Zubereitung

3 Apfelspalte und Kirsche mit einem Stick zusammenstechen

Ergebnis

4 Garnitur mit Apfelspalte

Herstellung einer Kumquatrose

Mise en place

1 Messer mit glattem Schliff, Glas, Kumquat, Kirsche, Pfefferminzblatt, Spieß

Verarbeitung

2 Von oben aus, wird die Kumquat nach unten vorsichtig geschält

Zubereitung

3 Mit der spitzen Seite nach oben, wird die Kumquat dann zusammengerollt und mit dem Spieß zusammen gesteckt

Ergebnis

4 Kumquatrose am Spieß

Herstellung einer Kumquat-Margerite

Mise en place

1 Messer mit glattem Schliff, 2 Minzeblätter, Kumquat, Stick, Cocktail-Kirsche, Glas

Verarbeitung

2 Kumquat 8 mal gleichmäßig von oben einschneiden

Zubereitung

3 Die Kirsche wird halbiert und mit den Minzeblättern am Stick auf die Margerite gesetzt

Ergebnis

4 Kumquat-Margerite

11.3 Auswahl verschiedener, sehr beliebter Garnituren

11.4/1

Eine halbe Scheibe Orange mit Cocktail-Kirsche und Pfefferminzblatt am Stick auf Cognac-Schwenker

11.4/2

Eine ganze Orangen-Scheibe angeschnitten, gedreht und 2 Kirschen am Stick auf Cocktail-Kelch

11.4/3

1/2 Limetten-Scheibe als Fächer mit Cocktail-Kirsche zusammengesteckt am Spieß auf hohem Tumbler

11.4/4

2 halbe Orangen-Scheiben mit Pfefferminzblatt und Cocktail-Kirsche am Stick auf einem kleinen Tumbler

11.4/5

Physalis am Stick mit Cocktail-Kirsche und Weintraube, serviert im Cocktail-Kelch

11.4/6

Bunter Früchtespieß mit blauer Weintraube, Physalis, weißer Weintraube und Limettenspirale

11.4/7

Am Stick servierte Zitronen-Scheibe mit Erdbeerfächer

11.4/8

Birnenspalte

11.4/9

Kirsche mit Nektarinen-Schnitz und Pfefferminze am Stick

11.4/10

Kirsche mit Physalis am Stick

Verschiedene Garnituren

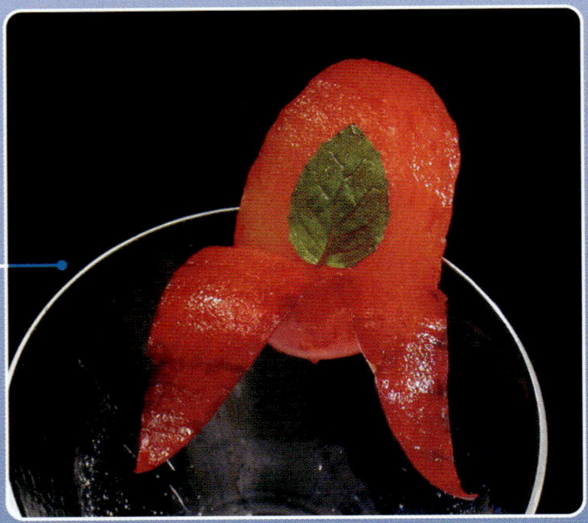

11.4/11

Pflaume mit Minze an den Rand gesteckt

11.4/12

Erdbeere mit Pfefferminzblatt

11.4/13

Nektarinenfächer mit Kirsche am Stick

11.4/14

Helle und dunkle Weintraube mit Kirsche und Minze am Stick

11.4/15

Kumquatstern mit Kiwi und Kirsche am Stick

11.4/16

Melonen-Schnitz mit Kiwischeibe, Kirsche, Physalis am Stick

11.4/17

Mango-Schnitz mit Mangoschale und Physalis am Spieß

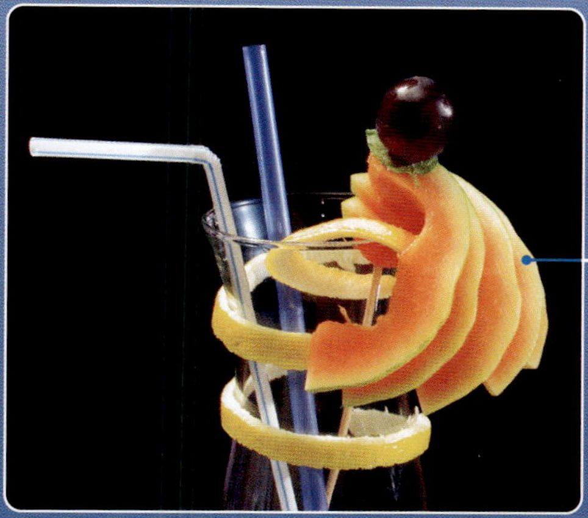

11.4/18

Papayafächer, Minze, blaue Traube, Stick, Kirsche, Zitronenspirale

11.4/19

Zitronenrose mit Kirsche

11.4/20

Kumquat-Margerite mit Cocktail-Kirsche am Stick und Ananasblättern

11.4 Besonders ausgefallene Garnituren

11.5/1 Orangenrose:

Ananasspalte, Minzeblatt, Orangen-rose mit Cocktail-Kirsche am Stick

11.5/2 Frosch:

Ananaskeil, Limette mit 2 Cocktail-Kirschen, Ananasblatt und Schirmchen am Stick

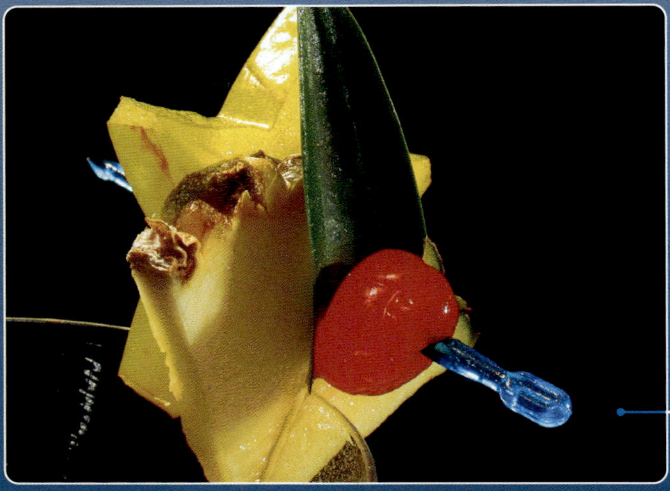

11.5/3 Früchtespieß:

Karambole, Ananaskeil, Ananasblatt, Cocktail-Kirsche am Stick

11.5 Übungen

1 Sollte jede Garnitur essbar sein?

1 Grundsätzlich ja! Es gibt aber auch Ausnahmen, z. B. werden auch die Blätter der Ananas mit verarbeitet, sie können jedoch nicht verzehrt werden.

2 Worauf ist zu achten, wenn man als Garnitur Zitrusfrüchte verwendet?

2 Sie sollten stets ungespritzt oder heiß abgewaschen sein.

3 Was beachtet man bei Garnituren, die man an den Glasrand steckt oder in das Glas legt?

3 An den Glasrand steckt man die Garnitur erst, sobald der Cocktail eingeschenkt wurde. In das Glas legt man die Garnitur immer, bevor der Cocktail ausgeschenkt wird.

4 Worauf sollte beim Servieren von Cocktails mit Garnituren geachtet werden?

4 Sie werden stets mit Unterteller und einer Serviette gereicht.

5 Wie viele Garnituren sollten höchstens an das Glas gesteckt werden?

5 4 bis 5 Garnituren maximal.

6 Was ist bei der Zubereitung einer Garnitur vor den Augen des Gastes zu beachten?

6 Man berührt die Garnitur vor dem Gast niemals mit den Händen, sondern nur mit einer Zange, Gabel oder der Spitze des Barmessers.

7 Worauf achtet man bei der Kalkulation von Garnituren?

7 Die Garnitur sollte nie teurer als der Wareneinsatz des Cocktails selbst sein.

8 Wie groß sollten Garnituren sein?

8 Die Größe der Garnitur richtet sich nach der Größe des Glases, in dem der Cocktail serviert wird.

9 Welche Früchte, Exoten, Gemüse und Gewürze eignen sich am besten für eine Garnitur?

9 Orangen, Zitronen, Limetten, Ananas, Mangos, Kiwis, Karambole, Kumquat, Bananen, Äpfel, Oliven, Cocktail-Kirschen, Petersilie, geriebene Kokosnüsse, Salz

10 Beschreiben Sie kurz die Herstellung einer Orangenspirale in 4 Arbeitsschritten.

10
1. *Mise en place: Fruchtzange, Orange, Zestenreißer, Cocktail-Kelch, Cocktail-Kirsche, Pfefferminzblatt, Stick.*
2. *Verarbeitung: Die Orange wird von oben rund mit dem Zestenreißer nach unten gezogen.*
3. *Zubereitung: Mit der Obstzange legt man die Spirale in das Glas und steckt dann die Garnitur an.*
4. *Ergebnis: Orangenspirale mit Cocktail-Kirsche und Pfefferminzblatt am Stick.*

11 Nennen Sie einige Kombinationen von Früchten am Spieß!

11
1. *Orangen- oder Zitronen-Scheibe mit Cocktail-Kirsche und Pfefferminzblatt*
2. *Physalis, Cocktail-Kirsche, Weintraube*
3. *Apfelkerbe, Kirsche*
4. *Geeiste (gezuckerte) Johannisbeere, Pfefferminzblatt*
5. *Zitronenrose, Kapuzinerkresseblüte*
6. *Kumquatstern, Cocktail-Kirsche, Kiwischeibe*
7. *Karambole, Ananas, Kumquat, Cocktail-Kirsche*

Kapitel 12

Kleine Getränkekunde

12.1 Absinth und Anisgetränke

Absinth (Grüne Fee)

In dem beschaulichen Schweizer Tal Val-de-Traves wurde im Jahr 1797 der erste Absinth gebrannt. Er verursachte Absinthepilepsie, Blindheit, starken Drang zum Selbstmord und Wahnsinn. Absinth wird aus der Wermutpflanze hergestellt mit Zugaben wie Anis, Fenchel, Ysop, Melisse und Minze. Bedingt durch den sehr hohen Thujongehalt (1000 mg auf 1 Liter) wurde der Absinth in Deutschland ab dem Jahr 1923 verboten. Seit 1998 ist er mit geringem Thujongehalt (10 mg auf 1 Liter) in Deutschland als Spirituose wieder erlaubt.

Anisgetränke (Anisée, Pastis)

Alle alkoholischen Getränke mit Anisgeschmack (Anisbranntweine und Anisliköre) bezeichnet man als *Anisgetränke*. In Frankreich nennt man sie *Pastis*. Außer in Frankreich werden sie noch in Spanien, Italien, Griechenland, Jugoslawien und in der Türkei hergestellt.

Hergestellt werden Anisées aus Frucht- und Pflanzendestillaten. Anisées kann man pur oder verdünnt mit Eiswasser trinken, nie jedoch mit Mineralwasser. In die klassische Variante des Pastis gibt man *keine Eiswürfel*. Dies wird nur in Frankreich bei Ricard und Pernod gemacht. Sobald man Eiswasser über den Pastis schüttet, bekommt das Getränk eine milchige Farbe.

Auswahl einiger Anisées:

Marke/Firma	Herkunftsland	Bestandteile/Inhalte	Alkoholgehalt	Eigenart/Geschmack/Herstellung
Anis del Mono Absinth	*Spanien*	*Traubendestillat mit Kräutern*	45 Vol.-%	*Süßlicher Geschmack, Farbe: klar, gelblich bis grün*
Anisado de Peru Anisée	*Peru*	*Auf Basis von Ziegenmilch und Sternanis hergestellt*		*Farbe: klar*
Ouzo Sans Rival Anisée	*Griechenland*	*Aus vergorenem Traubensaft, Anissamen, Fenchel und Koriander hergestellt*	46 Vol.-%	*Farbe: wasserklar*
Pernod Anisée	*Frankreich*	*Auch hier lässt man würzige Kräuter in Alkohol ziehen. Er wird des weiteren aus Sternanis und dreifach destilliertem Alkohol hergestellt. Pernod wird immer auf Eis getrunken*	40 Vol.-%	*Farbe: klar, bernsteinfarben*
Ricard Anisée	*Frankreich*	*Mit Anisöl, Auszügen anderer Pflanzen und Süßholz hergestellt. Er enthält keinen Fenchel*	43 Vol.-%	*Er wird auf dem Wege der Mazeration, d. h. durch Auslaugung der aromatischen Substanzen in Alkohol, hergestellt. Farbe: klar, gelb*
Raki Bosporus Anisée	*Türkei*	*Wird aus Anis, Fenchel, Trauben, Rosinen und Feigen hergestellt*	45 Vol.-%	*Farbe: wasserklar*
Sambuca Anis-Likör	*Italien*	*Italienischer Holunderbeerlikör mit Anis und Kräutern*	40 Vol.-%	*Geschmack: süßlich*

12.2 Bitters und Würzbitter

Grundsätzlich unterscheidet man in dieser Getränkekategorie zwischen: Bitter, Halbbitter, Apéritifbitter und Kräuter- und Würzbitter. Im Unterschied zum Bitter muss ein Bitterlikör mindestens 30 g Zucker pro Liter ausweisen können. Würzbitter werden hauptsächlich für Cocktails und Saucen tropfenweise verwendet. Bitters sind Spirituosen mit stark herbem Geschmack, die durch Aromatisieren mit Aroma- und Extraktstoffen gewonnen werden. Das Herstellungsverfahren ist ausschlaggebend. Fast alle Bitters werden auf dem Wege der Mazeration (Kaltauszug) gewonnen. Der Mindestalkoholgehalt beträgt nach EU 15 Vol.-%.

Auswahl einiger Bitters:

Firma/Art	Herkunftsland	Alkoholgehalt	Eigenart/Geschmack
Cynar Apéritif	*Italien*	*16,5 %*	*Er wird aus Artischockensäften, Würzkräutern und Alkohol hergestellt. Man trinkt ihn pur oder mit Sodawasser.*
Campari Bitter, Apéritif	*Italien*	*25 %*	*Er wird nach einem Geheimrezept aus Kräutern, Auszügen von Zitrusfrüchten und deren Schalen hergestellt.*
Aperol Bitter, Apéritif	*Italien*	*11 %*	*Dies ist ein Bitterapéritif, der auf der Basis von Kräutern und Rhabarber hergestellt wird. Er ist nicht so bitter wie der Campari.*
Angostura Bitter, Würzbitter	*Venezuela*	*44 %*	*Der Heidelberger Arzt Dr. Siegert entwickelte dieses Getränk ursprünglich gegen Malaria. Er ist ein Würzbitter und wird aus alkoholischen Auszügen der Angosturarinde, Orangen-Schalen, Zimt, Kardamon sowie Gewürznelken hergestellt. Bitte niemals pur trinken!*
Orangen-Bitter	*Deutschland*	*40 %*	*Er wird aus den Schalen der bitteren Orange (Pomeranze) hergestellt und niemals pur getrunken.*
Peach-Bitter	*Deutschland*	*30 bis 38 %*	*Er hat einen ausgeprägten Pfirsichgeschmack, sollte jedoch ebenfalls nicht pur getrunken werden.*
Suze-Bitter	*Frankreich*	*16 %*	*Er ist als Apéritif und Likör bekannt und wird auf der Basis von frischen Enzianwurzeln und Gewürzen hergestellt.*
Fernet Branca Magenbitter	*Italien*	*42 %*	*Er hat den Namen nach dem italienischen Arzt Fernet. Er wird aus Kräuterauszügen mit Alkohol hergestellt.*
Underberg Magenbitter	*Deutschland*	*44 %*	*Er wird aus ca. 40 Kräutern in Verbindung mit Alkohol hergestellt und reift längere Zeit in Eichenfässern. Man trinkt ihn nach dem Essen.*
Wunderlich-Rossbacher Kräuterlikör	*Österreich*	*32 %*	*Er wird aus verschiedenen Kräutern, Wurzeln und Früchten in Verbindung mit Alkohol hergestellt.*
Echt Stonsdorfer Kräuter-Halbbitter	*Deutschland/ Tschechien*	*32 %*	*Er wird aus Gebirgskräutern, Waldheidelbeeren, Fruchtsäften und Alkohol hergestellt und wirkt verdauungsfördernd.*
Ramazotti Kräuterbitter	*Italien*	*30 %*	*Er wird aus Kräutern und Gewürzen in Verbindung mit Alkohol hergestellt.*

12.3 Brände und Geiste

Man unterscheidet fünf Unterkategorien bei den Bränden und Geisten, die im Folgenden eingehend erläutert werden.

1. Spirituosen aus Wein (Branntwein)

Sie werden auch Weinbrand oder Brandy genannt. Hergestellt wird der Branntwein durch Destillation von Weinmost.

Bezeichnungen:

Armagnac	*Armagnac ist geschichtlich gesehen der ältere Bruder des Cognacs. Nur die weißen Trauben der Region Gascogne mit den Gebieten Haut-Armagnac, Ténarèze und Bas Armagnac dürfen destilliert werden. Seit neuestem wird er auch zweimal gebrannt. Altersangabe: siehe Cognac.*
Brandy	*Brandy ist eine englische Bezeichnung für Branntwein, unter der bei uns meist der Weinbrand aus dem Ausland in den Handel kommt. Ausgezeichnete Brandys kommen aus Spanien, Griechenland, Italien und Portugal.*
Cognac	*Als Cognac dürfen nur Branntweine bezeichnet werden, die in Frankreich im Gebiet der Charente destilliert werden. Durch das Lagern in Eichenfässern erhält der Cognac seine Reife und Farbe. Altersangabe bei Cognac und Armagnac: 1 bis 3 Jahre:* ***** Normaler Cognac**, *mindestens 4 Jahre:* **VO (very old)**, *bis 5 Jahre:* **VSOP (very superior old pale)** *und mindestens 5 Jahre:* **Extra, Napoléon und Réserve**, *über 5 Jahre:* **XO (extra old)**.
Metaxa	*Metaxa ist ein griechischer Weinbrand, der aus roten Trauben hergestellt wird.*
Weinbrand	*Deutscher Qualitätsweinbrand muss bestimmte Anforderungen erfüllen. Er wird hauptsächlich aus französischen Reben hergestellt und muss zu 85 % in deutschen Brennereien verarbeitet werden. Danach wird er 6 Monate in Eichenfässern mit maximal 1000 l Fassungsvermögen gelagert. Alter Weinbrand muss mindestens 12 Monate lagern. Weinbrand wird wie Cognac zweimal destilliert.*

Eine Auswahl der beliebtesten Branntweine:

Marke/Firma	Herkunftsland	Bestandteile/ Inhalte	Alkoholgehalt	Eigenart/Geschmack/ Herstellung
Asbach Uralt	*Deutschland Rüdesheim*	*Weindestillat*	*38 %*	*Lagert in kleinen Limousin-Eichenholz-Fässern. Farbe: mahagoni bis braun*
Carlos I Solera Gran Reserva	*Spanien Brandy De Jerez*	*Weindestillat*	*40 %*	*Lagert in Eichenholzfässern, in denen auch Olorosso Sherry gelagert hat. Farbe: braun*
Comtal Fine VS	*Frankreich Armagnac*	*Weindestillat*	*40 %*	*Farbe: hell-braun*
Hine V.S.O.P. Rare & Delicate Fine Champagne	*Frankreich Cognac*	*Weindestillat*	*40 %*	*Er reift in den Limousin-Eichenholz-Fässern und wird in dem Spitzengebiet des Cognac hergestellt (Grande Champagne).*
Metaxa Golden 7 Sterne Amphora	*Griechenland*	*Weindestillat Aromen (Rote Trauben)*	*40 %*	*Sein Herstellungsverfahren unterscheidet sich von der Herstellung der Brandys. Es werden noch andere Aromen zugeführt, darum darf er sich nicht Brandy nennen.*
Rémy Martin V.S.O.P. Fine Champagne	*Frankreich Cognacgebiet*	*Weindestillat*	*40 %*	*Mild und ausgewogen im Geschmack. Farbe: hell-braun*

2. Spirituosen aus Getreide

Sie werden aus 95 % vergorener Getreidemaische von Roggen, Gerste, Weizen, Mais, Hafer, Buchweizen hergestellt. Das Getreide wird gemälzt, vergoren und zum Schluss destilliert. Man unterscheidet *Korn*, der mindestens 32 Vol.-% haben muss und *Kornbrand* mit mindestens 37.5 Vol.-%.

Eine Auswahl der bekanntesten Getreide-Spirituosen:

Marke/Firma	Herkunftsland	Bestandteile/ Inhalte	Alkoholgehalt	Eigenart/Geschmack/ Herstellung
Fürst Bismarck *Doppelkorn*	*Deutschland Friedrichsruh im Sachsenwald*	*Gerste, Roggen, Weizen*	*38 % (Doppelkorn)*	*Reift in Eschenholzfässern. Feines Aroma. Farbe: hell*
Strothmann *Weizenkorn*	*Deutschland Minden-Westfalen*	*Weizen*	*32 % (einfacher Korn)*	*Aus reinem Weizen hergestellt. Farbe: hell*
Whisky Chivas Regal *Blended Scotch*	*Schottland*	*Versch. Getreidesorten: Gerste, Roggen, Hafer.*	*40 % Blended 12 Years Old*	*Verschnitt von Malt- und Grain-Whisky. Gereift in Eichenholzfässern. Gemälztes Getreide, über Torffeuer getrocknet.*
Dimple De Luxe Scotch *Whisky, Blended*	*Schottland*	*Versch. Getreidesorten: Gerste, Roggen, Hafer*	*40 % Blended 12 Years Old*	*Verschnitt von 40 ausgesuchten Malt- und Grain-Whiskys, gereift in Eichenholzfässern. Gemälztes Getreide, über Torffeuer getrocknet*
Cardhu *Single Highland Malt*	*Schottland*	*Gerste*	*40 % Nicht verschnitten Single Highland Malt 12 Years Old*	*Nicht verschnitten. Er reift in ehemaligen Sherryfässern, ist mild-würzig im Charakter und besticht durch sein großes Aroma. Wird über offenem Torffeuer getrocknet.*
Glenfiddich *Single Malt*	*Schottland Duftown*	*Gerste*	*43 % Pure Malt, Special Old Reserve*	*Pure Malt Whisky darf mit anderen Pure Malt Whiskys verschnitten werden. Er hat ein mildes Torfaroma. Wird über offenem Torffeuer getrocknet*
Tullamore Dew *Finest Old Irish Whiskey*	*Irland Tullamore*	*Gerste*	*40 % Blended in verschiedenen Fasstypen: Sherry, Bourbon, Eichenholz, Rum*	*Wird nicht über offenem Torffeuer gedarrt, darum ist er im Geschmack milder und fein-rauchig.*
Jim Beam *Kentucky Straight, Bourbon Whiskey*	*Amerika südöstl. Bundesstaat*	*Mais 79 % (Gerste, Hafer, Roggen, Weizen)*	*40 % Kentucky Straight Bourbon*	*79 % Anteile Mais. Lagerung in angekohlten, amerikanischen Steineichenfässern. Er muss aus Kentucky-Getreide hergestellt werden.*
Jack Daniels *Tennessee Whiskey, Sour Mash*	*Amerika südöstl. Bundesstaat (Lynchburg)*	*Mais und andere Getreidesorten*	*43 %*	*Hier werden der Würze noch Hefe und Maische-Rückstände zugesetzt.*
Canadian Club *Canadian Whisky, Six Years Old*	*Kanada*	*70 % Mais, Roggen und Gerste*	*40 % Blended*	*Zu 70 % aus Mais und Roggen (Rye) hergestellt. Es werden gemälzte Getreide verwendet. Er lagert in Eichenholzfässern.*
Wodka	*Russland*	*Getreidemischung oder Kartoffeln*	*40 %*	*Wodka ist ein farbloser, ganz klarer, weicher Branntwein mit neutralem Geschmack*
Moskovskaya Osobaya Wodka	*Russland Samara*	*Getreide (Weizen)*	*40 %*	*Er wird mehrfach destilliert und anschließend über Birkenholz-Aktivkohle und Quarzsand gefiltert. Dadurch entsteht die Reinheit. Meist getrunkener Wodka in Deutschland.*

3. Spirituosen aus Zuckerrohr (Rum)

Rum wird aus Zuckerrohr, Zuckerrohrmelasse oder Rückständen des Zuckerrohrs hergestellt. Man findet auch Verschnitte aus Zuckerrüben und Zuckerrübensaft. Das Destillat ist zuerst weiß (Weißer Rum, lagert in hellen Eichenholzfässern) und wird dann durch Reifung und Zugabe von Zuckercouleur braun. Der Rum lagert in dunklen hölzernen Fässern.

Original Rum darf sich in Deutschland nur Rum nennen, wenn er ohne jede Veränderung und ohne Zusätze ist.

Echter Rum wird im Ursprungsland hergestellt und auf eine Trinkstärke von 38 % bis 54 % herabgesetzt.

Rum-Verschnitt wird mit neutralem Alkohol und Wasser so verschnitten, dass er nur noch 5 % Original Rum des Herkunftslandes enthält.

Auswahl beliebter Rumsorten:

Marke/Firma	Herkunftsland	Bestandteile/ Inhalte	Alkoholgehalt	Eigenart/Geschmack/ Herstellung
Hansen Pott	*Deutschland Flensburg*	*Zuckerrohr*	*40 %, 54 %, 73 %*	*Farben: braun, weiß, Lagerung in Eichenfässern*
Bacardi Ron Superior Light-Dry	*Puerto Rico*	*Zuckerrohr*	*37.5 %*	*Farben: braun, weiß, Lagerung in Eichenfässern*
Cachaça Fulô Do	*Brasilien*	*Zuckerrohr*	*40 %*	*Farbe: weiß*
Captain Morgan Black Label Rum	*Jamaika*	*Zuckerrohr*	*40 %, 54 %, 73 %*	*Farbe: braun*
Pitú Cachaça	*Brasilien*	*Zuckerrohr*	*41 %*	*Farbe: weiß*
Stroh	*Österreich Klagenfurt*	*Zuckerrohr*	*40 %*	*Farbe: braun*
Myers's Planter's Punch Brand	*Jamaika Kingston*	*Zuckerrohr*	*40 %*	*Farbe: braun*
Lemon Hart Golden Jamaika Rum	*Jamaika*	*Zuckerrohr*	*40 %*	*Farbe: hell braun*
Havana Club 3 Years Aged	*Kuba Santiago de Cuba*	*Zuckerrohr*	*40 %*	*Farbe: hell*
Coruba	*Jamaika Kingston*	*Zuckerrohr*	*74 %*	*Farbe: hell gelb*

Arrak

Arrak wird aus Reis (Zuckerrohrmelasse, Palmen, Palmensaft, Datteln, Feigen, Trauben, Ananas) hergestellt.

Marke/Firma	Herkunftsland	Bestandteile/ Inhalte	Alkoholgehalt	Eigenart/Geschmack/ Herstellung
Batavia Arrak	*Java*	*Zuckerrohr mit Zusatz von Zuchthefe*	*40 %*	*Er ähnelt dem Rum. Farbe: gelblich bis dunkelbraun*

4. Aromatisierte Spirituosen

Spirituosen mit geschmackgebenden Zusätzen wie Früchten, Samen, Kräutern, Pflanzen und Wurzeln

Spirituosen werden mit den oben genannten geschmackgebenden Zusätzen angesetzt und sind dadurch besonders aromatisch.

Auswahl an Spirituosen:

Marke/Firma	Herkunftsland	Bestandteile/ Inhalte	Alkoholgehalt	Eigenart/Geschmack/ Herstellung
Tequila Sierra	*Mexiko*	*Maguey-Agave*	*38 %*	*Farbe: braun (Gold), weiß (Silber)*
Boucha L'Oasis	*Tunesien*	*Feigen und Rosinen*	*40 %*	*Farbe: weiß*
Chicha de Costa Rica	*Costa Rica (Panama, Nicaragua)*	*Bananen*	*40 %*	*Farbe: weiß*
Cocuy	*Venezuela*	*Kakteen*	*40 %*	*Farbe: weiß*
Enzian Riemerschmid	*Deutschland München*	*Wurzel des gelben Enzians*	*40 %*	*Farbe: hell braun*
Aquavit Malteserkreuz	*Deutschland*	*Kornbranntwein mit Kümmel*	*40 %*	*Farbe: kristallklar*
Aalborg Jubiläums Akvavit	*Dänemark*	*Kornbranntwein mit Kümmel und Dillkraut*	*42 %*	*Farbe: goldgelb*
Linie Aquavit Throndhjem	*Norwegen*	*Kornbranntwein mit Kümmel*	*41,5 %*	*Reifung erfolgt in Sherryfässern auf der Fahrt von Oslo nach Sydney (Äquator-Taufe). Der Qualitätsbeweis ist auf der Flasche vermerkt. Farbe: goldgelb*
Goa-Arrak	*Indien*	*Palmensaft (Dattelpalmen, Reis, Zuckerrohr)*	*7 %*	*Farbe: hell*
Kislaw	*GUS*	*Wassermelone*	*45 %*	*Farbe: hell*
Zirbengeist	*Österreich*	*Zirbensamen und Waldbeeren*	*38 %*	*Farbe: hell*

Spirituosen mit Wacholder aromatisiert
Eine kleine Auswahl:

Marke/Firma	Herkunftsland	Bestandteile/ Inhalte	Alkoholgehalt	Eigenart/Geschmack/ Herstellung
Gordon's Dry Gin	*England London*	*Kornbranntwein aus Wacholderbeeren, Gewürze*	*37,5 %*	*Wird aus Roggen und Gerste hergestellt. Als Geschmacksträger kommen Wacholder, Koriander, Orangen-/Zitronenschale, Kardamom und Anis hinzu. Farbe: hell*
Bokma Oude Genever De Kuyper & Zoon	*Holland Schiedam*	*Kornbranntwein (Gerste, Roggen, Mais), Wacholder*	*38 %–43 %*	*Erstklassige Genever lagern mehrere Jahre in Eichenfässern. Farbe: goldgelb. Man unterscheidet Jonge Genever (wenig aromatisch) und Oude Genever (sehr aromatisch).*

5. Spirituosen aus Obst (Obstgeist, Obstwasser, Obstbranntweine aus Kernobst)

Sobald man den Most von Obst vergärt und destilliert, erhält man Obstbranntweine. Wird nur eine Obstart gebrannt, so darf der Name der Frucht mit *-wasser oder -brand* verwendet werden, z. B. Kirschwasser. Manche Früchte, insbesondere Beeren (Himbeeren) enthalten beim Vergären zu wenig Zucker. Diese Früchte werden darum in Alkohol eingelegt und später wieder abdestilliert. Die Spirituose darf nur Himbeer-Geist genannt werden. Tropische Obstgeiste werden aus Bananen, Mandarinen, Mangos, Maracujas und Papayas hergestellt.

Eine kleine Auswahl:

Marke/Firma	Herkunftsland	Bestandteile/ Inhalte	Alkoholgehalt	Eigenart/Geschmack/ Herstellung
Schladerer	*Deutschland*	*Kirschwasser, Himbeergeist, Williams, Mirabellen, Brombeergeist, Zwetschgen*	*40 %–43 %*	*Farbe: wasserhell, weiches Aroma*
Calvados Boulard Pays d'Auge	*Frankreich Normandie*	*Cidreäpfel*	*40 %*	*Lagerung in Eichen- oder Kastanienfässern. Farbe: bernsteinfarben bis cognacbraun*
Slibowitz	*Jugoslawien Bosnien*	*Pflaumen*	*45 %*	*Farbe: hellgolden, Lagerung im Eichenfass*
Oeszi Palinka	*Ungarn*	*Pfirsiche*	*40 %*	*Farbe: hellbraun*
Barack Pálinka	*Ungarn, Budapest*	*Aprikose*	*40 %*	*Farbe: hell*
Obstler	*Deutschland*	*Äpfel oder Birnen*	*40 %–50 %*	*Äpfel und Birnen werden zusammen oder alleine gebrannt. Die Obstsorten müssen auf dem Flaschenetikett stehen.*
Pflümli	*Schweiz*	*Pflaumenwasser*	*40 %*	*Farbe: hell bis cognacbraun*

Trester-Branntweine

Sie werden hergestellt aus den Pressrückständen der Weinmaische (weiße und rote Trauben) und Traubensaft. Gute Trester werden heute auch aus Weinmost destilliert. In Italien nennt man den Trester *Grappa*, in Frankreich *Marc*, in Spanien *Bacageira*, auf Kreta *Tsikoudria* und in Mazedonien *Tsiouro*. Er wird gerne zum Espresso und Kaffee getrunken, manchmal mit Rosinen. Neu für Deutschland jetzt auch Marc de Riesling.

Eine Auswahl:

Marke/Firma	Herkunftsland	Bestandteile/ Inhalte	Alkoholgehalt	Eigenart/Geschmack/ Herstellung
Almerita	*Italien*	*Chardonnay-Trester*	*43 %*	*Er wird aus der Chardonnay-Traube hergestellt.*
Marc de Champagne	*Frankreich*	*Champagne-Trester*	*45 %*	*Gereift in Eichholzfässern. Farbe: hell-braun*
Grappa	*Italien*	*Wein-Trester*	*40 %*	*Gereift in Fässern aus Kastanien- und Kirschenholz, meist auch aus roten Trauben hergestellt.*
Trester	*Deutschland*	*Wein-Trester*	*38 %*	*Er wird aus allen Traubensorten hergestellt*

12.4 Getränke aus Früchten und Gemüse

Sie werden selbstverständlich aus *frischen Früchten und frischem Gemüse* hergestellt. Um den Verderb bei der Lagerung zu verhindern, werden sie *konzentriert* (eingedickt) oder auch für den Transport mit Zucker *eingekocht* (Sirup). Bei der Rückgewinnung gibt man die Herstellungsmerkmale genau an. Man unterscheidet: *Fruchtsäfte, Gemüsesäfte, Fruchtnektare und Süßmoste, Fruchtsaftgetränke, Limonaden und diätetische Erfrischungsgetränke*.

Brausen

Sie werden heute aus Tabletten hergestellt. Es sind nachgemachte Fruchtsaftgetränke und Limonaden. Das heißt, es werden künstliche Süßstoffe, Aromastoffe und Farbstoffe mitverwendet.

Diätetische Erfrischungs-Getränke

Anstelle von Zucker verwendet man hierbei **Süßstoff**. *Sie dürfen* **keine** *künstlichen Aromastoffe und anregenden Stoffe wie Chinin und Koffein enthalten. Bei Reduktionsdiät (Übergewicht) und Zuckerkrankheit (Diabetes) werden diese Getränke bevorzugt. Sie sind erfrischend und beinhalten wenig energieliefernde Zuckerarten.*

Fruchtnektare

Der Fruchtanteil liegt **zwischen 25 % und 50 %**. *Neben Fruchtsaft werden Wasser, Zucker und Kohlensäure zugefügt. Ein Zuckerzusatz von 20 % ist erlaubt. Auf dem Etikett sind folgende Angaben zu machen:*

1. *Mindestgehalt an Fruchtbestandteilen,*
2. *Prozentualer Zusatz von Fruchtmark, Zitronensaft, Wein- und Milchsäuren. Eine Angabe von Vitaminen ist möglich.*

Fruchtsäfte

Diese Obstsäfte sind **unvergorene Getränke** *aus* **frischem** *Kern-, Beeren- oder Steinobst, Wildfrüchten, Trauben oder Südfrüchten. die zum unmittelbaren Genuss bestimmt sind. Als gesunde Frucht dürfen sie nicht mit Bakterien, Schimmel oder Schädlingen befallen sein. Der Geschmack der Frucht muss vorrangig sein. Die Säfte werden durch ein schonendes Entkeimungsverfahren und ohne Konservierungsstoffe haltbar gemacht. Kennzeichnungspflichtig sind:* **1. Saft aus einer Frucht**, **2. Saft aus mehreren Früchten** *und* **3. Herstellung aus Konzentraten**. *Achten Sie beim Einkauf auf das Haltbarkeitsdatum. Alle klaren Säfte werden* **kühl** *(8–12 Grad) getrunken. Naturtrübe Säfte trinkt man* **etwas wärmer**, *damit sich das Fruchtaroma besser entfalten kann. Sind die Flaschen erst einmal geöffnet, sollten sie auch bald leer getrunken werden.* **Auf dem Etikett findet man:**

1. *Art der Frucht (Apfel),*
2. *Herstellerfirma und Sitz (z. B. Lindavia, Lindau),*
3. *Haltbarkeitsdatum (Mindestens haltbar bis 05. 05. 2003),*
4. *Fruchtgehalt (100 %),*
5. *Herstellungsverfahren (direkt gepresst, gefiltert und auf schonende Art behandelt).*

Fruchtsaft-getränke

Sie werden aus Fruchtsäften, Fruchtsaftgemischen oder Fruchtsaftkonzentraten mit Zusätzen von Tafelwasser und Zucker hergestellt. Farbstoffe, künstliche Essenzen und Konservierungsmittel sind nicht zulässig. **Der Mindestgehalt an Fruchtsaft ist gesetzlich vorgeschrieben.** *Bei Trauben und Kirschen beträgt er 30 %, bei Johannisbeeren 10 % und bei Orangen und Zitronen 6 %. Fruchtsaftgetränke bestehen aus:* **Fruchtsaft, Wasser, Zucker, Fruchtsäuren und natürlichen Aromastoffen**.

Gemüse-nektar

Er muss mindestens **40 % Gemüseanteil** *aufweisen und kann mit Trinkwasser, Salz, Gewürzen und Genuss-Säuren versetzt werden.*

Gemüse-säfte

Sie werden aus unverdünntem Gemüse oder aus konzentriertem Gemüsemark hergestellt. Gemüsesäfte enthalten besonders viele wichtige **Vitamine** *und wirken verdauungsfördernd.*

Limonaden

Sie enthalten nur natürliche Grundstoffe aus Extrakten von Früchten, Fruchtsäuren, Zucker und Trinkwasser. Man unterscheidet:

1. **Limonaden mit Fruchtsaft**, *die mindestens zur Hälfte aus Fruchtsaft bestehen müssen.*
2. **Limonaden mit Essenzen**, *es sind klare Limonaden mit Zitronenessenz.*
3. **Cola-Limonaden**, *sie enthalten zwischen 6,5 mg und 25 mg Koffein pro Liter.*
4. **Chininhaltige Limonaden** *sind z. B. Tonic Water oder Bitter Lemon, die höchstens 85 mg Chinin pro Liter enthalten dürfen.*
5. **Kräuter-Limonaden**, *ein Beispiel hierfür ist Ginger Ale.*

Süßmoste

Wird ein Fruchtnektar aus Früchten hergestellt, **deren Säuregehalt** *(ohne Verdünnung)* **zu hoch ist** *und somit das Getränk ungenießbar ist, kann es als Süßmost bezeichnet werden.*

Übersicht des Fruchtgehaltes bei Fruchtsäften

1. **Fruchtsaft** = *100 %*, 2. **Nektar** = *25 bis 50 %*, 3. **Fruchtsaftgetränk** = *6 bis 30 %*, 4. **Limonaden** *3 bis 15 %*

12.5 Liköre

Die Grundzusammensetzung aller Liköre ist Alkohol, Wasser, Zucker und Honig. Dieser Mischung werden Glukosesirup oder Stärkezucker zugesetzt, es entsteht dann der so genannte Grundlikör. Für den weiteren Unterschied sorgt eine Vielzahl an geschmackgebenden Zutaten. Heute sind alle Spirituosen der Gattung Likör zuzurechnen, wenn ihr Zuckergehalt mindestens 100 g Zucker pro Liter enthält. Der Mindestalkoholgehalt muss bei Likören 15 Vol.-% betragen.

Neben dem Zucker enthalten alle Liköre zusätzlich geschmackgebende Rohstoffe wie z. B. Fruchtsäfte, Gewürze, Pflanzenauszüge, Kaffee, Kakao, Weine, spezielle Aromen, Wurzeln, Rinden, Nüsse, Samenkerne, Eier, Rahm und Milch. Fast alle Liköre werden pur oder gekühlt als Frappé getrunken. Als Besonderheit gelten die Liköre auf Crushed oder Shaved Ice, z. B. Grand Marnier- oder Galliano-Frappé. Sie bilden die Basis vieler Mixgetränke. Generell unterscheidet man:

1. Liköre mit Fruchtsaft (Cherry Brandy),
2. Liköre mit Auszügen aus Früchten (Apricot Brandy, Grand Marnier),
3. Liköre mit Kräutern und Gewürzen (Pfefferminz, Allasch),
4. Emulsionsliköre (Eierlikör).

Eine Auswahl der beliebtesten Liköre:

Firma/Art	Herkunftsland	Alkoholgehalt	Farbe	Herstellung/Geschmack
Amaretto Di Saronno *Original Bittermandel-Likör*	*Italien*	*28 %*	*Hellbraun*	*Er wird aus Bittermandeln und Kräutern hergestellt.*
Bailey's Irish Cream *Emulsions-Likör*	*Irland Dublin*	*17 %*	*Cremefarben*	*Er wird aus irischer Sahne, irischem Whisky, Schokolade, Vanille, Zucker und Aromastoffen hergestellt.*
Bénédictine D.O.M. *Kräuter- und Gewürz-Likör, Abtei- und Klosterlikör*	*Frankreich*	*43 %*	*Bernstein-farben*	*D.O.M steht für „deo optimo maximo" – dem besten, größten Gott. In der Abtei von Fécamp in der Normandie stellte im 16. Jahrhundert ein Mönch namens Bernardo Vincelli diesen Likör her. Er besteht aus 27 Kräutern und Gewürzen, wie z. B. Angelika, Thymian, Ysop, Kardamon, Pfefferminze und Zimt.*
Chartreuse *Kräuterlikör*	*Frankreich*	*40 % (Jaune), 55 % (Verte)*	*Gelb und Grün*	*1605 von den Mönchen des Klosters Grand Chartreuse hergestellt. Er wurde als Heilmittel angewandt und umfasst ca. 130 Kräuter.*
Cherry Heering *Fruchtsaftlikör*	*Dänemark*	*25 %*	*Kirschrot*	*Weltbekannter Kirschlikör, der aus den dunkelroten Heering-Stevens-Kirschen und vergorenen Kirschkernen hergestellt wird.*
Cointreau *Fruchtlikör, Orangenlikör*	*Frankreich*	*40 %*	*Trübweiß*	*Er wird aus Schalen von Bitter- und Süßorangen hergestellt, die aus Haiti, Spanien und Brasilien stammen. Die ursprüngliche Bezeichnung war Curaçao blanc triple sec.*
Cordial Médoc *Wein-Fruchtlikör*	*Frankreich*	*38 %–43 %*	*Dunkelrot, braun*	*Er wird auf Weinbasis (Médoc Weine) hergestellt mit Veilchen und Dörrpflaumen-Bouquet.*
Drambuie *Whisky-Moniglikör*	*Schottland Edinburgh*	*40 %*	*Goldgelb*	*Er wird aus Malt-Whisky, Heidehonig sowie Heidekräutern hergestellt.*
Galliano *Kräuter-Gewürzlikör*	*Italien Solaro bei Mailand*	*35 %*	*Gelb*	*Er besteht aus 70 verschiedenen Kräutern und Gewürzen und hat einen ausgeprägten Vanillegeschmack. Er präsentiert sich in einer überlangen Flasche und fällt somit jedem Barbesucher auf.*
Grand Marnier Cordon Rouge *Kräuter-, Gewürzlikör, Fruchtlikör*	*Frankreich*	*40 %*	*Bernstein*	*Dieser Likör wird auf der Basis von Cognac und karibischen Bitterorangen hergestellt.*

Unverzichtbar sind in der Bar auch die einfachen Liköre wie: Maraschino, Crème de Cacao braun und weiß, Kiwi, Blue Curaçao, Apricot Brandy, Crème de Banane, Red Orange, Triple sec Curaçao, Grüne Banane, Crème de Menthe, Cherry Brandy, Melone u. a.

Außerdem soll hier eine kleine Auswahl an Gewürz- und Fruchtsaftlikören genannt werden, die als Grundliköre in keiner Bar fehlen dürfen:

Firma/Art	Herkunftsland	Alkoholgehalt	Farbe	Herstellung/Geschmack
Bailoni *Marillenlikör*	*Österreich*	*30 %*	*Gelblich*	*Er wird aus Marillen (Aprikosen) schonend hergestellt.*
Cassis de Bourgogne, *Fruchtlikör*	*Frankreich*	*15 %*	*Rotblau*	*Er wird aus schwarzen Johannisbeeren der Weinbauregion Burgund hergestellt.*
Frangelico *Kräuterlikör*	*Italien*	*24 %*	*Bernsteinfarben*	*Er wird aus wilden Haselnüssen, erlesenen Früchten und Beeren hergestellt.*
Kahlúa *Kaffeelikör*	*Mexiko*	*26,5 %*	*Dunkelbraun*	*Er wird aus Tequila, Kaffeebohnen, Kräutern und Vanille hergestellt. Bester Kaffeelikör der Welt.*
Kontiki *Fruchtsaftlikör*	*Niederlande*	*22 %*	*Hellgelb*	*Er wird aus Gin, Zitrone und Grapefruit hergestellt.*
Kroatzbeere *Fruchtlikör*	*Schlesien*	*22 %*	*Hellrot*	*Er wird aus Brombeeren hergestellt.*
Lakka *Fruchtsaftlikör*	*Finnland*	*28 %*	*Hellgelb*	*Er wird aus Multbeeren (großen, gelben Sumpfbrombeeren) hergestellt.*
Malibu *Fruchtlikör*	*England*	*28 %*	*Klar*	*Hergestellt wird er aus Kokosnüssen und leichtem weißen Jamaika-Rum.*
Maraschino *Fruchtlikör*	*Dalmatien*	*30–35 %*	*Wasserhell*	*Er wird aus Marasken (dalmatinischen Sauerkirschen) hergestellt. Als Zusatz kommen Kirschwasser, Vanille und andere Gewürze hinzu.*
Millefiori *Kräuterlikör*	*Italien*	*45 %*	*Gelb*	*Er wird aus Alpenblumen, Kräutern und Samenrinde hergestellt. Wörtlich übersetzt bedeutet Mille fiori „tausend Kräuter", charakteristisch ist ein Kräuterstrauß in der Flasche.*
Peachtree *Fruchtlikör*	*Niederlande*	*20 %*	*Kristallklar*	*Dies ist ein Pfirsichlikör.*
Pêcher-Mignon *Fruchtsaftlikör*	*Frankreich*	*18 %*	*Gelb*	*Er wird aus Pfirsichen (ohne Kerne) und mit Pfirsichsaft hergestellt.*
Perisco *Fruchtaromalikör*	*Italien*	*18 %*	*Hell*	*Er wird aus Pfirsichbranntwein, Mandelöl sowie Perisco-Öl (Pfirsichkernöl) hergestellt. Er ist ein Rosoglio (italienischer Begriff für stark aromatisierte Liköre).*
Sambuca *Fruchtsaftlikör*	*Italien*	*40 %*	*Strohgelb*	*Er ist ein Holunderbeerlikör mit Anisgeschmack. Als „Sambuca con la Mosca" wird er angezündet und dann mit Kaffeebohnen serviert.*
Schweden-Punsch	*Schweden*	*25 %*	*Strohgelb*	*Aus Arrak und Gewürzen hergestellt. Der Zusatz von Wein und Zitronen ist erlaubt.*
Southern Comfort *Whiskylikör*	*USA*	*40 %*	*Strohgelb*	*Er wird auf Bourbon-Whisky-Basis mit Extrakten von Pfirsichen, Orangen und Kräutern aromatisiert.*
Tia Maria *Kaffeelikör*	*Jamaika*	*26,5 %*	*Dunkelbraun*	*Er wird aus Jamaika-Rum und Kaffee, aromatischen Kräutern, Kakao und Vanille hergestellt. Der Name stammt von der Sklavin Tia Maria (Tante Maria).*
Triple Sec *Curaçao*	*Niederlande*	*39 %*	*Trübweiß*	*Er wird aus Schalen von Bitter- und Süßorangen hergestellt. Von dem Getränk wurde der Cointreau abgeleitet.*

12.6 Madeira, Malaga, Marsala, Mavrodaphne, Samos und Tokajer

Madeira

Er kommt von der Insel Madeira und muss über den Hafen von Funchal exportiert werden. Man unterscheidet zwischen den Geschmacksvarianten *trocken, halbtrocken, halbsüß und süß*. Bekannt sind bei uns nur die süßen und halbsüßen Madeira-Sorten. Sie werden hauptsächlich in der Küche verarbeitet. Charakteristisch für den Geschmack ist die Vulkanerde. Madeiraweine werden bei der Herstellung erwärmt und gespritet. Nach 18-monatiger Lagerung werden sie wie Sherry nach dem *Solera-Verfahren* weiterbehandelt. Bevor sie auf die Flasche umgefüllt werden, müssen sie mindestens 5 Jahre im Fass gelagert haben. Sehr gute Madeiras lagern 10 bis 15 Jahre im Fass. Wie die Sherrys werden die trockenen Madeiras bei 9 bis 12 Grad serviert und die süßeren bei 15 bis 18 Grad. Sie haben einen Alkoholgehalt von 15 bis 20 Vol.-%. Als Trauben verwendet man Malmsey, Malvasia, Boal, Verdelho und Sercial.

Madeira-Sorten:

Malmsey

Dies ist die süßeste und dunkelste Sorte (von der Malvasia-Traube).

Boal

Er wird als der vollkommenste Madeira bezeichnet.

Vintage-Madeira

Wie beim Vintage Port werden hier Weine eines bestimmten Jahrgangs verschnitten.

Malaga

Er kommt aus der Umgebung der Stadt Malaga an der Costa del Sol in Andalusien. Die Beeren werden nach dem Prinzip der Strohweine angetrocknet. Die guten Sorten werden nach dem Solera-Verfahren, wie der Sherry, hergestellt. Es sind meistens süße Dessertweine, die mindestens aus drei Traubensorten (Pedro Ximénez, Lairan und Moscatel) ebenfalls nach dem *Solera-Verfahren* hergestellt werden. Um die dunkle Farbe zu erreichen, werden sie mit einer karamellisierten Zuckerlösung vermischt.

Malaga-Sorten:

Blanco Seco

Er ist ein halbsüßer Malagatyp, der nur selten in den Handel kommt.

Dulce Color

Er wird mit Mostkonzentrat versetzt und ist daher ebenfalls sehr süß.

Lágrima

Er ist die feinste und teuerste Sorte.

Pajaretz

Dies ist ein für den Geschmack der meisten Bargäste zu süßer Malaga.

Marsala

Der Marsala ist dunkelrot bis braun und meist süß. Er kommt aus Sizilien (Provinz Trapani) und wird von der Hafenstadt Marsala ausgeführt. Zu seiner Herstellung dürfen nur die Traubensorten Catarratto, Grillo und Inzolia verwendet werden. Der Most wird mit *Ausbruchweinen und gekochtem Traubenmostkonzentrat* gemischt und anschließend *mit Branntwein gespritet*.

Mavrodaphne

Die Mavrodaphne-Rebe nimmt 1/3 der griechischen Weinbaufläche ein. Dieser süßliche, dunkle, intensiv rote Wein wird *mit Weingeist gespritet*, um die Gärung zu stoppen. Das Hauptanbaugebiet liegt in der Nähe von Patras in Griechenland. Der Alkoholgehalt dieses Weines liegt bei 15 %. Durch die Fasslagerung erhält er einen delikaten Geschmack und ist überdies sehr lange lagerfähig.

Samos

Der Samos wird auf der griechischen Insel Samos aus der weißen Moscato-Aspor-Rebe hergestellt. In der Farbe ist er goldgelb und im Geschmack meist süß, da er aus überreifen Trauben produziert wird. Auch er wird *mit Branntwein gespritet*, um die Gärung zu stoppen.

Tokajer

Der Tokajer ist ein ungarischer Dessertwein und kommt aus der Stadt Tokaj. Die Tokajer-Fässer werden 3–7 Jahre in engen, pechschwarzen, aus Lava herausgeschlagenen Tunnels gelagert. Tokajer wird in typischen Halbliterflaschen abgefüllt. Diesem Wein wird bei der Herstellung auch Ausbruchwein zugesetzt.

Tokajer-Sorten:

Tokaji Eszencia

Dies ist eine Essenz. Sie besteht aus ausgelesenen, überreifen und edelfaulen Trauben.

Tokaji Aszú

Aszú heißt Ausleseverfahren und bedeutet, dass die bei der Herstellung der Tokajeressenz zurückbleibenden eingeschrumpften Beeren weiterverarbeitet werden.

Tokaji Aszú Eszencia

Er wird nur in Jahren besonderer Reifevoraussetzung hergestellt und muss mindestens 10 Jahre im Fass lagern.

12.7 Milch und Sahne

Ohne Milch und Sahne kommt kein Barmann und kein Privathaushalt aus. Besonders alle *cremigen Cocktails, Egg-Nogs, Piña-Coladas, Milch-Shakes, Milch-Frappés, Joghurtmischgetränke, Rüdesheimer Kaffee und Irish Coffee* müssen Milchprodukte enthalten.

Milch und Milchprodukte

Milch ist eine nahrhafte Flüssigkeit und reich an den lebenswichtigen Stoffen *Eiweiß, Calcium, diversen Vitaminen* usw. 1/4 l Milch liefert 1/3 des Tagesbedarfs an Calcium. Besonders erwähnenswert sind die gesäuerten Milchprodukte wie *Joghurt, Buttermilch, Kefir und Dickmilch*. Aus diesen Produkten lassen sich gute alkoholfreie und diätetische Cocktails bereiten. Bei den Milchsorten unterscheidet man:

Rohmilch

Sie ist unbehandelt und darf nur mit dem Hinweis „Vor dem Verzehr abkochen" verkauft werden. Für die Gastronomie ist sie wegen der geringen Haltbarkeit jedoch kaum zu verwenden.

Vorzugsmilch

Sie ist ebenfalls unbehandelt, wird streng kontrolliert und muss vor dem Verbrauch zwingend abgekocht werden.

Vollmilch

Dies ist pasteurisierte Milch (sie wurde für ca. 15 bis 30 Sekunden auf etwa 75 °C erhitzt). Die Krankheitserreger werden dabei abgetötet. Sie hält einige Tage im Kühlschrank und hat einen Fettgehalt von 3,5 %.

Teilentrahmte (Mager-) Milch

Sie hat 1,5 % Fett.
Entrahmte Milch hat 0,3 % Fett.

H-Milch

Sie wird 2 bis 20 Sekunden auf 135 °C erhitzt, ist fast keimfrei. Ungeöffnet ist sie einige Wochen haltbar. Geöffnet sollte sie innerhalb weniger Tage getrunken werden.
Pasteurisierte Milch wird 4 bis 30 Sek. auf 62 bis 85 °C erhitzt.

Sterilisierte Milch

Sie wird unter Luftabschluss 10 bis 40 Minuten auf ca. 120 °C erhitzt, ist daher keimfrei und hält länger. Sie hat jedoch weniger Nährwert und ist für die Gastronomie kaum geeignet.
Ultrahocherhitzte Milch wird 3 bis 14 Sek. auf 140 bis 150 °C erhitzt.

Milch und Sahne

Sahne (Rahm)

Sahne wird durch Abschöpfen oder Zentrifugieren von der Milch gewonnen. Sie besteht aus dem fettreichen Anteil der Milch und hat einen Fettgehalt von mindestens 10 %. Man kann sie ungeöffnet im Kühlschrank aufbewahren. Pasteurisiert hält die Sahne länger, sie lässt sich jedoch nicht einfrieren.

Man unterscheidet folgende Sahnesorten:

Crème double

Dies ist doppelte Sahne, die einen Fettgehalt von 40 % hat und sich nicht für die Zubereitung von Cocktails eignet. Sie wird hauptsächlich zur Verfeinerung von Saucen und Suppen verwendet.

Doppelrahm

Er hat mindestens 45 % Milchfett, ist dickflüssig, kochfest und säurebeständig, lässt sich jedoch nicht gut schlagen.

Halbrahm

Er hat mindestens 25 % Milchfett und ist wie Vollsahne verwendbar. Er hat weniger Kalorien, ist nicht kochfest und nur bei 5 °C schlagbar. In Deutschland nicht handelsüblich.

Kaffeesahne

Sie hat mindestens 10 % Fettgehalt und kann auch für Cocktails verwendet werden.

Schlagsahne

Sie hat 30 % Fettgehalt und lässt sich gut aufschlagen.

12.8 Portwein

Die Geschichte des Portweins beginnt in der zweiten Hälfte des 17. Jahrhunderts. Wie beim Verbrauch von Sherry sind es auch hier die Engländer, die den meisten Portwein trinken. Mit einem Champagner kommt die Lebenslust auf, mit einem guten Cognac wird etwas Besonderes begossen und beim Portwein kommt die Gemütlichkeit auf. So ist es kein Wunder, dass die meisten Portweine englische Namen tragen.
Die ältesten heute noch bestehenden Portweinhäuser sind: *Warre*, *Croft* und *Taylor*. Das portugiesische Weingesetz, dem auch die Bestimmungen zum Anbau, zur Herstellung, Lagerung und zum Export von Portwein unterliegen, gehört zu den *strengsten der Welt*. Erstklassige Flaschen Portwein bekommen vom *Instituto do Vinho do Porto* ein Staatssiegel. Es ist in Form einer Banderole mit fortlaufender Nummer über dem Korken angebracht. Die Abfüllung in Portugal erfolgt nur für die Spitzensorten *Vintage*, *Late Bottled Vintage*, *Portweine mit Jahrgangsangabe* und *Altersangabe*. Die Hauptrebsorten für rote Portweine sind Tinta Francisca, Tinta Barroca, Tinta Roriz, Tinta Cao und Tourigo. Zur Herstellung des weißen Portweines verwendet man die Traube Malvasia Fina.

Wie wird Portwein hergestellt?

Weinlese

Die Weinlese beginnt Ende September und dauert bis Anfang Oktober.

Maischen und Pressen

Die Trauben werden sofort nach der Ernte in große Maisch- und Pressmaschinen geschüttet, die sie entstielen, maischen und pressen. Früher hat man sie mit den Füßen in großen Steinbottichen gestampft, um eine höhere Farbauslaugung der Beeren zu bewirken. Von der Pressmaschine wird die Maische in Zementbehälter gepumpt.

Gärung

Wenn der Zucker zur Hälfte vergoren ist, wird unter Zugabe von Weinsprit die Gärung gestoppt. Das Mischverhältnis ist 450 Liter Most zu 100 Liter Weinbrand. Der so erreichte Alkoholgehalt von 19 bis 22 % verhindert eine Nachgärung und steigert die Haltbarkeit und Lagerfähigkeit.

Reifung

Bei jeder Art von Portwein ist eine unterschiedliche Reifung erforderlich. Zur Reifung des Weines sind große Bodegas (Lagerhallen) in Vila Nova de Gaia vorgeschrieben.

Lagerung

Je nach Sorte kann sie 2 bis 50 Jahre dauern. Der Portwein sollte liegend, nicht zu trocken, kühl, dunkel und frei von Erschütterungen gelagert werden. Das gilt besonders für Vintage Ports. Ruby und Tawny können auch stehend aufbewahrt werden. Einige Portweine altern im Fass, das sind die *Wood Ports*. Die *Vintage Ports* reifen im Unterschied zu den Wood Ports in der Flasche.

Kleine Auswahl an Wood Ports:

Sorte	Verschnitte mehrerer Jahrgänge	Fass-lagerung	Flaschen-füllung	Farbe	Geschmack	Servier-temperatur	Sorte
Ruby Port	*Junge Weine verschiedener Jahrgänge*	*2–3 Jahre gefiltert*	*Sofort gefüllt, sofort trinkbar*	*Dunkelrot bis hellrubinrot*	*Fruchtig bis süßlich, kräftiger Körper*	*14–15 Grad*	*Selected*
Fine Ruby	*Ein besserer Ruby*	*Lagert länger im Fass, ca. 4–5 Jahre*	*Auch sofort trinkbar*	*Hellrubinrot*	*Vollmundig, fruchtig, elegant*	*15 Grad*	*First Estate*
LBV Late Bottled Vintage	*Er hat es nicht geschafft ein Vintage zu werden*	*4–6 Jahre Fasslagerung, gefiltert*	*Kann noch 2–3 Jahre in der Flasche lagern, dann dekantieren*	*Rubinrot*	*Konzentrierte Fruchtfülle*	*14–16 Grad*	*LBV*
Tawny	*Blend, auch roter und weißer Port*	*8 Jahre. Ein im Fass gereifter Ruby*	*Sofort trinkbar, auch lagerfähig*	*Von Mahagoni bis Bernstein*	*Gewürze, Süßholz, Walnüsse, reife Früchte*	*16 Grad*	
Fine Tawny	*Verschiedene Jahrgänge*	*Fasslagerung (10–40 Jahre)*	*Anschließend in Flaschen gefüllt*	*Rehbraun*	*Diskrete Süße*	*16 Grad*	
Colheita	*Verschnitt eines Jahrgangs*	*7 Jahre*	*Erntejahr und Abfülljahr müssen verzeichnet sein*	*Rotbraun*	*Feine Süße*	*16 Grad*	
White Port	*Weiße Traubensorte (Malvasia)*	*3–4 Jahre im Eichenfass*	*Sofort trinkbar*	*Hell*	*Trocken auch halbtrocken*	*Mit Tonic auf Eis bei 8 Grad*	*Port Ship, Dry*

Kleine Auswahl an Vintage Ports:

Sorte	Verschnitte mehrerer Jahrgänge	Fass-lagerung	Flaschen-füllung	Farbe	Geschmack	Servier-temperatur	Sorte
Single Quinta	*Aus Trauben eines Jahrgangs*	*2 Jahre*	*8–10 Jahre sind ungefiltert*	*Rotbraun*	*Veilchen-Aroma*	*17–18 Grad*	*Taylor*
Vintage Port	*Aus Trauben eines Jahrgangs*	*2–3 Jahre*	*12–50 Jahre, muss dekantiert werden*	*Tiefrot*	*Beeren, Vanille, Mandeln, Zimt, Kirschen*	*17–18 Grad*	
Vintage Charakter	*Aus Trauben mehrerer Jahre*	*4 Jahre*	*8–12 Jahre, muss dekantiert werden*	*Rot*	*Beeren*	*17–18 Grad*	

Pflege

Vintage Ports bilden mit den Jahren ein *Depot*, da sie ungefiltert sind. Bei älteren Jahrgängen empfiehlt man, den Port schon *drei Stunden* vor dem Trinken zu *dekantieren*. Das Depot wird nicht weggeworfen, man verwendet es zum Anreichern von Wildgerichten.

Jahrgangsportweine haben *kaum ein Etikett*, der Name erscheint auf der Kapsel und dem Korken. Die beim Dekantieren nach oben zu richtende Seite ist mit *weißer Farbe* markiert.

Genuss

Eine einmal geöffnete Vintage-Flasche sollte innerhalb von 24 Stunden getrunken werden. Ist sie länger geöffnet, lassen Kenner sie stehen, da sie spröde wird. Ruby und Tawny halten sich auch in angebrochener Flasche bei guter Kühlung mehrere Wochen ohne Qualitätseinbuße.

Trinktemperatur

Die Trinktemperatur liegt bei einem *Ruby bei 14 Grad*, bei einem *Tawny bei 16 Grad* und bei einem *Vintage bei 18 Grad*. Werden die Trinktemperaturen nicht beachtet, so schmeckt ein alter Portwein plump und sättigt zu stark, der junge Portwein verliert bei einer zu hohen Temperatur seine Frische.

Wann und zu welchen Gerichten trinkt man Portweine?

Ruby Port	*Er ist ideal zu Käse (Gouda, Schimmelkäse, Stilton).*
Tawny Port	*Der vollere Portwein passt zu Schokolade, Schokoladen-Desserts, auch zu Ziegenkäse und andere Käsesorten, zu Puddings und Mandeltorten.*
Vintage Port	*Ihn trinkt man zu Nüssen, Soufflés aus Nüssen, Lebkuchen, karamellisierten Desserts, getrockneten Früchten und Gänsestopfleber. Er ist ein vollwertiger Ersatz für alle Desserts. Zum Portwein raucht man gerne eine Zigarre.*
White Port	*Als Apéritif (4 cl weißer Port, Eiswürfel, Zitronenscheibe in den Tumbler und mit Tonic auffüllen). Oliven und geröstete Mandeln dazu reichen.*

Welche Speisen werden mit Portwein zubereitet?

Beispiele für mit Portwein verfeinerte Gerichte sind:	*Gefüllte Perlhuhnbrust mit Portweinsauce,* *Portweineis mit frischen Beeren,* *Gänseleberpralinen mit Portweinmousse,* *Wildschweinrücken in einer Portweinpflaumensoße.*

Cocktails mit Portwein

Name	Rezept	Zubereitung	Garnitur
Port of Glory	*4 cl Taylor's Selected Ruby Port* *1 cl Crème de Pêche, Boudier* *1 cl Martini Dry*	*Im Rührglas rühren und in eine Cocktail-Schale abseihen*	*Eine Physalis*
Taylor's Surprise	*4 cl Taylor's Tawny Port 20 years old* *2 cl Crème de Cacao braun* *3 cl flüssige Sahne* *1 cl Cream of Coconut*	*In einer geeisten Sekt-Schale auf Crushed Ice. Zutaten nach obiger Reihenfolge leicht umrühren, um die leicht rote Farbe zu verteilen.*	*Cocktail-Picker mit Cocktail-Kirsche. Etwas Kakaopulver auf den Cocktail streuen*

12.9 Sherry

Sherry ist im Vergleich zu anderen Getränken noch ein Stiefkind in der Gastronomie, er wird oftmals nur als Sherry dry oder Sherry sweet angeboten. Warum nicht einmal einen *Sherry Fino, Dry Seco aus dem Hause Sandeman* oder einen *Very Pale Dry Fino, La Ina aus dem Hause Domecq* oder einen *Sherry Manzanilla, Delgado Zuleta von der Firma Don Macimillo*, oder vielleicht sogar einen *Solera Sherry, East India aus dem Hause Lustau* servieren?
Die Vielzahl lädt doch geradezu ein, einmal etwas Besonderes zu genießen.

Sherry ist ein interessantes *„Allroundgetränk"* und kann zu jeder Tages- und Jahreszeit getrunken werden. Sherry bietet seinem Liebhaber einen goldenen Mittelweg, weil er ein kurzes Getränk mit nicht zu viel Alkoholgehalt ist.
„Sherrytime is anytime", wie eine Redewendung sagt.

Geschmacksrichtungen von Sherry

Englische Bezeichnung	Deutsche Bezeichnung	Spanische Bezeichnung
Extra Dry, Very Dry	*sehr trocken*	*muy secco*
Dry	*trocken*	*secco*
Medium Dry	*halbtrocken*	*media secco*
Pale Dry	*blasstrocken*	
Medium	*Variante zwischen halbtrocken und halbsüß*	*media dulce*
Medium Sweet	*halbsüß*	*media dulce*
Sweet	*süß*	*dulce*
Very Sweet	*sehr süß*	*muy dulce*
Rich	*voll*	
Mellow-rare	*weich, selten*	
Rare-mellow	*selten, weich*	

Herkunft des Sherrys

Sherry kommt aus Andalusien, aus der Provinz Cádiz. Sein Zentrum liegt zwischen Jerez de la Frontera (Ost), Puerto de Santa Maria (Südwest) und Sanlúcar de Barrameda (Nordwest). Es sind Kalkböden, worauf die *Palomino-*, die *Pedro Ximénez-* und *Moscatel-Reben* wachsen.

Weinlese

Die aussortierten Reben werden auf Strohmatten einige Stunden getrocknet und dann mit Kalk oder Gips bestäubt, wodurch der Säuregrad herabgesetzt wird.

Pressen der Trauben

Die Trauben werden gepresst, dadurch erhält man den Most.

Gärung

Der Most macht die erste Gärung durch und wird dann in 600 l Eichenfässer gefüllt, wo er die zweite Gärung durchmacht, die ca. 3 Wochen anhält. Die eigentliche Besonderheit des Sherrys liegt in dem *Flor*, (spanisch: Blume). An der Oberfläche bildet sich eine spezielle *Hefeschicht*, die watteähnlich aussieht und den Sherry gegen *Oxydation* schützt.
Fino und Manzanilla sind durchgegorene Sherrys und bilden einen Flor, da ihr Alkoholgehalt nur 15–16 Volumenprozent haben darf. Diese Stärke bekommt er durch den Zusatz von *Weinalkohol*. Der Flor gibt dem Sherry seinen besonderen, würzigen, frischen Geschmack und sein Aroma. Gibt man mehr Weinalkohol dazu, so wird eine weitere Gärung unterbunden und der Flor stirbt ab. Die Weine mit dem schönsten Flor sind die Finos. Die Weinkeller (Bodegas) sollten hoch und luftig sein und in der Nähe von Wasser stehen.

Abfüllung und Lagerung

Nach der Filtration wird der Sherry in 500 l Eichenfässer gefüllt. Zur Reifung durchläuft er nun ein System, das in der Welt einmalig ist. Es ist das so genannte *Solera-System*. Das System besteht aus mehreren Reihen von Eichenfässern unterschiedlichen Alters. Nur aus dem ältesten Fass das auf dem Boden ruht, der *Solera* (span. suelo), wird der Sherry abgefüllt. Die fehlende Menge ersetzt der Wein aus der nächsten Reihe (ciadera). So füllt man Reihe um Reihe nach und gießt die jüngsten Sherrys jeweils in der oberen Reihe dazu. Die Anzahl der Fassreihen richtet sich nach dem jeweiligen Typ. So hat ein Manzanilla die meisten Fassreihen (bis zu 14 Reihen), Fino etwa die Hälfte, Olorosso benötigt weniger. Auf diese Weise prägen die älteren die jüngeren Weine und die Solera behält ihren Charakter. Sherrys haben durch das Solera-System *keine Jahrgangsbezeichnung*.

Zu welchen Gerichten passt Sherry?

Zu trockenen Sherrys isst man:	*Alle Fischgerichte, Räucherfische, Meeresfrüchte, Kalbs- und Geflügelleber, Pasteten, Tapas, Serrano-Schinken, Hartkäse, Oliven und gesalzene Nüsse.*
Zum medium Sherry isst man:	*Alle Fleischsorten, Wildgerichte, Käse, Stilton und Roquefort.*
Zu süßem Sherry isst man:	*Süßspeisen, Kuchen, Gebäck, Feigen, Datteln, Weintrauben und ungesalzene Nüsse. Ein Kaffee oder Espresso passt auch dazu.*

Kleine Auswahl beliebter Sherrys:

Sherry-Typ	Farbe/Alkoholgehalt	Geschmack/Aromen	Serviertemperatur
Fino Dry, mit Flor hergestellt	*Strohgelb bis hellgelb, 14,5–15,5 Vol.-%*	*Leicht trocken, mit geringer Säure und delikatem Aroma, das an Mandeln erinnert.*	8–10 Grad
Manzanilla Dry, mit Flor hergestellt	*Fast wasserhelle Farbe, 15 Vol.-%*	*Er wird aus nicht ganz vollreifen Trauben hergestellt. Leicht im Geschmack. Das Aroma erinnert an Äpfel und Limetten. Er hat leichte Jodnote.*	9–11 Grad
Amontillado Medium und Dry, ohne Flor hergestellt	*Bernsteinfarben, mit Nussaromen und Eichenholzton. 17,5–18 Vol.-%*	*Eine Mischung zwischen Fino und Olorosso. Ein alter Sherry. Original ist er trocken, für den Export etwas süßlich, medium.*	12–13 Grad
Olorosso Medium und Dry, ohne Flor hergestellt	*Rotgold bis mahagonifarbener Sherry, wohlriechend, 17,5–18 Vol.-%*	*Er ist körperreich, vollmundig und weinig, schmeckt nach getrockneten Nüssen und Früchten. Ursprünglich trocken, für den Export medium bis sweet.*	12–13 Grad
Palo Cortado, ohne Flor hergestellt	*Bernsteinfarben, 17,5–18 Vol.-%*	*Ein seltener Sherry und Zwischenstufe vom Amontillado und Olorosso, im Geschmack samtig.*	12–13 Grad
Cream Sweet, ohne Flor hergestellt	*Goldbraun, 17,5 Vol.-%*	*Aus Süßwein, dem der Pedro Ximénez oder die Moscatel-Traube zugesetzt wird. Er ist sehr voll und rund.*	15–18 Grad
Pale Cream Sweet, ohne Flor hergestellt	*Bernsteinfarben, 17,5 Vol.-%*	*Er ist eine Mischung aus Fino und hellem Süßwein, fruchtig-süß.*	15–18 Grad
Pedro Ximénez Very Sweet, ohne Flor hergestellt	*Goldbraun, 17,5 Vol.-%*	*Er ist aus der gleichnamigen Traube hergestellt, extrem süß und voll.*	15–18 Grad
Solera Sherry Medium	*Bernsteinfarben, 20 Vol.-%*	*Er hat die East-India-Reise hinter sich, schmeckt ausgeglichen und frisch.*	15–18 Grad
Almacenista	*Goldbraun, 1,5 Vol.-%*	*Meist alte Sherry-Raritäten von kleiner Lagerhaltung.*	15–18 Grad

Weitere Tipps für die Praxis

Meistens wird der Sherry zu warm angeboten, er schmeckt dann plump und zu schwer. Stellen Sie den Sherry vor einem Extraessen 1/2 Stunde in den Kühlschrank. Der Sherry dry hat dann die richtige Temperatur von 9–11 Grad.
Nehmen Sie das richtige Glas (Copita). Es wird maximal bis 5 cl befüllt.
Sherry in der Flasche ist sofort trinkreif. Wird er gelagert, sollte er bei einer Luftfeuchtigkeit von 60–80 % und einer konstanten Temperatur von 12–18 Grad gelagert werden. Licht schadet dem Sherry.
Alle Finos, die geöffnet sind, sollten nicht zu lange stehen, sie sollten dann in kleinere Flaschen umgefüllt werden. Geöffnete Medium- und Sweet-Sherrys können ohne Qualitätsverlust mehrere Wochen stehen.

12.10 Wasser

Grundsätzlich unterscheidet man Trinkwasser und Natürliches Mineralwasser; beide Wasserkategorien unterliegen für die Verwendung in der Gastronomie bestimmten Gebrauchsregeln, die nachfolgend erläutert werden.

Trinkwasser

Trinkwasser kommt generell aus dem Wasserhahn und muss daher auf jeden Fall *hygienisch einwandfrei* sein. Es stammt entweder aus dem *Grundwasser* und wird dort natürlich gefiltert, oder es wird aus dem *Oberflächenwasser* (Flüsse) gewonnen und dann in den Kläranlagen aufbereitet (ozonisiert, chlorisiert).
Trinkwasser unterteilt man in: *Quellwasser, Sodawasser und Tafelwasser*.

Quellwasser *Quellwasser ist Trinkwasser aus* **unterirdischen Quellen***. Ernährungsphysiologische Wirkungen müssen dabei nicht nachgewiesen werden. Tafelwasser darf nicht als Quellwasser bezeichnet werden.*

Sodawasser *Sodawasser entsteht aus Tafelwasser und muss mindestens 570 mg Natriumhydrogencarbonat sowie Kohlendioxid enthalten. Dem Wasser wurde* **Kohlensäure zugefügt***. In der Gastronomie werden mit Sodawasser viele Getränke aufgefüllt (z. B. Whisky).*

Tafelwasser *Beim Tafelwasser dürfen dem Trinkwasser noch Sole, Meerwasser, Mineralsalze usw. hinzugefügt werden. Sie sollen das Wasser im Geschmack verbessern. Die Zusätze, insbesondere auch Meerwasser, müssen in % angegeben werden.*

Natürliches Mineralwasser

Natürliches Mineralwasser hat seinen Ursprung in unterirdischen, vor *Verunreinigungen geschützten Wasservorkommen* (Quellen). Sie sind von ursprünglicher Reinheit und besitzen Mineralstoffe, Spurenelemente u. a. Bestandteile. Sie müssen frei von *Krankheitserregern* sein.
Natürliche Mineralwasser haben ihren besonderen Geschmack und fügen dem Körper die fehlenden Mineralstoffe zu. Durch die natürliche Kohlensäure im Mineralwasser wirkt das Wasser erfrischend und regt die Verdauung an. Es gibt sogar Mineralschwimmbäder.
Mineralwasser teilt man in folgende Gruppen ein:

Mineralstoffreiche Natürliche Mineralwasser *Sie werden hauptsächlich wegen ihres Mineralstoffgehaltes getrunken und besitzen ihre natürliche Kohlensäure. Sie müssen in geschlossenen Flaschen serviert werden.*

Stille Mineralwasser *Hat man dem Natürlichen Mineralwasser Kohlensäure entzogen, dann werden sie als Stille oder Leichte Wasser bezeichnet.*

Kohlensäurereiche Natürliche Mineralwasser *Sie werden hauptsächlich wegen ihres starken Gehaltes an Kohlensäure getrunken. Die Flaschen sind besonders gekennzeichnet.*

Säuerlinge („Sprudel") *Liegt der Kohlensäuregehalt extrem hoch, d. h. mehr als 250 mg Kohlendioxid pro Liter, dann bezeichnet man das Wasser als Säuerling.*

Angaben auf dem Flaschenetikett für Mineral- und Tafelwasser

1. Abfüllfirma mit Name und Ort der Quelle, 2. Art des Wassers (Natürliches Mineralwasser), 3. Analysen-Auszug-Zusammensetzung (Natrium, Kalium u. a.), 4. Eigenschaften, Eignung (als Babynahung geeignet), 5. Eventuelle Veränderung (mit Kohlensäure versetzt, enteisend), 6. Füllmenge, 7. Mindesthalbarkeitsdatum

12.11 Wein

Wein wird durch die Gärung frischen Beerensaftes der Weinreben hergestellt. Er wird auf der nördlichen und südlichen Hälfte der Erde angebaut. Auf der *nördlichen Hälfte*, zwischen dem 35. und 50. Breitengrad, liegen Europa und die Weinanbaugebiete von Nordamerika. Auf der *südlichen Hälfte*, zwischen dem 30. und 45. Breitengrad, liegen Anbaugebiete wie Argentinien, Australien, Chile, Südafrika und Neuseeland. Außerhalb dieser Gebiete kann kein Wein angebaut werden, da es dort zu heiß oder zu kalt ist.

Deutsche Anbaugebiete	*Baden-Württemberg, Franken, Pfalz, Nahe, Hessische Bergstraße, Rheingau, Ahr, Mittelrhein, Mosel-Saar-Ruwer, Sachsen und Saale-Unstrut.*	
Rebsorten	**Weißweine:**	*Riesling, Müller-Thurgau (Rivaner), Silvaner, Kerner, Scheurebe, Bacchus, Rieslaner, Ruländer, Gutedel, Gewürztraminer, Chardonnay, Muskateller, Huxelrebe, Elbling u. a.*
	Rotweine:	*Spätburgunder, Portugieser, Trollinger, Schwarzriesling, Dornfelder, Lemberger, Heroldrebe, Samtrot, Domina, Frühburgunder u. a.*
Geschmackangabe, Restzuckergehalt	**Diabeteshinweis:**	*0 bis 4 g Glukoseanteil bei 20 g Restzucker*
	Trocken	*0 bis 9 g Restzucker*
	Halbtrocken	*bis 18 g max. Restzucker*
	Lieblich	*bis 45 g max. Restzucker*
	Süß	*über 45 g Restzucker*
		Auf 1 Liter
Weinsiegel	**Gelb** =	*trocken*
	Grün =	*halbtrocken*
	Rot =	*lieblich*
Neue Anforderungen	*Für Profilweine („***Selection***"):*	**Hektarhöchstertrag** *max. 60 hl/ha* **Mindestmostgewicht***: 90 %*
Geschmacksrichtungen	**Riesling**	*Pfirsich-Apfel-Aprikose*
	Bacchus	*Kümmel, Orange*
	Kerner	*Eisbonbons*
	Müller-Thurgau	*Muskat, Kräuter*
	Ruländer	*Honig, Bittermandeln*
	Traminer	*Rosen, Marzipan*
	Scheurebe	*schwarze Johannisbeere*
	Spätburgunder	*Bittermandeln, Kirschen, Waldbeeren*
	Trollinger	*Muskat, Kirschen, Erdbeeren*
	Schwarzriesling	*Kirschen, Pflaumen*
	Lemberger	*Banane, Holunder*
	Dornfelder	*Himbeeren, Brombeeren, Schlehe, Holunder*
	Grauburgunder	*Mandeln, Nuss, Quitte, grüne Bohnen*
Synonyme Bezeichnungen	**Rivaner** =	*Müller-Thurgau*
	Grauburgunder =	*Ruländer*
	Traminer bzw. Gewürztraminer =	*Clevner*
Rosé oder Weißherbst?	*Wann darf ein Roséwein als Weißherbst bezeichnet werden? Er muss ein 100 % Rebsortenwein und immer ein Qualitätswein sein.*	
Blume	**Gesamtheit** *aller Duftausstrahlungen des Weines.*	
Bouquet	*Die* **einzelnen Bouquetstoffe***, die in ihrer Gesamtheit die Blume bilden.*	

Wein-Güteklassen

Tafelwein	*Tafelwein muss mindestens 8,5 Vol.-% Alkohol aufweisen. Ein Verschnitt mit beliebigen Jahrgängen, Rebsorten und Weinanbaugebieten ist erlaubt. Weinanbaugebiete dürfen erst auf der Flasche benannt werden, wenn 85 % des Weines von dort stammen.*
Qualitätswein	*Darf nur als solcher benannt werden, wenn ihm auf Antrag eine Prüfnummer zugeteilt wurde, so dass er zu 100 % aus dem bestimmten Anbaugebiet stammt. Ein Mindestmostgewicht ist ebenfalls Voraussetzung.*
Qualitätsweine mit Prädikat	*Qualitätswein mit Prädikat müssen zu 100 % aus einem Anbaugebiet stammen. Man unterscheidet folgende Prädikate:* **Kabinett** – *Weintrauben müssen aus einem einzigen Anbaugebiet bestehen stammen. Zuckerzusatz ist verboten. Kabinettweine dürfen nach der Ernte teilweise nicht vor dem 1. Januar abgefüllt werden, andere Kabinettweine wiederum nicht vor dem 1. März.* **Spätlese** – *Die Trauben müssen in einer späten Lesung und vollreifem Zustand geerntet werden.* **Auslese** – *Wird nur aus vollreifen Trauben unter Aussonderung von kranken und unreifen Beeren hergestellt.* **Trockenbeerenauslese** – *Wird aus eingeschrumpften, edelfaulen Beeren hergestellt.* **Eiswein** – *Wird aus überreifen und edelfaulen Weintrauben hergestellt, die nach einem Frost von mindestens –7 °C gefroren, dann geerntet werden.*
„Classic"-Weine	*So werden Weine genannt, die aus den gebietstypischen Rebsorten hergestellt werden.*
„Selection"-Weine	*Sie müssen eine ausgesuchte Spitzenqualität aufweisen. Sie stammen von alten Reben. Als Erntelimit werden 60 hl/ha festgelegt und das Mostgewicht muss 90 Grad Öchsle haben.*
Ab dem Jahr 2004 dürfen Weine mit höchster Qualität zusätzlich wie folgt benannt werden	**Guts- und Ortsweine** – *Sie kommen aus der Produktion desjenigen Winzers, der auf dem Etikett angegeben ist* **Lagenweine** – *Sie stammen aus einer bestimmten, meist besseren Lage eines Erzeugers* **Größere Gewächse (Grand Cru)** – *Sie müssen von höchster Qualität sein und dürfen nicht mehr als 5 Prozent des Ertrages eines Winzers ausmachen. Die Flasche kostet dann mindestens 15 EUR.*

12.12 Wermut (Vermouth)

Die Schreibweise *„Vermouth"* darf nur für italienische und französische Erzeugnisse verwendet werden. Man unterscheidet:

1. **Secco:** Hellgelb, sehr trocken, extra dry
2. **Bianco:** Dunkles Gelb, süß bis leicht bitter
3. **Rosé:** Rosa, halbsüß und leicht bitter
4. **Rosso:** Rotbraun, süß bis leicht bitter
5. **Amaro:** Rotbraun, bittersüß

Wermut wird aus Grundweinen mit Zusätzen von Alkohol, Zucker, Pflanzenteilen und Kräuterextrakten wie Wacholder, Ysop, Chinarinde, Anis, Orangen- und Zitronenschalen, Sternanis, Thymian, Koriander, Nelken, Melisse, Kamille und Salbei hergestellt. Wermut muss mindestens 70 % Wein enthalten und der Alkoholgehalt darf nicht unter 15,5 Vol.-% und über 18 Vol.-% haben.

Auswahl diverser Wermuts:

Firma/Art	Herkunftsland	Alkoholgehalt	Herstellung/Geschmack
Amer Picon	*Frankreich*	*30 Vol.-%*	*Es ist ein Bitterapéritif, auf Weinbasis mit Chinarinde, Orangenschale und Kräutern hergestellt. Der Geschmack der Orangenschale tritt hervor,*
Byrrh	*Frankreich*	*22 Vol.-%*	*Es ist ein Apéritif-Getränk auf Weinbasis mit Auszügen von Chinarinde hergestellt, hellrot in der Farbe.*
Cassis	*Frankreich*	*16 Vol.-%*	*Es ist ein mit schwarzen Johannisbeeren aromatisierter Wein aus der Provence und Bourgogne, mit dunkelroter Farbe.*
Cidre	*Frankreich*	*10 Vol.-%*	*Cidre ist die französische Bezeichnung für Apfelwein. Er ist die Basis für die Herstellung von Calvados.*
Cinzano *Herstellerfirma*	*Italien*	*16 Vol.-%*	*Es ist ein mit der Wermutpflanze aromatisierter Wein. Produkte: Dry, Bianco, Rosso und Rosé.*
Dubonnet	*Frankreich*	*16 Vol.-%*	*Es ist ein Apéritif, ein mit Gewürzmischung hergestellter Wein. Eine Mindestlagerung von 2 Jahren ist vorgeschrieben. Dubonnet gibt es in 2 Geschmacks- und Farbrichtungen.*
Martini *Herstellerfirma*	*Italien*	*15 Vol.-%*	*Martini ist ein Wermutwein wie der Cinzano.*
Met	*Deutschland, Skandinavien*	*12 Vol.-%*	*Met ist ein weinähnliches Getränk, das aus 1 Teil Honig, 2 Teilen Wasser sowie Gewürzmischungen, Zusatz von Reinzuchthefe und Weindestillaten hergestellt wird. Die Farbe wird durch den gebrannten Honig gegeben.*
Noilly Prat *Herstellerfirma*	*Frankreich*	*18 Vol.-%*	*Es ist ein Wermutwein aus der Region Marseille. Das Produkt lässt man in Eichenholzfässern 2 Jahre unter freiem Himmel reifen. Im Geschmack ist er trocken.*
Palmwein	*Israel*	*3 Vol.-%*	*Er ist das einzige vom Koran erlaubte alkoholische Gärungsgetränk, das aus Kokospalmen unter Zugabe von Dattelzucker hergestellt wird.*
Sake	*Japan, China, Tibet*	*15 Vol.-%*	*Sake ist ein Wein, der aus doppelter Fermentation aus Reis gewonnen wird. Man trinkt ihn warm oder heiß aus kleinen Porzellanschalen zu den Mahlzeiten.*
St. Raphael	*Frankreich*	*14,9 Vol.-%*	*Er wird aus Weiß-Rot- und Süßweinen hergestellt mit einer mindestens zweijährigen Lagerung. Auszüge aus Chinarinde und anderen Würzkräutern geben ihm den besonderen Geschmack.*

12.13 Whisky (Whiskey)

Whisk(e)y ist ein *Getreidebranntwein* (Gerste) und kommt ursprünglich aus Schottland und Irland. Der erste Hinweis zur Brennung des Whiskys stammt aus dem 15. Jahrhundert. Das Wort Whisky selbst hat seinen Ursprung in dem gälischen Wort „Uisgue-Beatha" und bedeutet so viel wie Lebenswasser.
Es sind die Schreibweisen Whisky und Whiskey zugelassen. Ursprünglich schrieb man irischen Whiskey mit „e", um ihn vom schottischen Whisky ohne „e" zu unterscheiden. Die amerikanischen Whiskeys schreibt man ebenfalls mit „e".
Der Mindestalkoholgehalt beträgt beim Whisky 40 %.

Herstellung

1. Darren

Vor dem Mälzen wird das Getreide gedarrt. Dies kann über offenem Torffeuer durchgeführt werden. Durch das Darren über offenem Torffeuer erhält der Whisky seinen besonderen Torf- und Rauchgeschmack.

2. Mälzen

Das Getreide wird in Wasser eingeweicht. Anschließend lässt man es keimen, dabei entsteht das Ferment Diastase (Stärke), das dann in Zucker umgewandelt wird. Es entsteht der Grünmalz, der getrocknet und geschrotet wird.

3. Maischen

Der geschrotete Grünmalz wird mit heißem Wasser vermischt (Maische), dabei werden die zuckerhaltigen Teile von den übrigen Schrotteilen gelöst. Danach wird die zuckerhaltige Flüssigkeit (Würze) von den festen Malzbestandteilen getrennt.

4. Gären

Die Würze wird nun in Gärbottiche (9 000 bis 50 000 Liter Volumen) gegeben, und unter *Zusatz von Hefe* wird der Zucker in Alkohol und Kohlensäure verwandelt. Dieses Verfahren nennt man *Sweet- oder Mellow-mash-Verfahren*. Daneben gibt es noch das *Sour-mash-Verfahren*. Dabei werden neben der Hefe noch Maischerückstände zugefügt. Nur bei American Whiskeys werden die Gärverfahren auf dem Etikett vermerkt.

5. Destillation

Destilliert (gebrannt) kann die vergorene Würze nach zwei Verfahren destilliert werden:

1. *Pot-still-Verfahren:* Bei diesem Verfahren erfolgt die Destillation in zwei voneinander unabhängigen Brennvorgängen in zwei Kupferkesseln (Pot stills). Dieses Verfahren liefert im Ergebnis die bessere Qualität des Alkohols, wobei der Alkoholgehalt nur 60–70 % beträgt.
2. *Patent-still-Verfahren:* Die Anlage besteht aus zwei Kammern und wiederholt in gleicher Zeit ca. 20 mal den Destillationsvorgang im Gegensatz zum Pot-still-Verfahren. Dadurch ist ein wirtschaftliches Brennen für größere Mengen möglich. Der Alkoholgehalt beträgt 80–85 %.

Lagerung

Das Destillat wird in neue *Eichenfässer* oder alte *Sherry- und Portweinfässer* abgefüllt. In diesen Fässern lagert der Whisky mindestens 3 Jahre und die Spitzenprodukte 10–12 oder sogar mehr Jahre.

Arten

Man unterscheidet zwei Arten von Whiskys:

1. *Unverschnittene Whiskys:* Straight Whisky und Unblended Whisky
2. *Verschnittene Whiskys:* Blended Whiskys, sie bestehen aus Malt- und Grain-Whisky.

Herkunft
Die wichtigsten Herkunftsländer sind Schottland, Irland, Amerika und Kanada. Dementsprechend unterscheidet man:
1. *Scotch Whisky:* Er wird aus Gerstenmalz hergestellt. Der Malt Whisky ist geraucht.
2. *Irish Whiskey:* Er wird nicht über Torffeuer gedarrt und geraucht. Hergestellt wird er aus allen Getreidesorten.
3. *American Whiskey:* Er wird hauptsächlich aus Mais und Roggen hergestellt.
4. *Canadian Whisky:* Er wird in der Regel aus 50 % Mais und anderen Getreidesorten hergestellt.

Scotch Whisky

Das britische Steuergesetz sagt, dass nur der in Schottland hergestellte Whisky als Scotch bezeichnet werden darf. Er muss mindestens *3 Jahre gelagert* sein und wird in *Eichen-, Portwein- oder Sherryfässern* gelagert. Spitzenerzeugnisse lagern bis zu 30 Jahre im Fass. Das auf dem Etikett angegebene Alter bezieht sich immer auf *das jüngste Destillat*, das zum Verschneiden verwendet wurde.
Schottischer Whisky hat als einziger den typischen *Rauchgeschmack*, der *beim Darren* des Gerstenmalzes über *offenem Torffeuer* entsteht. Die Güte des schottischen Whiskys bestimmen die würzige und reine Luft und das weiche, klare Berg- und Moorwasser.

Welche schottischen Whiskyarten unterscheidet man?

Malt-Whisky
Er wird aus reiner Gerste, im *Pot-still-Verfahren*, hergestellt. Er ist daher ein Straight (pur, klar, und unverschnitten) Whisky. Wenn er unverschnitten ist und das Malz aus einem einzigen Destillat kommt, kann er sich als *Straight Malt-Whisky* bezeichnen.
Bei Malt-Whisky unterscheidet man:
1. *Single Malt*
2. *Pure Malt*
3. *Unblended Malt*
4. *Rare All Malt*
5. *Rare Old Malt* (seltener Whisky)

Die bekanntesten Malt-Whiskys kommen aus den Highlands. Der Anteil am Gesamtmarkt beträgt beim reinen Malt-Whiskey 2 %.

Grain-Whisky
Der Grain-Whisky wird aus verschiedenen Getreidesorten (Roggen, Hafer) im *Patent-still-Verfahren* hergestellt und kommt hauptsächlich aus den Lowlands. Dadurch, dass er *nicht* über offenem Torffeuer gedarrt wird, ist er milder, leichter, weicher und hat wenig Farbe. Er wird hauptsächlich zum Verschnitt verwendet. Es gibt nur ganz wenige Flaschen, die in den Handel kommen.

Blended Whisky
Wenn man Malt- mit Grain-Whisky verschneidet, erhält man Blended Whisky.

Irish Whiskey

Der Unterschied zwischen Irischem Whiskey und Schottischem Whisky liegt darin, dass das Malz beim Irischen Whiskey *nicht über Torffeuer gedarrt* wird. Er hat somit keinen rauchigen Geschmack, sondern einen ausgesprochenen Malzcharakter. Er wird in Sherry-, Bourbon-, Rum- oder amerikanischen weißen Eichenholzfässern gelagert.

Die Produkte müssen alle als *Blended Irish Whiskeys* bezeichnet werden. Zur Herstellung verwendet man: Gerste, Weizen, Hafer und Roggen. Nach der Lagerung wird der Whiskey aus verschiedenen Fässern verschnitten. Dies entspricht dem Vattin (Fässer) in Schottland.

American Whiskey

Unter dieser Bezeichnung werden alle in Amerika erzeugten Whiskeyarten geführt. Zur Herstellung werden hauptsächlich *Mais, Roggen sowie Gerste* verwendet. Das Klima und die Bodenverhältnisse bestimmen den Charakter des Whiskeys.
Die American Whiskeys haben eine Mindestlagerzeit von drei Jahren und werden in *angekohlten* Fässern aus 100- bis 300-jähriger weißer Eiche gelagert. Diese Fässer dürfen nur einmal verwendet werden. Es entstanden mehrere Sorten Amerikanischen Whiskeys:

Bourbon Whiskey (Kentucky Bourbon)
Er muss mindestens aus *51 % Mais* und einem Rest aus Roggen und Gerste bestehen. Er wird im Pot-still-Verfahren hergestellt.

Rye Whiskey
Er muss mindestens aus *51 % Roggen* bestehen und wird im Patent-still-Verfahren hergestellt.

Straight Bourbon Whiskey
Er darf höchstens *79 % Mais* beinhalten und wird im Pot-still-Verfahren hergestellt.

Bourbon Sour Mash
Von Mais und Roggen wird durch Destillation ein säuerliches Dünnbier gewonnen, das über die Maische gegossen wird.

White Whisky
Er wird ohne „e" geschrieben und lagert nicht in Holzfässern, dementsprechend hat er auch kaum Farbe.

Canadian Whisky

Er wird in der Regel aus 50 % Mais und Anteilen von Gersten-, Roggen- und Weizenmalz hergestellt. Die Mindestlagerzeit beträgt 4 Jahre und er wird in Eichenfässern gelagert. Er ist dem Schottischen Whisky sehr ähnlich. In der Farbe ist er heller als die schottische Variante und im Geschmack weicher. Aus diesem Grund wird er sehr oft für Cocktails verwendet. Beim *Canadian Rye Whisky* sollte der Hauptbestandteil *Roggen* sein, beim *Canadian Bourbon Whisky* Mais.

Tipps zum Verkauf von Whiskys im Restaurant oder in der Bar:

Angaben auf der Karte	*Eine spezielle Digestifkarte für Malt kann (vor allem zur kalten Jahreszeit) gute Dienste leisten. Am besten integriert man kurze Angaben zu Duft, Geschmack und Charakter.*
Ausschankmaß	*Die üblichen 4 cl werden heute oft als zu viel des Guten angesehen. 2 cl sind für den Genuss völlig ausreichend. Warum nicht einmal als Variante zwei oder drei ganz unterschiedliche Proben à 1 cl anbieten?*
Auswahl	*Die Auswahl sollte von leicht bis schwer und von süß bis bitter reichen.*
Qualität	*Setzen Sie auf Qualität, es wird evtl. weniger getrunken, dafür bieten Sie höherwertigen Genuss.*
Temperatur	*Whiskys immer bei 18 Grad in einem leicht bauchigen Glas anbieten.*

12.14 Übungen

1 Was verstehen Sie unter Absinth?

2 Nennen Sie einige Anisgetränke!

3 Welche Wermut-Varianten unterscheidet man?

4 Nennen Sie einige Würzbitter und Bitter!

5 Welche Getränke werden hauptsächlich aus Getreide hergestellt?

6 Woraus werden Rum und Arrak hergestellt?

7 Woraus bestehen und welche Geschmacksrichtungen haben Tequila, Aquavit, Gin und Genever?

8 Woraus wird Trester hergestellt?

9 Erklären Sie kurz die Herstellung und den Geschmack von Amaretto, Cherry Heering, Cointreau, Grand Marnier, Cassis, Kahlúa, Pêcher Mignon, Sambuca und Tia Maria!

10 Was isst man zu folgenden Portweinen: White Port, Ruby Port, Tawny Port, Vintage Port?

1 *Alle alkoholischen Getränke mit Anisgeschmack bezeichnet man als Absinth.*

2 *Ricard, Pernod, Raki, Sambuca.*

3 *Secco, Dry, Bianco, Rosso, Rosé, Amoro*

4 *Würzbitter: Angostura, Peach Bitter, Orangen-Bitter*
Bitter: Campari, Aperol, Fernet Branca

5 *Korn, Whisky, Wodka.*

6 *Rum: aus Zuckerrohrmelasse, Arrak: aus Reis.*

7 *Tequila: Maguey-Agave; Aquavit: Kümmel; Gin: Wacholder; Genever: Wacholder.*

8 *Trester wird aus Pressrückständen der Weinmaische hergestellt.*

9 *Amaretto: Wird aus Bittermandeln und Kräutern hergestellt.*
Cherry Heering: Weltbekannter Kirschlikör aus Dänemark.
Cointreau: Wird aus den Schalen von Bitter- und Süßorangen hergestellt.
Grand Marnier: Wird auf Basis von Cognac und Bitterorangen hergestellt.
Cassis: Wird aus schwarzen Johannisbeeren hergestellt.
Kahlúa: Ist der beste Kaffeelikör der Welt, besteht aus Tequila, Kaffeebohnen, Kräutern und Vanille.
Pêcher Mignon: Wird aus Pfirsichen ohne Kerne und mit Pfirsichsaft hergestellt.
Sambuca: Ist ein Holunderbeerlikör mit Anisgeschmack.
Tia Maria: Wird aus Jamaika-Rum, Kaffee, Kräutern, Kakao und Vanille hergestellt.

10 *White Port: Oliven und geröstete Mandeln.*
Ruby Port: Ideal zu Käse, z. B. Gouda, Schimmelkäse, Stilton.
Tawny Port: Ziegenkäse, Schokolade, Puddings, Mandeltorte.
Vintage Port: Nüsse, Lebkuchen, Gänsestopfleber, getrocknete Früchte.

11 Was versteht man unter Wood Ports und Vintage Ports?

11 *Wood Ports: Sie lagern länger im Fass, haben kaum Flaschenlagerung und können darum sofort getrunken werden.*
Vintage Ports: Sie haben eine kurze Fasslagerungszeit, aber eine längere Flaschenlagerung. Man behandelt sie wie gute Weine. Sie werden von Jahr zu Jahr besser im Geschmack.

12 Zählen Sie einige Sherry-Typen auf!

12 *Fino Dry, Manzanilla, Amontillado, Olorosso, Cream, Solera Sherry, Almacenista.*

13 Was versteht man unter „Flor" beim Sherry?

13 *Er bildet sich bei der Gärung an der Oberfläche und es ist eine spezielle Hefeschicht, die den Sherry gegen Oxydation schützt. Nur durchgegorene Sherrys (Fino, Manzanilla) bilden einen Flor.*

14 Was verstehen Sie unter Solera-System im Zusammenhang mit der Herstellung von Sherry?

14 *Das System besteht aus mehreren Reihen von Eichenfässern unterschiedlichen Alters. Nur aus dem ältesten, unteren Fass wird der Sherry abgefüllt. Die fehlende Menge ersetzt der Wein aus der nächsten Reihe. Die jüngsten Sherrys werden in der oberen Reihe nachgefüllt.*

15 In welche Stufen lässt sich das Herstellungsverfahren von Whisky unterteilen?

15 *Darren, Mälzen, Maischen, Gären, Destillieren und Lagern.*

16 Nennen Sie einige Weiß- und Rotwein-Rebsorten!

16 *Weißwein: Riesling, Chardonnay, Silvaner, Kerner, Rivaner, Scheurebe, Bacchus*
Rotwein: Spätburgunder, Portugieser, Trollinger, Dornfelder, Schwarzriesling, Cabernet Sauvignon.

17 Wann darf ein Roséwein als Weißherbst bezeichnet werden?

17 *Er muss zu 100 % ein Rebsortenwein und immer ein Qualitätswein sein.*

18 Welche Weinsiegel kennen Sie und was bedeuten sie?

18 *Gelb = trocken, Grün = halbtrocken, Rot = lieblich.*

19 Welchen Restzuckergehalt kann Diabetes und trockener Wein haben?

19 *Diabetes 0 bis 4 g Glukoseanteil bei 20 g Restzucker. Trockener Wein von 0 bis 9 g Restzucker.*

20 Was verstehen Sie unter „Selection"-Wein?

20 *Er hat einen Hektarhöchstertrag von max. 60 hl/ha und muss mindestens ein Mostgewicht von 90 % haben.*

21 Nennen Sie die 4 Herkunftsländer von Whisky!

21 *Schottland, Irland, Amerika und Kanada.*

22 Wodurch zeichnet sich jeweils der Schottische, Irische, Amerikanische und Kanadische Whisky aus?

22 Scotch Whisky: Durch den Rauchgeschmack, der beim Darren auf offenem Torffeuer entsteht.
Irish Whiskey: Er wird nicht über Torffeuer gedarrt. Er hat dagegen einen ausgesprochenen Malzcharakter.
American Whiskey: Er wird neben Gerste hauptsächlich aus Mais und Roggen hergestellt.
Canadian Whisky: Er ist im Geschmack weicher und wird aus Mais und Getreide hergestellt.

23 Was verstehen Sie unter Blended Whisky?

23 Beim Blended Whiskey werden Malt- und Grain-Whisky miteinander verschnitten.

24 Was verstehen Sie unter Bourbon- und Straight Bourbon Whisky?

24 Bourbon Whiskey muss mindestens zu 51 % aus Mais bestehen, Straight Bourbon Whiskey zu 79 %.

25 Erklären Sie den Unterschied zwischen Tafelwasser, Sodawasser und Quellwasser!

25 Tafelwasser: Beim Tafelwasser dürfen dem Trinkwasser noch Mineralien zugefügt werden.
Sodawasser: Dem Wasser wird Kohlensäure zugefügt.
Quellwasser: Es kommt aus unterirdischen Quellen.

26 Was verstehen Sie unter dem Stillen Wasser?

26 Beim Stillen Wasser wurde dem natürlichen Mineralwasser die Kohlensäure entzogen.

27 Welche Arten von Säften unterscheidet man?

27 Fruchtsäfte, Gemüsesäfte, Fruchtnektar, Fruchtsaftgetränke und Limonaden.

28 Wodurch unterscheiden sich die einzelnen Saftarten?

28 Limonadenfruchtsäfte: Sie müssen mindestens 50 % Fruchtanteil haben.
Gemüsesäfte: Sie müssen mindestens 40 % Gemüseanteil aufweisen.
Fruchtnektar: Hier liegt der Anteil der Frucht bei 25 % bis 50 %.
Fruchtsaftgetränke: Bei den Fruchtsaftgetränken sind die Zusätze von Mineralwasser, Zucker und Konservierungsmitteln nicht zulässig.

29 Welchen Fruchtanteil müssen Fruchtsaft, Nektar, Fruchtsaftgetränk und Limonaden haben?

29 Fruchtsaft = 100 %; Nektar = 25 bis 50 %; Fruchtsaftgetränke = 6 bis 30 %; Limonaden = 3 bis 15 %

30 Für die Herstellung welcher Bargetränke benötigt man Milchprodukte?

30 Cremige Cocktails, Egg-Nogs, Piña Coladas, Milch-Shakes, Milch-Frappés, Rüdesheimer Kaffee, Irish Coffee.

31 Welche lebenswichtigen Stoffe enthält Milch?

31 Eiweiß, Mineralstoffe, Calcium und Vitamine.

32 Wie entsteht Sahne?

32 Sahne entsteht durch Abschöpfen oder Zentrifugieren der obersten Schicht der Milch.

Kapitel 13

ABC der Servierarten

ABC der Servierarten

Viele Getränke bedürfen einer besonderen Behandlung, um den Genuss zu optimieren. Ob es um die beste Lagerung geht oder die Regeln für einen angemessenen Ausschank – die wichtigsten Informationen für den Service ausgewählter Getränke sind im Folgenden in tabellarischer Form aufgeführt.

Anisgetränke (Pastis) (40 bis 46 Vol.-% Alkohol)

Ausschankmaß	*4 cl, Trinktemperatur bei purem Pastis = +18 °C.*
Glas	*Spezielles Glas des jeweiligen Herstellers verwenden (mit Füllstrich) oder im Jigger abmessen und in das Glas geben.*
Messbecher	*Immer gut heiß, dann kalt auswaschen.*
Service	*1. Pastis im Spezialglas abmessen. 2. Karaffe mit Eiswürfeln und kaltem Wasser füllen. 3. Nie vorab Würfeleis in das Glas geben, nur auf Wunsch des Gastes. 4. Man füllt den Pastis etwas mit Wasser auf und lässt den Gast selbst nachschenken. 5. Manche Gäste trinken den Pastis gerne pur.*
Sorten	*Pernod, Ricard, Berger*
Spezialservice	*Siehe „Pastis au sucre"*

Apéritifs

Ausschank-Arten	*1. Sec, natur, on the rocks (auf Eiswürfeln) 2. Mit Wasser oder Soda 3. Gemischt mit Säften (Orangensaft)*
Ausschankmaße	*Campari (25 %) 4 cl, Vermouth (15–18 %) 5 cl*
Besonderheiten	*1. Mit Sodawasser: Nachteil, dass bei Hochbetrieb stetig nachgefüllt werden muss. 2. Mit Mineralwasser: Mit mehr oder weniger Kohlensäure, immer nur etwas einschenken, dann erst nachschenken oder die kleine Flasche dazustellen. 3. Mit Eiswürfeln: Immer fragen, ob Eiswürfel gewünscht werden oder nicht. 4. Mit Früchten: Man kann sie mit oder ohne Früchte servieren. Wenn man Früchte reicht, kommen sie immer mit Stick in das Glas und nicht an oder auf den Rand. 5. Mit Zitrus-Schale: Zu trockenen und weißen Apéritifs serviert man Zitronen-Schale, zu süßen und braunen Apéritifs serviert man Orangen-Schale. 6. Gläserwahl: Natur-Apéritifs immer in die vorgesehenen Gläser der Herstellerfirma, aufgefüllte Apéritifs immer in Tumbler geben und servieren.*
Geschmacksrichtungen	*Man unterscheidet: 1. Bittere und süße Apéritifs 2. Künstliche und natürliche Apéritifs*
Künstliche Apéritifs	*1. Mit bitterem Geschmack: Campari, Aperol 2. Mit Anisgeschmack: Pernod, Ricard, Berger Blanc, Raki. Ouzo Sans Rival u. a. 3. Auf Weinbasis: Dubonnet, Amer Picon, St. Raphael*
Natürliche Apéritifs	*Vermouth, Portwein, Sherry, Madeira, Samos, Malaga, Tokajer*
Service	*1. Gläser immer auf Untersetzer oder Deckchen absetzen (Sauberkeit und Geräusch). 2. Falls Würfeleis verwendet wird, wird dieses immer zuerst in das Glas geben, danach das Getränk. 3. Flüssigkeiten immer mit Jigger abmessen oder in ein Glas mit Füllstrich geben. 4. Zu allen langen Getränken serviert man einen Trinkhalm (Strohhalm).*

Bier (2 % bis 16 % Stammwürzgehalt)

Ausschank-Temperatur	**Helles Bier:** *+7 bis +10 °C* **Dunkles Bier:** *+10 bis +13 °C*
Bierarten	*Man unterscheidet obergäriges und untergäriges Bier.*
Gattungen Stammwürzgehalt	**Einfachbier:** *Süßbier (StWg unter 7 %)* **Schankbier:** *Alkoholfreie Biere, Berliner Weiße (StWg bis 10,9 %)* **Vollbiere:** *Pils, Export, Dunkel, Märzen, Alt, Kölsch, Weißbier, Weizenbier, Malzbier (StWg 11 bis 16 %)* **Starkbiere:** *Bock, Doppelbock, Porter (StWg ab 16 %)* *Der Alkoholgehalt beträgt 1/3 der Stammwürze.*
Gläser	*Jede Herstellerfirma hat spezielle Gläser: Pilstulpen, Krüge mit und ohne Deckel, Seidel, Pilsflöten, Kölsch- und Altstangen u. a., die verwendet werden sollten.*
Hersteller-länder	*In fast allen Ländern wird Bier von deutschen Braumeistern hergestellt. England: Ale, Irland: Guiness, Österreich: Gösser, Frankreich: Kronenbourg, Spanien: San Migúel*
Lager-temperatur	*6 bis 8 Grad*
Marken (Deutschland)	*Bitburger, Warsteiner, König Pilsener, Becks, Hannen, Diebels u. a.*
Service	*Bier kann aus der Flasche (Hefeweizen) direkt ausgeschenkt, oder vom Fass (Kölsch und Alt) frisch gezapft werden. Die meisten Bierfässer stehen im Bierkeller oder in der Zapfsäule, werden von dort aus mittels Kohlensäure zum Zapfhahn geleitet und erst dann gezapft. Bevor das Bier in das Glas gezapft wird, sollte das Glas sauber und kühl sein. In warmen und schmutzigen Biergläsern kann sich kein Schaum entwickeln und das Bier wird trüb und schmeckt ohne Schaum abgestanden und leer. Darüber hinaus entsprechen solche Gläser nicht den strengen Hygienevorschriften.* *Es gibt verschiedene Zapfhähne: Aus Holz oder Metall und sog. Kompensatorhähne. Bei größeren Bierstuben sollte man besser den Kompensatorhahn benutzen. Die Durchfluss- und Schaummengen lassen sich an diesen Hähnen besser regulieren, wodurch ein schnelleres Zapfen ermöglicht wird. Bei normalen Hähnen hält man das Glas schräg unter den Bierhahn. Das Bier darf nicht ins Glas platschen, sondern muss an der Glaswand entlang laufen. Andernfalls würde zuviel Kohlensäure verloren gehen, die dem Bier den frischen Geschmack gibt. Das fertig gezapfte Bier wird auf einem Bierdeckel abgestellt, um den vielleicht herunterlaufenden Schaum aufzufangen.*
Biersorten	*Leichtbiere, Rauchbiere, Weizenbier, Weizenbock, Diätbiere, Malzbiere, alkoholfreie Biere, Dampfbier, Bockbier, Doppelbock, Märzenbier, Berliner Weisse, alkoholarmes Bier*

Calvados (vergorener Apfelwein = Cidre) (40 Vol.-% Alkohol)

Ausschankmaß	*2 cl*
Glas	*Ein Glas ähnlich dem Cognac-Glas, kann mit einem kleinen Deckel versehen sein, damit das Bouquet erhalten bleibt.*
Hersteller	*Boulard, Busnel, Gilbert, Pâlpidoux, Dauphin, Père Magloire u. a.*
Service	*Getrunken wird er als Apéritif und Digestif, meistens jedoch zum Kaffee.*
Trinktemperatur	*Wie beim Cognac: Zimmertemperatur (+18 °C)*

Cognac (Weinbrand, Brandy) (38 bis 43 Vol.-% Alkohol)

Anmerkung	*Je älter der Cognac oder Weinbrand ist, um so vollmundiger und weicher ist er.*
Ausschank	*2 und 4 cl*
Glas	*Heute schenkt man nicht mehr im Cognac-Schwenker aus, sondern im Spezialglas (Nosingglas), das dem Südwein-Glas ähnelt. Im Cognac-Schwenker flambiert man Cognac und Weinbrand.*
Hersteller	**Deutschland:** *Asbach Uralt, Jacobi u. a.* **Frankreich:** *Rémy Martin V.S.O.P, Hine V.S.O.P. u. a.* **Spanien:** *Carlos I u. a.* **Chile:** *Pisco Control u. a.* **Griechenland:** *Metaxa Golden u. a.*
Service	*Einen Cognac oder Weinbrand trinkt man nicht, sondern man degustiert ihn. Das Glas sollte sich oben etwas verjüngen, damit man die Blume besser bestimmen kann. Man achte immer auf die richtige Temperatur. Möchte ein Gast einen zweiten Cognac oder Weinbrand, fragt man ihn, ob man ihn in dasselbe Glas einschenken darf.*
Serviertemperatur	*Einen Cognac oder Weinbrand serviert man bei +18 °C (Zimmertemperatur).*

Genever und Gin (37,5 bis 40 Vol.-% Alkohol)

Ausschankmaß	*2 cl bis 4 cl. Trinktemperatur +6 bis +8 °C*
Glas	*Pur getrunken, im Schnapsglas (Shooterglas) serviert.*
Hersteller	*Gordon's London Dry Gin, Beefeater, Gilbey's, Silver Top, De Kuyper, Bokma*
Service	*1. Natur 2. Auf Eiswürfeln mit Tonic oder Bitter Lemon aufgefüllt 3. Gemixt im Cocktail, z. B. Gin Fizz, Gibson u. a. 4. Alle Getränke mit Gin werden meistens als Apéritif angeboten*

Grappa (Trester und Marc) (38 bis 40 Vol.-% Alkohol)

Ausschankmaß	*2 cl*
Glas	*Ein nach oben verjüngtes Glas, wie beim Cognac, nur kleiner; spezielle Grappagläser*
Hersteller	*Bocchino, Banfi, Barbero, Frattina, Nonino, Levi, Alexander u. a.*
Service	*Gerne wird er als Digestif zum Kaffee oder Espresso getrunken.*
Trinktemperatur	*Wie beim Cognac: Zimmertemperatur (+18 °C)*

Liköre (Liqueur) (17 bis 45 Vol.-% Alkohol)

Ausschankmaß	*2 cl*
Glas	*Alle Edelliköre werden aus einer edlen, kleinen Glasschale (Creamer) getrunken.*
Hersteller	*Bénédictine D.O.M., Bols, Chartreuse, Galliano, Cointreau, Grand Marnier u. a.*
Service	*1. Natur (Zimmertemperatur +18 °C) als Digestif zum Kaffee 2. Natur (gekühlt im Kühlschrank) 3. On the rocks (auf Eiswürfeln) 4. Als Frappés (auf crushed ice, mit kleinem Trinkhalm)*
Trinktemperatur	*Wie beim Cognac, auf Würfeleis oder Crushed Ice*

Portwein (19 bis 22 Vol.-% Alkohol)

Ausschankmaß	*5 cl*
Glas	*Südweinglas, Spezialglas der Herstellerfirma, bauchiges Glas.*
Hersteller	*Taylor, Sandeman, Croft, Ferreira, Burmester, Worre, Kopke u. a.*
Service	*Wie beim Sherry, in Spezialgläsern und auf Untersetzern oder Deckchen. Vintage Portweine sollte man immer dekantieren. Sie müssen innerhalb von 24 Stunden getrunken werden.*
Serviertemperatur	*1. Trockene Portweine: gekühlt mit 8 °C oder sogar auf Eis und mit Tonic aufgefüllt* *2. Medium Portweine: +14 bis 16 °C* *3. Süße Portweine: +16 bis 18 °C*
Sorten	*Ruby, Fine Ruby, Tawny, Late Bottled Vintage, Fine Tawny, Vintage und White Port.*

Rum (40 bis 73 Vol.-% Alkohol)

Ausschankmaß	*Heller Rum 2 cl bei +8 °C, dunkler Rum 2 cl bis 4 cl bei +18 °C.*
Glas	*Für karibische Mixgetränke in Ballongläser und für den heißen Rum in ein feuerfestes Glas mit Henkel füllen.*
Hersteller	*Bacardi, Captain Morgan, Myers's Rum, Rum Coruba, Havana Club, Lemon Heart u. a.*
Service	*1. Rum wird meistens für die Zubereitung von Cocktails verwendet* *2. Als Grog im feuerfesten Glas servieren* *3. Vielfach auch zum Flambieren von Desserts oder Cocktails verwendet.*

Sekt (Champagner) (11 bis 12,5 Vol.-% Alkohol)

Produktnormen	*Für schäumende Getränke*	**Perlwein**	**Schaumwein**	**Sekt**
	Kohlensäuredruck	*1 bis 2,5 bar*	*3,0 bar*	*3,5 bar*
	Alkoholgehalt	*7 Vol.-%*	*3,5 Vol.-%*	*10 Vol.-%*
Geschmacks-richtungen	*Durch die* **Dosage** *erhält der Champagner (Sekt) folgende Geschmacksrichtungen:*			
	Brut natur-herb	*Sehr herb*	*Weniger als 3,5 g Restzucker, ohne Dosage*	
	Extra Brut	*Extra herb*	*0 bis 6 g Restzucker*	
	Brut	*Herb*	*Weniger als 15 g Restzucker*	
	Extra Dry	*Extra trocken*	*Zwischen 12 und 20 g Restzucker*	
	Dry	*Trocken*	*Zwischen 17 und 35 g Restzucker*	
	Medium Dry	*Halbtrocken*	*Zwischen 33 und 50 g Restzucker*	
	Sweet	*Mild*	*Über 50 g Restzucker*	
Flaschengröße	**Baby**	*Pikkolo*	*1/4 Flasche*	*0,2 l*
	Halbe Flasche	*Demi Bouteille*	*1/2 Flasche*	*0,375 l*
	Ganze Flasche	*Bottle*	*1/1 Flasche*	*0,75 l*
	Doppelflasche	*Magnum*	*2 x 1/1 Flasche*	*1,5 l*
	Vierfachflasche	*Jeroboam*	*4 x 1/1 Flasche*	*3,0 l*
	Sechsfachflasche	*Rehoboam*	*6 x 1/1 Flasche*	*4,5 l*
	Achtfachflasche	*Methusalem*	*8 x 1/1 Flasche*	*6,0 l*
	Zwölffachflasche	*Salmanasar*	*12 x 1/1 Flasche*	*9,0 l*
	Sechzehnfachflasche	*Balthasar*	*16 x 1/1 Flasche*	*12,0 l*
	Zwanzigfachflasche	*Nebukadnezar*	*20 x 1/1 Flasche*	*15,0 l*
Gläser	**Sekt-Kelche, Sekt-Schalen, Sekt-Flöten:** *Für den Sekt oder Champagner sollte man jedoch vorzugsweise den Sekt-Kelch benutzen, da sich in ihm die Kohlensäure am besten hält. Sekt-Schalen verwendet man für Cocktails, Sekt-Flöten für sehr teuren Champagner.*			

Trinktemperatur	*Die beste Trinktemperatur liegt zwischen +6 und +9 °C.*
Service	*Voraussetzung für den ungetrübten Genuss eines guten Sekt oder Champagner ist die* **Temperatur**. *Der Sekt ist entweder vorgekühlt oder er wird vor dem Gast im Eiskühler gekühlt. Es gibt mehrere Verfahren, wie man einen Sekt kühlen kann.* *1. Im Eiskühler nur mit Würfeleis (er kühlt schneller)* *2. Im Eiskühler mit Würfeleis und Wasser* *3. Man feuchtet ein Tuch mit kaltem Wasser an und schlägt den Sekt darin ein.* *Ein guter Sekt sollte beim Ausschenken* **perlen**, *danach entscheidet sich, ob ein hochwertiger Sekt vorliegt. Sekt, der zu lange lagert, perlt kaum noch. Sekt sollte innerhalb von 1–2 Jahren getrunken werden und nie zu lange lagern. Er wird im Geschmack voller, verliert aber an Frische.*
Sektflasche öffnen und servieren	*1.* **Mise en place:** *Der Sekt wird an der Bar auf der Bartheke geöffnet, nicht vor dem Gast auf dem Ableger. Man braucht eine Oberserviette, um die Flasche darauf abzustellen, und einen kleinen Teller für die Ablage der Kapsel und des Drahtgeflechts. Kellnermesser, Ablageteller für den Korken.* *2. Die Flasche Sekt* **präsentiert** *man dem Gast in der Handserviette, damit er sehen kann, dass es sich auch um die bestellte Flasche handelt.* *3. Nun stellt man die Flasche auf die Oberserviette,* **entfernt die Kapsel** *und dreht langsam das Drahtkörbchen auf: Mit der linken Hand hält man mit der Oberserviette oben den Korken fest. Wenn das Drahtkörbchen entfernt ist, hält man weiter oben mit der Oberserviette den Korken fest und dreht unten an der Flasche (Hebelwirkung), und zwar so lange, bis man den Korken entfernt hat.* *4. Der Korken darf* **nicht knallen**, *dadurch könnte der Sekt erschüttern und die Kohlensäure verloren gehen. Einen Sekt oder Champagner lässt man nur zu Silvester oder auf Wunsch des Gastes knallen.* *5. Den ausgelösten Korken der Flasche legt man auf einen kleinen Teller und setzt ihn rechts vom Glas des Gastgebers ein. Der* **prüft mit der Nase** *den Korken und entscheidet, ob der Sekt trinkbereit ist. Gleichzeitig schenkt man dem Gastgeber einen Probeschluck ein. Gibt er ein Zeichen, schenkt man den anderen Gästen ein und zum Schluss dem Gastgeber. Danach wird die Flasche wieder verschlossen und wieder kalt gestellt.*

Sherry (14 bis 20 Vol.-% Alkohol)

Ausschankmaß	*5 cl*
Glas	*Südweinglas, bauchiges Glas*
Hersteller	*Tio Pepe, Sandeman, Domecq, Osborne, Harveys, Don Maximillo u. a.*
Service	*Besonders auf die Temperaturen und das richtige Glas achten. Warme, ungekühlte Fino Dry Sherrys schmecken plump, der Gast würde sich nie einen zweiten Sherry bestellen. Kurz vor dem Servieren sollte man den Fino Dry Sherry 1/2 Stunde in den Kühlschrank stellen.*
Serviertemperatur	*1. Trockene Sherrys: +8 bis +11 °C* *2. Medium Sherrys: +12 bis +13 °C* *3. Cream Sherrys: +15 bis +18 °C*
Sorten	*Fino Dry, Manzanilla Dry, Amontillado, Olorosso, Cream, Pedro Ximénez, Solera, Azmancanista u. a.*

Underberg und Fernet (42 Vol.-% Alkohol)

Glas	*Nach Möglichkeit hohes (schlankes) Originalglas nehmen, damit wenig Blume entstehen kann.*
Trinkgewohnheit	*Sie werden vor und nach dem Essen getrunken. Nach Möglichkeit sollte man das Glas zügig austrinken. Kenner trinken den Underberg aus der kleinen Flasche.*
Service	*Es gibt zwei Möglichkeiten, wie man den Underberg servieren kann:* *Das Glas setzt man auf einen Untersetzer, schenkt den Underberg aus der kleinen Flasche aus und serviert ihn mit Wasser dazu. Kenner trinken den Underberg aus der kleinen Flasche. Es wird aber immer ein Glas Wasser dazu serviert. Sobald der Underberg aus dem Glas ausgetrunken ist, nimmt man das Glas weg, lässt aber das Glas mit Wasser stehen. Der Gast trinkt Wasser im Anschluss an den Underberg, um den Geschmack zu neutralisieren. Manche Gäste lieben jedoch gerade den eigentümlichen Geschmack.*

Wein (9–14 Vol.-% Alkohol)

Optimale Trinktemperatur		**QBA bis Spätlese**	**Auslesen bis Trockenbeerenauslese**
	Weißwein	*+9 bis +12 °C*	*+10 bis +14 °C*
	Weißherbst/Rosé	*+9 bis +13 °C*	*+12 bis +14 °C*
	Rotweine	*+14 bis +18 °C*	*+18 bis +20 °C*

Gläser

Man hat spezielle Gläser für Weißwein, Weißherbst und Rotwein

1. **Weißweingläser** *sind kleiner. Man sollte nie zu viel Weißwein einschenken, da er sonst zu warm wird.*
2. **Weißherbstgläser:** *Weißherbst wird leicht kühl eingeschenkt, darum sind die Gläser etwas größer als die Weißweingläser.*
3. **Rotweingläser:** *Sie sind die größten und bauchigsten. Aus ihnen sollte sich das Bouquet beim Schwenken der Gläser deutlich hervorheben.*
4. *Beim Einkauf der Gläser achtet man auf Klang, Lichtbrechungsvermögen und Wandstärke.*

Prüfung des Weines

1. **Sichtprüfung:** *Man hebt das Glas zum Licht und testet die Farbe und den Körper des Weines.*
2. **Geruchsprüfung:** *Man lässt den Wein mehrmals im Glas rotieren, wobei sich die ätherischen Öle lösen und führt das Glas zur Nase, um die Blume, den Duft und das Bouquet festzustellen.*
3. **Geschmacksprüfung:** *Zum Schluss lässt man den Wein über die Zunge laufen, er soll dabei alle Geschmacksnerven berühren, und man stellt die Säureprägung, den Gehalt an Körper, den Alkohol und Zucker fest.*

Service

Der Wein sollte stets die **richtige Temperatur** *haben. Darum ist er in guten Häusern im Chambrair bei der richtigen Temperatur vorgekühlt. Ein zu kalter Wein (insbesondere Rotwein und Weißwein) lässt die Duftstoffe nicht richtig entfalten. Ein zu warmer Wein (Rot- und Weißwein) schmeckt nicht mehr frisch, der Gast lässt ihn eventuell stehen.*

Wann wird ein Wein dekantiert?

1. *Wenn er ein Depot (Ablagerung von Weinstein) hat.*
2. *Um ihm Sauerstoff zuzufügen, damit er den Gerbstoffgehalt verliert.*
3. *Rot- und Weißweine können auch ohne Depot dekantiert werden.*
4. *Durch den Venturi-Dekantierausgießer erspart man sich die Karaffe und kann sofort aus der Flasche ausgießen.*

Was ist, wenn ein Wein zu warm ist?

Wird ein Wein zu warm, z. B. ein Rotwein über 20 Grad und ein Weißwein über 13 Grad getrunken, so wird durch die Wärme der Alkohol gelöst und dieser macht wiederum den Wein zu schwer. Er ist dann weniger bekömmlich.

Weinflasche öffnen und servieren

1. **Mise en place:**
   Ungekühlter Wein, *Guéridon, Weinkühler mit Eis, großer Teller oder Serviette, um den Kühler abzustellen.*
   Vorgekühlter Wein, *Chambrair für gekühlte Flasche, Kellnermesser, Oberserviette (Stoff), Weinservietten aus Papier, kleine Teller für Korken und abgelegte Kapsel.*
2. *Die Flasche wird dem Gast präsentiert, dieser bestätigt, dass es sich um den bestellten Wein handelt.*
3. *Nun öffnet man die Flasche, setzt sie auf der Serviette ab, um die Decke des Guéridons zu schonen. Das* **Etikett** *der Flasche zeigt immer zum Gast.*
4. *Nun setzt man die Klinge des Messers unter dem Wulst an der Flasche an und dreht solange (ohne die Flasche zu bewegen), bis das Metall abgeschnitten ist. Das abgeschnittene Metall legt man auf einen kleinen Teller.*
5. *Eventuelle Schmutzpartikel wischt man mit der Weinserviette ab und beginnt nun mit dem Öffnen der Weinflasche.*
6. *Man klappt die* **Klinge** *des Messers ein und zieht den Dorn aus dem Kellnermesser heraus.*
7. *Mit Hilfe des Zeigefingers setzt man den Dorn auf die Mitte des Korkens und dreht ihn bis zu 3/4 des Korkens ein. Der Dorn darf nicht durch den ganzen Korken gehen, da dieser dann bröckelt.*
8. *Mit einer Papierserviette umschließt man das Kellnermesser und setzt den Hebel am Flaschenrand an.*
9. *Nun zieht man ruhig, ohne Knall, den Korken aus der Flasche, dreht ihn mit der Papierserviette ab und legt ihn auf einen kleinen Teller, um ihn so dem Gast zu präsentieren. Der Teller wird rechts vom Glas abgesetzt.*
10. *Vorsichtig wird die geöffnete Flasche nochmals mit einer Serviette abgeputzt.*
11. *Danach schenkt man dem Gastgeber einen Probeschluck von rechts ein. Hat er den Korken und den Wein getestet, kann man den Wein den anderen Gästen zuerst einschenken und zum Schluss dem Gastgeber.*

Whisky (Whiskey) (40 bis 43 Vol.-% Alkohol)

Ausschankmaß	*2 cl bis 4 cl*
Glas	*Im Tumbler, edle Whisky/key auch im Cognac-Glas (Nosingglas) mit ewas stillem Wasser*
Hersteller	**Schottland:** *Ballantines, Dimple, Cardhu 12 Years Old, Macallan, Glenfiddich, The Dalmore, Glen Grant* **Irland:** *Tulllamore Dew, Paddy, Bushmills, Connemara, Jameson, Power, SainsBury's* **Amerika:** *Jim Beam, Jack Daniels, Four Roses, Wild Turkey, Knob Creek, Bookers, Old Potrero* **Kanada:** *Canadian Club, Black Velvet, Seagram's V-O., Crown Royal, Windsor Supreme, Alberta Springs*
Herstellerländer	*Schottland, Irland, Amerika, Kanada, Japan*
Service	*1. Natur sec (ohne Eis)* *2. On the rocks (auf Eiswürfeln)* *3. Mit Soda (oder Mineralwasser)* *4. Mit einem Glas Wasser à part*
Serviertemperatur	*Zimmertemperatur (+18 °C). Auf Eiswürfeln, dann gekühlt.*
Sorten	**Schottland:** *Malt, Grain, Blended* **Amerika:** *Bourbon, Rye, Straight Bourbon, White* **Irland:** *Blended, Malt, Peated* **Kanada:** *Blended, Rye, Bourbon, Small Batch*

Wodka (Vodka) (37 bis 40 Vol.-% Alkohol)

Ausschankmaß	*2 cl. In Russland trinkt man 1/2 Flasche zum Essen, schluckweise, hält dabei die Luft an und atmet sie nach jedem Wodka wieder aus. Man macht sich also Luft!*
Glas	*Es gibt spezielle Wodkagläser. Sie sind schlank und hoch, wie Slivowitzgläser, und man erhält dadurch keine Blume.*
Hersteller	**Polen:** *Grasovka, Wyborowa, Orzechówka, Rimanto* **Russland:** *Moskovskaya, Stolitschnava, Sibirskava* **Deutschland:** *Gorbatschow, Nikita, Orlow* **Skandinavien:** *Absolut, Danska, Finlandia*
Herstellerländer	*Russland, Polen, Deutschland, Skandinavien, Finnland, USA, Kanada u. a.*
Service	*1. Natur in eisgekühlten Gläsern* *2. Zu Cocktails (z. B. Black Russian, Bloody Mary und Screw Driver)* *3. Wodka trinkt man mit einem Schluck aus. In Russland kann man das leere Glas dann über den Kopf nach hinten weg zur Wand werfen.*
Trinktemperatur	*Immer eisgekühlt aus dem Gefrierschrank. (gefrostet bei –18 °C)*

Übungen

1 Welche künstlichen Apéritifs kennen Sie und wie unterscheiden sie sich?

2 Warum verwendet man beim Underberg ein hohes, schmales Glas?

3 Welche Wermutarten unterscheiden Sie?

4 Was verstehen Sie unter Pastis-Getränken?

5 In welchem Maß schenkt man Sherry, Portwein, Campari und Pernod aus?

6 In welchem Glas schenkt man Cognac aus?

7 Bei welcher Temperatur schenkt man Cognac, Sherry fino dry und süße Portweine aus?

8 Welche Erzeugerländer kennen Sie für Whisky?

9 Wie könnte man Gin anbieten?

10 Welche Branntweine werden aus Pressrückständen der Weinmaische hergestellt?

11 Woraus wird Calvados hergestellt?

12 Woraus wird Rum hergestellt?

Antworten:

1 *Man unterscheidet Apéritifs:*
1. *mit bitterem Geschmack: Campari, Aperol,*
2. *mit Anisgeschmack: Pernod, Ricard,*
3. *auf Weinbasis: Dubonnet, Amer Picon.*

2 *Man verwendet ein hohes, schmales Glas, damit wenig Blume entstehen kann.*

3 *Dry, Bianco, Rosso, Rosé.*

4 *Alle alkoholischen und nichtalkoholischen Getränke mit Anisgeschmack nennt man Pastis.*

5 *Sherry = 5 cl, Portwein = 5 cl, Campari = 4 cl, Pernod = 4 cl*

6 *Nicht mehr im Cognac-Schwenker, sondern in einem hochgezogenen, bauchigen Glas (Nosingglas).*

7 *Cognac bei 18 Grad, Sherry fino dry bei 9 bis 11 Grad und süße Portweine bei 16 bis 18 Grad Celsius.*

8 *Schottland, Irland, Amerika, Kanada.*

9
1. *Natur,*
2. *Auf Eiswürfeln mit Tonic oder Bitter Lemon aufgefüllt*
3. *Gemixt als Gin Fizz*

10 *Grappa, Trester, Marc.*

11 *Calvados ist ein Obstbranntwein und wird aus Cidre-Apfelmost hergestellt.*

12 *Rum wird aus Zuckerrohrmelasse hergestellt.*

13 Welchen Rum kennen Sie mit 73 % Alkohol?

14 Woraus werden Liköre hergestellt?

15 Was ist das Besondere an Wodka?

16 Woraus wird Bier hergestellt?

17 Welche Bierarten unterscheidet man und wie viel % Stammwürzgehalt haben sie?

18 Wie wird ein Wein geprüft?

19 Wann sollte ein Wein dekantiert werden?

20 Wann spricht man von einem „Classic"-Wein?

21 Welchen Kohlensäuredruck sollten Perlwein, Schaumwein und Sekt haben?

22 Welche Flaschengrößen und Namen können Sekte haben?

23 Was verstehen Sie unter einer Dosage bei der Sektherstellung?

24 In welchen Gläsern sollte man einen Sekt oder Champagner servieren?

25 Bei welcher Temperatur wird Sekt serviert?

13 *Captain Morgan.*

14 *Liköre werden aus Wasser, Alkohol, Zucker, verschiedenen Geschmackstoffen wie Fruchtsäften, Pflanzenauszügen, Gewürzen, Kaffee, Kakao, denen noch Farbstoffe zugefügt werden, hergestellt.*

15 *Wodka wird aus Getreide gebrannt, schmeckt klar und es entsteht keine lästige Alkoholfahne.*

16 *Bier wird aus Malz, Hopfen, Wasser und Hefe hergestellt.*

17 *Einfachbier 2 bis 7%, Schankbier 7 bis 10 %, Vollbier 11 bis 16 % und Starkbier 16 % und mehr.*

18 *Durch Sichtprüfung, Geruchsprüfung und Geschmacksprüfung.*

19 *Er sollte dekantiert werden, wenn er ein Depot hat. Dann sollte man Sauerstoff zufügen, damit der Gerbstoffgehalt verloren geht.*

20 *Er muss aus einer gebietstypischen Rebsorte hergestellt werden.*

21 *Perlwein = 1 bis 2,5 bar, Schaumwein = 3,0 bar, Sekt = 3,5 bar.*

22 *Pikkolo 0,2 l, Bottle 0,75 l, Magnum 1,5 l, Jeroboam 3,0 l, Rehoboam 4,5 l, Methusalem 6,0 l, Salmanasar 9,0 l, Balthasar 12 l, Nebukadnezar 15 l.*

23 *Der abgespritzte Sekt wird durch eine Geschmackszugabe wieder aufgefüllt.*

24 *Sekt-Kelche, Sekt-Flöten, nicht in Sekt-Schalen.*

25 *Die optimale Temperatur liegt zwischen +6 und +9 °C.*

Kapitel 14

Verführerische Snacks und Finger-Food

14.1 Übersicht verschiedener Cocktailhappen und ihrer Zubereitungsweise

Cocktailhappen

Cocktailhappen sind entweder rund oder gewellt ausgestochene Scheiben von Graubrot, Schwarzbrot, Weißbrot oder Pumpernickel. Sie werden mit Fleisch, Wurst, Obst, Käse oder Gemüse ausgarniert und zum Schluss mit einem *Cocktailspieß* befestigt, damit die Garnituren nicht herunterfallen können und man sie besser essen kann. Zum Ausstechen des Brotes verwendet man Ausstecher zwischen *3,4 bis 3,6 cm Durchmesser*. Aus einer Scheibe Toastbrot erhält man 4 Cocktailhappen. Sie werden im Stehen gegessen und sind nur ein Vorgeschmack auf die Dinge die da kommen sollen.

Canapés

Canapés haben die *doppelte Größe* der Cocktailhappen. Sie werden in Größen von *5,5 cm bis 6,5 cm* geschnitten oder ausgestochen. Auch dreieckige und längliche Canapés schneidet man gerne. Der Belag gleicht dem der Cocktailhappen. Da sie größer sind, können sie auch mit dem Mittelbesteck gegessen werden. Ausstecher, Messer und Cocktailspießchen (kleine Spieße aus Holz oder Kunststoff) werden sowohl für die Zubereitung der Cocktailhappen als auch der Canapés benötigt.

Anrichteweise von Canapés und Cocktailhappen

Auf einem Teller können sie gemischt und auf einer größeren Platte sortengemischt dekoriert werden. Sie werden dabei direkt nebeneinander oder hintereinander angeordnet. Bei sortengemischten Canapés hat der Gast eine bessere Übersicht, was ihm die Wahl aus dem vielfältigen Angebot erleichtert.

Garnituren für Canapés und Cocktailhappen

Folgende Grundsätze sind zu beachten:

1. Legen Sie nie mehr als 3–4 Garnituren auf einen Cocktailhappen/ein Canapé.
2. Garnituren müssen farblich und geschmacklich auf einander abgestimmt sein.
3. Je kleiner das Canapé, um so kleiner sollte auch die Garnitur sein.
4. Die Garnituren sollten der Jahreszeit entsprechen.
5. Die Garnituren sollten exakt geschnitten und gleichmäßig aufgelegt werden.
6. Als Unterlage für Canapés verwendet man gerne ein kleines Salatblatt oder Gemüse.
7. Nach ernährungsphysiologischen Gesichtspunkten sollten hauptsächlich Gemüse und Obst verwendet werden.
8. Wichtig ist, das alle Garnituren auf Basis frischer Produkte zubereitet werden.
9. Beachten Sie den Einkaufspreis, damit die Garnituren nicht teurer werden als der Belag.
10. Die Anrichteweise sollte übersichtlich sein und das Gesamtbild der Platte abrunden.
11. Schneiden Sie Beläge wie Roastbeef oder Räucherlachs nie zu dick.
12. An einem Tag zubereitete Canapés werden auch noch am selben Tag verzehrt.

Auswahl an Cocktailhappen oder Canapés

Belag	Sorte	Unterlage	Garnitur
Fisch	*Geräucherte Forelle*	*Toastbrot, Butter*	*Sahnemeerrettich, Dill*
	Aal	*Graubrot, Salatblatt*	*Geschälte Zitronenecke, Olive*
	Geräucherter Lachs	*Toastbrot, Butter, Lollo Rosso*	*1/2 Ei-Scheibe, Sahnemeerrettich, Dill*
	Matjes	*Vollkornbrot*	*1/2 Apfel-Scheibe, Zwiebelringe*
	Hummer	*Baguette, Butter, Lollo Bianco*	*Cocktailsauce, 1/2 Cocktail-Kirsche*
	Riesengarnele, am Ende aufgeschnitten	*Baguette, Butter, Radicchio*	*Cocktailsauce, 1/2 Kiwi-Scheibe, 1/2 Cocktail-Kirsche*
	Kaviar	*Baguette, Butter*	*auf einer ganzen Ei-Scheibe, Zitronen-Schnitz*
Fleisch	*Roastbeef*	*Graubrot, Butter, Blattsalat*	*Sauce Remoulade, Petersilie*
	gekochter Schinken (als Röllchen)	*Baguette, Butter, Blattsalat*	*Sauce Mayonnaise, Spargelspitzen, Petersilie*
	Roher Schinken	*Baguette, Butter, Blattsalat*	*Perlzwiebel, in gehackter Petersilie gerollt*
	Putenbraten	*Baguette, Butter, Blattsalat*	*Ananasecke, 1/2 Cocktail-Kirsche, Spieß*
	Schinken/Wurst	*Graubrot, Butter*	*Gurkenreiter, Tomatenecke, Spieß*
	Kalbsbraten	*Baguette, Butter*	*Melonen-Schnitz, Erdbeerecke*
	Salami	*Baguette*	*Cornichon, Perlzwiebel, Kresse*
	Kleines Wildmédaillon	*Baguette, Lollo Rosso*	*Lebermousse, Weintraube*
	Tatar und Mett, abgeschmeckt mit Salz, Pfeffer, gehackten Zwiebeln	*Baguette oder Vollkornbrot*	*Gehackte Zwiebeln, gehackte Petersilie oder Sardelle mit Kapern*
	Pasteten, Terrinen	*Baguette*	*Preiselbeeren, Obst*
Käse	*Junger Gouda*	*Vollkornbrot*	*Tomaten-Scheibe, Salzstange*
	Rouquefort mit Frischkäse abgeschmeckt	*Vollkornbrot*	*In Sterntülle, gespritzt auf Apfel- oder Birnen-Scheibe, Melisseblatt*
	Frischkäse mit Salz und Pfeffer abgeschmeckt	*Vollkornbrot*	*Radieschen-Scheibe, Weintraube*
Diätcanapés	*Scheibe Tomate, Scheibe Salat-Gurke, Eischeibe*	*Graubrot, Butter, Salat*	*Radieschen-Scheibe, Kresse*
	Spargelspitzen auf Tomatenscheibe	*Graubrot, Butter, Friseesalat*	*1 grüner Paprikastreifen*

Nachfolgend noch eine Übersicht diverser Fachbegriffe, die in diesem Kapitel verwendet werden.

Abstäuben Lebensmittel im Topf oder in der Pfanne leicht mit Mehl durch ein Sieb bestreuen.
Abziehen Eine Flüssigkeit wird mit Mehl, Mondamin oder Stärke abgebunden.
Amuse Bouche (frz.: Mund). Es sind noch kleinere Mundbissen als die Amuse Gueule. Sie werden meistens auf einem Löffel serviert und können sofort in den Mund gesteckt werden.
Amuse Gueule (frz.: Rachen). Es sind kleine delikate Mundbissen, die man vor dem Essen anbietet. Sie können auch mit Mittelmesser und Mittelgabel gegessen werden.
Anschwitzen Z. B. Zwiebeln bei niedriger Temperatur im Topf oder in der Pfanne ca. 2–3 Minuten in Fett leichte, helle Farbe annehmen lassen.
Antipasti (ital.). Es sind kleine, herzhafte, italienische Vorspeisen auf einem Teller angerichtet, oder größere Speisen, die auch als Zwischengang eingesetzt werden können.
Atjar, ätschar (indon.). Saures eingelegtes Gemüse, wie Essiggurken, Zwiebeln, Maiskölbchen.
Balsamico-Essig (ital.). Er enthält einen intensiven, süßlichen Geschmack und hat eine dunkelbraune Farbe. Er reift bis zu 10 Jahren in speziellen Fässern.
Bocconcini (ital.). Dies sind frische, weiße Mozzarella-Kugeln, die im Kühlschrank 3 Wochen haltbar sind. Gelbe Kugeln sollte man wegwerfen.
Bruschetta Goldbraun geröstete, mit Knoblauch eingeriebene, von Olivenöl durchtränkte Scheiben Landbrot oder Ciabatta und Baguette. Kann mit Auberginen-, Bohnen-, Fenchel- oder Tomatenpüree bestrichen werden.
Canapé (frz. Ruhebett). Kleine Weißbrotscheiben oder Baguette werden dreieckig, rechteckig, oval oder rund geformt und als Appetithappen ausgarniert. Diese Mundbissen haben eine Größe von ca. 50–60 mm.
Cayenne Cayennepfeffer, beißend scharfes Würzpulver aus den gemahlenen und gemörsten roten Chilis. Vorsichtig und sparsam verwenden.
Cheddar Nach einem englischen Städtchen in der Grafschaft Somerset benannt. Er wird aus frischer, vollfetter Kuhmilch hergestellt und hat industriell eine rote Rinde.
Chipolata (franz.). Perlwürstchen.
Chips (engl.). Kleine, dünne Scheiben oder Streifen von Gemüse, meistens in Fett ausgebacken.
Ciabatta (ital.). Gefülltes oder nicht gefülltes italienisches Hefebrot.
Cocktailhappen Unterscheiden sich von den Canapés, weil sie eine Größe von 30 bis 40 mm haben.
Convenience-Food Für den Verbraucher bereits vorgefertigte Speisen, die man nur noch erhitzen (regenerieren) oder verfeinern braucht.
Cornichons (franz.). Kleine Essiggürkchen.
Cracker (engl.). Kleine knusprige, ungesüßte Kekse, die auch bestrichen werden können.
Croissant (frz.). Hörnchen, Kipferl aus Hefe- oder Blätterteig mit Süßrahmbutter, zart, mürbe. Am besten ofenwarm, wird nicht geschnitten, sondern abgebissen oder gebrochen.
Crostini (ital.). Kleine geröstete Brotschnitten oder Baguette-Scheiben mit Olivenöl beträufeln oder mit Butter bestreichen und nach Geschmack belegen oder pikante Pasten aufstreichen.
Cyberfood Ein Angebot aus Algen, Bienenwaben und Heuschrecken.
Date-Maki-Sushi (jap.). Es sind Sushi, die mit Omelette-Teig zubereitet werden.
Edel-Fast-Food Sind Convenience-Produkte wie kleine Pasteten und Sülzen.
Eintopf-Büfett Für durchgefrorene Skifahrer gedacht, die eine warme Mahlzeit zum Drink wünschen.
Enchilada (Guatemala, Mexiko). Große Tortilla, da Maisfladen mit verschiedenen Füllungen, mit Sauce übergossen und gebacken.
Ethno-Food Alle Speisen, die aus Asien, Mittelamerika und südlichen Ländern kommen, wie Sushi und Tapas, Kroepoek, Reiscracker usw. Es sind aus exotischen Produkten hergestellte Speisen.
Fast Food (engl.). Schnelle Kost, meist zur Selbstbedienung angebotene (vorfabrizierte) Imbisse von Hamburger, Hähnchen, Pizza und Sandwiches.
Feta Ist ein krümeliger, fester Weißkäse, der aus Ziegen- und Schafsmilch hergestellt wird. Er wird meistens in einer Salzlake aufbewahrt.
Finger-Food Kleine Happen, kleine gegrillte und frittierte Hähnchenschenkel oder Fischstäbchen, die man mit den Fingern isst.
Frivolités (franz.). Eine gemischte Auswahl von Snacks und Gourmandises.
Fun Food Messer und Gabel sind dabei out, man isst also mit den Fingern und benötigt dabei viele Fingerbowlen und Handservietten.
Gastronom Ein Feinschmecker, der sich in der Zubereitung der Speisen auskennt. Er kann auch ein Kochkünstler sein, der ein gehobenes Restaurant führt.
Gourmand (franz.). Vielfrass, jedoch ein Feinschmecker, der genießt was er isst.
Gourmandises Snacks aus besonderen Delikatessen: Hummer, Kaviar, Gänsestopfleber usw.
Gourmet (franz.). Weinkenner, Feinschmecker, der gutes Essen zu schätzen und zu beurteilen weiß.
Grissinis (ital.). Dünne, knusprige, gewürzte Stangen aus Brotteig.
Ingwer Wurzelstock einer Schilfstaude. Frischer Ingwer muss wie Meerrettich geschält werden. Zur Verwendung schneidet man ihn erst in Scheiben, dann in Würfel. Er macht mürbes Fleisch zart.
Italo-Food Wie Pizzen, italienische Antipasti-Platten mit Parmaschinken, weitere Pasta-Variationen.
Kapern Kapern sind Blütenknospen eines Strauches aus dem Mittelmeerraum.
Kroepoek (indon.). Krabbenbrot, hauchdünne Scheiben aus Garnelen und Tapiokamehl hergestellt, die in Öl hell ausgebacken werden.

Kushi (jap.). Kleine Stücke Fleisch, Fisch oder Gemüse am Bambusspieß. Zuerst in Weizenmehl wenden, in einer Sauce aus Weißwein, Honig, geriebenem Ingwer und Sojasauce marinieren und dann in Fett backen oder im Ofen garen.

Meze (griech.). Meze bedeutet „Leckerbissen".

Mini-Pizza (ital.). Mini-Pizzen sollten auf keiner Party fehlen. Der Teig besteht aus Mehl, Hefe, Wasser, Zucker und Olivenöl und ist somit sehr leicht. Sie werden mit allen herzhaften Speisen belegt.

Mousse (frz.). Schaum, Mousse ist ein feines und leichtes Pürée aus gegarten Materialien.

Mousseline Eine kleinere Form des hergestellten Mousses nennt man Mousseline.

Mozzarella (ital.). Ein glatter, milder, weißer Weichkäse der aus Kuhmilch (Büffelmilch) hergestellt wird.

Nori-Maki-Sushi (jap.). Algen werden mit gesäuertem Reis bestrichen, gefüllt und aufgerollt.

Olivenöl (ital.). Man sollte nur Extra Vergines Olivenöl benutzen, das aus erster Pressung entsteht.

Oregano Gilt als Heil- und Würzpflanze. Man nennt ihn auch wilden Majoran. Durch sein herbes Aroma und seinen pfeffrigen Geschmack besonders bei italienischen Gerichten beliebt.

Pastrami (ital.). Trockengepökeltes, geräuchertes, gekochtes mageres Rindfleisch.

Pecorino (ital.). Pecorino ist ein gepresster Käse, der aus Schafs-, manchmal auch aus Kuh- und Ziegenkäse hergestellt wird. Im Geschmack ist er haselnussartig, mild und im Alter wird er immer aromatischer.

Pesto (ital.). Gerieben, gestoßen, eine kalte, aromatische Würzpaste, die im Mörser mit Kräutern, Tomaten, Pinienkernen, Parmesan, Basilikum und Knoblauch zerstoßen wurde.

Prosciutto (ital.). Gesalzener, luftgetrockneter Hinterschinken. Das Salz zieht die Feuchtigkeit heraus.

Rauke Rauke ist ein bitterer, aromatischer Salat mit pfeffrigem Senfgeschmack. In Italien ist er auch unter dem Namen Rucola bekannt.

Ricotta (ital.). Ein weißer, feuchter Frischkäse, der aus der abfallenden Molke bei der Herstellung von Mozzarella gewonnen wird.

Sahimi (jap.). Stücke von rohem Fischfilet oder rohen Krustentieren, die mit Sojasauce serviert werden.

Sandwiches (engl.). Zwei zusammengeklappte, mit Butter bestrichene Weißbrotscheiben, ohne Kruste, mit Belag aus Fleisch, Wurst, Geflügel, Salaten, Gemüsen oder Käse.

Sardinen Sardinen sind kleine Heringsfische mit fettem, würzigem, etwas salzigem und empfindlichem Fleisch. Sie lassen sich besonders gut grillen, frittieren und braten.

Sashimi Die reinste, aber brutalste Art, Fisch zu genießen: Das rohe Filetfleisch wird kunstvoll aus dem lebenden Fisch geschnitten und in Streifen, Scheiben und Würfeln auf den Gräten serviert.

Savory (engl.). Herzhafte Snacks von Pizzen, Toast oder anderen Würzbissen, die kalt oder warm serviert werden können.

Scoch woodcock (engl.). Waldhahn/Waldschnepfe: Toastbrot mit Rührei und Sardellenfilets ausgarniert.

Shitakepilze Sie haben einen kräftigen Rauchgeschmack und werden frisch und getrocknet verwendet. Getrocknete Pilze müssen vor der Verwendung 20 Minuten in kochendem Wasser quellen.

Slow Food Man sollte das Essen mal wieder genießen, also langsam essen, und zwischen den einzelnen Gängen eine Pause einlegen.

Smorbrod (norw.). Butterbrot, kleine mit Salatblatt belegte Scheiben aus säuerlichem Roggenbrot, zusätzlich noch belegt mit: Fleisch, Fisch, Pasteten, Eiern, Käse, Gemüse und Obst.

Smörgåsbord Üppiges, schwedisches Büfett, auf dem bis zu 60 Speisen zur Auswahl stehen.

Snack (engl.). Happen, Bissen, kleiner Imbiss-, Snack Bar = Imbissstube.

Snacks (engl.). Kleine Imbisse.

Sojasauce Pikante, scharfe Würzflüssigkeit, die aus Sojabohnenextrakt und zerkleinertem Weizen hergestellt wird.

Sundries (engl.). Diverses wie z. B. gefüllte und ungefüllte Oliven, Salzgebäck, Nüsse, Mandeln, Perlzwiebeln, Salzstangen und verschiedene pikante Happen. Es sind Appetitanreger.

Sushi (jap.). Mit Essig gesäuerter Reis, handgeformte japanische Happen aus Reis mit rohen Fischen.

Tabasco (mexi.). Eine konzentrierte scharfe Pfeffersauce aus vergärten roten Chilischoten, mit Weinessig und Salz abgeschmeckt. Man verwendet sie nur tropfenweise.

Taco (Mexiko). Zwei Tortillas, mit Hack-, Hühnerfleisch, Käse usw. gefüllt.

Tapas (span.). Deckel, ursprünglich kleine Weißbrotscheiben, die mit Schinken, Tintenfisch, Wurst, Muscheln und Käse belegt waren und auf das Sherryglas als Deckelchen gelegt wurden.

Tex-Mex-Gags Spezialitäten aus Texas und Mexiko wie geräucherte Spareribs, Tacos.

Tortillas (span.). Kleine Fladen, werden aus Maismehl und Weizenmehl hergestellt und beliebig pikant gefüllt.

Toscada (Mexiko). Frittierte Tortillas, die als Unterlage für verschiedene Speisen wie Salate, Ragouts, Gemüse usw. dienen.

Wásabi (jap.). Meerrettich, extrem scharfe Paste aus der grünen Wurzel der Wásabi.

Welsh rarebit, Welsh rabbit Waliser Leckerbissen, hellbraun geröstete Käseschnitte, besteht aus: Chechire- oder Gloucester Käse, Eigelb, Butter und gewürzt mit Paprika, Cayenne, Senf, Tabasco, Worcester(shire)sauce und hellem Bier. (engl.: Waliser Kaninchen).

Wraps Siehe Tortilla. Man nimmt sie wie eine Tüte in die Hand und isst sie mit der Füllung.

14.2 Cocktailhappen

von Fleisch

14.1/1

1. Hähnchenbrust-Würfel-Spießchen auf Gurkenscheibe, Kresse, Melonenwürfel, Cocktail-Kirsche.
2. Parmaschinken mit Perlzwiebeln
3. Putenbrustspießchen, Mandarinenfilet, Erdbeer- und Olivenscheibe.
4. Gekochter Schinken auf Salatblatt, Tomatenecke, Gurkenfächer und Petersilie.

Cocktailsnacks mit Fleisch erfreuen sich großer Beliebtheit bei vielen Bargästen. Sie lassen sich in verschiedenen Variationen herrichten und sind sowohl ein Augen- als auch ein Gaumenschmaus. Die mit *Sternchen versehenen* und in der Tabelle aufgeführten Canapés finden Sie oben abgebildet. Generell lassen sich alle Canapéunterlagen in verschiedenen Formen anbieten. *Rund, rechteckig, dreieckig, als Rauten, Quadrate usw.* Der Belag darf nicht über den Rand schauen. Angerichtet werden sie auf Toastbrot, Vollkornbrot und Schwarzbrot. Sie können auch getoastet werden, ungetoastet halten sie jedoch länger und werden nicht trocken. Weißbrot sollte schon getoastet werden.

Auswahl diverser Fleischhappen

Belag	Sorte	Unterlage	Garnitur
Geflügel* *(1)*	*Hähnchenbrustwürfel (gebraten) am Spießchen*	*Baguette, Butter, Gurkenscheibe*	*Kresse, Melonenwürfel, Cocktail-Kirsche*
Geflügel* *(3)*	*Putenbrustscheibe (gebraten) am Spießchen*	*Baguette, Butter, Salatblatt 1/2 Kiwischeibe*	*Mandarinenfilet, Erdbeer-Scheibe, gefüllte Oliven-Scheibe*
Kalb	*Kalbsbraten oder Kalbsmedaillon*	*Baguette, Butter, Lollo Bianco*	*Mit Früchten der Saison belegt, die Medaillons innen gefüllt*
Reh oder Hirsch	*Wildmèdaillon*	*Baguette, Lollo Rosso*	*Lebermousse, helle oder rote Weintraube*
Rind oder Schwein	*Tatar oder Mett abgeschmeckt mit Salz, Pfeffer, Senf, Tropfen Essig, Zwiebeln*	*Baguette oder Graubrot*	*Gehackte Zwiebeln, gehackte Petersilie oder Sardellen mit Kapern*
Rind	*Roastbeefröllchen*	*Toastbrot oder Baguette, Butter, Salatblatt*	*Bestrichen mit Mayonnaise oder Senf, gefüllt mit Spargel oder Fleischsalat, Gurkenfächer, Petersilie*
Schwein	*Roher Schinken*	*Baguette, Butter, Salatblatt*	*Perlzwiebel in gehackter Petersilie gerollt*
Schwein	*Schinkenwurst*	*Graubrot, Butter, Lollo Bianco*	*Gurkenreiter, Tomatenecke am Spieß*
Schwein* *(4)*	*Gekochter Schinken als Schleife oder Röllchen*	*Toastbrot oder Baguette, Butter, Salatblatt*	*Tomaten-Schnitz, Gurkenscheibe, Petersilie, gefüllt mit Spargel oder Gemüsesalat*
Schwein* *(2)*	*Parmaschinken*	*Baguette, Butter, Salatblatt*	*Perlzwiebel in Petersilie gerollt*

14.3 Cocktailhappen

von Fisch

14.3/1

1. Riesengarnele auf Kiwischeibe,
2. Shrimpsalat in ausgehöhlter Gurke, Weintraube, Dill.
3. Lachsröllchen mit Käsestreifen gefüllt, rosa Grapefruitfilet, Dill
4. Matjesfilet auf Gurkenscheibe, Olive.

Der Fisch ist meistens *vorgegart, gesalzen, mariniert oder geräuchert*. Bei der Auswahl des Fisches sollte auf den *Fettgehalt* geachtet werden. Fette Fische sollte man nicht mit Butter servieren. Die Fisch-Scheiben werden 1 cm dick geschnitten. Die in der Tabelle aufgeführten und mit Sternchen versehenen Canapés finden Sie oben abgebildet.

Auswahl diverser Fischhappen

Belag	Sorte	Unterlage	Garnitur
Edelfisch	*Geräucherte Forelle*	*Baguette, Butter, Salatblatt*	*1/2 Ei-Scheibe, Forellenkaviar, Dill*
Edelfisch	*Graved Lachs, gesalzen und nicht geräuchert*	*Baguette, Butter, Salatblatt*	*Meerrettich, 1/2 Eischeibe, Dillzweig*
Edelfisch* (3)	*Räucherlachs-Röllchen gefüllt mit Käsestreifen*	*Vollkornbrotecke, Butter, Salatblatt*	*Rosa Grapefruitfilet, Dillzweig*
Hering* (4)	*Matjesfilet*	*Graubrot, Blattsalat, Gurkenscheibe*	*Gefüllte grüne Olive im Sardellenring*
Kaviar	*Kaviar (vom Stör, Forelle, Lachs oder Fellchen)*	*Baguette, Eischeibe*	*Zitronen-Schnitz*
Krustentier	*Hummer Medaillons*	*Baguette, Butter, Salatblatt*	*Cocktailsauce, Dillzweig, Scheibe gefüllte Olive*
Krustentier* (1)	*Riesen-Garnele (gekocht, geschält)*	*Baguette, Butter, Salatblatt, Kiwi-Scheibe*	*Riesengarnele 3/4 aufgeschnitten, Darm entfernt, Cocktail-Kirsche*
Krustentier* (2)	*Shrimpssalat*	*Baguette, Butter, Salatblatt, ausgehöhlte Gurkenscheibe*	*In die Gurken-Scheibe gefüllte, 1/2 helle Weintraube (entkernt), Dillzweig*
Thunfisch	*Thunfisch-Sandwich*	*Weißbrotecken gefüllt mit Thunfischmousse*	*Radieschen-Scheibe, Petersilie*
Wanderfisch	*Aal (sehr fett), geräuchert*	*Graubrot oder Vollkornbrot, Blattsalat*	*Zwiebelringe, Zitronenecke*

14.4 Cocktailhappen von Fleisch und Fisch

Die bereits separat erläuterten Cocktailhappen lassen sich ebenso hervorragend zu einer Fleisch-Fischplatte (Teller) kombinieren, wie die nachfolgende Abbildung eindrucksvoll zeigt.

14.4/1

1. Lachsröllchen auf Blattsalat, mit Käsestreifen gefüllt, rosa Grapefruit, Dill.
2. Shrimpsalat in ausgehöhlte Gurke gefüllt, Weintraube, Dill.
3. Gouda-Käse auf Blattsalat, Vollkornbrot, 1/2 Erdbeere, Spießchen.
4. Putenbrust-Scheibe auf Baguette, Butter, Blattsalat, Kiwi-Scheibe, Mandarine, Erdbeer-Scheibe, gefüllte Olivenscheibe, Spießchen.
5. Matjesring auf Graubrot, Blattsalat und Gurken-Scheibe, Olive und Kresse.

14.5 Verführerische Snacks

Die Auswahl an delikaten Snacks ist sehr groß und jeder Barprofi sollte sich gut überlegen, welche kleinen Happen er anbietet wie z. B. Sticks, Canapés, Tapas, Sundries, Snacks und oder warme Gerichte.

Gratishäppchen sollten besser nicht angeboten werden, da die Gäste dann weniger im Restaurant verzehren und oftmals schon gesättigt sind. Es ist besser, man bietet die kleinen Happen, Suppen, Tapas und Mini-Pizzen gegen ein geringes Entgelt an.

Knabbereien sollten die Gäste durstig machen und sie zum zweiten oder dritten Getränk animieren. In den meisten Großhotels sind diese verführerischen Chips oder Mandeln im Getränkepreis inbegriffen. Es ist also zu überlegen, ob man diesen Cover-Charge (Deckungsbetrag) einführt. Wissenschaftler haben bewiesen, dass Pikantes und Salziges eine anregende Wirkung auf die Speichelproduktion haben. Es läuft den Gästen also buchstäblich das Wasser im Munde zusammen und sie müssen immer mehr knabbern. Natürlich stellt sich bald der Durst ein und die Knabbersachen haben ihre Wirkung gezeigt.

Dabei stellt sich die Frage, ob die Auswahl selbst hergestellt oder ob Convenience-Produkte verwendet werden.

Im Folgenden eine Auswahl an Snacks und Finger-Food:
Erdnüsse (gesalzen und ungesalzen), Mandeln (gesalzen und ungesalzen), Pistazien (gesalzen und ungesalzen), Kroepoek, Reiscracker, (gefüllte und ungefüllte), grüne und schwarze Oliven, geschabtes Kokosfleisch (gesalzen und ungesalzen), Chips (gesalzen und ungesalzen, mit Paprika oder aus Mais), Salsa-Dip-Saucen, Edelnüsse wie Haselnüsse und Cashewkerne.
Eine gesunde Anregung sind Gemüsechips und Gemüsestangen wie Karotten, Kohlrabi, Sellerie, Rettich, Rote Bete und Lauch, diese kann man frisch anbieten oder als Chips im Backofen bei niedriger Temperatur trocknen lassen. Nicht zu vergessen sind alle süßen Sachen, die große Käseauswahl und Obst.

Zu gesalzenen Snacks wie Nüssen, Chips, Oliven und würzigen Tapas trinkt man grundsätzlich *trockene Getränke wie Dry-Cocktails, Dry-Sherrys, Dry-Weine und Dry-Sekte, Sherry Fino, White Port*.

Bei nicht zu scharfen und leicht gesalzenen Speisen wie ungesalzenen Nüssen, Gorgonzola und Trauben trinkt man: *Halbtrockene Getränke wie Medium-Cocktails, Olorosso, Olorosso medium, Demi-Sekte und Demi-Weine, Amontillado medium, Ruby Port*.

Und was trinkt man zu süßen Speisen wie Schokolade, Feigen, süßen Desserts und Datteln? *Selbstverständlich süße Getränke wie Portwein, Sweet-Cocktails und Medium- bis Sweet-Sekte und -Weine, Cream Sherry, Vintage Port.*

14.6 Crostinis

Crostinis sind kleine Scheiben *Bauernbrot* oder *Baguette*, die im Ofen oder unter dem Grill geröstet und mit Butter bestrichen werden. Vielfach presst man hierfür Knoblauchzehen, vermischt sie mit Olivenöl und bestreicht oder beträufelt damit die gerösteten Scheiben, die ca. 1 cm dick geschnitten werden. Bei der Variante *Crostinis Morbido* schneidet man einfach geröstetes Baguette in Scheiben und beträufelt diese einzeln mit Oliven-Kräuter-Knoblauch-Öl. Der Gast kann dabei die Menge des Öls selbst bestimmen.

Hier einige beliebte Crostini-Rezepte:

Champignons mit geröstetem Parmaschinken (14.6/1)

Rezept (12 Stück)

Pesto:
10 g frische Basilikumblätter
15 g Parmesan gerieben
1 EL Pinienkerne
1 EL Olivenöl, Salz, Pfeffer
Belag:
300 g Champignonscheiben
1 Knoblauchzehe gepresst
2 EL Olivenöl
2 TL Balsamico-Essig
40 g Parmaschinken
12 Baguette-Scheiben
12 Basilikumblätter

Herstellung

1. *Basilikum, Parmesan und Pinienkerne fein im Mörser zerkleinern, Olivenöl zugeben und mit Salz und Pfeffer abschmecken.*
2. *Scheiben mit Olivenöl und dem Knoblauch beträufeln oder einstreichen.*
3. *Scheiben Baguette im Ofen rösten.*
4. *Pfanne mit dem Öl erhitzen, die Champignons 3 Minuten garen, dann die Pesto zufügen.*
5. *Champignons auf die Crostini legen.*
6. *Dünn geschnittenen Parmaschinken in der Pfanne rösten und auf die Champignons legen.*
7. *Mit Basilikumblättern ausgarnieren.*

14.6/1
Champignons mit geröstetem Parmaschinken

Crostini Caprese

Rezept (8 Stück)

3 Knoblauchzehen
4 EL Olivenöl
8 Scheiben ital. Brot oder Baguette
150 g Tomaten
150 g Mozzarella
8 Sardellenfilets
16 Basilikumblätter

Herstellung

1. *Durchgepressten Knoblauch mit Olivenöl mischen.*
2. *Die Brotscheiben damit bepinseln.*
3. *Dann im Ofen oder unter dem Grill goldbraun rösten.*
4. *Die Brote mit Tomaten-Scheibe, Sardelle und Mozzarella belegen und unter dem Grill schmelzen lassen.*
5. *Mit Basilikumblättern ausgarnieren.*

Crostini mit Räucherforelle und Gurke

Rezept (12 Stück)

12 Scheiben Baguette
1/2 Salatgurke
2 geräucherte Forellen
4 EL Olivenöl
40 g Butter
4 Knoblauchzehen gepresst
Salz, Pfeffer, Dill

Herstellung

1. *Salatgurke schälen, entkernen und in kleine Würfel schneiden, leicht salzen und in einem Sieb abtropfen lassen.*
2. *Brotscheiben in Öl und Butter leicht kross braten und auf Küchenpapier abtupfen.*
3. *Forelle in Würfel schneiden, mit etwas Cayenne abschmecken und unter die Salatgurken-Würfel heben.*
4. *Die Forellen-Gurken-Masse auf die Brotscheiben verteilen und mit Dill ausgarnieren.*

Crostini mit Olivenpaste

Rezept (15 Stück)

15 Scheiben Baguette
80 g schwarze Oliven ohne Stein
1 eingelegtes Sardellenfilet
1 Chilischote nach Geschmack
1 Spritzer Zitronensaft
3 Knoblauchzehen
je 1/2 Teelöffel Rosmarin und Thymian (auch getrocknet)
4 Salbeiblätter
1/2 EL Kapern
50 cl Olivenöl
Salz, Pfeffer

Herstellung

1. *Sardellenfilet abspülen, trocknen, klein schneiden, mit Chilischote, Kräutern, schwarze Oliven, Knoblauchzehen und Kapern pürieren.*
2. *Nach und nach Olivenöl in die Paste einfließen lassen, mit Zitronensaft, Salz und Pfeffer abschmecken.*
3. *Baguette im Ofen anrösten.*
4. *Jede Scheibe mit der Paste bestreichen.*

14.7 Bruschettas/ Ciabattas

Für die Zubereitung von *Bruschettas* nimmt man knuspriges Baguette oder Landbrot. Für *Ciabattas* verwendet man knuspriges Sauerteigbrot (Hefebrot). Die Scheiben werden 1 cm dick geschnitten. Sie können beliebig mit herzhaften Speisen belegt werden. Sie werden mit Knoblauch eingerieben und Olivenöl beträufelt und dann knusprig goldgelb geröstet. Alle Zutaten sind schnell herzustellen. Als Olivenöl verwendet man nur Olivenöl Extra Vergine.

Tomaten-Bruschetta (14.7/1)

Rezept (8 Stück)	Herstellung
8 Scheiben Baguette oder Landbrot *4 reife Tomaten* *4 Knoblauchzehen* *8 EL Olivenöl* *Salz, schwarzer Pfeffer*	1. *Tomaten in heißem Wasser enthäuten, abschrecken, entkernen und in grobe Würfel schneiden.* 2. *Brotscheiben mit Knoblauch einreiben, mit Olivenöl beträufeln und goldbraun rösten.* 3. *Tomatenwürfel auf die Scheiben legen und mit Salz und schwarzem Pfeffer würzen.*

14.7/1
Tomaten-Bruschetta

Caprese

Rezept (12 Stück)

12 Scheiben Baguette oder Landbrot
80 g klein gewürfelte Bocconcini (Mozzarella-Kugeln)
2 EL frischen Basilikum geschnitten
12 Basilikumblätter
Salz, Pfeffer
4 EL Olivenöl

Herstellung

1. *Bocconciniwürfel mit frischem geschnittenen Basilikum und 2 Esslöffeln warmem Olivenöl in einer Schüssel mischen, mit Salz und Pfeffer würzen und abgedeckt 3/4 Stunde ziehen lassen.*
2. *Baguettescheiben mit Olivenöl beträufeln und goldgelb rösten.*
3. *Die Mischung auf dem Brot verteilen und mit Basilikumblättern ausgarnieren.*

Fetakäse mit Rauke

Rezept (12 Scheiben)

12 Scheiben Baguette oder Landbrot
3 EL Olivenöl
50 g Rauke
100 g Fetakäse (Schaf, Ziege)
1/2 Löffel Orangen- und Zitronenschale
12 EL Olivenöl
6 Scheiben Parmaschinken

Herstellung

1. *Baguettescheiben mit Olivenöl einstreichen und von beiden Seiten goldgelb rösten.*
2. *Rauke gleichmäßig darauf verteilen.*
3. *Fetakäse zerbröckeln, mit Zitronen-, Orangenschale und Olivenöl mischen.*
4. *Dann auf die Rauke legen.*
5. *Parmaschinken rösten, abtrocknen, zerkrümeln und darauf verteilen.*

Kräuter-Pastrami

Rezept (16 Stück)

16 Scheiben Baguette
4 EL Olivenöl
100 g Crème fraîche
Je 1/2 TL Schnittlauch, Basilikum und Petersilie
16 Scheiben Pastrami
2 gewürfelte Tomaten
Salz
1/2 feingehackte rote Zwiebel
Balsamico-Essig
Basilikumblätter

Herstellung

1. *Baguette mit Knoblauch einreiben und mit Olivenöl beträufeln, dann goldgelb rösten.*
2. *Crème fraîche mit den Kräutern und Salz mischen und auf die Scheiben streichen.*
3. *Dünne Scheiben Pastrami halbieren und auf die Scheiben legen.*
4. *Gewürfelte Tomaten mit den Zwiebeln mischen und mit Balsamico-Essig und etwas Olivenöl würzen.*
5. *Dann auf die Pastramischeiben verteilen und mit Basilikumblättern ausgarnieren.*

14.8 Sandwiches

Sandwiches sind leichte, *dünne Weißbrotscheiben*, die belegt und wieder *zugeklappt* werden. Sie passen zu jeder Party und sind leicht und saftig. Die Weißbrotscheiben werden dünn mit Butter bestrichen. Darauf legt man den *gewünschten Belag* wie Käse oder Fleisch. Nach Wunsch wird noch ein Salatblatt, etwas Mayonnaise oder Remoulade und anschließend die andere Scheibe Weißbrot daraufgelegt. Die Krusten werden vorher *abgeschnitten* und die Scheibe einmal schräg oder 3x gerade geteilt.

Kleine Sandwichauswahl

Belag	Sorte	Einlage	Garnitur
Geflügel 14.8/1	*Hähnchenbrust gebraten oder gebratene Putenbrust erkalten lassen, und in dünne Scheiben schneiden*	*Mayonnaise mit feingehacktem Sellerie und Walnüssen mischen, Salatblatt*	*Auf gebutterte Weißbrotscheiben legen und zudecken.*
Käse	*Gouda, in nicht zu dicke Scheiben geschnitten*	*Blattsalat, Radieschenscheiben*	*Auf gebutterte Weißbrotscheiben legen und zudecken.*
Rind	*Roastbeef rosa gebraten in dünne Scheiben schneiden*	*Remoulade, Scheiben Essiggurke, Salatblatt*	*Auf gebutterte Weißbrotscheiben legen und zudecken.*

14.8/1 *Geflügel-Sandwich*

14.9 Tex-Mex

Die Tex-Mex kommen aus *Texas und Mexiko*. Es sind farbenfrohe, *feurige Speisen*, die bei jeder Party angeboten werden können.

Im Maismantel gebackene Würstchen

Rezept (16 Stück)	Herstellung
8 Frankfurter oder Wienerle *16 Holzspieße* *Maismehl zum Bestäuben* *Palmin zum Frittieren* *Tomatensauce zum Dippen (Salsa Sauce hot oder mild)* **Teig:** *230 g Mehl mit 2 Tl Backpulver* *35 g Maismehl* *1 ganzes Ei leicht aufgeschlagen* *1 EL Öl* *36 cl Wasser* *gehackte Chilis, Salz*	1. *Die Würstchen auf* **5 cm** *Länge halbieren und an Spießchen aufstecken.* 2. *Mehl und Maismehl mischen. In die Mitte eine Mulde drücken, Ei, Gewürze und Wasser zugeben und von innen nach außen die Flüssigkeit langsam unterrühren. Es sollte ein glatter, nicht zu fester Teig entstehen.* 3. *Den Teig 1/2 Stunde abgedeckt ruhen lassen.* 4. *Fett auf* **180 Grad** *erhitzen, es darf allerdings nicht rauchen.* 5. *Würstchen in den Teig tunken, überschüssigen Teig abtropfen lassen.* 6. *Würstchen* **mit einer Zange** *in das nicht zu heiße Fett geben und 1–2 Minuten goldgelb-knusprig* **frittieren**. 7. *Würstchen* **mit einem Schaumlöffel** *herausholen, auf einem Küchenpapier* **abtropfen** *lassen und warm stellen.* 8. *Zusammen mit Tomatensauce oder Salsa servieren.*

14.10 Amuse Gueule

Als *Amuse Gueule* kann man alle Cocktailhappen verwenden, die man *mit der Hand* von der Platte essen kann. Aus einer Scheibe Toast schneidet man *4 kleine Happen*. Sie haben eine Größe von *4 bis 5 cm*. Die Happen sollten nicht zu dick belegt werden, da sonst die Garnitur herunterfällt. Meistens steckt man die Garnitur mit einem *Spieß* fest. Sobald die Toasts größer sind, muss man sie auf einen Teller legen. Man isst sie mit Messer und Gabel und setzt sich dabei an einen Tisch.

14.11 Suppen

Als herzhafte Suppen reicht man in kleinen Portionen, die sich auch im Stehen verzehren lassen, z. B. Goulasch-, Tomaten-, schwarze Bohnen-, französische Zwiebel-Suppe usw.

Asiatische klare Brühe

Rezept (10 kleine Tassen)

1 Liter Hühnerbrühe, 1 kleiner Bund Koriander
1 rote Chilischote, 4 Shiitake-Pilze
1 Knoblauchzehe und Charlotten (gewürfelt)
Einige Tr. Sherry u. Sojasauce nach Geschmack

Herstellung

1. *Meistens nimmt man* **gekörnte Hühnerbrühe**.
2. *Brühe mit Wasser* **genau** *abmessen und aufkochen.*
3. *Alle Gewürze und Kräuter geben Sie in die Brühe und lassen sie* **ca. 20 Minuten ziehen**.
4. *Die Brühe sollte heiß serviert werden.*

Rote Zwiebelsuppe (14.11/1)

Rezept (8 kleine Tassen)

400 g rote Zwiebeln
20 g Butter (Butaris-Olivenöl)
0,8 l Geflügelfond
2 Lorbeerblätter
Salz, Cayenne nach Geschmack
12 cl Rotwein
6 cl Portwein
2 cl Sherryessig
8 g Mehl zum Abstäuben
Kerbel zur Dekoration

Herstellung

1. **Rote Zwiebeln** *schälen, halbieren und in feine Streifen schneiden.*
2. *Zwiebeln in der* **Butter** *anschwitzen, kurz mit* **Mehl** *bestäuben, nochmals anschwitzen und mit Portwein und Rotwein* **ablöschen**.
3. *Dann alles etwas* **einkochen lassen**.
4. *Mit heißem Geflügelfond langsam auffüllen und umrühren. Gewürze zugeben und alles ca. 20 Minuten leicht* **köcheln** *lassen.*
5. *Lorbeerblätter herausnehmen.*
6. *Die Suppe etwas* **erkalten** *lassen, mit dem Zauberstab aufschlagen, nochmals aufkochen, abschäumen und nachschmecken.*
7. *Fertige Suppe mit* **Kerbel** *ausgarnieren.*

Sopa de Ajo (Pikante Knoblauchsuppe)

Rezept (12 kleine Tassen)

20 cl Olivenöl
12 Zehen Knoblauch, gepresst
3 Tassen Weißbrotkrumen
1 TL Rosenpaprika, 1 Zwiebel, gewürfelt
1,5 l Fleischbrühe
1/4 TL Cayenne, 1 TL Salz
1 Tropfen Tabasco, 4 EL Sahne
6 cl Weißwein, 1/2 Bund Petersilie
10 g Mehl zum Abstäuben

Herstellung

1. *Knoblauch und Zwiebeln schälen und* **fein** *hacken.*
2. *Knoblauch und Zwiebeln in Öl hell und nicht zu heiß anschwitzen.*
3. *Weißbrot* **entrinden**, *in Würfel schneiden und dazugeben.*
4. *Bei* **mittlerer** *Hitze alles rösten. Wenn es* **goldgelb** *ist, die Paprika zugeben.*
5. *Alles mit Mehl* **abstäuben**.
6. *Heiße Brühe* **nach und nach** *unterrühren.*
7. *Gewürze, Salz und Tabasco zugeben und alles* **15 Minuten** *leicht kochen lassen.*
8. *Zum Schluss mit Sahne abziehen (Suppe darf* **nicht** *mehr kochen) und nachschmecken.*
9. *Petersilie als Garnitur.*

14.11/1
Rote Zwiebelsuppe

14.12 Amuse Bouche

Sie sind wesentlich *kleiner* als die Amuse Gueule und werden meistens auf speziellen Löffeln serviert, damit man sie nicht mit der Hand anfassen muss. Sie lassen sich gut beim Stehempfang servieren.

Auswahl an Löffelspeisen

Belag	Sorte	Unterlage	Garnitur
Hering	*Kräuterröllchen von eingelegten Sprotten*	*Salatblatt auf den Löffel*	*Petersilienzweig*
Käse	*Roquefortdressing mit etwas Crème fraîche, Pfeffer, Öl und Zitronensaft glattgerührt*	*Lollo Rosso-Blatt auf den Löffel*	*Käsemasse als Rosette in den Salat spritzen.*
Krustentier	*Rosette mit Shrimps*	*Salatblatt auf den Löffel*	*Cocktail-Sauce zur Mitte, Dillzweig*
Lachs	*Räucher-Lachs-Rose*	*Salatblatt auf den Löffel*	*Dillzweig*
Pilze	*Champignon Salat mit Essig, Öl, Salz und Pfeffer anmachen*	*Radicchio auf den Löffel*	*Perlzwiebel-Scheiben*
Schwein *14.12/1*	*Schinkenmousse: 100 g gekochten Schinken mit 50 g kalter Butter und 2 Blatt eingeweichter Gelantine, Cognac und Salz in der Mulinette fein pürieren.*	*Salatblatt auf den Löffel*	*Basilikumblatt*

14.12/1
Schinkenmousse

14.13 Sushi

Sushi sind *handgeformte Happen* mit würziger Füllung. Zur Herstellung von Sushi wird meistens *Sushireis* (Klebreis) verwendet. Die Zutaten bekommen Sie in allen guten chinesischen und japanischen Spezialgeschäften.

Sushi-Rollen mit Lachs und Gemüse (14.13/1)

Rezept (12 Röllchen)

Nori-Algenblätter
120 g Sushireis (1 Teil)
25 cl Wasser (1/2 Teil)
Reisessig
Zucker, Salz
250 g Lachsfilet (roh)
2 Zucchini

Herstellung

1. *Sushireis im Wasser waschen (klar spülen), zugedeckt 20 Minuten mit Wasser kochen, dann den Deckel abheben und 10 Minuten weiter ziehen lassen.*
2. *Reisessig mit Zucker und Salz aufkochen, unter den Reis mischen und erkalten lassen.*
3. *Lachs und Zucchini in 2 cm dicke, schmale Streifen schneiden.*

Zubereitung der Rolle

1. *Nori-Algenblatt mit Sushireis auf eine Bambusmappe legen.*
2. *Reis gleichmäßig auf das Blatt verteilen und den Rand freilassen.*
3. *Die Lachs- und Gemüsestreifen auf den Reis legen.*
4. *Mit der Unterlage unter Druck einrollen, erkalten lassen und in Scheiben schneiden.*

14.13/1
Sushi mit Lachs

14.14 Antipasti

Antipasti sind italienische Vorspeisen und können zu jeder Gelegenheit gegessen werden.

Paprika-Oregano-Rolle von Parmaschinken auf dem Löffel (14.14/1)

Rezept (20 Stück)

1/2 Rote-, 1/2 Grüne-,
1/2 Gelbe Paprikaschote
60 g Doppelrahmfrischkäse
15 g Parmesan
1 Frühlingszwiebel, gehackt
4 g Oregano
1 Knoblauchzehe
1 TL gehackte Kapern
1 TL geröstete und gehackte Pinienkerne
9 dünne Scheiben Parma-Schinken

Herstellung

1. **Paprikaschoten** *halbieren, Kerne entfernen und im heißen Ofen mit der Seite nach oben grillen, bis sich die Haut abziehen lässt.*
2. *Käse mit Frühlingszwiebeln, Oregano, Knoblauch, Kapern und Pinienkernen mischen.*
3. **Schinken** *gleichmäßig auf eine Platte legen, mit Paste einstreichen und die Paprikaschote darauf legen.*
4. *Die Paprikaschote ebenfalls mit etwas Paste bestreichen.*
5. *Dann alles* **fest zusammenrollen**, *der Schinken sollte außen sein und 1 Stunde kalt stehen.*
6. *Anschließend in* **1 cm breite Scheiben** *schneiden.*

14.14/1
Paprika-Oregano-Rolle von Parmaschinken auf dem Löffel

14.15 Tortilla

(Wraps, Taco, Toscada, Enchilada)

Darunter versteht man eine Art Fladenbrot, das überwiegend in Mittel- (Mexiko) und Südamerika gegessen wird. Man kann die Fladen selbst herstellen oder wahlweise auch fertig kaufen. Sie lassen sich mit allen pikanten Zutaten füllen und können auch von der Hand gegessen werden. Tortillas schmecken auch ungefüllt mit einer scharfen Tomatensauce (Salsa).

Tortillas mexikanisch (14.15/1)

Rezept (6 Stück)

200 g Mehl
175 g Maismehl
2 gestrichene TL Salz
3 Tassen Wasser
12,5 cl Öl zum Braten

Herstellung

1. **Mehl und Maismehl** *mit Salz in einer Schüssel mischen.*
2. *Nach und nach das* **Wasser** *von der Mitte aus unterrühren und den Teig zugedeckt 30 Minuten ziehen lassen.*
3. **Öl** *in der Pfanne nicht zu heiß erhitzen und den Teig portionsweise in 3 mm Dicke und 15 cm Durchmesser ausrollen und in die Pfanne geben. 3 Minuten braten, nochmals wenden und noch mal 2 Minuten braten.*
4. *Aus der Pfanne nehmen,* **abtropfen lassen** *und warm stellen, bis alle Tortillas fertig sind.*
5. **Die Füllung** *bestimmen Sie selbst, so z. B.* **vorgefertigtes, gekochtes** *pikantes Gemüse, Fisch, Fleisch, Paprikaschoten oder Pilze.*
6. *Die Tortillas werden damit gefüllt, zusammengeklappt und serviert.*

14.15/1
Tortillas mexikanisch

14.16 Käse

Käse kann in jeder Art und Form gereicht werden. Wichtig ist, dass man ihn mit den Händen auf Brot oder am Spießchen essen kann. Vorzugsweise werden herzhafte Käsesorten verwendet.

Käsewürfel und Käsescheiben

Art	Herstellung	Garnitur
Käsewürfel *von 1,5 cm Stärke* **Käsescheiben,** *2 cm dick (Gouda mittelalt)*	1. *Käse am Stück einkaufen und in gleichmäßige, große Würfel schneiden. Erst in gleichmäßige Scheiben, dann in Streifen schneiden.* 2. *Mit Garnitur an kleine Spieße stecken.*	**Garnitur A:** *Ananasecke, Cocktail-Kirsche* **Garnitur B:** *Kiwi, (14.16/1) Weintraube* **Garnitur C:** *Olive, Petersiliensträußchen* **Garnitur D:** *Gurkenscheibe, Perlzwiebel*

Käse-Canapés

Käse-Canapés können auf Vollkornbrot, Schwarzbrot, Weißbrot oder Pumpernickel angerichtet werden. Sie werden hauptsächlich aus Schnittkäse (Gouda, Edamer), Edelpilzkäse (Roquefort) und Frischkäse (Doppelrahmkäse) hergestellt. Als Garnitur verwendet man Obst, Nüsse und Gemüse. Die 1/2 bis 1 cm dicken Brotscheiben werden nicht mit Butter bestrichen.

Art	Herstellung	Garnitur
Gouda	*Gleichmäßig in dünne Scheiben schneiden und halbieren*	*Salzstange, Radieschenscheibe*
Kräutermousse aus Kräutern und Doppelrahmkäse	*Doppelrahmkäse wird mit etwas Sahne oder Crème fraîche glattgerührt, die Kräuter untermischen.*	*Als Rosette auf die runden Canapés gespritzt und mit Weintraube belegt ein Hochgenuss*
Roquefort *(14.16/2)*	*Als Scheibe oder Mousse auf die Canapés legen o. spritzen.*	*Apfelscheibe, Erdbeere, Zwiebelring*
Camembert	*Wird in Ecken geschnitten.*	*1/2 Cocktail-Kirsche, Walnuss, Stick*

Vegetarische Canapés (14.16/3)

Auch diese Canapés erfreuen sich zunehmender Beliebtheit. Am besten eignen sich Gemüsestäbchen (Möhre, Sellerie, Lauch), die man in ein Glas auf die Bartheke stellt und anstelle von Chips und Crackers serviert.

14.16/2 *Käse-Canapés mit Roquefort*

14.16/1 *Käsespieß mit Kiwi-Weintrauben-Garnitur*

14.16/3 *Salatgurkenscheibe, Tomatenscheibe, Kresse*

14.17 Satay (Saté, sateh)

Satays sind Spießchen von Schweine-, Hähnchen- oder Lammwürfeln, die auf Holzkohlenglut (oder auch Pfanne) gegart werden. Dazu reicht man Erdnuss-Sauce, Zwiebel- und Gurkenwürfel und Sambals. Sind die Spießchen aus Holz, werden sie 30 Minuten vorher in warmem Wasser eingeweicht, damit sie nicht verbrennen. Satay-Spieße werden auf Bali (Indonesien) gegessen erfreuen sich auch bei uns einer zunehmenden Beliebtheit.

Sateh Bali (14.17/1)

Rezept (12 Spieße)

je Spieß 20 g Lamm-, Rind-, Geflügel- oder Schweinewürfel (Scheibchen)
Würzsauce
2 klein geschnittene Zwiebeln
2 Knoblauchzehen
1 TL Erdnusscrème
Ingwer, Honig
Sambal nach Geschmack
Je 1/2 TL Koriander und Kümmel
Kokosflocken, geriebene Haselnüsse (nach Geschmack)
Kokosfett
Geriebene Orangen- und Zitronenschale

Herstellung

1. *Das Fleisch in gleichmäßige Würfel oder Scheibchen schneiden.*
2. *Das Fleisch mit der Gewürzsauce einreiben.*
3. *Das Fleisch aufspießen.*
4. *Kokosfett nicht zu heiß werden lassen.*
5. *Die Spießchen langsam von allen Seiten darin rösten und garen.*
6. *Die Spießchen können alleine oder mit Reis serviert werden.*
7. *Die restliche Sauce sollte als Dip zu den Spießchen gereicht werden.*
8. *Als Beilagen reicht man in kleinen Schälchen Zwiebelwürfel, geraspelte Kokosnuss, Chilisauce, Gurkenwürfel und Sateh Sauce.*

14.17/1
Sateh Bali

14.18 Kebab

Als Kebab (Kabäb, Kababi) bezeichnet man allgemein scharf gewürztes, gebratenes Fleisch oder Fisch am Spieß, im Ofen oder im Topf Döner-Kebab, türk.: Gedrehtes Kebab, stark gewürztes Lamm- oder Hammelfleisch, am senkrechten Drehspieß gegrillt und in dünne Scheiben abgeschnitten.

Garnelen-Spieße (14.18/1)

Rezept (16 Stück)	Herstellung
16 rohe Riesengarnelen *30 g Butaris* *1 Knoblauchzehe, zerdrückt* *4 TL Sauce provençale* *1 EL Zitronensaft* *8 frische Basilikumblätter, gehackt* *Salz*	1. *Garnelen aus dem Panzer* **lösen**, **Köpfe** *entfernen, Schwanzteil belassen.* 2. *Den Rücken mit einem Messer aufschneiden und den* **Darm entfernen**. 3. *Garnelen mit den Gewürzen, Pfeffer und gehackten* **Basilikumblättern** *einreiben.* 4. *Butaris in der Pfanne leicht erhitzen und die Garnelen darin ca. 4 Minuten von den* **Seiten** *garen.* 5. *Dann auf Spieße aufspießen und warm servieren.*

14.18/1 Garnelen-Spieße

14.19 Tapas & Meze

Tapa kommt aus dem Spanischen und heißt so viel wie „Deckel". Kleine Happen mit Fleisch oder Fisch wurden auf das Sherryglas gelegt, um die Verunreinigungen abzuhalten. Das Angebot guter Tapas kann ein Argument dafür sein, eine ganz bestimmte Bar auszusuchen.
Meze kommt aus dem Griechischen und bedeutet „kleine Vorspeise". In Griechenland oder der Türkei werden sie dem Gast in verschiedensten Varianten als Vorspeise gereicht.

Gegrillte Sardinen mit Cornichons gefüllt (14.19/1)

Rezept (16 Stück)

16 frische Sardinen-Doppelfilets, ohne Köpfe
1/2 El Olivenöl
1/2 EL Sonnenblumenöl
1 EL Zitronensaft
16 Stück Cornichons
Etwas braunen Zucker
2 Knoblauchzehen in Scheiben
Etwas Oregano und Thymian

Herstellung

1. *Eine Marinade aus Öl, Zitronensaft, Zucker, Knoblauch, Oregano und Thymian herstellen.*
2. *Die aufgeschnittenen Sardinen hineinlegen und in einer Schüssel abgedeckt 30 Minuten ziehen lassen.*
3. *Die Cornichons halbieren und die Sardinen damit füllen und am Spießchen aufspießen.*
4. *Nun die Sardinen grillen oder in der Pfanne ca. 5 Minuten braten. Vor dem Braten kann man sie noch mit grobkörnigem Salz bestreuen.*
5. *Dazu reicht man einen Sherry Fino.*

14.19/1
Gegrillte Sardinen mit Cornichons gefüllt

14.20 Kleine warme Pikanterien

Kleine Auswahl für die Cocktail-Bar

Herzhaft gefüllte Riesenchampignons (14.20/1)

Rezept für 6 Stück

Zubereitungszeit ca. 45 Minuten
6 Riesenchampignons
20 g Schnittlauchröllchen
40 g Katenschinken (roher Schinken) in Würfeln
30 g Mehl,
3 cl Olivenöl
40 g Emmentaler (Appenzeller)
1 Eiweiß
Salz, Pfeffer, Cayenne
2 Kaffeelöffel Crème fraîche
Feldsalat

Zubereitung

1. *Champignons waschen.*
2. *Stiele herausnehmen und in feine Würfel schneiden, ebenso den Schinken in feine Würfel schneiden.*
3. *Zuerst den Schinken in Olivenöl scharf anbraten, dann die Champignonwürfel zugeben und anbraten.*
4. *Alles mit Mehl abstäuben, gut verrühren und die Masse kaltstellen.*
5. *Sobald die Masse erkaltet ist, die anderen Zutaten wie geriebenen Käse, Crème fraîche, Schnittlauch unterrühren, alles dann mit Salz, Pfeffer, Cayenne und Muskat würzen und zum Schluss das geschlagene Eiweiß unterziehen.*
6. *Die Champignons mit etwas Olivenöl ausstreichen und Salz und Pfeffer würzen.*
7. *Alle Köpfe auf ein mit Olivenöl leicht ausgestrichenes Backblech stellen und im vorgeheizten Ofen bei 200 Grad 30 Minuten backen. Zum Schluss nochmals bei 250 Grad überbacken.*
8. *Zum Garnieren mit etwas gehacktem Schnittlauch bestreuen und Feldsalatsträußchen ansetzen.*

Rosmarin-Pistazien-Grissini

Rezept für 20 Stück

Zubereitungszeit ca. 1 Stunde
20 g frische Hefe
30 g Honig
3 Rosmarinzweige
50 g Pistazien
375 g Mehl (405)
125 g Weizenvollkornmehl
1 TL Salz, 3 EL Olivenöl
Mehl zum Bearbeiten
1–2 EL grobes Salz
325 ml warmes Wasser

Zubereitung

1. *Hefe und Honig mit 325 ml warmem Wasser verrühren und 10 Minuten gehen lassen.*
2. *Rosmarinnadeln von den Zweigen zupfen und hacken, Pistazien ebenfalls hacken. Mehl, Vollkornmehl, Salz, 1 EL Olivenöl, Rosmarin und Pistazien zur Hefemischung geben und mit dem Knethaken des Handrührers gut mischen.*
3. *Den Teig auf eine bemehlte Arbeitsfläche geben und 3 Minuten durchkneten. Zu einem Rechteck von 40 x 10 cm formen, mit bemehltem Tuch zudecken und 1 Stunde gehen lassen.*
4. *Den Teig einmal quer durchschneiden und jede Hälfte nochmals halbieren. Jedes Teilstück in 5 Teile schneiden, so dass 20 gleiche Teigstücke entstehen. Die Teigstücke mit den Händen zu etwa 20 cm langen Stangen formen und auf ein mit Backpapier belegtes Blech legen.*
5. *Die Stangen mit dem restlichen Olivenöl bepinseln und mit dem groben Meersalz bestreuen. Im Backofen bei 220 Grad 20 Minuten backen (Umluft bei 200 Grad, 15 Minuten).*

14.20/1
Gefüllte Riesenchampignons

Sesam-Lachs-Stäbchen

Rezept für 5 Stäbchen

Zubereitungszeit 25 Minuten
200 g frischer Lachs
40 g Sesamsaat
2 El Öl, 1 Eiweiß
2 EL Sojasauce

Zubereitung

1. *Den Lachs in 5 Streifen schneiden (Aufpassen, vorhandene Gräten entfernen).*
2. *Eiweiß mit Sojasauce verquirlen, die Lachsstreifen rundherum darin wenden und 10 Minuten ziehen lassen. Lachstreifen abtropfen lassen und in Sesam wenden.*
3. *Das Öl in der Pfanne erhitzen und die Lachsstäbchen darin von allen Seiten bei mittlerer Hitze 1 Minuten braten. Die restliche Sojasauce kann man als Dip verwenden.*

Windbeutel mit Gorgonzola und Birnen

Rezept für 36 Stück

Zubereitungszeit ca. 1 Stunde und 40 Minuten
Brandteig:
1/4 l Milch
75 g Butter, Salz
150 g Mehl, 3 Eier
Füllung:
180 g Gorgonzola (ohne Rinde zimmerwarm)
100 g Frischkäse (zimmerwarm)
1/2 Bund glatte Petersilie
50 g Walnüsse
350 g Birnen
2 EL Weißwein
1 EL Williams Christ
Salz, weißer Pfeffer
1/8 l Wasser

Zubereitung

1. *Für den Brandteig die Milch mit 1/8 l Wasser, Butter, Salz aufkochen. Das Mehl auf einmal zuschütten und mit einem Holzlöffel (kein Schneebesen) unter starkem Rühren erhitzen, bis sich der Teig als Kloß vom Boden löst. Den Teig in eine Schüssel geben und 10 Minuten erkalten lassen. Nach und nach die ganzen Eier kräftig mit dem Holzlöffel unterrühren.*
2. *Backblech mit Backpapier auslegen. Den Teig in einen Spritzbeutel mit Lochtülle 5 geben und jeweils 3 Tupfen zu einem Dreieck auf das Backpapier spritzen, dabei sollen sich die Tupfen berühren. Obendrauf einen vierten Tupfen setzen. Im vorgeheizten Backofen bei 200 Grad 20 Minuten (Umluft 180 Grad, 15 Minuten) auf der 2. Einschubleiste von unten backen.*
3. *Für die Füllung den Gorgonzola mit dem Frischkäse in einer Schüssel glattrühren.*
4. *Die Petersilie von den Stielen zupfen und hacken.*
5. *Die Walnüsse hacken und in einer Pfanne ohne Fett rösten. Die Birnen entkernen, in 3 mm dünne Scheiben schneiden, dann würfeln. Den Wein erhitzen und die Birnenwürfel darin 1 Minute dünsten. Mit Williams Christ ablöschen, abkühlen lassen und mit der Petersilie und den Walnüssen zum Käse geben. Anschließend gut mischen, salzen und pfeffern.*
6. *Die Windbeutel kurz vor dem Servieren waagerecht durchschneiden, die Füllung auf die untere Hälfte spritzen und die obere Hälfte wieder draufsetzen. Mit etwas gehackter Petersilie ausgarnieren.*

Mini-Ofenkartoffeln mit Lachstatar (14.20/2)

Rezept für 30 Stück

Zubereitungszeit ca. 1 Stunde und 30 Minuten
30 kleine Kartoffeln (ca. 1,25 kg)
200 g frisches Lachsfilet (ohne Haut)
150 g Räucherlachs (ohne Haut)
150 g Salatgurke
75 g Zwiebeln
1/2 Bund Dill
1 EL grober Dijonsenf
1 EL Öl
Salz, weißer Pfeffer
1 TL Zitronensaft
75 g Crème fraîche

Zubereitung

1. *Kartoffeln gründlich waschen, bürsten und abtropfen lassen, im vorgeheizten Backofen bei 200 Grad 45 Minuten (Umluft 180 Grad, 30 Minuten) auf der 2. Einschubleiste von unten backen, dann kalt werden lassen.*
2. *Die noch vorhandenen Gräten aus dem Lachsfilet herausziehen und den Fisch in 3 mm kleine Würfel schneiden. Den Räucherlachs ebenfalls würfeln. Die Gurken schälen, halbieren, entkernen und würfeln. Die Zwiebeln pellen, in kleine Würfel schneiden kurz im Sieb kalt abspülen und abtropfen lassen.*
3. *Für die Sauce den Senf, Salz, Pfeffer und Zitronensaft in eine Schüssel geben, kurz aufschlagen und anschließend das Öl zugeben. Lachs, Gurke und Zwiebeln unterheben und 20 Minuten im Kühlschrank durchziehen lassen. Den Dill zum Schluss zugeben.*
4. *Die abgekühlten Kartoffeln auf einer Seite der Länge nach einschneiden und mit einem Kaffeelöffel etwas aushöhlen. Das Tatar darauf verteilen, mit einem Klacks Crème fraîche und einem Dillzweig ausgarnieren.*

Gebratene Kartoffelscheiben mit Tiroler Speck und Radieschen

Rezept für 16 Scheiben

Zubereitungszeit ca. 25 Minuten
4 große Kartoffeln
1/2 Bund Radieschen
Salz
70 g Tiroler Speck (in dünne Scheiben)
80 ml Öl
Kresse

Zubereitung

1. *Kartoffeln schälen, waschen, trocken tupfen und längs in dicke Scheiben schneiden.*
2. *Radieschen putzen, in Scheiben schneiden und salzen.*
3. *Tiroler Speck in dünne Scheiben schneiden, knusprig ausbraten, aus der Pfanne nehmen und warmstellen.*
4. *Öl in das Bratfett geben und die Kartoffelscheiben darin von beiden Seiten goldbraun und knusprig braten.*
5. *Nun die Kartoffelscheiben mit dem Speck und den Radieschen belegen, mit Kresse ausgarnieren.*

Auberginen-Taler (14.20/3)

Rezept für 4 Personen

Zubereitungszeit ca. 30 Minuten
350 g Tomaten
100 g grüne Oliven (ohne Stein)
7 EL Olivenöl
1 EL Balsamico-Essig
Salz, weißer Pfeffer
1 Aubergine (nicht zu groß) 350 g
40 g Mehl
6 Blätter Basilikum

Zubereitung

1. *Tomaten kurz in kochendes Wasser einlegen, in kaltem Wasser abschrecken und die Haut abziehen. Anschließend wird die Tomate halbiert, die Kerne entfernt und in Würfel geschnitten. Die Oliven werden gehackt.*
2. *Aus Essig, Salz, Pfeffer und Öl wird eine Sauce hergestellt. In die Sauce gibt man die Würfeltomaten und die Oliven.*
3. *Die Aubergine wird in Scheiben geschnitten, gesalzen und in Mehl gewendet.*
4. *In heißem Olivenöl werden die Auberginenscheiben nun knusprig gebraten.*
5. *Auf die gebratenen Auberginenscheiben legt man die Tomaten und darauf den in Streifen geschnittenen Basilikum oder gefüllten Olivenscheiben.*

14.20/2
Mini-Ofenkartoffeln mit Lachstatar

14.20/3
Auberginen-Taler

Crostini mit Rauke-Butter

Rezept für 12 Stück

Zubereitungszeit ca. 30 Minuten
1 1/2 Knoblauchzehen
40 g Parmesan
50 g Rauke, 125 g Butter
1–2 EL Zitronensaft
Salz, Pfeffer
1 1/2 Kaviarbrot oder Baguette

Zubereitung

1. Knoblauch pellen und fein hacken. Parmesan fein reiben. Rauke putzen, waschen, trockenschleudern und hacken.
2. Weiche Butter mit Zitronensaft, Salz, Pfeffer 3–4 Minuten cremig rühren. Dann den Knoblauch, den Parmesan und die Rauke darunter rühren.
3. Das Brot in 24 Scheiben schneiden. Im heißen Backofen bei 200 Grad auf einem Rost, auf der mittleren Schiene 5–7 Minuten goldbraun rösten (Umluft 180 Grad).
4. Die gerösteten Scheiben dann mit der Rauke-Butter bestreichen und sofort servieren.

Kartoffelsuppe aus dem Kornspitzbrötchen

Rezept für 8 Personen

Zubereitungszeit ca. 30 Minuten
200 g mehlige Kartoffeln
1 Zwiebel (gewürfelt)
40 g durchwachsener Speck (gewürfelt)
60 g Porreestange (gewürfelt)
1 EL Schnittlauchröllchen
1 EL gehackte Petersilie
1 l Gemüsefond, 1/4 l Weißwein
6 cl Sahne
Muskat, Salz, Pfeffer, Thymian, Majoran
4 cl Olivenöl, 8 Kornspitzbrötchen

Zubereitung

1. Knusprige Kornspitzbrötchen halbieren und den weichen Teig herausnehmen.
2. Kartoffeln in der Schale kochen, erkalten lassen, dann pellen und in Würfel schneiden.
3. Speckwürfel mit Olivenöl knusprig anbraten, Zwiebeln und Porree zugeben, alles leicht anschwitzen.
4. Dann mit Weißwein ablöschen, Würfelkartoffeln zugeben und Gemüsefond zugießen, mit Thymian und Majoran, Muskat, Salz und Pfeffer abschmecken und alles ca. 10 Minuten kochen.
5. Alles mit dem Stabmixer pürieren und nochmals abschmecken.
6. Zum Schluss die Sahne zugeben und die Suppe in die ausgehöhlten Kornspitzbrötchen geben und mit Schnittlauchröllchen bestreuen.

Pilzsuppe im Kartoffelkörbchen überbacken (14.20/4)

Rezept für 4 Personen

Zubereitungszeit ca. 15 Minuten
20 g Champignons u. 20 g Pfifferlinge
10 g geräucherter Speck (gewürfelt)
10 g Zwiebeln (gewürfelt)
4 größere festkochende Kartoffeln in der Schale abkochen (vorher waschen) und 3/4 gar kochen
(Kappe abschneiden und aushöhlen)
10 cl Fleischbrühe
10 cl braune Grundsauce
10 cl Sahne, Salz, Pfeffer
2 cl Sherry, 2 cl Weißwein
Muskat, 4 cl Öl, Petersilie
8 g geriebener Käse

Zubereitung

1. Kartoffeln 3/4 garkochen, erkalten lassen und das Innere mit dem Teelöffel herausnehmen und würfeln.
2. Pilze putzen, waschen, abtrocknen und in grobe Würfel schneiden.
3. Speckwürfel in dem Öl knusprig anbraten. Die Zwiebeln dazugeben und leicht mit anschwitzen.
4. Pilze zugeben, leicht anschwitzen und mit den Kartoffelwürfeln abdicken.
5. Dann mit Sherry und Weißwein ablöschen, umrühren und mit der Fleischbrühe und braunen Grundsauce auffüllen. Gewürze zugeben und alles kurz durch ständiges Rühren mit einem Holzlöffel nochmals leicht durchkochen.
6. Zum Schluss die Sahne unterrühren. Alles in die ausgehöhlten Kartoffeln aufteilen, mit etwas geriebenem Käse und Petersilie bestreuen und im Ofen bei +250 bis +300 °C überbacken.

14.20/4
Pilzsuppe

14.21 Mini-Pizzen

Mini-Pizzen eignen sich zum Servieren *in der Bar, bei Empfängen, Cocktailparties* usw. Da sie *klein, knusprig und herzhaft* sind, bleiben sie meist nicht lange liegen und werden sofort verzehrt. Man kann die Mini-Pizzen selbst zubereiten oder als Convenience-Food einkaufen, die Entscheidung bleibt jedem selbst überlassen. Bei den Pizzen kommt es nicht darauf an, sie üppig zu belegen. Gewählt werden sollten einfache und überschaubare Zutaten. Nach der gleichen Rezeptur für Mini-Pizzen kann man auch größere Pizzen herstellen.

Pizza-Boden (Hefeteig)

Rezept (25 Stück)

20 cl warmes Wasser
8 g Trockenhefe
1/2 TL Zucker
250 g Mehl
1/2 TL Salz
1 EL Olivenöl

Zubereitung

1. *Mehl und Salz in eine* **große Schüssel** *sieben und zur Mitte eine* **Mulde** *drücken.*
2. *Hefe, Zucker und warmes Wasser in die Mulde geben und in der* **Mitte verrühren**.
3. *Schüssel* **abdecken** *und an einer warmen Stelle* **15 Minuten** *ruhen lassen.*
4. *Nun alles untereinander kneten und nochmals* **30 Minuten** *abgedeckt ruhen und ziehen lassen. Das Teigvolumen muss sich wie beim Hefeteig* **verdoppeln**.
5. *Teig zusammenschlagen und mit etwas Mehl zu einem glatten Teig* **verkneten**.
6. *Nun den Teig auf einem gemehlten Brett in 1 cm Dicke ausrollen und Kreise von 5 bis 7 cm rund ausstechen oder den Teig zu einer* **dicken Rolle** *mit der Hand rollen und in* **Scheiben schneiden**.
7. *Die Mini-Pizzen auf ein* **geöltes Blech** *legen, zur Mitte eindrücken und mit den gewünschten Zutaten belegen, nochmals abgedeckt 10 Minuten gehen lassen.*
8. *Dann im vorgeheizten Ofen bei 200 Grad C ca.* **15 Minuten backen**.

Zwiebel-Pizza (7 bis 8 cm Durchmesser)

Rezept (22 Stück)

250 g weiße Zwiebeln
100 g Pecorino oder Parmesan
4 EL Olivenöl
Salz, Pfeffer
1 TL Oregano
1 TL Petersilie
2 gepresste Knoblauchzehen

Zubereitung

1. *Böden der Mini-Pizzen vorbereiten und auf ein geöltes Blech legen, den Ofen auf 200 Grad* **vorheizen**.
2. *Zwiebeln in* **grobe** *Würfel schneiden und mit dem Knoblauch, Salz, Pfeffer, Petersilie und Oregano mischen.*
3. *Zwiebeln auf die Mini-Pizzen verteilen, mit geriebenem* **Pecorino bestreuen** *und etwas Olivenöl darüber träufeln.*
4. *Das Blech nochmals* **abgedeckt** *10 Minuten ruhen lassen, dann in den Ofen schieben.*
5. *Nach etwa 15 Minuten sind die Pizzen fertig.*

Mini-Pizzen

Tomatenpesto mit Putenbrust (Salami, Schinken)

Rezept (22 Stück)

20 g frische Basilikumblätter
20 g Pinienkerne, gerieben
3 cl Olivenöl
2 Knoblauchzehen, gepresst
250 frische Tomatenwürfel
Thymian, Pfeffer
2 TL Tomatenmark
35 g Mozzarella
30 g Parmesan
8–12 Streifen Pute (Salami)
8 bis 12 Basilikumblätter

Zubereitung

1. *Tomaten oben etwas einschneiden, in kochendes Wasser 4–6 Sekunden einlegen, herausnehmen und in kaltem Wasser abschrecken.*
2. *Dann die Haut von den Tomaten abziehen, halbieren, die Kerne herausnehmen und das Fleisch in Würfel schneiden.*
3. *Basilikumblätter, Pinienkerne, Olivenöl, Knoblauchzehen, Tomatenwürfel, Salz, Pfeffer und Tomatenmark im Mörser leicht zerstoßen, damit eine Tomatenpesto entsteht.*
4. *Die vorbereiteten Pizzen auf ein geöltes Blech legen, leicht eindrücken und mit dem Tomatenpesto füllen.*
5. *Putenbruststreifen auf die Pesto verteilen.*
6. *Mozzarella und Parmesan mischen und auf die Streifen streuen.*
7. *Die Pizzen auf dem Blech nochmals abdecken und 10 Minuten ruhen lassen.*
8. *Dann im vorgeheizten Ofen bei +200 °C ca. 15 Minuten abbacken.*

Pizzaschnecken gefüllt mit gekochtem Schinken und Ananas (14.21/1)

Rezept (16 Stück)

Pizzateig herstellen
Tomatenpesto herstellen
3 Ananasscheiben, gehackt
2 kleine Zwiebeln, gehackt
200 g gekochten Schinken in feine Würfel geschnitten
80 g Cheddarkäse gerieben
Petersilie

Zubereitung

1. *Pizzateig und Tomatenpesto vorbereiten.*
2. *Pizzateig rechteckig auf ein mehliertes Brett ausrollen und ausstechen, dann auf ein geöltes Blech legen.*
3. *Teig zur Mitte leicht eindrücken (Mulde) und die Pesto darauf streichen.*
4. *Anschließend die Zwiebeln, den Käse und den Schinken darauf verteilen.*
5. *Die Pizzen mit einem Tuch abdecken und 10 Minuten ruhen lassen.*
6. *Im vorgeheizten Ofen bei +200 °C ca. 15 Minuten abbacken, dann mit Petersilie bestreuen.*

14.21/1
Pizzaschnecken gefüllt mit Schinken und Ananas

14.22 Kushi (take away auf Japanisch)

Kushi sind kleine Stücke aus Fisch, Fleisch oder Gemüse. Sie werden auf Bambusspießen zusammen mit Lauchzwiebeln gespickt, in einer Marinade aus Weißwein, Honig und Sojasauce mariniert und dann im Ofen gegrillt. Heute wird Kushi in Japan als Vorspeise oder als kleine Mahlzeit zwischendurch angeboten. Auch hier zu Lande erfreuen sie sich wachsender Beliebtheit.

Kushi mit Putenbrustwürfeln am Spieß gegrillt (14.22/1)

Rezept (6–8 Spieße)

300 g Putenbrustwürfel
2 Stangen Lauchzwiebeln
100 cl Weißwein sweet bis medium
15 g Honig
50 cl Soja-Sauce
Salz
Garnitur nach Belieben

Zubereitung

1. *Putenbrust in Würfel von 15 bis 20 g schneiden.*
2. *Lauchzwiebeln in 3 cm lange Stücke schneiden.*
3. *Jeweils 3 Würfel Fleisch und 2 Stück Zwiebeln abwechselnd an den Spieß stecken.*
4. *Weißwein mit Honig und Sojasauce aufkochen und erkalten lassen.*
5. *Spieße in eine flache Schale legen und die Sauce darübergießen, 5 bis 10 Minuten marinieren.*
6. *Spieße aus dem Fond nehmen, abtropfen lassen und im Ofen bei 240 Grad 4 Minuten grillen.*
7. *Die Spieße nochmals mit der Sauce bepinseln und weitere 4 Minuten grillen.*
8. *Die restliche Sauce einkochen lassen und nach Bedarf über die Spieße geben oder darin eintauchen.*

14.22/1
Kushi mit Putenbrustwürfeln am Spieß gegrillt

14.23 Übungen

1 Welche Speisen bieten Sie zu den Getränken an der Bar an?

1
1. *Zu trockenen Getränken wie Dry-Cocktail, Dry-Sherry, trockenem Wein, Dry-Sekt: Gesalzene Nüsse, Chips, Oliven, würzige Tapas, Pistazien gesalzen.*
2. *Zu halbtrockenen Getränken wie Medium-Cocktails, Olorosso, Demi- Sekt, halbtrockener Wein: Ungesalzene Nüsse, Gorgonzola, Trauben.*
3. *Zu süßen Getränken wie Sweet-Cocktails, Portwein, Cream Sherry, süßen Weinen, süßen Sekten: Schokolade, Feigen, süße Desserts, Datteln.*

2 Welche Snacks regen den Durst an?

2 *Alle pikanten Sundries machen durstig und regen den Appetit an. Generell regt Pikantes und Salziges die Speichelproduktion an und steigert das Verlangen nach mehr.*

3 Erklären Sie folgende Fachbegriffe:
1. Sundries
2. Amuse Gueule
3. Amuse Bouche
4. Ciabatta
5. Finger-Food
6. Cyber-Food
7. Crostini
8. Grissini, 9. Tex-Mex-Gags, 10. Convenience-Food, 11. Bruschetta!

3 **1.** *Unter dem Begriff versteht man allgemein Appetitanreger wie z. B. gesalzene Nüsse und dergleichen.*
2. *Kleine pikante Mundbissen, die mit dem Besteck oder von der Hand gegessen werden können.*
3. *Noch kleinere Mundbissen, die von der Hand oder einem Löffel gegessen werden.*
4. *Gefülltes italienisches Hefebrot.*
5. *Alle kleinen kalten und warmen Happen, die man mit den Fingern isst.*
6. *Ein Snack-Angebot aus z. B. Algen, Bienenwaben und Heuschrecken.*
7. *Kleine geröstete Brotscheiben (Baguette), mit Butter bestrichen oder mit Olivenöl beträufelt und nach Geschmack belegt.*
8. *Dünne geröstete Scheiben aus Brotteig.*
9. *Spezialitäten aus Texas und Mexiko, wie z. B. Spareribs und Tacos.*
10. *Vorgefertigte Speisen, die man nur noch erhitzen oder verfeinern muss.*
11. *Goldbraun geröstete, mit Knoblauch eingeriebene und von Olivenöl*

durchtränkte Scheibe Landbrot, die verschiedenartig belegt werden kann.

4 Unterscheiden Sie zwischen Cocktailhappen und Canapés.

4 Cocktailhappen:
Ausgestochenes Graubrot, Schwarzbrot oder Weißbrot in Größe von 3,4 bis 3,6 cm. Sie werden am Spieß von der Hand gegessen.
Canapés:
Doppelte Größe der Cocktailhappen von 5,5 bis 6,5 cm. Sie werden mit der Hand oder von einem Teller mit Mittelbesteck gegessen.

5 Wie können Canapés angerichtet werden?

5 *Sie werden sortengemischt hintereinander oder übereinander gelegt.*

6 Nennen Sie 6 Grundsätze, die bei den Garnituren von Canapés und Cocktailhappen zu berücksichtigen sind.

6 **1.** *Es sollen nie mehr als 3–4 Garnituren auf einem Canapé angerichtet werden.*
2. *Die Garnituren müssen farblich und geschmacklich aufeinander abgestimmt sein.*
3. *Je kleiner das Canapé ist, um so kleiner sollte auch die Garnitur ausfallen.*
4. *Die Anrichteweise sollte übersichtlich sein und das Gesamtbild der Platte abrunden.*
5. *Die Garnituren sollten exakt geschnitten und gleichmäßig aufgelegt werden.*
6. *Wichtig ist, dass alle Garnituren von frischen Produkten hergestellt werden.*

7 Nennen Sie einige Garnituren zu 1. Fleisch, 2. Fisch, 3. Käse

7 **1. Zu Fleisch:**
Saucen: Remoulade, Mayonnaise
Kräuter: Petersilie, Schnittlauch
Gemüse: Tomatenecken, Perlzwiebeln, Gurken, Cornichons, Spargelspitzen
Obst: Ananas, Weintrauben, Orangen, Mandarinen, Erdbeeren, Preiselbeeren
Nüsse: Walnuss, Paranuss, Pistazien, Haselnuss
2. Zu Fisch:
Sahnemeerrettich, Dill, Kapern, gefüllte Oliven, Kaviar, Apfelscheiben, Kiwi
3. Zu Käse:
Tomatenecken, Salzstangen, Radieschen, Petersilie, Kresse, Paprika, Obst, Zwiebeln

8 Erklären Sie den Unterschied zwischen Gourmet, Gourmand, Gastronom und Gourmandise

8 **Gourmet:** *Er ist ein Weinkenner und Feinschmecker, der gutes Essen zu schätzen weiß und nicht zwingend viel essen muss und kann, er genießt vielmehr.*

Gourmand: *(frz. Vielfrass). Ein Feinschmecker, der genießt was er isst. Bei ihm kommt es nicht auf die Menge des Essens an. Er isst gelegentlich vielleicht etwas zuviel des Guten.*
Gastronom: *Er ist ein Feinschmecker, der sich auch in der Zubereitung der Speisen auskennt. Er kann sogar ein Kochkünstler sein, der ein eigenes gehobenes Restaurant selbstständig führt.*
Gourmandiese: *Es sind Snacks, zubereitet mit besonderen Delikatessen z. B. mit Hummer, Kaviar, Gänsestopfleber usw.*

9 Was verstehen Sie unter Sandwiches, Bruschettas, Ciabattas, Tortilla?

9 Sandwiches: *Dünne Scheiben Weißbrot, deren Kruste man abgeschnitten hat, belegt und wieder zuklappt.*
Bruschettas: *Mit Knoblauch eingeriebene und mit Olivenöl durchtränkte Scheiben Landbrot.*
Ciabatta: *Belegtes italienisches Hefebrot.*
Tortilla: *Fladenbrot aus Mexiko, das man füllt und wieder faltet und zusammengerollt genießt.*

10 Welche Suppen würden Sie an der Bar anbieten?

10 *Tomatensuppe, Goulaschsuppe, Zwiebelsuppe, Schwarze-Bohnen-suppe, Ochsenschwanzsuppe*

11 Was verstehen Sie unter Antipasti?

11 *Es sind italienische Vorspeisen, die man zu jeder Gelegenheit reichen kann.*

12 Nennen Sie geeignete Garnituren für Käse-Canapés.

12 *Weintrauben, Orangen, Mandarinen, Oliven, Salzstangen, Zwiebelringe, Petersilie, Cocktail-Kirsche.*

13 Was verstehen Sie unter den Begriffen Saté, Kebabs und Tapas?

13 Saté: *Satéspieße bereitet man in Indonesien zu. Sie werden herzhaft gewürzt.*
Kebabs: *Allgemein scharf gewürztes und gebratenes Fleisch oder Fisch am Spieß.*
Tapas: *Heißt so viel wie „Deckel". Die Happen werden in Spanien auf das Sherryglas gelegt, um Verunreinigungen abzuhalten.*

14 Was verstehen Sie unter Mini-Pizzen?

14 *Sie kommen aus Italien und werden aus einem lockeren Hefeteig hergestellt, der nach Geschmack herzhaft belegt und dann im Ofen gebacken wird.*

Kapitel 15

Betriebsorganisation und Kalkulation

15.1 Barführung

Schon bei der Planung einer Bar sollte man sich darüber Gedanken machen, wer diese Bar führt.

Barmann ist Besitzer der Bar	**Der Betriebsinhaber** *hat die Bar selbst gebaut oder erworben und ist gleichzeitig auch sein eigener Barmann. Der Erlös geht durch seine Hände.* *Diese Konstellation hat den Vorteil, dass der Barmann selbst bestimmen kann, welche Einrichtung, Dekoration usw. gekauft wird. Er bestimmt selbst* **die Barkarte mit den Preisen**. *Selbstverständlich übernimmt er auch* **das Risiko** *der Bar. Er ist dafür verantwortlich, dass er den gewünschten Gästekreis als Kunden erhält und dass die Bar floriert.*
Barmann arbeitet auf Rechnung des Hauses	*Der Besitzer holt sich einen* **erfahrenen und geschulten** *Barmann. Dieser sollte gute Zeugnisse nachweisen können, ein gutes Auftreten haben, über Menschen- und Sprachkenntnisse verfügen. Führt der Barmann die Bar* **auf Rechnung des Hauses**, *so müssen folgende Voraussetzungen getroffen werden:* 1. **Bestandsaufnahme** *aller vorhandenen Produkte. Bei der Erstinventur werden sämtliche Spirituosen, Südweine, Liköre usw. in cl berechnet und in ein* **Inventarbuch** *oder eine entsprechende Software eingetragen. Sonstige Produkte wie Eier, Früchte und Gewürze werden ebenfalls eingetragen.* 2. *Diese Aufnahme ergibt den* **Barstock**, *für den der Barmann mit seiner Unterschrift haftet.* 3. *Alle Waren, die später angefordert werden, müssen vom Barmann mit der* **Anforderungsliste** *(Lieferschein) aus dem Keller oder Getränkelager bezogen werden. Der Kellermeister oder Inhaber der Bar benötigt die Durchschrift der Anforderungsscheine.* 4. *Der Barmann muss, bevor das Getränk serviert wird, einen* **Bon** *ausstellen. Die Durchschrift des Bons wird im Bonbuch festgehalten. Bei Einsatz eines PC wird jede Buchung automatisch festgehalten.* 5. *Eine* **Inventur** *sollte regelmäßig, mindestens einmal im Monat, durchgeführt werden.* 6. *Durch die Addition des Barbestandes (Barstock) mit der im Laufe des Monats bezogenen Ware kommt man auf den Totalbestand. Von diesem Betrag werden die verkauften Waren (Cocktails, sonstige Getränke) abgezogen, um den* **neuen Warenbestand** *zu erhalten.*
Barmann arbeitet auf eigene Rechnung	*Der Barinhaber stellt die Betriebsräume und alle Einrichtungen zur Verfügung. Folgende Schritte sind dabei zu beachten:* 1. *Der Barmann übernimmt den* **ganzen Barstock**. 2. *Im* **Inventarbuch** *oder einer Inventar-Software wird der Stock festgehalten.* 3. *Der übernommene Barstock wird gleich bezahlt oder der Barmann hinterlegt eine* **Kaution**. *Die Ware kann auch auf* **Kommission** *übernommen werden.* 4. *Bei diesem System ist* **keine Barkontrolle** *notwendig. Man verlässt sich auf die Ehrlichkeit des Barmanns. Er sollte jedoch auch für sich eine Kontrolle durchführen um den Erlös zu überprüfen.* 5. *Neue Bestellungen werden* **sofort bar bezahlt und abgerechnet**. *Um den Angestellten einen Anreiz zu geben, wird bei jeder Flasche oder Einheit ein* **Schwund** *von 6 % angerechnet.* 6. *Die gekaufte Ware ergibt für den Inhaber den* **Monatsumsatz**.
Barmann als Pächter einer Bar	*Als Pächter wird dem Barmann die* **gesamte Einrichtung** *der Bar zur Verfügung gestellt. Der* **Wareneinkauf** *wird von ihm vorgenommen und er zahlt dem Besitzer eine Fest- oder Umsatzpacht.* **Alle Nebenkosten** *wie Strom, Wasser, Personal, Heizung, Müllabfuhr usw. und der Einkauf von Barutensilien müssen vom Pächter getragen werden.*
Bar in Franchise	*Eine Betriebsform im Einzelhandel, bei der ein Unternehmer seine Produkte durch Einzelhändler in Lizenz verkaufen lässt. Interieur und Marktauftritt der Bar sind meist vorgeschrieben, sodass der Eindruck einer Bar-„Kette" entsteht.*

15.2 Die Bon- und Getränkekontrolle

Nach dem Gesetz muss jede Ware auf einer Kasse (EDV-Kasse) gebont werden, die dann anschließend die Rechnung mit der Angabe der Mehrwertsteuer auswirft.

Maßnahmen zur Bonkontrolle

1. Getränkebestellung	*Der Barmann nimmt die Getränke-Cocktail-Bestellung vom Gast entgegen. Sie kann auch im Restaurant entgegengenommen werden.*
2. Einbonieren	*Die Bestellung wird in der Bar oder im Restaurant in die Kasse eingegeben. Sobald die Bestellung ausgedruckt wurde, beginnt man mit der Zubereitung des Cocktails. Viele Barmänner bonieren erst später die zubereiteten Getränke. Hier besteht die Gefahr, dass man ein Getränk vergisst und dem Gast nicht in Rechnung stellt. Den im Restaurant ausgestellten Bon reicht man an den Barmann weiter.*
3. Kontrolle	*Bei Eingabe in die PC-Kasse werden die Bons automatisch kontrolliert und festgehalten. Anders sieht es bei der Führung von Bonbüchern aus. Hier müssen die Bons nach Anzahl der Cocktails, anhand von Preis und Addition kontrolliert werden. Die Bons müssen gesammelt werden, um einen genauen Verbrauch der Getränke feststellen zu können.*
4. PC-Eingabe	*Meistens werden die Getränke per Codenummer eingegeben und die Bons kommen mit der Codenummer versehen als Ausdruck heraus. Wichtig ist dabei, dass auch wirklich das richtige Getränk herausgegeben wird.*
5. Betrug	*In der Bar geht nichts ohne Vertrauen. Manche Ober annoncieren die Getränke oder Cocktails, geben aber keinen Bon dafür ab. Bei der Getränkekontrolle muss das später festzustellen sein. Wer betrügen will, fällt auch irgendwann einmal damit auf, was selbstverständlich Konsequenzen nach sich ziehen würde.*

Die Getränkekontrolle

1. Notwendigkeit der Getränkekontrolle	**Das Barpersonal sollte geprüft und überprüft werden.** *1. Wichtig ist, dass keine eigenen Getränke mitgebracht und verkauft werden.* *2. Es darf nicht zu viel oder zu wenig eingeschenkt werden.* *3. Die Ware muss zu einem angemessenen Preis verkauft werden.* *4. Getränke dürfen niemals durch zu viel Wasser, Säfte oder Würfeleis verlängert werden.*
2. Einführung eines Kontrollsystems	**1. Trinkeinheiten müssen festgelegt werden.** *– Maßeinheiten müssen für jedes Getränk festgelegt werden.* *– Maßeinheiten müssen in cl angegeben werden* **2. Bestandsmenge wird in der Bar festgelegt.** *– Man sollte keinen zu großen Bestand führen, da so eine bessere Kontrolle möglich wird.* **3. Rezepte der Mixgetränke müssen festgelegt werden.** *– Nur so lässt sich eine genaue Kontrolle der Einhaltung der Rezepte durchführen.* **4. Code-Nummern-System muss für alle Getränke identisch sein.** *– Bei Eingabe der Bons in der Bar oder im Restaurant muss einheitlich registriert werden.* *– Die Nummerierung erleichtert die Arbeit bei der Inventur.*

15.3 Führen einer Warenverbrauchsliste

Mit Hilfe des nachfolgenden *Beispiels* wird das Führen einer Warenverbrauchsliste oder einzurichtenden Software sowie die Errechnung des Soll- und Ist-Verbrauches verdeutlicht.

Rezept: Alexander
2 cl Crème de Cacao
2 cl Weinbrand
2 cl Sahne
1 g Muskat

Rezept: Manhattan
4 cl Bourbon-Whiskey
2 cl Vermouth Rosso
1 Cocktail-Kirsche mit Spieß
1 Tropfen Angostura

Anzahl verkaufter Cocktails	Drink	Rahm	Crème de Cacao	Weinbrand	Muskat (Prisen)	Bourbon-Whiskey	Vermouth Rosso	Cocktail-Kirsche mit Spieß	Angostura (Tropfen)
150	*Alexander*	*300 cl*	*300 cl*	*300 cl*	*150 Pr.*				
200	*Manhattan*					*800 cl*	*400 cl*	*200 St.*	*200 Tr.*
Summe Verbrauch		*300 cl*	*300 cl*	*300 cl*	*150 Pr.*	*800 cl*	*400 cl*	*200 St.*	*200 Tr.*
Summe in Litern und Stück		*3 l*	*3 l*	*3 l*	*150 Pr.*	*8 l*	*4 l*	*200 St.*	*200 Tr.*
Abzüglich 6 % Marge		*0,18 l*	*0,18 l*	*0,18 l*	*9 Pr.*	*0,48 l*	*0,24 l*	*12 St.*	*12 Tr.*
Soll-Verbrauch in Litern und Stück		**2,82 l**	**2,82 l**	**2,82 l**	**141 Pr.**	**7,52 l**	**3,76 l**	**188 St.**	**188 Tr.**

Errechnung des Soll- und Ist-Verbrauchs

1. Der Soll-Verbrauch	*ergibt sich aus der Warenverbrauchsliste*	
2. Der Ist-Verbrauch	*ergibt sich aus dem Anfangsbestand (lt. Anfangsinventur)*	*12.000,00 €*
	+ Zugang (Warenbezug)	*24.000,00 €*
	= Zwischensumme	*36.000,00 €*
	./. Endbestand (lt. Schlussinventur)	*6.000,00 €*
ergibt	**Ist-Verbrauch**	**30.000,00 €**

Der Betrag von 30.000,00 € muss durch die Bons verkaufter Getränke nachgewiesen werden. Hat der Barmann zu wenig Bons, so hat er zu viel ausgeschenkt. Hat der Barmann zu viele Bons, so hat er Ware selbst zugekauft oder Bestellungen nicht gebont.

15.4 Personal

Einteilung des Personals in:

- Bar Manager (Bar Chef)
- Barmann und Barmaid (Barkeeper)
- Bar-Commis
- Bar-Auszubildender
- Bar-Aushilfen

Service vor der Bartheke:

- Bar Headwaiter
- Bar Waiter
- Bar-Commis
- Service-Aushilfen

Voraussetzungen des Barpersonals

1. Umgangsformen	*Nicht zu laut, zu leise und zu aufdringlich. Der Gast ist als „König" (**guter Freund**) zu behandeln. Gute Umgangsformen wie dem Gast zuhören können, trösten können, beraten können usw. sind gefragt.*
2. Sauberkeit	*Der Barmann und die Barmaid sollten **sauber** am Körper und in der Kleidung sein. Auch alles Übertriebene bzgl. des Aussehens und der Aufmachung sollte man weglassen.*
3. Kenntnisse	*Er oder sie sollten den Beruf gelernt und somit gute Sachkenntnisse haben. Die Landessprache und als Fremdsprachen Englisch und Französisch sollten Bedingung sein.*
4. Gesundheit	*Man setzt voraus, dass der Barmann den **körperlichen** Anstrengungen gewachsen ist.*
5. Ehrlichkeit	*Grundvoraussetzung dem Gast und sich selbst gegenüber. Besonders bei der Erstellung der Abrechnung für den Gast und bei der Inventur ein Muss. Auch beim Getränkeausschank zählt absolute Ehrlichkeit.*
6. Kleidung	*In größeren Betrieben sind schwarze oder farbige Westen üblich. Außer einer Armbanduhr sollte kein Schmuck getragen werden. Die Kleidung wie z. B. Fliege oder Krawatte, Hose, Hemd und Schuhe, sollten sauber und gepflegt erscheinen.*
7. Trinkgelder	*Können und dürfen angenommen werden, aber nur, wenn man auch etwas dafür geleistet hat. Nicht vergessen, sich beim Gast zu bedanken!*

Aufgaben des Barpersonals

1. Bar Manager, Bar Chef	*In größeren Bars und in Bars der Hotels oder einer Betriebsgesellschaft hat man einen Bar Manager. Er ist verantwortlich für Einkauf, Personaleinteilung, Personal- und Gästebetreuung. Er sollte das Personal optimal einsetzen können. Weiter sollten Betriebsergebnisse, Analysen und Kontrollen von ihm durchgeführt werden. Er hat eine Vorbildfunktion und ist für den reibungslosen Ablauf in der Bar verantwortlich. Weiter erstellt er die Barkarte, richtet die Bar ein und achtet auf die hygienischen Vorschriften.*
2. Barmann oder Barmaid	*Oft hat er keinen Bar Manager über sich stehen und somit dessen Aufgaben (s.o.). Er sollte auf jeden Fall den Beruf erlernt und die Ausbildereignungsprüfung abgelegt haben, damit er auch Barauszubildende ausbilden kann. Meistens ist er ein gelernter Restaurantfachmann, der schon öfter in der Bar ausgeholfen hat. Als Fachmann hat er mindestens die Prüfung als Barmixer oder sogar Barmeister abgelegt. Optimalerweise hat er bereits viele Länder besucht und dort in den verschiedenen Bars gearbeitet und sich Anregungen geholt.*
3. Bar-Commis	*Um Bar Chef zu werden, sollte man mindestens 1 Jahr in der Bar als Bar-Commis gearbeitet haben. Er hat meistens den Beruf des Restaurantfachmanns gelernt und bestanden. Seine Aufgabe besteht darin, dem Bar Chef zu helfen, Gäste vor der Bar zu bedienen, das Leergut zu versorgen und bei der Mise en place mit zu planen.*

4. Auszubildender	*Neben seiner Ausbildung als Restaurantfachmann arbeitet er auch mindestens 2 Jahre in der Bar, um später seine Barmixerprüfung ablegen zu können. Er untersteht dem Barmann und Bar-Commis und hat die gleichen Arbeiten wie ein Bar-Commis zu verrichten.*
5. Bar-Aushilfen	*Werden meistens stundenweise eingesetzt. Sie werden direkt vom Bar Chef angelernt, kennen sich in der Bar aus und sind dem Bar Chef behilflich.*
6. Bar Headwaiter Bar Waiter Bar-Commis	*Sie werden vor der Bartheke eingesetzt, bereiten also nicht die Bargetränke zu, sondern servieren die zubereiteten kalten und warmen Getränke und Speisen.*

Der Umgang mit dem Personal

Nicht jeder kann mit seinen Mitarbeitern umgehen und ist somit zu deren Führung ungeeignet. Das hat mehrere Gründe: Er ist nicht befähigt, hat es nicht gelernt, will es nicht lernen oder hat keine Zeit dazu, sich mit Personalproblemen auseinander zu setzen. Als Führungskraft sollten die nachfolgenden Regeln jedoch angewandt werden, um sich in sein Personal hineindenken zu können.

1. Vorbild sein	*Es ist unmöglich vom Personal Dinge zu verlangen, die man nicht* **selbst vorlebt**. *Der Chef oder Ausbilder sollte dem Personal ein Vorbild sein, nur so wird er voll akzeptiert.*
2. Planen	*Man sollte sich Gedanken darüber machen, wie man am besten sein Personal anspricht. Führungskräfte sollten sich, in Gegenwart Dritter, bevorzugt mit* **Sie** *ansprechen. Ausnahmen bestätigen die Regel.*
3. Arbeits-einteilung	*Geben Sie einem Mitarbeiter nur die Aufgabe auf, die er auch bewältigen kann. Bekommt ein Mitarbeiter zu viel aufgetragen, arbeitet er unkonzentriert, phlegmatisch und ohne Lust, weil er den Erfolg nicht sieht.*
4. Belobigung	*Nichts ist wichtiger als die* **Belobigung**. *Der Arbeitnehmer fühlt sich bestätigt und arbeitet gerne weiter.*
5. Anerkennung	*Mitarbeiter, die 10 Jahre oder länger bei Ihnen beschäftigt sind, sollten von Ihnen eine Anerkennung, z. B. in Form eines Geschenkes, Blumenstraußes, einer Urkunde, Sonderurlaub o. Ä. erhalten. Der Arbeitnehmer freut sich darüber und fühlt sich stärker mit Ihrem Betrieb verbunden.*
6. Motivieren	*Motivieren Sie Ihre Mitarbeiter, indem Sie vom bleibenden Erfolg, guten Ergebnissen und Gehaltserhöhung sprechen. Beteiligen Sie Ihre Mitarbeiter am Produkt bei Mehrverkauf und durch anteilige Beträge. Freundlichkeit und Begeisterungsfähigkeit kann man von seinen Mitarbeitern nicht fordern, sie müssen durch persönlichen Einsatz immer wieder verdient werden.* **Einige Regeln zur Mitarbeiter-Motivation:** *1. Mitarbeiter lassen sich nur fördern, wenn sie auch gefordert werden.* *2. Mitarbeiter sollte man nie bestrafen.* *3. Neue Mitarbeiter brauchen verstärkt Lob und Anerkennung.* *4. Herausragende Leistungen sollten sofort anerkannt werden.* *5. Unterdurchschnittliche Leistungen dürfen nicht geduldet werden.* *6. Die Freude bei der Arbeit sollte nicht vergessen werden.* *7. Man nehme sich Zeit für die Mitarbeiter und höre zu.* *8. Man lege mit dem Mitarbeiter Ziele fest.* *9. Man sollte offen für Vorschläge und Anregungen sein.* *10. Verstehen Sie Ihre Mitarbeiter und gewinnen Sie sie für sich.*
7. Selbst-Motivation	*Es gibt eine große Anzahl von Faktoren zur Selbstmotivation:* *Selbstfürsorge, Stressvermeidung, Problemlösung, Innere Harmonie, Positive Lebenseinstellung, Freude am Schenken, Sofort-Erledigung, Positive Kontakte, Lachen, Bewusste Erholung, Gesundes Leben, Ausstrahlung, Vertrauensfähigkeit und Weiterentwicklung. Unterstützen Sie Ihre Mitarbeiter dabei, sich selbst zu motivieren!*
8. Weiterbildung	*Um gute Ergebnisse im Betrieb zu erreichen, sollte man die Mitarbeiter durch Schulungen aus- und weiterbilden lassen. Der Betrieb bleibt dadurch wettbewerbsfähig. Die Weiterbildungsschulungen setzen sich zusammen aus: On-the-job-Training, externe Seminare, Kurse und Vorträge, interne Videoschulung, Computer-Lehrgänge im Internet und Studieren von Fachliteratur.*

15.5 Kalkulation an der Bar

Um richtig kalkulieren zu können, muss man mehrere Kriterien beachten, das gilt insbesondere für den Fachmann. Nur so lässt sich auf Dauer eine Gewinnbasis für den Betrieb der Bar legen.

Einkauf

Beim Einkauf wird der Barprofi schon vor die erste Kalkulationsaufgabe gestellt. Man kauft bereits zielgerichtet unter Berücksichtigung der nachstehenden Kriterien ein.

Aussehen	*Alle Waren, die Sie einkaufen, sollten gut, frisch und fest aussehen. Hier kann der Schein aber auch trügen. Kaufen Sie z. B. für Ihr Restaurant eine ganze Kiste Orangen oder Zitronen ein, so sieht die obere Reihe phantastisch aus, greifen Sie aber mal tiefer in die Kiste, stellen Sie vielleicht fest, dass dort faules Obst liegt. Selbst beim Erdbeereinkauf sollten Sie mal die Schale umdrehen und die Erdbeeren von unten beschauen. Kontrolle ist unbedingt notwendig!*
Barutensilien	*Es ist wohl selbstverständlich, dass alle gängigen Barutensilien vorhanden sind, wie z. B. Shaker, Strainer, Elektro-Mixer, Muskatreibe, Servietten, Gläser u. a. Oder sollten Sie noch etwas mit einkaufen?*
Bedarf	*Kaufen Sie auch wirklich nur das ein, was Sie für die Zubereitung der Cocktails brauchen. Einige Spirituosen oder Südweine könnten Sie auch auf Vorrat einkaufen, da sie sich in der Flasche gut lagern lassen. Es macht beim Gast immer einen guten Eindruck, wenn Sie gut ausgerüstet sind.*
Bei welchem Händler kaufen Sie ein?	*Es steht Ihnen offen, ob Sie beim Händler, beim Weingut, beim Delikatessengeschäft oder im Lebensmittelgeschäft einkaufen. Wichtig ist, dass die Ware einen guten Preis und Top-Qualität hat.*
Exoten, Südfrüchte	*Orange ist nicht gleich Orange. Falls Sie Orangensaft auspressen möchten, so kaufen Sie kleine, saftige Orangen. Große Orangen haben viel mehr Fruchtfleisch, eignen sich aber weniger zum Pressen. Große Orangen legt man in einen Obstkorb oder schneidet Filets daraus. Bei großen Orangen achten Sie darauf, dass Sie die Sorte „Navels" einkaufen, da diese keine Kerne haben. Grundsätzlich entfernt man jeden Kern aus dem Saft und der Garniturscheibe, da es erst mal unschön aussieht, und wohin sollte der Gast den Kern geben? Ein kleiner Trick: Bevor Sie die Orangen und Zitronen pressen, reiben Sie sie mit der Handfläche auf der Theke oder auf dem Tisch, Sie erhalten dann viel mehr Saft. Orangen und Zitronen sollten für die Verwendung als Garnituren ungespritzt oder heiß abgewaschen sein.*
Fruchtsäfte	*Wenn möglich, verwenden Sie nur frisch ausgepresste Säfte von Orangen oder Zitronen. Versuchen Sie einmal einen Cocktail mit einem frisch ausgepressten Orangensaft oder einem Orangensaft aus der Flasche. Sie werden den Unterschied feststellen. Also für den Gast nur das Beste!*
Gliederung des Einkaufszettels (Checkliste)	**Folgendes ist zu berücksichtigen:** *1. Welche Spirituosen und Weine werden benötigt? Z. B. Weinbrand, Liköre, Wein, Sekt, u. a.* *2. Welche alkoholfreien Getränke müssen eingekauft werden: Mineralwasser, Fruchtsäfte, Limonaden (Coca Cola, Ginger Ale, Tonic u. a.) und Sirups?* *3. Vielleicht benötigen Sie auch Milch, flüssige Sahne, Eier und Gewürze u. a.* *4. Auf keinen Fall dürfen Garnituren fehlen, z. B. Orange, Zitrone, Mango, Limette u. a.* *5. Sonstiges Zubehör, was man immer in der Bar haben sollte: Trinkhalme, Sticks, Untersetzer.* *6. Wie wäre es mit kleinen Happen oder Snacks für Ihre Gäste?*
Limonaden- und Fruchtsaft-Getränke	*Kaufen Sie bitte nur kleine Flaschen ein, damit jeder Gast auch ein frisches und nicht abgestandenes Getränk bekommt. Große Bars kaufen selbstverständlich größere Gebinde ein.*
Milch und Sahne	*Nur frisch oder ultrahocherhitzt verwenden. Beides könnte sauer werden und Sie müssten bei zu großer Einkaufsmenge die Ware wegwerfen, das macht Ihren Cocktail keinesfalls preiswerter!*

Obst, Zitrusfrüchte	*Wie bei den Säften, sollten Sie grundsätzlich nur frisches Obst verwenden, nicht z. B. Ananas aus der Dose. Die Früchte sollten reif, aber nicht zu reif, und fest sein, damit man sie auch schneiden und an das Glas stecken kann, sofern sie als Garnitur dienen.*
Preis	*Er ist wohl das wichtigste Einkaufskriterium. Bevor Sie einkaufen, schauen Sie sich die Preise hier und dort an. Bei gleichen Marken und Sorten und bei gleicher Qualität kann der Preisunterschied erheblich sein. Machen Sie sich die Mühe des Preisvergleichs bei verschiedenen Händlern und das Einkaufen macht Ihnen Spaß, da Sie z. B. Orangen und Bananen in dem einen Geschäft preiswerter bekommen haben als es in den anderen Geschäft der Fall war.*
Sekt, Champagner	*Sekt und Champagner sollte immer frisch eingekauft und verbraucht werden, also nie einen Sekt über Jahre liegen lassen, da die Kohlensäure entweicht. Ausnahmen bilden die Jahrgangssekte.*
Sirups	*Bei Sirupflaschen achten Sie auf das Haltbarkeitsdatum. Sie sollten abends nach Gebrauch von innen und außen an der Öffnung der Flasche gesäubert werden.*
Snacks	*Salzstangen, Erdnüsse, Chips kaufen Sie nur frisch ein und nicht in zu großen Behältern und Gebinden. Bei verpackten Waren sollten Sie auf das Haltbarkeitsdatum achten. Haben Sie eine Gesellschaft von 100 oder mehr Personen zu bewirten, so kaufen Sie natürlich mehr ein, aber überlegen Sie auch hier, wie viel Sie tatsächlich benötigen. Haben Sie zu viel eingekauft, so müssten die Snacks zu lange gelagert werden, was oft einen Geschmacksverlust zur Folge hat.*
Von welcher Herstellerfirma kaufen Sie Ihre Getränke ein?	*Nehmen wir wieder einmal das Beispiel Sherry. Ist er von der Firma Sandeman, Osborne, Don Pablo oder Tio Pepe? Sie sollten die Geschmacksrichtungen der Firmen kennen, wenn nicht, lassen Sie sich vom Fachmann oder Verkäufer beraten.*
Welche Getränkesorte kauft man ein?	*Sie haben auf Ihrer Checkliste nur Sherry stehen ohne jegliche Erläuterung. Beim Sherry unterscheidet man z. B. Fino Dry, Manzanilla, Amontillado, Olorosso, Cream usw. Für die Einkaufsentscheidung sollten schon die einzelnen Geschmacksrichtungen bekannt sein, denn sie sind nicht immer in der Rezeptur angegeben.*

Lagerung

Bei der Vorratshaltung ist es von Bedeutung, ob Sie die Waren hell, dunkel, kühl oder bei Zimmertemperatur und eingepackt, abgedeckt oder ausgepackt lagern. Die eingekauften Waren dürfen nicht wahllos im Raum abgestellt oder sogar stehen gelassen werden. Verheerende Folgen könnten daraus entstehen. Frisches Obst sollte man zum Lagern nie waschen, erst bevor man es zum Verzehr verwendet. Bei guter Lagerung bleiben die Vitamine, Mineralstoffe und Fruchtsäuren optimal erhalten.

Art der Lagerung

Exoten, Südfrüchte	**Ananas**	*Ananas sollten nicht unter 5 °C gelagert werden, sonst entstehen durch Unterkühlung braune Flecken am Fruchtfleisch. Immer aufrecht lagern.*
	Banane	*Sollte man bei Zimmertemperatur (18 °C) abgedeckt lagern (nie im Kühlschrank). Selbst wenn die Schale bereits braun und fleckig ist, ist das Fruchtfleisch noch weiß und verwendbar.*
	Feigen	*Nicht zu kühl (nie unter 5 °C) lagern. Die Früchte sollten immer am Stiel angefasst werden. Sie können wie Frischobst mit Schale und Kernen gegessen werden. Nicht zu lange lagern, da sie dann zu weich werden.*
	Karambole	*Einzeln und aufrecht verpackt lassen und nicht unter 5 °C lagern. Das Fruchtfleisch wird gewaschen und in Scheiben geschnitten. Eine grüne Frucht ist besser zum Garnieren und eine bernsteinfarbene Frucht zum Verzehr geeignet.*

	Kiwi	*Die feste Frucht ist sehr lange im Gemüsefach des Kühlschrankes haltbar. Wenn man eine weiche Kiwi durchschneidet, kann man sie wie ein Ei auslöffeln.*
	Kumquat	*Sollte nicht zu kühl (nie unter 5 °C) lagern. Sie wird gewaschen und kann dann ganz verzehrt werden.*
	Mangos	*Sind sehr empfindlich gegen Druck, also einzeln und weich (auf Watte) lagern. Verschiedene Mangosorten mit grüner Schale sind reif und genießbar. Aufpassen: Mangosaft verursacht schwer entfernbare Flecken.*
	Nashi	*Die Frucht hat eine Apfelform mit blassgelber, sehr dünner essbarer Schale. Das saftige helle Fruchtfleisch hat einen erfrischenden Birnengeschmack. Nicht zu kühl (nie unter 5 °C) lagern.*
	Papaya	*Lassen Sie die Frucht im temperierten Raum auf weicher Unterlage liegen und reifen. Sobald die grüne Außenfarbe verschwunden ist, kann man sie essen. Die Frucht ist besonders geeignet für Schlankheitsdiäten und -getränke.*
	Physalis	*Die Früchte nicht zu kalt lagern (nie unter 5 °C). Die Früchte werden von der Umhüllung (Blättern) gelöst und dann roh verzehrt.*
	Tamarillos	*Länglich-ovale, eiförmige Früchte mit braunroter Schale. Innen geleeartiges Fruchtfleisch mit essbaren Kernen. Die Früchte werden gewaschen und die Haut abgezogen. Nicht zu kühl (nie unter 5 °C) lagern.*
Obst	Apfel Birne Zwetschge Kirschen Weintrauben	*Das Obst sollte in einem dunklen, luftigen und kühlen Raum gelagert werden. Auf jedem Fall frostfrei. Fast jedes Obst ist fachkundlich sofort für den Verzehr geeignet und im feuchten Kühlhaus zu lagern. Die relative Luftfeuchtigkeit sollte mindestens 85 % betragen. Liegt es zu trocken, verliert es die Vitamine und Mineralstoffe. Erst vor dem Verzehr sollte das Obst kurz abgewaschen werden. Sobald es zugedeckt im Kühlschrank lagert, hält es sich besser, kann jedoch nicht mehr reifen. Achten Sie bei geschlossenen Behältern darauf, dass sich keine faulen Nester bilden, diese bitte sofort entfernen.*
Milchprodukte	Milch Sahne Joghurt	*Achten Sie beim Einkauf auf das Haltbarkeitsdatum, die Produkte sollten dann bis zur angegebenen Zeit verzehrt werden. Man sollte sie ungeöffnet im Kühlschrank bei +4 bis +6 °C lagern und bei einer Luftfeuchtigkeit von 85 %.*
Frucht-Sirups **Sirups**	Mango Grenadine Banane usw.	*Mindestens bei +6 °C geschlossen lagern. Sobald die Flasche geöffnet ist, sollte man sie täglich am Hals säubern und trockenwischen. Achten Sie auf das Haltbarkeitsdatum. Auf Vorrat werden sie in einem dunklen, kühlen Raum stehend gelagert.*
Fruchtsaftgetränke, **Mineralwasser**	Orangensaft Limonaden (Tonic)	*Fruchtsaftgetränke stehen geschlossen bei +6 bis +8 °C im Kühlschrank. Sie werden bei diesen Temperaturen auch ausgeschenkt. Bevor man eine Flasche öffnet, stellt man sie auf den Kopf oder schüttelt sie, damit das Fruchtfleisch gleichmäßig verteilt wird. Zwecks Vorratshaltung können sie auch in einem dunklen, kühlen Raum stehen. Achten Sie auf das Haltbarkeitsdatum.*

Lagerung alkoholischer Getränke

Bier	Pils, Altbier, Bock Märzen Weißbier usw.	*Auf Vorrat lagert Bier an einem kühlen, trockenen, dunklen Ort. Vor dem Ausschank wird es im Bierkeller oder im Kühlschrank bei +6 bis +8 °C gelagert. Bier wird in den verschiedenen Bundesländern mehr oder weniger gekühlt getrunken (von +8 bis +12 °C). Sie müssen sich darauf einstellen. Ungekühltes deutsches Bier schmeckt nicht, es sei denn, Sie würden aus gesundheitlichen Gründen ein nicht zu kaltes Bier trinken. Sobald die Flasche geöffnet ist, sollte sie leer getrunken werden. Fässer stehen unter Kohlensäuredruck im gekühlten Bierkeller. Stehen sie jedoch zu lange, so können auch sie trübe werden. Die Luftfeuchtigkeit sollte bei 90 % liegen.*
Wein	Weißwein	*Bei Weißwein kommt es darauf an, ob die Flasche einen Korken- oder Kronkorkenverschluss hat. Auf Vorrat stellt man Flaschen mit einem Kronkorkenverschluss in einen kühlen nicht zu trockenen und nicht zu feuchten Keller. Vor dem Ausschank stellt man den Wein bei +8 bis +10 °C kalt.* *Beim Wein kommt es auch auf die Qualität an. Spätlesen und Auslesen beim Weißwein trinkt man bei +12 °C, damit sich das Bouquet besser entfalten kann. Ältere Weine trinkt man von +16 bis +18 °C.*

		Lagern Sie privat Weine zu Hause, so ist es wichtig, dass Ihr Keller das ganze Jahr über eine gleichmäßige Temperatur von z. B. +6 bis +8 °C oder +12 bis +14 °C hat. Weine mit Korkverschluss liegen stets, damit der Korken nicht trocken wird und der Wein nicht verdunsten kann. Die Entwicklung geht dahin, dass heute auch gute Weine stehend gelagert werden können. Erkundigen Sie sich beim Einkauf bei einem Fachberater.
	Rotwein	*Der Rotwein wird auf jeden Fall wärmer gelagert. Leichte Rotweine lagert man bei +12 bis +14 °C, die besten Sorten bei +18 bis +20 °C. Selbst erstklassige Weine, die über +20 °C serviert werden, schmecken nicht mehr frisch, sondern schwer und plump. Einfache Rotweine trinkt man innerhalb von 1 bis 2 Jahren, ältere Weine kann man liegend länger lagern. Haben Sie einen guten Jahrgang, so kann er bis zu 30 Jahre und länger lagern, er wird von Jahr zu Jahr besser. Fragen Sie den Fachmann, wie lange sie den Wein problemlos lagern können. Falsch ist die Bezeichnung „bei Zimmertemperatur" lagern, das könnte im Zweifelsfall auch +29 °C sein. Der Ausspruch kommt aus früherer Zeit, als man nicht so stark geheizte Räume hatte und der Raum nie über +18 °C geheizt wurde.*
Sekt, Champagner	**Deutsche und ausländische Sekte und Champagner**	*Die Sekte und Champagner können stehend in einem dunklen, kühlen, nicht zu trockenen und nicht zu feuchten Raum gelagert werden. Vor dem Ausschenken werden sie auf +6 bis +8 °C gekühlt. Viele Kenner trinken den Sekt auch bei +2 °C. Wichtig ist, dass der Sekt jung und frisch mit prickelnder Kohlensäure getrunken wird. Sekte lässt man nicht mehrere Jahre liegen, sie verlieren die Kohlensäure, nur Jahrgangssekte bilden da eine Ausnahme. Guter Sekt sollte eine gute Perlung haben. Wurde eine Flasche Sekt nicht leergetrunken, so verschließt man sie mit einem Sektverschluss und stellt sie sofort wieder kalt, dann können Sie den Sekt auch noch am anderen Tag ausschenken. Übrigens, größere Sekt- und Weinflaschen (Magnum, Jeroboam usw.) sind in der großen Flasche besser lagerfähig als in kleineren Flaschen. Der Sekt und Wein ist dann gehaltvoller und reift besser.*
Weinbrand, Branntweine	**Cognac Whisky Wodka Rum, Gin usw.**	*Weinbrand und Branntweine werden stehend, geschlossen, trocken und nicht zu hell aufbewahrt. Stehen sie unter Lichteinstrahlung, könnten sie an Farbe verlieren. Sobald eine Flasche geöffnet wurde, sollte sie auch bald ($^{1}/_{2}$ Jahr) getrunken werden, sonst verliert sie an Qualität. Weinbrand und Branntweine werden durch langes Stehen nicht besser in der Flasche, anders als bei den Weinen und einigen Dessertweinen. Sie werden bei +16 bis +18 °C getrunken. Ausnahmen bestätigen die Regel, z. B. Aquavit, Wodka und Steinhäger. Sie werden sehr kalt bei –2 bis –8 °C getrunken. Werden die Branntweine zu einem Sonderpreis angeboten, so könnten Sie ruhig mehrere Flaschen auf Vorrat einkaufen.*
Dessert-Weine	**Wermut Sherry Portwein**	*Auf jeden Fall geschlossen, stehend, trocken und an einem dunklen, nicht zu hellen Ort aufbewahren. Zum Servieren wird trockener Sherry (Fino) und Manzanilla bei +6 bis +11 °C kalt gestellt und serviert. Der medium Sherry (Amontillado und Olorosso) wird bei +12 bis +15 °C kalt gestellt. Der gehaltvolle und süße Sherry wird mit +15 bis +18 °C serviert. Oft wird der Sherry, so wie er gelagert wird und im Raum steht, mit +21 bis +28 °C serviert, das ist jedoch falsch. Stellen Sie den Sherry bei Sondermahlzeiten, kurz für $^{1}/_{2}$ Stunde in den Kühlschrank. Der trockene Portwein (White Port) wird in der Regel bei +8 °C serviert, andere Arten von +14 bis +18 °C. Stehend werden sie alle gelagert, außer einer Vintage Port lagert man Portwein wie eine Flasche Rotwein. Sobald er geöffnet wird, sollte man ihn innerhalb von 24 Stunden trinken.*

Garnituren

Wareneinsatzberechnung

Garnituren unterliegen wie alle übrigen in einer Bar verwendeten Zutaten auch einer Wareneinsatzberechnung. Ein Cocktail sollte höchstens 3–4 Garnituren aufweisen. Für Ihren Barbetrieb stellen Sie für die Garnituren bitte eine eigene Kalkulation auf. Manchmal kann eine Garnitur sogar teurer sein als das Getränk selbst, wenn Sie zu großzügig mit den Garnituren umgehen. Die unten in der Preiskalkulation angegebenen Preise sollen eine Anregung geben, alle Preise können der Jahreszeit entsprechend jedoch variieren. Wer nicht kalkuliert, – verliert!!!

Beispielkalkulation Exoten, Zitrusfrüchte und Südfrüchte

Die Preise sind Circa-Preise und können selbstverständlich je nach Händler, variieren.

Ware	Einkauf, Gewicht, Gebinde	EK-Preis in €	Inhalt, Stückzahl	Aufteilung pro Stück	Garnitur Stück-Preis in €
Ananas	*1 Stück*	*2,50*	*12 Scheiben*	*1 Scheibe* *1/4 Scheibe*	*0,20* *0,05*
Banane	*1 Stück (180 g)*	*0,25*	*12 Scheiben*	*1 Scheibe*	*0,02*
Feige	*1 Stück*	*0,50*	*4/4 Stücke*	*1/4 Stück*	*0,12*
Grapefruit	*1 Stück*	*0,60*	*8 Scheiben*	*1 Scheibe*	*0,07*
Karambole	*1 Stück (150 g)*	*1,50*	*8 Scheiben*	*1 Scheibe*	*0,18*
Kiwi	*1 Stück (120 g)*	*0,30*	*5 Scheiben*	*1 Scheibe*	*0,06*
Kumquat	*1 Stück*	*0,08*	*1 Stück*	*1 Stück*	*0,08*
Limette	*1 Stück*	*0,40*	*5 Scheiben*	*1 Scheibe*	*0,08*
Mango	*1 Stück*	*1,00*	*10 Stück*	*1 Schnitz*	*0,10*
Melone Galia	*1 Stück*	*2,50*	*10 Stück*	*1 Schnitz*	*0,25*
Orange	*1 Netz (1 kg)*	*2,00*	*5 Stück* *1 Stück*	*6 Scheiben* *1/2 Scheibe*	*0,08* *0,04*
Papaya	*1 Stück*	*1,30*	*6 Scheiben*	*1 Scheibe*	*0,21*
Physalis	*1 Körbchen*	*2,00*	*20 Stück*	*1 Stück*	*0,10*
Zitrone	*1 Netz (1 kg)*	*1,50*	*8 Stück*	*6 Scheiben* *1 Scheibe*	*0,18* *0,03*
Zitrone ungespritzt	*1 Stück*	*0,40*	*6 Scheiben*	*1 Scheibe* *1/2 Scheibe*	*0,06* *0,03*

Allgemeine Wareneinsatzberechnung für Cocktailzutaten

Beispielkalkulation Frisches Obst

Es ist selbstverständlich, dass für die Garnituren nur frisches Obst verwendet wird.

Ware	Einkauf, Gewicht, Gebinde	EK-Preis in €	Inhalt, Stückzahl	Aufteilung pro Stück	Garnitur Stück-Preis in €
Äpfel	*1 kg*	*2,00*	*8 Stück*	*1 Stück* *1 Scheibe*	*0,25* *0,04*
Erdbeeren	*1 kg*	*3,00*	*60 Stück*	*1 Stück*	*0,05*
Johannis-beeren	*1 kg*	*4,00*	*100 Rispen*	*1 Rispe*	*0,04*
Kirschen	*1 kg*	*4,50*	*70 Stück*	*1 Stück*	*0,06*
Nektarinen	*1 kg*	*1,50*	*6 Stück*	*1 Stück* *1 Filet*	*0,20* *0,04*
Pfirsiche	*1 kg*	*1,80*	*7 Stück*	*1 Stück*	*0,25*
Weintrauben	*1 kg*	*2,00*	*40 Stück*	*1 Stück*	*0,05*
Zwetschgen	*1 kg*	*1,20*	*25 Stück*	*1 Stück*	*0,05*

Beispielkalkulation Sauergemüse und eingelegtes Obst

Die Preise wurden einem normalen Einkaufsmarkt entnommen.

Ware	Einkauf, Gewicht, Gebinde	EK-Preis in €	Inhalt, Stückzahl	Aufteilung pro Stück	Garnitur Stück-Preis in €
Cocktail-Kirschen	*1 Glas* *225 g Netto*	*1,50*	*20 Stück*	*1 Stück*	*0,08*
Cornichons	*1 Glas Inhalt* *330 g Netto*	*1,50*	*20 Stück*	*1 Stück*	*0,08*
Maiskolben	*1 Glas (110 g)*	*1,80*	*14 Stück*	*1 Stück*	*0,12*
Oliven gefüllt	*1 Glas* *85 g Netto*	*1,00*	*25 Stück*	*1 Stück*	*0,04*
Oliven mit Kern	*1 Glas* *85 g Netto*	*0,80*	*40 Stück*	*1 Stück*	*0,02*
Perl-Zwiebeln	*1 Glas Inhalt* *320 g Netto*	*1,80*	*80 Stück*	*1 Stück*	*0,02*

Beispielkalkulation Frischgemüse

Die Preise wurden einem normalen Einkaufsmarkt entnommen.

Ware	Einkauf, Gewicht, Gebinde	EK-Preis in €	Inhalt, Stückzahl	Aufteilung pro Stück	Garnitur Stück-Preis in €
Champignons	*1 kg*	*4,00*	*66 Stück*	*1 Stück (15 g)*	*0,06*
Cocktail-Tomaten	*1 kg*	*3,50*	*100 Stück*	*1 Stück (10 g)*	*0,04*
Radieschen	*1 Bund*	*0,90*	*20 Stück*	*1 Stück (15 g)*	*0,05*

Beispielkalkulation Milchmischerzeugnisse

Ware	Einkauf, Gewicht, Gebinde	EK-Preis in €	Inhalt, Stückzahl	Aufteilung pro Stück	Garnitur Stück-Preis in €
Joghurt	*1 kg*	*1,80*	*1000 g*	*1 cl* *10 cl*	*0,001* *0,01*
Milch	*1 Liter*	*0,60*	*100 cl*	*1 cl* *2 cl*	*0,006* *0,01*
Sahne	*1 Liter*	*2,00*	*100 cl*	*1 cl* *2 cl*	*0,02* *0,04*

Beispielkalkulation Kaviar

Hauptsächlich für Canapés in der Bar gedacht, achten Sie daher besonders auf den Preis.

Ware	Einkauf, Gewicht, Gebinde	EK-Preis in €	Inhalt, Stückzahl	Aufteilung pro Stück	Garnitur Stück-Preis in €
Kaviar (Beluga)	*1 kg*	*600,00*	*1000 g*	*1 g* *2 g* *5 g*	*0,60* *1,20* *3,00*
Kaviar (Forellen)	*1 kg*	*55,00*	*1000 g*	*1 g* *2 g*	*0,06* *0,12*

Beispielkalkulation Kräuter

Die Preise wurden einem normalen Einkaufsmarkt entnommen. Es besteht auch die Möglichkeit, Kräuter selbst zu ziehen.

Ware	Einkauf, Gewicht, Gebinde	EK-Preis in €	Inhalt, Stückzahl	Aufteilung pro Stück	Garnitur Stück-Preis in €
Dill	*1 kg*	*20,00*	*1000 g*	*1 g*	*0,02*
Kresse	*1 kg*	*6,00*	*1000 g*	*1 g* *50 g*	*0,006* *0,30*
Petersilie	*1 kg*	*15,00*	*1000 g*	*1 g*	*0,015*

Beispielkalkulation Säfte und Limonaden

Beachten Sie den Preis von frisch gepresster Ware im Vergleich zu Flaschenware.

Ware	Einkauf, Gewicht, Gebinde	EK-Preis in €	Inhalt, Stückzahl	Aufteilung pro Stück	Garnitur Stück-Preis in €
Orangensaft (100 % Fruchtsaft)	*1 Liter*	*1,40*	*100 cl*	*1 cl* *2 cl*	*0,014* *0,03*
Orangensaft (frisch gepresst)	*1 Liter*	*4,00*	*100 cl*	*1 cl* *2 cl*	*0,04* *0,08*
Tomatensaft	*1 Liter*	*1,50*	*100 cl*	*1 cl*	*0,02*
Tonic	*1 Liter*	*1,30*	*100 cl*	*1 cl* *10 cl*	*0,013* *0,13*
Zitronensaft (frisch gepresst)	*1 Liter*	*6,00*	*100 cl*	*1 cl* *2 cl*	*0,06* *0,12*

Beispielkalkulation Sekt und Champagner

Je nach Qualität lassen sich gravierende Unterschiede erkennen.

Ware	Einkauf, Gewicht, Gebinde	EK-Preis in €	Inhalt, Stückzahl	Aufteilung pro Stück	Garnitur Stück-Preis in €
Champagner Brut Impérial	*0,75 Liter* *1 Liter*	*25,00* *33,00*	*75 cl* *100 cl*	*1 cl* *10 cl*	*0,33* *3,30*
Guter Deutscher Sekt Dry	*0,75 Liter* *1 Liter*	*6,00* *8,00*	*75 cl* *100 cl*	*1 cl* *10 cl*	*0,08* *0,80*

Beispielkalkulation Gewürze und Nüsse

Von den Gewürzen kommen nur minimale Mengen zum Einsatz, jedoch sollte man nicht vergessen, dass sie teilweise auch recht teuer sind. Einige Gewürze und Gewürzsaucen sollten Sie daher genauer berechnen. Pro Gewürz (Salz, Pfeffer, Muskat, Paprika, Spritzer Worcester-Sauce usw.) rechnet man ca. 0,005 bis 0,01 €.

Ware	Einkauf, Gewicht, Gebinde	EK-Preis in €	Inhalt, Stückzahl	Aufteilung pro Stück	Garnitur Stück-Preis in €
Erdnüsse	*1 kg*	*5,00*	*1000 g*	*100 g*	*0,50*
Pistazien	*1 kg*	*22,00*	*1000 g*	*1 g*	*0,022*
Pombär (Chips)	*75 g*	*1,00*	*1000 g*	*50 g*	*0,67*
Salzletten	*200 g*	*1,10*	*1000 g*	*50 g*	*0,275*
Schoko-Raspel	*1 kg*	*5,00*	*1000 g*	*1 g*	*0,005*
Senf	*1 kg*	*2,00*	*1000 g*	*1 g* *10 g*	*0,002* *0,02*
Tomaten-Ketchup	*1 Liter*	*3,00*	*100 cl*	*1 cl* *6 cl*	*0,03* *0,18*

Beispielkalkulation Sonstige Barutensilien

Verkennen Sie nicht die Preise von Schirmchen, Spießen, Stirrern usw., die man in die Cocktail-Gläser oder auf die Frucht steckt. Auch ihre Preise sollten gut eingeplant werden.

Ware	Einkauf, Gewicht, Gebinde	EK-Preis in €	Inhalt, Stückzahl	Aufteilung pro Stück	Garnitur Stück-Preis in €
Palm Picker	*1 Paket*	*1,00*	*6 Stück*	*1 Palm Picker*	*0,16*
Papier-Serviette	*1 Paket*	*5,00*	*100 Stück*	*1 Serviette*	*0,05*
Plastik Picker	*1 Schachtel*	*1,50*	*30 Stück*	*1 Stück*	*0,05*
Spieße groß	*1 Paket*	*5,00*	*100 Stück*	*1 Spieß*	*0,05*
Spieße klein	*1 Paket*	*2,50*	*100 Stück*	*1 Spieß*	*0,025*
Trinkhalme	*1 Paket*	*0,70*	*50 Stück*	*1 Trinkhalm*	*0,014*

Kalkulation

Neben der Einzelberechnung der Zutaten kann auch eine *Wareneinsatzberechnung* für die *Gesamtzutaten* eines Cocktails erfolgen.

Beispiel Manhattan

Name	Rezept	Einkauf Gewicht Stück	Einkaufspreis in €	Inhalt, Stückzahl	Aufteilung pro Stück (kg und cl)	Kalkulationspreis in €	Wareneinsatz in €
Manhattan	*4 cl Canadian Whisky*	*70 cl 100 cl*	*13,50 19,30*	*70 cl 100 cl*	*1 cl 4 cl*	*0,19 0,77*	*0,80*
	2 cl Martini Rosso	*70 cl 100 cl*	*4,00 5,70*	*70 cl 100 cl*	*1 cl 2 cl*	*0,06 0,12*	*0,12*
	2 Tropfen Angostura						*0,01*
	1 Cocktail-Kirsche	*1 Glas 225 g Netto*	*1,50*	*20 Stück*	*1 Stück*	*0,08*	*0,08*
	1 kleiner Stick	*1 Paket*	*2,50*	*100 Stück*	*1 Spieß*	*0,025*	*0,03*
	6 Eiswürfel						*0,01*
	1 Untersetz-Deckchen						*0,01*
						Wareneinsatz aufgerundet	*1,06* **1,10**

Beispiel Champagner-Cocktail

Name	Rezept	Einkauf Gewicht Stück	Einkaufspreis in €	Inhalt, Stückzahl	Aufteilung pro Stück (kg und cl)	Kalkulationspreis in €	Wareneinsatz in €
Kir Royal	*2 cl Cassis*	*70 cl 100 cl*	*6,00 8,60*	*70 cl 100 cl*	*1 cl 2 cl*	*0,09 0,18*	*0,18*
	10 cl Champagner	*75 cl 100 cl*	*25,00 33,00*	*75 cl 100 cl*	*1 cl 10 cl*	*0,33 3,30*	*3,30*
	1 Untersetz-Deckchen						*0,01*
						Wareneinsatz aufgerundet	*3,49* **3,50**

Diverse Kalkulationsarten zur Ermittlung der Cocktailpreise

Man unterscheidet *zwei Kalkulationsarten*:
1. Zuschlagskalkulation, 2. Kalkulation mit Deckungsbeitrag.
Beide sollen nachfolgend erläutert werden.

1. Zuschlagskalkulation

Ratio-Pricing-Methode

Die Zuschlagskalkulation ist eine Vorkalkulation, die der Preisfindung dient. Zunächst werden die reinen *Materialkosten* (Wareneinstandspreis ohne MwSt.) errechnet. Dazu gehören Getränke, Garnituren und Zubehör. Wichtig: In die Kalkulation muss ein Schankverlust eingerechnet werden.

Beispiel für die Errechnung von Materialkosten (2 cl Gin):

Netto-Preis 1 Flasche Gin 70 cl
: (Flascheninhalt – Schankverlust)
· Glasinhalt
= **Materialkosten pro Getränk** *(2 cl Gin)*

$$\frac{8{,}60\ € \cdot 2\ cl}{(70 - 4)\ cl} = \mathbf{0{,}261\ €}$$

Die *Gemeinkosten* des Betriebes (Personalkosten, Pacht/Miete, Gebühren, Abschreibungen, Zinsen, Instandhaltung usw.) fließen in Form eines Gemeinkosten-Zuschlagssatzes in die Kalkulation ein.
Zur Errechnung des Gemeinkosten-Zuschlagssatzes werden alle Gemeinkosten eines Jahres durch den Wareneinsatz eines Jahres geteilt.

Beispiel für die Errechnung eines Gemeinkosten-Zuschlagssatzes:

Gemeinkosten 20.. · 100
: Wareneinsatz 20..
= **Gemeinkosten-Zuschlagssatz**

$$\frac{586.210{,}00\ € \cdot 100}{254.782{,}00\ €} = 230{,}08\ \%,\ \text{gerundet: } \mathbf{230\ \%}$$

Zum Schluss werden der gewünschte Gewinn (prozentualer Gewinnzuschlag), das Bedienungsgeld und die Mehrwertsteuer aufgeschlagen, um zum Brutto-Verkaufspreis zu kommen.

Beispiel für eine Zuschlagskalkulation (Manhattan):

Materialkosten	*1,10 €*
+ Gemeinkostenzuschlag (230 %)	*2,53 €*
= Selbstkosten	**3,63 €**
+ Gewinnzuschlag (20 %)	*0,72 €*
= Kalkulierter Preis	**4,35 €**
+ Bedienungsgeld (15 %)	*0,64 €*
= Netto-Verkaufspreis	**5,00 €**
+ MwSt. (16 %)	*0,80 €*
= Brutto-Verkaufspreis	**5,80 €**

Zur Vereinfachung dieser Kalkulationsmethode können auch alle Zuschlagssätze in einem Schritt mithilfe eines so genannten *Multiplikators* aufgeschlagen werden. Der Multiplikator wird errechnet, indem der Brutto-Verkaufspreis durch die Materialkosten geteilt wird. Mit diesem Multiplikator multipliziert man nun die Materialkosten anderer Getränke, um deren Brutto-Verkaufspreis zu errechnen.

Beispiel für die Errechnung des Multiplikators:

Brutto-Verkaufspreis	
: Materialkosten	$\frac{5{,}80\ €}{1{,}10\ €} = 5{,}27$ (ger. **5,3**)
= **Multiplikator**	

Beispiel für eine Berechnung mithilfe des Multiplikators:

Materialkosten (2 cl Gin)	
· Multiplikator	0,261 € · 5,3 = **1,38 €**
= **Brutto-Verkaufspreis**	

Die *Zuschlagskalkulation* ist ein vereinfachendes Verfahren. Es ist gut geeignet, wenn

- der Anteil der Gemeinkosten an den Gesamtkosten relativ gering ist
- die Materialkosten eines Produkts nicht stark schwanken
- hauptsächlich gleichartige Produkte angeboten werden.

Problematisch: Gemeinkostenzuschläge entsprechen oft nicht der Verursachung der Kosten.
Beispiel: Ein preiswerter Snack verursacht wenig Materialkosten, aber hohen Personalaufwand. Ein teurer Wein verursacht hohe Materialkosten, der Personalaufwand ist gering. Beide Produkte werden mit den gleichen Zuschlagssätzen kalkuliert. Der Snack würde zu preiswert angeboten, da in Relation zu den geringen Materialkosten der Zuschlag nicht ausreicht, um den personellen Aufwand abzudecken. Der Wein würde überteuert angeboten, da der Gemeinkostenzuschlag personellen Aufwand berechnet, der nicht anfällt.
Ein weiteres Problem ist die Abhängigkeit von den Materialkosten: Der prozentuale Gemeinkostenzuschlag belastet Produkte mit hohen Materialkosten auch mit hohen Gemeinkosten in Euro. Der errechnete Brutto-Verkaufspreis lässt sich am Markt oft nicht durchsetzen.

Maßnahmen, um die Nachteile der Zuschlagskalkulation zu mildern:

- Einführung unterschiedlicher Multiplikatoren für Produktgruppen mit niedrigen/hohen Materialkosten
- Einführung einer Kostenstellenrechnung (unterschiedliche Produktgruppen werden separat erfasst, sodass für jede Gruppe ein eigener Gemeinkostenzuschlagssatz errechnet werden kann)
- Verwendung absoluter Aufschläge (Euro statt %: komplizierte Berechnung)

Genauer kalkuliert man mit der modernen *Deckungsbeitragsrechnung*.

2. Deckungsbeitragsrechnung

Die Deckungsbeitragsrechnung (DB-Rechnung) ist ein detailliertes Analyse-Instrument für die Nachkalkulation. Sie wird herangezogen, um eine Ergebniskontrolle und betriebswirtschaftliche Reaktionen zu ermöglichen (z. B. Senkung der Fixkosten, Streichung unrentabler Produkte).
Heutzutage werden die Verkaufspreise meist vom Markt bestimmt. Käuferverhalten und Preise der Konkurrenz sind entscheidend. Die DB-Rechnung liefert auch vorkalkulatorisch wertvolle Erkenntnisse.
Die Zuschlagskalkulation geht vom Wareneinsatz aus und errechnet einen Verkaufspreis, der alle Kosten abdecken soll und einen Gewinn verspricht. Die *DB-Rechnung* geht von einem festen *Verkaufspreis* aus, *zieht* alle *variablen Kosten ab* und errechnet dann den *Beitrag*, den das zu diesem Preis verkaufte Produkt *zur Deckung der fixen Kosten und zur Gewinnerzielung* leisten kann.

Variable und fixe Kosten

Die Teilung der Kosten in fixe und variable Kosten dient dazu, den Gemeinkostenblock um die Kosten zu reduzieren, die bei der Erstellung einer betrieblichen Leistung anfallen. Die DB-Rechnung ordnet diese Kosten dem Produkt individuell zu.
Fixe Kosten sind alle Kosten, die unabhängig von der betrieblichen Leistung entstehen. Beispiele: Personalkosten, Pacht/Miete, Abschreibungen, Zinsen
Variable Kosten sind alle Kosten, die zusätzlich entstehen, wenn betriebliche Leistungen erstellt werden. Beispiele: Wareneinsatz, Energiekosten

Deckungsbeitrag	Beispiel: Manhattan
Brutto-Verkaufspreis	**5,80 €**
./. MwSt. (16 %)	*0,80 €*
= Netto-Verkaufspreis	**5,00 €**
./. Materialkosten	*1,10 €*
./. Sonstige variable Kosten	*0,81 €*
= Deckungsbeitrag	**3,09 €**

Ein Manhattan kann nach Abzug der zurechenbaren Kosten, die bei seiner Erstellung entstehen, 3,09 € dazu beitragen, die fixen Kosten des Betriebes zu decken und einen Gewinn zu erwirtschaften.

Gewinn

Von der Summe aller Deckungsbeiträge der betrieblichen Leistungen werden die fixen Kosten des Betriebes abgezogen, um den erwirtschafteten Rohgewinn/Rohverlust zu ermitteln.
Summe DB – fixe Kosten = Gewinn

Gewinnschwelle (Break-even-Point)

Den Punkt, an dem die Summe der Deckungsbeiträge genauso groß ist wie die Summe der fixen Kosten, nennt man Gewinnschwelle oder Break-even-Point.
In der Vorkalkulation für ein Produkt wird oft – ähnlich den Zuschlagssätzen bei der Zuschlagskalkulation – ein prozentualer Abzug für die dem einzelnen Produkt zuzuordnenden fixen Kosten eingerechnet. Der so entstehende Deckungsbeitrag gibt einen Anhaltswert dafür, ob das Produkt die Gewinnschwelle erreicht und wie viel es zur Gewinnerzielung beitragen kann.

15.6 Übungen

1 Welche Arten von Barführung kennen Sie?

1
1. *Barmann als Besitzer*
2. *Barmann auf Rechnung des Hauses*
3. *Früh- und Spätdienst auf Rechnung des Hauses*
4. *Barführung auf eigene Rechnung*
5. *Pächter einer Bar*
6. *Bar in Franchise*

2 Welche Aufgaben hat ein Barmann, wenn er Besitzer einer Bar ist?

2
1. *Er bestimmt selbst die Barkarte mit der Ausstattung und den Preisen.*
2. *Die Buchhaltung und sämtliche Kontrollen werden von ihm selbst durchgeführt.*
3. *Er bestimmt seinen Gästekreis.*

3 Welche 6 Voraussetzungen müssen für eine Bar getroffen werden, wenn der Barmann die Bar auf Rechnung des Hauses führt?

3
1. *Bestandsaufnahme*
2. *Inventarbuch*
3. *Barstock*
4. *Bestellschein/Lieferschein*
5. *Ausstellung eines Bons*
6. *Inventur*

4 Welche 4 Punkte müssen bei der Erstellung eines Kontrollsystems berücksichtigt werden?

4
1. *Trinkeinheiten müssen festgelegt werden, Maßeinheiten müssen in cl angegeben werden.*
2. *Bestandsmenge wird in der Bar festgelegt, die Bar sollte keinen zu hohen Bestand an Waren haben.*
3. *Rezepte der Mixgetränke müssen festgelegt werden, nur so lässt sich eine Kontrolle durchführen.*
4. *Code-Nummer-System muss für alle Getränke gleich sein, die Nummerierung erleichtert die Arbeit bei der Inventur.*

5 Welche Anforderungen würden Sie bei der Einstellung Ihres Barpersonals voraussetzen?

5
1. *Gesundheit*
2. *Gute Umgangsformen*
3. *Sauberkeit*
4. *Fach- und Sprachkenntnisse*
5. *Ehrlichkeit*
6. *Saubere Kleidung*

6 Wofür ist ein Bar Chef verantwortlich?

6
1. *Einkauf*
2. *Personaleinteilung*
3. *Gästebetreuung*
4. *Betriebsergebnis*
5. *Kontrollen*
6. *Analysen*
7. *Barkarte*
8. *Vorbildfunktion*
9. *Hygiene*

7 Was verstehen Sie unter einem angemessenen Umgang mit Personal?

7
1. *Vorbild sein in jeder Hinsicht.*
2. *Arbeitseinteilung: Dem Personal nur Aufgaben geben, die es auch bewältigen kann.*
3. *Belobigung in ausreichendem Maß.*
4. *Motivieren.*
5. *Weiterbildung: Innerhalb und außerhalb des Betriebes sollten Schulungen durchgeführt werden.*
6. *Selbst-Motivation: Stressvermeidung, Innere Harmonie, Positive Lebenseinstellung.*

8 Worauf achten Sie beim Einkauf von: Obst, Snacks, Sahne, Sirups, Orangen, Fruchtsäften und Sekt?

8 **Obst:** *Nur frisches Obst verwenden und nach Möglichkeit kein Obst aus Dosen. Das Obst sollte nicht zu reif, aber auch nicht zu grün sein, damit man es besser schneiden kann.*

Snacks: *Sollten frisch sein. Auf das Haltbarkeitsdatum achten und nicht zu viel einkaufen.*

Sahne: *Auf das Haltbarkeitsdatum achten oder frische Sahne verarbeiten. Gekühlt und abgedeckt aufbewahren.*

Sirups: *Auf das Haltbarkeitsdatum achten. Nach Gebrauch die Ausgieß-Öffnung abends säubern und Reste kaltstellen.*

Orangen: *Darauf achten, wofür man sie verwenden will: Zum Pressen, für Filets oder einen Obstkorb.*

Fruchtsäfte: *In einer guten Bar verwendet man nur frisch ausgepresste Säfte.*

Sekt: *Sollte immer frisch verarbeitet werden. Nie länger als 1–2 Jahre liegen lassen, außer Jahrgangssekte.*

9

Wie lagert man: Ananas, Bananen, Mango, Bier, Weißwein, Dessertwein?

9 **Ananas:** *Nie unter 5 Grad lagern, immer aufrecht stellen, da sie sonst braune Flecken bekommt.*
Bananen: *Immer unter 15 Grad abgedeckt lagern, aber nie im Kühlschrank.*
Mango: *Immer weich auf Matten lagern. Mangosaftflecken sind schwer entfernbar.*
Bier: *An einem kühlen, dunklen und trockenen Ort bei 6 bis 8 Grad lagern.*
Wein: *Einfache Weißweine im Chambrair oder Kühlschrank bei 8 bis 10 Grad. Gehaltvollere Weißweine bei 12 bis 14 Grad.*
Dessertweine: *Werden stehend, trocken und an einem dunklen Ort aufbewahrt. Trockene Sherrys werden bei 6 bis 11 Grad kurz gelagert und dann serviert.*

10

Eine Banane von 180 g kostet 0,25 €, wie viel kostet dann eine Scheibe Banane?

10 *Aus einer Banane von 180 g erhält man 12 Scheiben.*
1 Banane von 180 g kostet 0,25 €
dann kosten 12 Scheiben 0,25 €
und 1 Scheibe
0,25 € : 12 = 0,02 €

11

1 Limette kostet 0,80 €, wie viel kostet dann 1 Scheibe?

11 *1 Limette kostet 0,40 €*
1 Limette ergibt 5 Scheiben
dann kostet eine Scheibe
0,40 € : 5 = 0,08 €

12

Definieren Sie die Begriffe „fixe Kosten" und „variable Kosten". Nennen Sie je zwei Beispiele!

12 **Fixe Kosten:** *Alle Kosten, die unabhängig von der betrieblichen Leistung entstehen.*
Beispiel: Personalkosten, Miete
Variable Kosten: *Alle Kosten, die zusätzlich entstehen, wenn betriebliche Leistungen erstellt werden.*
Beispiel: Materialkosten, Strom

13

Was ist der Break-even-Point?

13 **Die Gewinnschwelle:** *Der Punkt, an dem die Summe der Deckungsbeiträge genauso groß ist wie die Summe der fixen Kosten.*

Anhang 1

Fachausdrücke Barsprache

A

Abseiher
Durch einen Strainer siebt man den geshaketen Cocktail in ein Glas ab.

Abspritzen
Ca. 1 cl Flüssigkeit auf das fertige Getränk gießen.

After-Dinner-Cocktail (engl.)
Getränke die nach dem Essen serviert werden.

Apéritifs, auch Apéritif (franz.)
Getränke die vor dem Essen serviert werden.

B

Balsamico-Essig (ital.)
Enthält einen süßen, intensiven Geschmack, ist von dunkler Farbe und reift in speziellen Holzfässern.

Barlöffel
Mit dem Barlöffel werden 0,5 cl Flüssigkeit abgemessen.

Before-Dinner-Cocktail (engl.)
Trockene Getränke oder Cocktails, die vor dem Essen getrunken werden.

Build-in-Glas (engl.)
Ein Bargetränk, wird im Gästeglas zubereitet.

Blend (engl.)
Wenn man Malt- mit Grain-Whisky mischt, erhält man einen Blended-Whisky.

Blending (engl.)
Verschnitt von zwei oder mehreren (Getränke-)Komponenten.

Blender (engl.)
Mischer, elektrisches Mixgerät, Stabmixer, Hamilton Beach.

Boston Shaker (engl.)
Zweiteiliger Shaker, der untere Teil besteht aus Glas, und der obere Teil aus Metall.

C

Chaser (engl.)
Es sind Getränke, die mit einem Getränk komplementiert wurden, wie z. B. mit Sodawasser bei einem Gin Fizz.

Chilled (engl.)
„Gekühlt": oder vorgekühltes Glas mit Würfeleis. Auch im Kühlschrank oder Tiefgefrierer gekühltes Glas.

Crushed Ice (engl.)
Eis mit feiner Körnung, z. B. für Caipirinha.

cl
1 cl (Zentiliter) entspricht einer Flüssigkeit von 10 ml oder 10 g (Gramm).

Crustas
Alle Crustas haben als Garnitur einen Rand, z. B. von Zucker, Salz, Petersilie usw.

D

Dash (engl.)
Tropfen oder auch Spritzer zum Aromatisieren von Cocktails z. B. 1 Dash (Tropfen) Angostura.

Dash-bottle (engl.)
Kleine bauchige Flasche mit einem Spritzkorken.

Dekantieren
Ein Wein wird langsam in eine Dekantierkaraffe gegossen, um den Bodensatz zurückzuhalten. Bei Rot- oder Portwein wird dem Wein dadurch auch Sauerstoff zugefügt.

Digestif (franz.)
Getränke, die man nach dem Essen reicht. Sie sind meist verdauungsfördernd.

Dry (engl.)
Trocken, herb

E

Elektromixer
Gerät, mit dem Früchte zerkleinert oder größere Mengen Cocktails gemixt werden.

Ecke
Aus einer Birne oder Apfel schneidet man eine Ecke (Spalte).

F

Fancy Drinks
Phantasiegetränke, die in keine andere Gruppe eingereiht werden können.

Fancy Ice-Cubes
Eiswürfel, die mit Sirups oder Früchten der Saison eingefroren werden.

Fill (engl.)
Auffüllen, einen Drink mit Fruchtsaft, Limonade, Sodawasser oder Sekt o. Ä. komplettieren.

Filler (engl.)
Siehe Chaser.

Fizzy (engl.)
Perlend

Floaten (engl.)
Übergießen, zum Schluss wird ein Cocktail aromatisiert, das Getränk liegt oben auf oder sinkt ab, es darf nicht verrührt werden, z. B. Tequila Sunrise.

Frappieren
Gläser mit Eiswürfeln kühlen.

Frosted (engl.)
Gefroren, ein Glas, Shaker oder eine Flasche ist mit einer dünnen Eisschicht überzogen.

G

Grand Marnier Frappé
Grand Marnier auf Crushed Ice in der Cocktailschale verteilen und mit 2 kleinen Trinkhalmen servieren.

Garnish (engl.)
Garnieren

Grind (engl.)
Mahlen, reiben von Muskatnuss.

H

Hamilton Beach (engl.)
Stabmixer, Blender, es werden in ihm Getränke aufgeschäumt.

I

Ice Cubes (engl.)
Normale große Eiswürfel.

Iced (engl.)
Geeist, siehe frosted.

Ingredienzen
Inhalt-Flüssigkeiten für einen Cocktail, Zutaten.

J

Jigger (engl.)
Messbecher oder Messglas, um verschiedene cl-Mengen abzumessen.

Julienne
Schalen von Exoten, werden erst in dünne Scheiben, dann in Streifen geschnitten.

K

Keil
Aus einer Ananasscheibe schneidet man mehrere Keile.

Komponenten
Bestandteile eines Ganzen.

L

Long Drink (engl.)
Cocktail oder Getränk mit einem Inhalt über 8 cl.

M

Measure (engl.)
Siehe Jigger.

Medium (engl.)
Halbtrocken

Mixglas
Siehe Rührglas.

ml
1 Milliliter entspricht 1 g (Gramm).

N

Non alcoholic Drink
Mischgetränke, die ohne Verwendung von Alkohol hergestellt werden.

Nip (engl.)
Kleiner Schluck oder Menge.

O

On the rocks (engl.)
Getränke die auf Würfeleis serviert werden.

P

Peel (engl.)
Schälen, schneiden von kleinen Scheiben bei Orangen oder Zitronen.

Pick-me-up (engl.)
Aufmunterndes Getränk, auch Garnituren, die an das Glas gesteckt werden.

Plain (engl.)
Unverdünnte Getränke, wie Whisky pur.

Pouring drink (engl.)
Basisgetränk, Getränke, die ohne weitere Zubereitung direkt aus der Flasche ausgeschenkt werden.

Pourer (engl.)
Flaschenportionierer mit verschiedenen Maßeinheiten z. B. 1 cl, 1,5 cl, 2 cl, 2,5 cl, 3 cl, 3,5 cl, 4 cl.

Pré-Dinner-Cocktails (franz.)
Getränke, die vor dem Essen getrunken werden, siehe Apéritifs.

Pur
Siehe Plain. Die Getränke werden ohne Würfeleis serviert.

Q

Quirlen
Mit einem Quirl quirlt (schlägt) man die Kohlensäure aus dem Sekt.

R

Rühren
Siehe stir.

Rührglas
Cocktails mit reinem Alkoholgehalt werden im Rührglas mit Würfeleis kurz gerührt.

S

Scheibe
Scheiben schneidet man von Früchten, Exoten usw. Man kann sie auch noch einmal halbieren.

Schnitz
Siehe Spalte.

Sec (franz.)
Französische Bezeichnung für trocken.

Sediment
Rückstände (Depot) beim Wein, der dekantiert wird.

Shaken (engl.)
Das Mixgetränk wird im Shaker hin und her bewegt, geschüttelt.

Shaker (engl.)
Schüttelbecher, zweiteilig oder dreiteilig.

Short Drink (engl.)
Cocktail oder Getränk mit einem Inhalt bis zu 8 cl.

Spalte
Äpfel, Orangen usw. schneidet man in mehrere Spalten auf.

Spalten, Keile
Es sind Ecken von Zitrusfrüchten, die an das Glas gesteckt werden.

Sparkling (engl.)
Schäumend, z. B. schäumender Sekt.

Spirale
Dicke Spiralen werden mit dem Messer (Highball) von einer Zitrone oder Orange abgeschnitten, dünne Spiralen werden mit dem Zestenreißer abgezogen.

Squeeze (engl.)
Pressen

Stabmixer
Siehe Blender.

Stick
Spieße in einer Länge von 7 bis 13 Zentimeter, die zum Aufspießen von Cocktail-Kirschen, Perlzwiebeln u. a. benutzt werden.

Stick-Stirrer (engl.)
Spieße zum Umrühren von Long Drinks und Herausnehmen von Kirschen, Orangen- und Zitronenscheiben.

Stir (engl.)
Rühren, Zubereitungsart, bei der die Flüssigkeiten im Glas gerührt werden.

Stirrer (engl.)
20 cm lange Spieße mit denen man Long-Drinks umrührt.

Straight up
Siehe Plain, Getränke, die ohne Würfeleis serviert werden.

Strain (engl.)
Abseihen, abgießen, durch ein Sieb (Strainer) sieben, um das Eis im Shaker zurückzuhalten.

Strainer
Barsieb

Sugar edge (engl.)
Zuckerrand am Glas, z. B. bei Crustas.

Sugar lip (engl.)
Zuckerlippe, wie beim Zuckerrand aber nur eine kleine Seite des Glases ist mit Zucker eingestäubt.

Sundries (engl.)
Knabbergebäck

Sweet (engl.)
Süß

T

Temperieren
Ein Getränk auf eine bestimmte Temperatur bringen, erwärmen oder erkalten.

Topped (engl.)
Ein Getränk z. B. mit Sahne belegen oder abschließen, einige Tropfen in das Getränk geben.

Twist (engl.)
Fingerlanger, schmaler Streifen der Schale einer Zitrusfrucht. Man spritzt sie über das Getränk ab, gibt sie aber niemals in das Getränk, da die weißen Bitterstoffe den Geschmack beeinflussen würden.

V

Very dry (engl.)
Sehr trocken

Z

Zeste
Augengroßes Stück, wird von einer Zitrone abgeschnitten über das Getränk abgespritzt und nicht in das Glas gegeben.

Anhang 2

Zeichenerklärung

BL	Barlöffel
D	Dash – Spritzer
EL	Esslöffel
KL	Kaffeelöffel
TL	Teelöffel

Chin.	Chinesisch
Engl.	Englisch
Franz.	Französisch
Ital.	Italienisch
Jap.	Japanisch
Mexi.	Mexikanisch
Span.	Spanisch

Rezeptverzeichnis

0% Rezept ohne Alkohol
[Abb.] Rezept mit Abbildung

Sachwortverzeichnis